Stefan Zweig

STERNSTUNDEN DER
MENSCHHEIT

人类的群星闪耀时

十四篇历史特写（增订版）

斯蒂芬·茨威格　著
舒昌善　译

生活·讀書·新知 三联书店

Simplified Chinese Copyright © 2017 by SDX Joint Publishing Company.
All Rights Reserved.
本作品简体中文版权由生活·读书·新知三联书店所有。
未经许可，不得翻印。

图书在版编目（CIP）数据

 人类的群星闪耀时：十四篇历史特写／（奥）茨威格著；舒昌善译．—增订版．—北京：生活·读书·新知三联书店，2017.8（2025.3 重印）
 （茨威格历史特写）
 ISBN 978-7-108-05926-0

 Ⅰ．①人… Ⅱ．①茨… ②舒… Ⅲ．①历史人物-列传-世界 Ⅳ．① K812

 中国版本图书馆 CIP 数据核字（2017）第 104348 号

责任编辑	樊燕华
封扉设计	蔡立国
责任印制	董 欢
出版发行	生活·讀書·新知三联书店
	（北京市东城区美术馆东街22号 100010）
经　销	新华书店
印　刷	北京隆昌伟业印刷有限公司
版　次	2017年8月北京第1版
	2025年3月北京第11次印刷
开　本	787毫米×1092毫米 1/32 印张14
字　数	284千字
印　数	58,001-63,000册
定　价	50.00元

目 录

序 言 …………………………………… 1

到不朽的事业中寻求庇护 …………………… 1

攻克拜占庭 ………………………………… 35

亨德尔的复活 ……………………………… 72

一夜之间的天才 …………………………… 105

滑铁卢的一分钟 …………………………… 130

玛丽恩巴德悲歌 …………………………… 152

黄金国的发现 ……………………………… 175

英雄的瞬间 ………………………………… 191

越过大洋的第一次通话 …………………… 205

逃向苍天 …………………………………… 234

南极探险的斗争 …………………………… 283

封闭的列车 ………………………………… 309

西塞罗 ……………………………………… 327

威尔逊的梦想与失败 ……………………… 377

译者后记 …………………………………… 414

序　言

　　没有一个艺术家会是一个在其每天每日的二十四小时之内始终从事艺术创作的艺术家。他的所有那些具有特色、具有生命力的成功之作往往只产生在少数而又难得的灵感勃发的短暂时刻。历史——我们将其赞颂为一切时代最伟大的诗人和演员——亦是如此，历史不可能持续不断地进行新的创造。尽管歌德曾怀着敬意将历史称为"神明的神秘作坊"，但在这作坊里发生的却是许多数不胜数无关紧要和习以为常的事。在历史中也像在艺术和在生活中随处可见的情况一样，那些难忘的非常时刻并不多见。这个作坊通常只是作为编年史家冷漠而又不间断地把一件又一件的事实当作一个又一个的环节连成一条长达数千年的巨大链条，因为所有那些扣人心弦的时刻都需要酝酿时间，每一桩真正的事件都需要发展过程。在一个民族内，为了产生一位天才，总是需要有几百万人。一个真正具有世界历史意义的时刻——一个人类的群星闪耀时刻出现以前，必然会有漫长的无谓岁月流逝而去。

　　不过，诚如在艺术上一旦有一位天才产生就会流芳百世一样，那种具有世界历史意义的时刻一旦发生，就会决定几十年乃至几百年的历史进程。而那些具有世界历史意义的不同事件却往往像避雷针的尖端集中了整个大气层的电流一般，被压缩在极短的时间内发生。平素那些慢慢悠悠顺序发生和同时发生的事，都会凝聚在左右一切和决定一切的一个独一无二的短暂瞬间发生：一个单独的决断——行动或不行动、行动过早或过迟——这样的时刻都会对世世代代产生不可挽回的影响，决定着一个人的生死、决定着一个民族的存亡，甚至决定着整个人类的命运。

这种充满戏剧性和命运攸关的时刻在个人的一生中和在历史的进程中都十分难得；这种时刻往往只集中发生在某一天、某一小时甚至常常只发生在某一分钟，但它们的决定性影响却超越时间。我想在本书中从极其不同的时代和地区回顾若干个这样一些群星闪耀的时刻——我之所以如此称呼它们，是因为它们宛若星辰一般永远散射着清辉，普照着终将消逝的黑夜。但我丝毫不想通过自己的虚构来冲淡或者加强所发生的一切事件的内外真实性并改变人物的真正内心世界，因为历史本身在那些非常时刻已表现得十分完全，无须任何后来的帮手。历史是真正的诗人和戏剧家，任何一个作家都别想超越历史本身。

斯蒂芬·茨威格

到不朽的事业中寻求庇护

太平洋的发现
一五一三年九月二十五日

太平洋是谁发现的——这完全是欧洲人以欧洲中心论作为出发点的命题。毫无疑问，最初认识到这一浩瀚大洋的，首先是太平洋沿岸的劳动人民。据历史地理学家们考证，早在公元前若干世纪，古代中国人远航日本时，就已认识到太平洋的辽阔水域。公元四、五世纪时，从印度半岛移民来的波利尼西亚人就在太平洋中部的许多岛屿之间航行。同样，栖息在美洲西部太平洋沿岸的印第安人也早已认识到这一片大洋，只不过他们既没有文字记载，也缺乏科学的认识。十六世纪是欧洲人地理大探险的时代。欧洲人在这个时代为人类对于自己生存的世界逐渐有一个科学的完整的地理图像做出了贡献。一五一九至一五二三年，葡萄牙航海家麦哲伦的船队作环绕地球的航行。一五二〇年十月二十一日，麦哲伦船队驶进今天被称为麦哲伦海峡的水路，十一月二十八日，他们绕过岬角，看到一片静悄悄的、水天一色的大洋，于是将它命名为"太平洋"。但是，麦哲伦还不算是发现太平洋的第一个欧洲人。在欧洲人的探险史上，被认为首先发现太平洋的是西班牙探险家巴斯科·努涅斯·德巴尔沃亚（Vascó Nuñez de Balboa, 1475—1519）。一五一三年九月二十五日，巴尔沃亚在巴拿马地峡的高山之巅望见太平洋南部水域。不过，他当时把这片水域称为"南边的大海"，并认为渡过这大海便是印度本土，而根本不知道那是我们这个世界的第一大洋。这种错误的地理观念一直到麦哲伦船队环球航行以后才得到纠正。

——译者题记

装备好一艘船

当哥伦布[1]从被发现的美洲第一次归来,凯旋的队伍在塞维利亚[2]和巴塞罗那[3]穿过拥挤的街道时,他展示了无数贵重的物品和稀奇古怪的东西、迄今未知的红种人、从未见过的奇禽异兽——呱呱乱叫的斑斓鹦鹉、笨重的貘和不久将在欧洲落户的奇异植物和果实——印第安人的谷物玉米、烟草和椰子。所有这一切都使欢呼的人群感到新鲜好奇。但是最使两位国王[4]和他们的谋士们心动的,却是装在几只小箱子和小篮子里的黄金。哥伦布从新印度带回来的黄金并不多,只不过是他从当地土著人那里换来或抢来的一些带有黄金的装饰品、若干小金锭、几撮零散的金粒;与其说是黄金,不如说是一些黄金末子——全部战利品顶多够铸造几百枚威尼斯古金币[5]而已。然而这位天才的幻想家哥伦布——他总是固执地相信自己愿意相信的事情,正如他自以为光荣地开辟了通往印度的海路一样——始终以真诚的无比兴奋的心情夸耀说,这仅仅是

第一次带回来的一点样品。据他得到的可靠消息，在这些新的岛屿上有着无法估量的金矿；这种贵金属在当地的有些野外地方就在很浅的地层底下，只要用普通的铁铲就能轻而易举地挖到黄金。只不过，黄金之国是在更南边的地方——那里的国王们用黄金的杯子饮酒喝水，那里的黄金比在西班牙的铅还要不值钱。永远需要金钱的西班牙两位国王出神地听着这一番关于那个属于他们的新黄金国[6]的话。当时人们还不够了解哥伦布向来好吹，所以丝毫不怀疑他的种种许诺。于是，一支第二次远航的庞大船队很快被装备起来。现在，征集船员已不再需要击鼓招募了。关于那个新发现的、光是用手就能挖到黄金的黄金国的消息使整个西班牙如痴若狂：数以百计乃至数以千计的人纷至沓来，都想远航到那个黄金国去。

可是，这人流又是怎样一股污泥浊水呵！现在，贪欲将这股浊流从所有的城市、乡镇和小村落冲了出来。不仅有那些想把自己的纹盾完全镀上黄金的出身名门的贵族和胆略过人的冒险家与勇敢的士兵，而且还有西班牙所有的垃圾和渣滓也都漂流到帕洛斯[7]和加的斯[8]来。烙有金印的窃贼、拦路抢劫的强盗、瘪三扒手——他们都想到黄金国去找一份收入丰厚的手艺活；还有为了躲避债主的负债人、为了逃脱自己爱吵架的妻子的丈夫，所有这些走投无路、穷困潦倒的人，这些犯科在案和被法警追捕的逃犯，都来报名参加这支远航船队。这是一群疯狂的亡命之徒、乌合之众，他们决心要一蹴而就最终成为富豪，并决心为此使用任何暴力和干任何罪恶的勾当。哥伦布的那种虚妄之说更是使他们想入非非，都以为在那些地方只要用铁铲往地里一挖，面前就是闪闪发亮的黄金颗粒，以至移民者中一些富裕的人甚至还随身带着用人和牲口，以便能把这种贵金属立刻大批大批地运回家。一些没有被远航船队接纳的人不得不另想办法；那些恣肆的冒险家自己动手装备船只，也不去问一问朝廷允许不允许，他们只盼望赶紧到达那里，去敛取黄金、黄金、黄金；而另一方面，西班牙却可以一下子摆脱一群不安分的家伙和最危险的歹徒了。

伊斯帕尼奥拉岛（即后来的圣多明各岛，又称海地）的总督[9]惊恐地看着这些不速之客蜂拥而至，到这个托他管辖的岛屿来。海船年年运来新的货物，同时带来愈来愈难以管束的人。不过，新来的人也同样痛苦地感到失望，因为这里的街道上根本没有随处可见的黄金；当地不幸的土著人已被这些金发野兽掠夺一空，从土著人身上再也压榨不出一丁点儿黄金了。于是，这帮乌合之众就游手好闲，四处逛荡，寻衅抢劫，使苦命的印第安人整天提心吊胆，也使总督惴惴不安。总督为了把这帮家伙打发去开垦新殖民地，想尽了各种办法，派给他们土地，分给他们牲畜，甚至还慷慨地给他们"会说话的牲口"——即给他们每人六十至七十名印第安人当奴隶，但都无济于事。无论是出身名门的贵族骑士，还是昔日的拦路强盗，都对经营农庄缺乏兴趣。他们漂洋过海到这里来，可不是为了种植小麦和饲养家畜；因此他们从不把播种和收获放在心上，而只顾去欺凌苦命的印第安人——在短短的几年之内把当地的居民几乎全部灭绝；这些游手好闲的人或者是在赌窟里消磨时光。没有多久，这号人的绝大多数都背上了债，以致他们不得不变卖自己的财物，直至卖掉大衣、帽子和最后一件衬衫,最后被商人和高利贷者掐住了脖子。

因此,当他们听说伊斯帕尼奥拉岛上一位相当有声望的人——法学家马丁·费尔南德斯·德恩西索[10]"学士"于一五一〇年装备好一艘船,准备带着新的人马去援助他在新发现的陆地上那块自己的殖民地时,这对所有那些在伊斯帕尼奥拉岛上落魄的人来说是一个令人高兴的消息。两位著名冒险家——阿隆索·德奥赫达[11]和迭戈·德尼库埃萨[12]曾于一年前——一五〇九年从斐迪南二世国王那里获得了在巴拿马海峡附近和委内瑞拉沿海地区建立殖民地的特权,他们两人赶紧将这块地方命名为"黄金的卡斯蒂利亚"[13]。恩西索——这位精通法律但不谙世事的"学士"被这样一个响亮的名字迷住了,被那些诳人的大话所蛊惑,于是他把自己的全部财产都用来经营这块名为"黄金的卡斯蒂利亚"的殖民地。可是从这块位于乌拉瓦海湾[14]新建的圣塞瓦斯蒂安殖民地没有送来一块黄金,而只是传来疾呼的求援声。恩西索派去的人员有一半在同土著人的斗争中丧了命,另一半人则在饥饿中倒毙。恩西索为了挽救已经投资的钱财,便毅然决然倾其所有,装备起一支援助远征队。伊斯帕尼奥拉岛上所有那些潦倒绝望的人刚一听说恩西索需要士兵的消息,都想利用这次机会随他一起离去。他们只是希望赶紧离开伊斯帕尼奥拉岛,逃脱债主,逃脱严厉的总督的戒备。但是债主们也都小心防范。当他们发觉这些负债累累的人都想溜之大吉并从此消失得无影无踪时,便再三敦促总督:没有经过总督的特许,任何人都不得擅自离去。总督满足了他们的愿望,采取了严密的监视措施:恩西索的船必须停泊在港口之外;

官府的小船将四处巡逻,以防未经允许的人偷偷登上恩西索的大船。于是,所有那些落魄的人——他们不惧怕死,却害怕诚实的工作或高筑的债台——只好怀着无限的怨恨眼看着恩西索的船没有载着他们就扬帆远航去进行冒险事业了。

木箱里的男子汉

恩西索的船张起满帆,从伊斯帕尼奥拉岛向美洲大陆驶去。伊斯帕尼奥拉岛的轮廓已沉没在蓝色的地平线下。这是一次静悄悄的航行,起初人们没有注意到任何异样,充其量只会注意到一条膘肥、特别强壮的狼狗——著名狼狗品种"小狮"(莱昂西科),由于它是著名狼狗品种"小牛"(贝塞里科)的后代而自身也非常著名——不安地在舱面上跑来跑去,到处用鼻子嗅嗅这,嗅嗅那。没人知道这条强壮的狼狗的主人是谁和它怎样登上船的。更引人注目的是,这条狼狗终于停留在一只启航前最后一天搬上船的特大食品木箱前不走了。可是你瞧,那只大木箱现在竟然出人意料地自己打开了,从里面钻出一个约莫三十五岁的男子,他全副武装,身佩长剑、头戴盔甲、手持盾牌,活像卡斯蒂利亚的保护神圣地亚哥[15]。他就是巴斯科·努涅斯·德巴尔沃亚[16]。他以这种方式对自己的那种令人惊叹的大胆和机智作了第一次尝试。他出生于西班牙赫雷斯·德洛斯·卡瓦列罗斯的一个贵族家庭,曾作为一名普通士兵随罗德里戈·德巴斯蒂达斯[17]一起远航来到这个新世界,他随巴斯蒂达斯的那艘船在经过了若干次迷航以后终于在伊斯帕尼奥拉岛登岸。岛上的总督曾想把巴尔沃亚培养成一个好样的殖民地开发者,但是没有成功。巴尔沃亚把分配给自己的土地管了几个月之后就弃置不顾了,最后彻底破产,不知该如何摆脱那一群债主。然而,正当其他的负债人紧握着拳头,从海滩上愤怒地凝望着那几只阻拦他们逃到恩西索船上去的官府的小船时,巴尔沃亚却躲进一只装食品用的正空着的大木箱里,让自己的帮手将大木箱搬上了船,从而大胆地绕过了迭戈·哥伦布总督布设的警戒线。当时,船上的人都忙着起航,没有人会在忙乱中察觉到这样狡猾的诡计。一直当巴尔沃亚知道帆船已经远离海岸,再也不会为了他而把船开回去时,这个偷偷上船的乘客才露面。现在他正站在众人面前。

恩西索学士是学法律的人,像大多数法学家一样缺乏浪漫情调。他作为那块新殖民地的有治安权的长官——警察总监,不打算容忍该地有吃白食的人和来历不明的可疑分子,因此他毫不客气地向巴尔沃亚申明,他不想将他一起带到那里去,而是在他们经过下一个海岛时把他留在海滩上,不管那岛上是否有人居住。

不过,事情最后并没有发展到这一步。因为正当这艘船驶向"黄金的卡斯蒂利亚"——圣塞瓦斯蒂安新殖民地途中,恩西索遇到了一条坐满了人的小船——这在当时简直是奇迹,因为在这一片尚未为人所知的海域上当时总共只有几十条船在行驶——那条小船由一个名叫弗朗西斯科·皮萨罗[18]的人率领,这个人的名字后来蜚声世界。船上的乘员是从恩西索在美洲的殖民地圣塞瓦斯蒂安来的,起初还以为他们是一群擅离职守的哗变者呢。但是使恩西索大惊失色的是,他们报告说:"黄金的卡斯蒂利亚"——

圣塞瓦斯蒂安已不再存在,他们这些人是这块以前的殖民地上的最后一批人。长官奥赫达[19]已乘一艘船先溜走了。剩下来的人总共只有两艘双桅小帆船。为了在这两艘小小的帆船上每人都能得到一个位置,他们不得不等到死掉了七十人以后才动身。后来,其中的一艘又出了事故;皮萨罗率领的这三十四人是"黄金的卡斯蒂利亚"的最后一批幸存者。既然如此,那么恩西索的船队现在又该驶向何处去呢?恩西索手下的人在听了皮萨罗的叙述以后,已经没有兴趣到那偏僻的殖民地——"黄金的卡斯蒂利亚"去遭受可怕的潮湿气候和土著人的毒箭。他们觉得现在唯一的可能性是再回到伊斯帕尼奥拉岛上去。正在这危急关头,巴尔沃亚突然站出来,他声称,他在同罗德里戈·德巴斯蒂达斯第一次航海时了解到中美洲全部沿海地区的情况,他记得他们当时曾到达一个名叫达连[20]的地方,在一条含有金沙的河流旁,那里有友善的土著人;所以他们应该到那里去建立新的定居点而不是在倒霉的伊斯帕尼奥拉岛。

全体人员立刻表示赞同巴尔沃亚的主意。他们按照他的建议向位于巴拿马地峡东北的达连湾驶去。他们到了那里,先在土著人中间进行惯常的屠杀。由于这一群亡命之徒在抢劫来的财物中发现了黄金,所以他们就决定在那里定居,以后他们又怀着虔诚的感恩之心把那座新镇称作"达连湾安提瓜岛的圣玛丽亚"[21]。

危险的升迁

不久,倒霉的恩西索学士——这位该殖民地的投资者感到后悔莫及：他当初没有及时把那只木箱连同藏在里面的巴尔沃亚一起扔出甲板，因为这个胆大妄为的人几个星期以后就把一切权力篡夺到自己手中。作为一个在纪律和秩序的观念中成长起来的法学家，恩西索以暂时未履职的总督－行政长官的身份想方设法要将这块殖民地治理得有利于西班牙朝廷。他在简陋的印第安人茅舍里签发自己的法令，字迹清楚、措辞严厉，仿佛坐在塞维利亚自己的律师办公室里似的。他禁止士兵在这块文明人尚未涉足、还在荒蛮之中的土地上向土著人谋取黄金，因为黄金是王室的资源。他尽力使那些无法无天的歹徒遵守秩序和法律。然而那些冒险家天生就愿意和挥舞刀剑的巴尔沃亚为伍，而不把耍弄笔杆的恩西索放在眼里。不久，巴尔沃亚就成了这块殖民地事实上的主人。恩西索为了保住自己的性命不得不逃离出走；而当尼库埃萨——国王派到这片陆地来的总督之一终于来此建立秩序时，巴尔沃亚根本就没有让他上岸。不幸的尼库埃萨[22]被巴尔沃亚从这块国王封给尼库埃萨的土地上赶了出去，并且在回国途中葬身于大海。

现在，巴尔沃亚——这个曾从木箱里爬出来的人就是这块殖民地的主人。但是，尽管他获得了成功，却并不感到十分愉快。因为他公然造了国王的反，加之国王派来的总督由于他的罪过而丧了命，希望得到国王宽恕变得更渺茫了。他知道，逃走的恩西索正带着对他的控告信前往西班牙呢。他的这种叛乱行为必定迟早要受到法庭的审判。不过，西班牙离这里毕竟如此遥远，在一艘船一去一回两次横渡大洋以前，他还有充裕的时间。为了尽可能久地保持住自己篡夺来的权力，他凭借自己的胆识寻找着独特的手段。他知道，在他那个时代，业绩足以辩白每一条罪状，他还知道，向朝廷的金库进贡大量黄金就有可能平息或推迟任何刑事诉讼，所以他首先要弄到黄金，因为黄金就意味着权力！于是他和弗朗西斯科·皮萨罗一起，大肆蹂躏和抢掠邻近的土著人，就在这样习以为常的杀戮之中，他获得了一次决定性的成功。有一次，他突然居心叵测地来到一个名叫卡雷塔的印第安人酋长家中胡作非为，酋长眼看自己已难免一死，就向巴尔沃亚建议：最好请他不要同印第安人为敌，而是和卡雷塔自己的部落结盟。他还把自己的女儿献给巴尔沃亚，作为忠诚的信物。巴尔沃亚立刻认识到在土著人中间结交一个可靠而又有势力的朋友的重要性，于是接受了卡雷塔的建议，而更令人感到惊奇的是，他至死都对那个印第安人姑娘温情脉脉。巴尔沃亚和卡雷塔酋长一起征服了邻近所有其他的印第安人部落，在他们中间树立起巨大的权威，以致当地最有势力的首领柯马格莱最终也恭恭敬敬地把他请到自己家中。

在这位强势的首领家中的访问使巴尔沃亚的一生发生了具有世界历史意义的决定性转折。而在此之前，他只不过是一个亡命之徒和违抗朝廷的胆大妄为的叛乱者，注定要被卡斯蒂利亚王国法庭判处绞刑或者砍头。柯马格莱酋长在一幢宽敞的石头房子里接待他，房子里的金银财宝使巴尔沃亚不胜惊讶。没有等巴尔沃亚自己开口，主人就送给这位客人四千盎司黄金。可是现在轮到酋长惊愕得目瞪口呆了，因为他如此恭恭敬敬招待的这些天国子弟——一群趾高气扬像神一样威严的外来人刚一见到黄金，身上所有的尊严都不见了，而是像一群挣脱了锁链的狗似的互相争斗着。他们拔出刀剑、攥紧拳头、高声叫喊、彼此怒骂,每人都想得到自己独一份的黄金。酋长以惊讶和鄙夷的神情观望着这一场发疯似的争抢。生活在天涯海角的所有自然之子都会永远对这些文化人感到诧异。一小撮黄色的金属,在这些文化人看来,竟比他们的文化所取得的一切精神上和技术上的成就都还要有价值。

最后,酋长终于向他们进言。这一群西班牙人听译员翻译时,满面尽是被贪婪激起的兴奋神情。柯马格莱说,你们为了这样一些没有用的东西互相争吵,为了这样一种普普通通的金属而豁出性命去忍受最严重的艰难困苦和危险,实在让人觉得奇怪。就在这些高山后面,有一片大海,所有流入那片大海的河流都含有金沙;那边住着一个民族,他们也和你们一样乘坐这种既有帆又用桨的船;他们的国王们用金制的容器吃喝;你们到了那里就可以弄到这种黄色的金属,要多少有多少。但是,到那里去是一条危险的路,因为沿途的酋长们肯定不会让你们通过;不过好在只要几天的路程就行。

巴尔沃亚觉得这一番话正中他的下怀。多少年来梦寐以求的传说中的黄金之国的踪迹终于被找到了。他的先行者们曾走遍天南地北,到处寻觅的黄金之国现在离他只有几天的路程,如果酋长说的是真话。同时,另一个大洋的存在终于也被证实了。哥伦布、卡伯特[23]、科雷莱亚尔[24]以及其他一切著名的伟大航海家都曾寻找过通往这个大洋的道路,但都没有成功。因为找到了这个大洋也就意味着发现了一条环绕地球的航道。谁第一个亲眼见到这片新的海洋,并为自己的祖国去占领它,那么他的名字势必会流芳百世。而巴尔沃亚认识到，为了赎清自己的全部罪孽和赢得名垂千古的荣誉，他必须去干这件事：他要第一个横越巴拿马地峡，到达这个通向印度的南边的大海，并为西班牙朝廷去征服那个新的黄金之国。在柯马格莱酋长的这幢房子里的此时此刻就这样决定了他的一生命运。从此时此刻起，这个出来碰碰运气的冒险家的生活有了超越时代的崇高意义。

到不朽的事业中寻求庇护

人生最大的幸运，莫过于在他的人生中途，即在他想象力丰富的壮年发现了自己的人生使命。巴尔沃亚知道，自己正面临着这样的博弈：不是在断头台上悲惨地死去，就是名垂千古。他必须首先用钱买通朝廷的和解：追认他的恶劣行径——他篡夺权力的行动——是合乎常规和合法的！为此，这个昨日的叛乱者现在却作为最最殷勤的臣仆，不仅给驻在伊斯帕尼奥拉岛上的财务总管帕萨蒙特送去了柯马格莱馈赠的黄金的五分之一——按照法律，这五分之一黄金原本是应该归于王室的；而且除了正式向朝廷进贡之外，还私下给财务大臣送去不少黄金，请求财务大臣能确认他在这块殖民地上的长官职位——在谙熟世故方面巴尔沃亚可比刻板耿直的法学家恩西索有经验。伊斯帕尼奥拉岛上的财务总管帕萨蒙特虽然对此没有任何权限，但为了感谢那些为数不少的黄金，他给巴尔沃亚送来一张并无实际价值的临时文书。与此同时，巴尔沃亚为了做到万无一失，自己也向西班牙派去两名最可靠的亲信，以便直接向朝廷禀奏他为王室建立的功绩和报告他从酋长那里探听到的重要消息。巴尔沃亚让两名亲信在塞维利亚[25]报告说，他只需要一千人的兵力，就能保证为卡斯蒂利亚王国做出迄今任何一个西班牙人还从未做过的许多事情。他将负责去找到那个新的海洋和去占领那个终于知道了的黄金国；哥伦布曾答应找到但始终没有找到的黄金国，他，巴尔沃亚将要去征服它。

现在看来，对于这个叛乱者和亡命之徒——这个处于劣势的家伙来说，似乎一切又都变得有利了。然而，从西班牙驶来的下一艘船却带来一个非常坏的消息：他在叛乱时的一名同党——也就是他派到西班牙去在朝廷反驳被夺了权的恩西索所提出的控告的那个亲信——回来报告说，事态的发展对巴尔沃亚非常危险，甚至有生命之虞。那个受骗上当的学士恩西索已经向西班牙法庭控告了这个强行夺去恩西索权力的巴尔沃亚；巴尔沃亚已被判处要向恩西索进行赔偿。而另一方面，那个可能使他得救的关于附近"南边的大海"的消息还没有送到西班牙。不管怎么样，下一艘船肯定会把一名执法人员送到这里，来清算巴尔沃亚的叛乱行为，不是将他就地正法，就是将他套上枷锁送回西班牙。

巴尔沃亚心里明白自己已经完蛋。在西班牙方面得到他的关于附近"南边的大海"和那片黄金海岸的情报以前，对他的判决就会执行。不言而喻，当他的头颅滚入沙土时，西班牙方面就会利用他得到的情报——派另一个人去完成他梦寐以求的事业；而他自己已经无法指望西班牙了。谁都知道，是他使那个国王任命的合法总督尼库埃萨丧了命，是他擅自赶走了那个行政长官恩西索。如果他仅仅被投入监狱，而不是在断头台上惩戒他的胆大妄为，那么他就得称这样的判决非常仁慈宽大了。他不可能再去指望他的有权势的朋友，因为他自己已不再有任何权势；而他的最好的辩护者——黄金，声音还太微弱，不足以保证他得到宽宥。现在，只有一件事能使他免遭因大胆的冒险行为而受惩罚——那就是去干一件更为大胆的事。如果他能在法庭的执法人员到达以前，在他们的捕役把他逮捕并给他套上镣铐以前，找到那另一个海洋和那个新的黄金国，那么他就有可能自己拯救自己。对他而言，在这人类世界的天涯海角也只有这样一种逃遁的方式——逃到煊赫的行动中去，到不朽的事业中寻求庇护。

于是，巴尔沃亚决定不再等待为了征服那个未知的海洋而盼祷从西班牙派来的一千名士兵，他也同样不再坐等法庭执法人员的到来；他宁愿带着那些为数不多但和他同样坚决的伙伴去从事这项伟大的壮举！他宁愿为了在任何时代都称得上是最勇敢的冒险行为之一而光荣死去，也不愿束手待毙，带着耻辱被拖上断头台。巴尔沃亚把该殖民地上的全体人员召集在一起，向他们讲明他要横越巴拿马地峡的意图，同时也不讳言许许多多的困难，并且问他们谁愿意跟从他。他的勇气鼓舞了其他人。一百九十名士兵——几乎是该殖民地上的全部武装人员都声明准备跟从他前往。不需要许多装备，因为那些人一直都在战争中生活。一五一三年九月一日，巴尔沃亚——这个英雄兼匪徒、探险家兼叛乱者，为了逃避绞刑或牢房，开始了他的长途跋涉——到不朽的事业中寻求庇护。

永载史册的瞬间

横越巴拿马地峡是从科伊巴省开始的,那里是卡雷塔酋长的小小王国——他的女儿已成为巴尔沃亚的生活伴侣;正如后来被证实的那样,巴尔沃亚选择的这个地区并不是巴拿马地峡最狭窄的地段。由于不了解这一情况,他绕道多走了好几天危险的路程。不过,对他而言,最重要的是在如此大胆深入到一个未知地区时,一定得有一个友好的印第安人部落保障他的补给或掩护他的撤退。全体人马——配备有长矛、剑、火枪和弓箭的一百九十名士兵,由一群膘肥强壮、令人害怕的狼狗伴随,乘坐十条大独木舟从达连湾渡海先到达科伊巴。那位结盟的酋长卡雷塔把自己部落的印第安人派来当驮物的脚夫和向导。一五一三年九月六日,横越地峡的光荣进军开始了。尽管这一群冒险家顽强勇猛和历经磨炼,但横越地峡对他们的意志力来说,仍然是巨大的挑战。这些西班牙人必须首先在令人窒息、使人疲惫的赤道灼热之中穿过低洼地,那里的沼泽泥潭和热病的感染即便是在数百年以后修建巴拿马运河时还曾使数千人丧命呢。这一条通往足迹未至地区的道路,从一开始就得在有毒的藤蔓丛中用刀斧和利剑披荆斩棘开凿出来。犹如穿过一座巨大的绿色矿井,走在队伍前面的人在灌木丛中为后来者开凿出一条狭窄的坑道。随后,这支西班牙征服者的队伍排成一条长长的望不到尽头的行列,一个跟着一个穿过这条坑道前进。他们手中始终拿着武器,日日夜夜保持着高度警惕,防备土著人的突然袭击。潮湿的巨大树冠宛若穹顶,树冠底下是一片阴暗、闷热的茫茫雾气，憋得人透不过气，树冠上空是无情的炎炎烈日，酷热使人汗流浃背，渴得嘴唇焦裂。这支背着沉重装备的队伍就这样拖着疲惫的身躯，一里一里地向前走着；突然之间，这里又会下起倾盆大雨，小溪顿时变成湍湍急流。他们不得不蹚水而过，或者从印第安人迅速架起的、摇摇晃晃的临时树索桥上通过。这些西班牙人带的干粮只不过是少量的玉米。他们熬夜、又饥又渴，身边萦绕着蜇人、吸血的成群昆虫，衣服被刺芒扯破了，脚都受了伤，眼睛充满血丝，面颊被嗡嗡叫的蚊子咬得肿了起来，他们白天不休息，晚上不睡觉，勇往直前，很快就精疲力竭了。行军一星期后，大部分人已不再能够承受这样的劳累。巴尔沃亚知道，真正的危险还在后头等着他们呢。于是他发布命令：把所有患热病的人和不能行军的人留下。他打算只和自己队伍中精心挑选的人去从事这次决定性的冒险行动。

地势终于开始渐渐升高。只有在沼泽的洼地上才能长得非常茂密的热带灌木丛渐渐稀疏了。不过，树荫也就从此不能再保护他们。赤道上的斜阳亮晃晃地把沉重的装备照射得像着了火似的滚烫滚烫。这群疲惫不堪的人只能迈着极小的步伐，缓慢地攀登着通向上面高山的斜坡，那些绵延不断的山岭犹如一条石头的脊梁，隔断着两个海洋之间的这一块狭窄地带。视野渐渐变得宽阔，夜间的空气也变得凉爽。看来，经过十八天坚苦卓绝的努力之后，最最严重的困难似乎已经被克服。一条山脊已高高地矗立在他们面前。据印第安人向导说，从那山峰上就能眺望到两个海洋——大西洋和另一个当时尚不为人所知和尚未命名的太平洋。可是，正当自然界顽强而诡谲的抗拒眼看就要被最后战胜时，巴尔沃亚一行又遇到了新的敌人。当地的一个印第安人部落酋长率领着数百名武士，要挡住他们的去路。巴尔沃亚有着同印第安人作战的丰富经验。他只要发出一排火炮就行。人造的闪电和雷鸣就会向土著人显示出巴尔沃亚所具有的魔力。受惊的土著人就会叫喊着、被从后面赶来的西班牙人的狼狗追得四处逃窜。但是这一次，巴尔沃亚没有满足于这样轻而易举的胜利，而是像所有西班牙入侵者那样，用惨无人道的残酷玷污了自己的名声：他将一批缚住了手脚、失去自卫能力的俘虏让一群饥饿的狼狗咬死、撕裂、嚼碎、吞吃——以此来代替在西班牙斗牛和击剑的取乐。在巴尔沃亚获得名垂青史的那一天前夜，他的名声被这一场令人唾弃的屠杀败坏了。

在这些西班牙占领者的性格和行为中确曾有过这样一种难以解释的复杂现象。一方面，他们以那种当时只有基督徒才有的虔诚和信仰，真心实意地、狂热地祈祷天主，另一方面，他们又会以天主的名义干下历史上最卑鄙无耻、最不人道的事。他们能够以自己的勇气和不畏艰险的献身精神建树最壮丽的英雄业绩，但同时他们又会以最无耻的方式尔虞我诈，而且在这种厚颜无耻之中又夹杂着一种特殊的荣誉感——一种令人钦佩、真正值得称赞的对自己历史使命的崇高意识。巴尔沃亚就是这样一种人。他在头一天晚上把无辜的、被缚住了手脚的俘虏让狼狗活活咬死，或许还心满意足地抚摸过正滴着新鲜人血的狼狗的上唇呢。但他同时又清楚地认识到自己的行动在人类历史上的意义，并在那决定性的时刻想出一种能使自己流芳百世的姿态。

他知道，一五一三年九月二十五日将要成为具有世界历史意义的一天，因此，这位顽强、坚定的冒险家就要以令人赞叹的西班牙人的激情来表示他是多么了解自己的使命具有超越时代的意义。

巴尔沃亚的非凡姿态是：那天晚上，就在那次血腥的行动之后，一名土著人指着近处一座山峰告诉他说，从那座高山之巅就能望见南边那一片尚不为人所知的海洋。巴尔沃亚立刻作了安排。他把伤员和累得已经走不动的人留在这个被洗劫过的村落里，同时命令所有还能行军的人——总共是六十七个人继续前进，去攀登那座高山，而他从达连出发时带领的是一百九十人。将近上午十点钟，他们已接近顶峰，只要登上一个光秃秃的小山顶，就能放眼远眺无尽的海天了。

可是就在这一刻，巴尔沃亚命令全体人员停止前进，谁都不得跟随他，因为他不愿意和任何人分享这第一眼望见这个未知大洋的荣誉。他要单独前往，要成为在横渡了我们世界上当时最大的海洋——大西洋以后，见到另一个尚未为人所知的大洋——太平洋的第一个西班牙人、第一个欧洲人、第一个基督徒而永载史册。他被这伟大的时刻深深感动，心怦怦地跳着，左手擎着旗，右手举着剑，缓慢地向山上攀登，偌大的四周只有他孤单的身影。他攀登得很从容，一点都不着急，因为大功已经告成。只是还需要再走几步罢了，而且步数正在愈来愈少，愈来愈少。这会儿他终于伫立在山顶上，眼前真是一片非凡的景色。在倾斜的山麓后边，紧挨着郁郁葱葱的山坡的是一大片望不到尽头、波光粼粼的耀眼大海。这就是那个新的、尚未为人所知的海洋,迄今为止它只萦回于人们的梦境,而从未有人亲眼见过它。多少年来,哥伦布和他的所有后来人都曾寻找过这个波涛冲击着美洲、印度和中国的传说中的海洋,但均未成功。而此刻,巴尔沃亚却亲眼目睹着这海洋。他举目远望,感到幸福和自豪,完全被这样一种意识所陶醉:他的蓝色眼睛是这一大片浩瀚的蓝色海洋的反映——这可是第一双欧洲人的眼睛呀!

巴尔沃亚心醉神迷地、久久地望着远方,然后才把他的同伴们唤上来,和自己的朋友们分享他的喜悦和骄傲。同伴们一边兴奋地叫喊着,一边攀呀,爬呀,跑呀,激动得气喘吁吁地登上了山顶,用热情的目光凝视着远方,指点着、惊叹着。突然间,随同他们一起来的神父安德烈斯·德巴拉唱起了感恩诗《天主呀,我们赞颂你》,喧哗和喊叫声顿时消失了。这一群士兵——冒险家兼匪徒的粗鲁、生硬的嗓门霎时间都唱起了这首虔诚的圣歌。印第安人带着惊异的神情,眼望着他们按照神父的话,砍下一棵树,做成一个十字架竖起来,用花体字在十字架的木头上刻下西班牙国王的名字,好像十字架上伸向两边的横木就是双臂似的——能挽住两个相隔遥远、望不到尽头的大洋——大西洋和太平洋。

在一片敬畏天主的静默中,巴尔沃亚站出来,向自己的士兵发表讲话。他说,他们确实应该感谢天主,因为是天主赐予他们这样的荣誉,同时还应该祈求天主继续保佑他们去占领这一片海洋和这里所有的土地。如果他们继续像以前那样忠实地跟随他,那么他们从这新印度回去的时候将是最富有的西班牙人了。他说完话后便郑重其事地举起旗帜，向四面迎风摇动，以显示凡是风吹过的一切地方，西班牙都要去占领。接着，他叫来文书安德烈斯·德巴尔德拉瓦诺，要他草拟一份文书，为世世代代记下这个庄严的场面。巴尔德拉瓦诺摊开一张羊皮纸——原来他将羊皮纸、墨水盒和羽毛笔密封在一个木匣里，身背着木匣穿过原始森林。文书要求所有的贵族、骑士和士兵——"这些品德高尚、作风正派的人"——"这些得到国王陛下的总督：卓越而极受尊敬的巴尔沃亚队长的福佑而有幸在发现南边的大海在场时的人"在文书上签字证明："这位巴斯科·努涅斯·德巴尔沃亚先生是看到这一片大海的第一人，是他把这一片大海指给他们这些后来者看的。"

随后，六十七个人才从山顶上走下来，所以，一五一三年九月二十五日，是人类知道地球上迄今未知的最后一个大洋的日子。

黄金和珍珠

现在终于有了确凿的证明：是他们亲眼见到了这浩渺的海洋。但是他们还要走到这片海洋的岸边，去亲自感受海水的潮湿，去亲自触摸拍来的海浪，去尝尝海水的滋味，还要去敛取海滩上的胜利品！他们从山上走下来的路程用了两天的时间。为了找到一条从山麓到海边的捷径，巴尔沃亚把队伍分成若干小组。在阿隆索·马丁率领下的第三组首先到达海滩。这个探险小组的全体成员乃至普通的士兵全都充满追求功名的虚荣心，渴望不朽的声名，以至这个平庸的阿隆索·马丁也赶紧让文书用白纸黑字写下一份文书，证明他是第一个在这片尚未命名的水域中弄湿了自己的脚和手的欧洲人，为自己如此渺小的"我"记下一笔像一粒尘埃似的不朽事迹。然后他才向巴尔沃亚报告，他已经到达大海边，并且已用自己的手触摸过海水。巴尔沃亚又立刻为自己想出一种新的慷慨激昂的姿态。第二天——九月二十九日刚好是教历的圣米歇尔节，巴尔沃亚自己在海滩边出现了，随身只带着二十二名同伴。为了让自己像圣米歇尔一样在庄严的仪式中去占领这片新的海洋，他佩带刀剑，全身武装。他没有急急忙忙走到海水中去，而是俨若这片大海的主人和统治者似的坐在一棵树下休息，神气十足地等待着上涨的海水将海浪轻轻地拍到他的脚上，让海浪像一条顺从的狗用舌头舔舐他的脚似的。然后他才站起来，把盾牌负在背上——盾牌在阳光下像一面镜子似的闪闪发亮——他一手握着剑，一手举着那面有圣母图像的卡斯蒂利亚王国的旗帜，走入海水之中，一直走到海浪拍击他的两髋，他才全身浸泡到这一片陌生的汪洋之中。接着，巴尔沃亚——这个此前还是叛乱者和亡命之徒而现在俨若国王最忠实的仆人和凯旋者——向四面八方挥动着旗帜，一边高声喊道："卡斯蒂利亚、莱昂、阿拉贡[26]的尊贵而又伟大的君主斐迪南[27]和胡安娜[28]万岁！我要以他们的名义，为卡斯蒂利亚王国的利益，去真正地、永远地、实实在在地占领这里的所有海域、陆地、海岸、港口和岛屿。我发誓，无论哪位亲王或者另一个船长，不管他是基督徒还是异教徒，也不管他有什么信仰或者什么地位，只要他胆敢对这里的陆地和海洋提出任何权利要求，我就要以卡斯蒂利亚二王的名义进行保卫，因为这里的陆地和海洋现在已是二王的财产,只要世界存在一天直至最后审判,这里就永远是二王的财产。"

所有这些西班牙人都重复了这样的誓言。他们宣誓的声音压过了大海的啸声。现在,每人又都用嘴唇舔了舔海水;文书安德烈斯·德巴尔德拉瓦诺再次记录下这一幕占领仪式,用下面的话结束了他的文书:"这二十二个人以及文书撰写人安德烈斯·德巴尔德拉瓦诺是第一批基督徒用自己的脚踏进这一片'南边的大海',大家都亲手试过这里的水,并且用嘴尝过,为的是要弄清它是否像其他海里的水一样是咸水。当他们弄清确实是咸的海水时,他们齐声向天主感恩。"

伟大的事业已经完成。现在就要从这种英勇的冒险行动中得到实惠。先是这群西班牙人从一些土著人那里缴获或者换来一些黄金。不过,在他们的胜利喜悦中,还有一件新的意外好事在等待着他们呢,那就是在附近的岛屿上可以找到许许多多珍珠,在印第安人给他们送来的一捧一捧值钱的珍珠中,有一种被塞万提斯和洛佩·德维加[29]都曾赞美过的名叫"佩莱格里纳"的珍珠,因为这些珍珠作为一种最漂亮的珍珠已装饰在西班牙和英国国王的王冠上。这群西班牙人把这种宝贝塞满了所有大大小小的口袋;不过,珍珠在这里并不比贝壳和沙粒更值钱。当他们贪婪地进一步打听他们认为最最重要的东西——黄金的时候,一名印第安人酋长指着南边地平线上那一溜隐隐约约的山脉说,山那边是一片有着无穷宝藏的土地,那里的统治者举行欢宴时用的全是黄金制的杯盘。还有四条腿的硕大牲口——酋长说的是美洲骆驼。这些牲口会把最贵重的东西一包一包地往国王的宝库里驮。酋长把这片大海南边山背后的国家的名字说了出来,听上去好像是"皮鲁",声音悦耳,却又非常陌生。

巴尔沃亚凝望着酋长用那只伸开的手所指的远方,只见那里的山峦消失在茫茫的天边。但是声音柔和、富有诱惑力的"皮鲁"这个词却随即铭刻在他的心中。巴尔沃亚的心不平静地怦怦跳动着。这是他一生中第二次意外获得的伟大预示。他已经完成了第一个使命:他找到了柯马格莱酋长所说的并非遥远的这一片富有珍珠的海滩和南边的大海。说不定他也能胜利完成这第二个使命呢:去发现和征服这个地球上的黄金之国——印加帝国[30]的使命。

神明很少保佑……

巴尔沃亚还一直在用贪婪的目光凝望着远方。"皮鲁",即"秘鲁"这个名字犹如一具金制的撞击的钟发出的钟声在他的灵魂深处回荡。不过,这一回他不得不忍痛放弃!他不敢再去冒险了。他带着二三十个疲惫不堪的人是不可能去征服一个王国的。也就是说,他必须先返回达连,养精蓄锐以后再沿着现在找到的这条路线去征服那个新的黄金国。话又说回来,他们在回来的路上仍然遇到不少困难。这群西班牙人必须再次艰难地穿过热带灌木丛林,必须再次战胜土著人的袭击。尤其是他们现在已不再是一支战斗的队伍,而是一小队患着热病、用最后一点力气蹒跚地行走着的人群。巴尔沃亚本人也已经气息奄奄,由几个印第安人用一张吊床抬着。这支队伍经过坚苦卓绝的四个月行军,终于在一五一四年一月十九日重新回到了达连。然而,历史上最伟大的壮举之一毕竟是完成了。巴尔沃亚实现了自己的诺言:每一个同他一起冒险到达那个未知地区的人都发了大财。他的士兵们从"南边的大海"沿岸带回家来的财宝之多,是哥伦布和另外几个西班牙征服者所不能比拟的。和巴尔沃亚一起行动的所有其他的西班牙殖民者也都分到了自己的一杯羹。巴尔沃亚把胜利品的五分之一进贡朝廷。他在分配胜利品的时候还给自己的狼狗莱昂西科留了一份,以报答它如此凶狠地撕咬掉那些不幸土著人的皮肉。狼狗得到的酬劳和每一个参战者一样多:五百金比索。没有人为此抱怨凯旋者巴尔沃亚。他在取得如此了不起的成就之后,在这块殖民地上再也没有人对他作为总督的权威持有异议。这个冒险家和叛乱者像一个神似的被人崇敬。他可以自豪地向西班牙送去如下的消息:他为卡斯蒂利亚朝廷完成了自哥伦布以来最伟大的业绩。他的时运就像旭日东升,光辉穿过一切迄今压在他生命之上的阴云,而现在,正是红日中天。

不过,巴尔沃亚的好景不长。几个月后的一天,那正是阳光灿烂的六月天气,达连的居民惊奇地拥向海滩。一张风帆在海面的地平线上出现,在这个偏僻的天涯海角,这本身就是一桩奇迹。可是你看,紧接着又出现了第二张风帆、第三张风帆、第四张风帆、第五张风帆,不一会儿已经看到十艘帆船,不,十五艘帆船,不,二十艘帆船——原来是整整一支舰队正在向海港驶来。他们很快就知道了:这一切都是巴尔沃亚的那封信引来的,但不是报告他凯旋的那封信——那封信还未到达西班牙呢,而是他早先的那封信，他在那封信里第一次转述了印第安人酋长关于附近"南边的大海"和黄金国的报告，并请求派一千名士兵来，以便去占领那些土地。西班牙朝廷毫不迟疑地为这样一次远征派来了一支如此强大的舰队。但是，塞维利亚和巴塞罗那方面根本就没有想把这样的重任托付给一个像巴尔沃亚这样声名狼藉的冒险家和叛乱者。因此，一名真正的总督——出身富豪贵族、深孚众望而年已六十岁的佩德罗·阿里亚斯·达维拉——人们大都称呼他为佩德拉里亚斯[31]——被同时派遣而来。他将作为国王委任的总督在这块殖民地上最终建立起秩序，对以前发生的一切越轨行为绳之以法，同时要去找到"南边的大海"和征服那个预示中的黄金国。

对佩德拉里亚斯而言，此时的处境非常尴尬。他一方面肩负这样的使命：要追究叛乱者巴尔沃亚驱逐前总督的责任，如果证明他有罪，那么就将他逮捕，要不，就证明他无罪；另一方面他又负有使命要去找到"南边的大海"。可是，当他换乘的小船刚一靠岸，他就立刻知道，正是这个他打算审讯的巴尔沃亚已亲自完成了这个了不起的行动，正是这个叛乱者已庆祝过佩德拉里亚斯所指望的凯旋。巴尔沃亚为西班牙朝廷做出了自发现美洲以来最伟大的贡献。不言而喻，他现在不可能将这样一个人像一个恶劣的罪犯似的送上断头台，而必须礼貌地向他问候，热忱地向他祝贺。只不过，巴尔沃亚从此时此刻起实际上已经失败。佩德拉里亚斯永远不会原谅这个竞争对手独自完成了此项行动，因为这是一项委派佩德拉里亚斯来完成的行动，而且这项行动肯定会给佩德拉里亚斯带来千古流传的美名。所以，佩德拉里亚斯虽然为了不过早地去激怒那些在达连的殖民者而不得不将自己对他们的英雄——巴尔沃亚的仇恨隐藏起来，将追究责任的事无限期地拖延，甚至将自己还留在西班牙的亲生女儿许配给巴尔沃亚，以制造一种和平的假象，然而，他对巴尔沃亚的仇恨和嫉妒并未有一丝一毫的减少，而只会不断增加。现在，西班牙朝廷也终于知道了巴尔沃亚所完成的业绩，并将一张委任状送到这里，补授这个从前的叛乱者以适当的头衔，即同样任命他为总督，而且告知佩德拉里亚斯，凡遇重大事情都必须同巴尔沃亚商量。不过，这一片土地对两个总督来说毕竟是太小了，其中必然要有一个屈服，直至最后垮台。巴尔沃亚感觉到自己随时都有可能遭到不测，因为佩德拉里亚斯手中掌握着军权和司法权，于是他打算第二次到不朽的事业中寻求庇护，因为他第一次这样的尝试获得了出色的成功。他请求佩德拉里亚斯允许他装备一支远征队，到"南边的大海"沿岸去探察并占领其周边的辽阔土地。但是，这个旧日叛乱者的秘密意图是：他远渡重洋，目的是为了摆脱一切监视，他要自己建立起一支舰队，要使自己成为那一片土地的主人，并且一旦有可能，就去征服传说中的秘鲁——新世界的黄金国。佩德拉里亚斯诡谲地同意了：如果巴尔沃亚在这次行动中丧了命，岂不更好；如果他获得了成功，那么以后仍然有时间再把这个过于贪图功名的人置于死地。

于是，巴尔沃亚又开始到不朽的事业中寻求新的庇护。说不定他的第二次行动会比第一次行动更辉煌呢，不过，尽管历史总是给予有成就的人以光荣，而他的第二次行动却没有让他在历史上享受到和第一次同样的荣耀。巴尔沃亚这一次横越地峡的时候不仅带着自己的人马，而且还让成千名土著人拉着木材、木板、船帆、铁锚和四艘双桅帆船用的绞盘翻山越岭，因为他到了山那边以后要首先建立起一支舰队，然后才能去强占"南边的大海"所有沿岸地区，去征服那些盛产珍珠的岛屿和传奇般的秘鲁。可是这一次，命运同这个勇敢的冒险者作对：他接二连三地遇到新挫折。在穿过潮湿的热带灌木丛时，蠹虫蛀毁了木材；木板全部霉烂，根本无法使用。但巴尔沃亚没有气馁，他在巴拿马海湾让人砍下新的木料、锯成新的木板。他的才干创造了真正的奇迹。眼看一切又都要成功：准备航行在太平洋上的第一批双桅帆船已经建造好了，可是突然之间，停泊着竣工船只的河流洪水暴发，造好的船被冲走了，并在大海上撞击得粉碎。巴尔沃亚不得不第三次重新开始。两艘双桅帆船终于又建成了。只需要再有两三艘这样的船，他就可以出发了，去占领那一片日日夜夜梦想着的土地。自从那个印第安人酋长当年伸出一只手，指向南方和巴尔沃亚第一次听到那个诱人的名字"皮鲁"以来，巴尔沃亚就有了这个梦想。现在，只要再有几个勇敢的军官和一支精良的后备部队，他就可以去建立自己的王国了！只要再有几个月时间，只要他胸中的这项大胆计划稍微碰上一点好运气，那么世界历史上战胜印加人、征服秘鲁的就不会是皮萨罗，而是巴尔沃亚了。

然而，命运即使对自己最喜爱的宠儿也不是永远慷慨无度。神明仅仅保佑了这个不能永生的人完成了一项不朽的业绩，以后再也没有继续保佑他。

毁 灭

巴尔沃亚以坚强的毅力准备着自己的宏伟计划。然而，恰恰是这种大胆计划所取得的成功给自己招惹来危险，因为佩德拉里亚斯的猜忌目光一直在不安地注视着自己这个下属的意图。也许是由于有人向佩德拉里亚斯告密，他得到了情报，知道巴尔沃亚野心勃勃地要建立自己的统治；也许是纯粹出于嫉妒，他怕这个从前的叛乱者第二次获得成功。总而言之，他突然给巴尔沃亚送去一封非常恳切的信，信中说，巴尔沃亚在最终开始远征以前最好先回到阿克拉——达连附近的殖民地——再商谈一次。巴尔沃亚希望能进一步得到佩德拉里亚斯的兵力支援，于是按照信上的邀请立即返回。一小队士兵在城门外迈着正步向他走去，好像是去迎接他似的。巴尔沃亚高兴地急忙向他们走去，为的是要去拥抱他们的队长——和自己并肩作战多年的兄弟、发现"南边的大海"时的同伴、自己信赖的朋友弗朗西斯科·皮萨罗。

可是，皮萨罗却把手重重地按在他的肩上，宣布他已被捕。皮萨罗也渴望着干出一番不朽的事业，也渴望着能去占领那个黄金国，所以，当他知道要除掉这样一个肆无忌惮的挡路人时，心里并非不乐意。佩德拉里亚斯总督开始了这场所谓叛乱的审判，并且很快进行了不公正的判决。数天以后，巴尔沃亚和他自己几个最忠实的同伴一起走上了断头台。只见刽子手的刀斧一闪，滚落在地上的那个头颅上的眼睛在一秒钟之内就永远闭上了，这是欧洲人的第一双眼睛呀——这双眼睛曾同时看到过环抱我们地球的两个大洋。

注　释

［1］ 克里斯托福罗·哥伦布（意大利语：Cristoforo Colombo，1451—1506），原是意大利人，1485 年移居西班牙，1492 年 8 月至 1493 年 3 月，在西班牙伊莎贝拉女王支持下作第一次向西远航，企图找到一条通往印度的新航道，结果到达了今天的巴哈马群岛和古巴、海地等岛。以后他又三次西航，到达中美、南美大陆沿岸地带，史称第一位发现美洲的欧洲人，但他至死还一直误认为他所到达的地方是印度。

［2］ 塞维利亚（Sevilla），西班牙西南部城市，1503 至 1717 年是西班牙统管所有殖民地的所谓印度事务部的驻地。

［3］ 巴塞罗那（Barcelona），西班牙东北部重要港口，濒地中海，哥伦布第一次航海归来，在此向西班牙的伊莎贝拉和斐迪南两位国王提出航海报告。

［4］ 两位国王，指当时伊比利亚半岛中部的卡斯蒂利亚王国的女王伊莎贝拉一世（Isabella I.，1451—1504）和比利牛斯山麓的阿拉贡（一译亚拉冈）王国的国王斐迪南二世（Ferdinando II.，新译：费迪南多，1452—1516），1469 年，他们两人结婚，从而使西班牙趋于统一。在哥伦布以后的大探险时代，西班牙国土由他们两人统治，史称天主教二王。

［5］ 威尼斯古金币，原文是 Dukaten，系指 1284 年在威尼斯铸造的纯金古币。

［6］ 此处的"黄金国"原文是"俄斐"（Ophir），是《圣经·列王纪》中盛产黄金和宝石之地，在西方以此比喻黄金国。

［7］ 帕洛斯（Palos），西班牙东南部港口，哥伦布第一次向西航海由此出发。

［8］ 加的斯（Cádiz），西班牙西南部港口，临大西洋，1492 年起为西班牙前往美洲商船队的总部所在地。

［9］ 伊斯帕尼奥拉岛（La Española），即今海地岛，1492 年哥伦布抵

达该岛时命名为伊斯帕尼奥拉,意谓小西班牙,又称圣多明各岛（Santo Domingo）。1509 年西班牙驻该岛的总督是迭戈·哥伦布（Diego Colombo，1480—1526），他是美洲新大陆发现者哥伦布的儿子。

〔10〕 马丁·费尔南德斯·德恩西索（Martin Fernández de Enciso，1470?—1528?），西班牙殖民者,1500 年到美洲,后作为法学家居住在伊斯帕尼奥拉岛,著有《地理全书》(*Suma de Geografia*, 1519),用西班牙文对新世界的发现地作了总结。

〔11〕 阿隆索·德奥赫达（Alonzo de Ojeda，1465?—1515），西班牙探险家,1493 年随哥伦布到达美洲,1493 至 1495 年在伊斯帕尼奥拉岛上进行征服活动,1499 至 1500 年和探险家韦斯普奇（Vespucci）出航到达圭亚那海岸,第一次报道了亚马孙河。

〔12〕 迭戈·德尼库埃萨（Diego de Nicuesa），曾被西班牙朝廷派往巴尔沃亚所占领的殖民地——达连湾安提瓜岛的圣玛丽亚任总督,但巴尔沃亚未让其登岸,并使其在回国途中葬身于大海。

〔13〕 "黄金的卡斯蒂利亚"的西班牙原文是 Castilia del Oro。卡斯蒂利亚（Castilia），原是西班牙历史上卡斯蒂利亚王国的国名,1479 年西班牙统一后仍经常沿用这个传统国名。西班牙殖民者常常借用西班牙的国名或地名去命名在美洲的殖民地。

〔14〕 乌拉瓦海湾（Golfo de Uraba），在今哥伦比亚西北部（16 世纪该地统称委内瑞拉），北邻达连湾。圣塞瓦斯蒂安（San Sebastián）靠近乌拉瓦海湾。

〔15〕 圣地亚哥（Santiago），耶稣基督的十二使徒之一,西班牙保护神。

〔16〕 巴斯科·努涅斯·德尔沃亚（Vascó Nuñez de Balboa，1475—1519），其姓氏 Balboa 按西班牙语发音应译为巴尔沃亚,曾一度有中译者按英语发音译为巴尔博亚。他是西班牙探险家和殖民统治者。第一个发现太平洋的欧洲人。出生在西班牙赫雷斯·德洛斯·卡瓦列罗斯（Jerez de los Caballeros）的贵族家庭。1500 年参加罗德里戈·德巴斯蒂达斯（Rodrigo de Bastidas）的探险队到美洲。先在伊斯帕尼奥拉岛落脚,1510 年到巴拿马地峡东北岸的达连湾（Darién）开辟新殖民地。1511 年西班牙国王任命巴尔沃

亚为达连临时总督兼军事指挥官。其间，印第安人告知巴尔沃亚，达连往南有大海，大海之滨遍地黄金。于是巴尔沃亚派信使回西班牙，要求朝廷增派远征军。但西班牙国王其时已听信他人告发，不再信任巴尔沃亚，乃任命佩德拉里亚斯（Pedrarias）为西班牙在美洲新大陆殖民地的驻军司令兼达连总督。然而巴尔沃亚未待佩德拉里亚斯到达，径自于1513年9月1日带领人马从达连湾安提瓜岛（Antigua）出发，向南远征，并于1513年9月25日登上巴拿马地峡西北岸的一座山峰，望见太平洋。巴尔沃亚当时称之为南边的大海（Mar del Sur），7年以后，麦哲伦航行至这一片汪洋，称之为太平洋。1519年1月12日，巴尔沃亚被政敌佩德拉里亚斯以谋反罪处死。

〔17〕 罗德里戈·德巴斯蒂达斯（Rodrigo de Bastidas，1460—1526），西班牙航海家。1500年率探险队到达美洲达连湾（Darién）海岸并考察加勒比海。

〔18〕 弗朗西斯科·皮萨罗（Francisco Pizarro，1475？—1541），西班牙探险家，以征服印加帝国闻名于世。皮萨罗约1475年在西班牙的卡塞雷斯省（Cáceres）的特鲁希略（Trujillo）出生，准确日期不详。1502年先在伊斯帕尼奥拉岛落脚。1510年加入奥赫达的探险队，在今哥伦比亚西北部的乌拉瓦海湾建立殖民地圣塞瓦斯蒂安（San Sebastián）。1513年加入巴尔沃亚的探险队去达连湾。1519—1523年任新建的巴拿马城的长官。任职期间闻悉当时的印加帝国（今秘鲁、智利、厄瓜多尔等太平洋沿岸一带）之富饶。1523年和西班牙探险家迭戈·德阿尔马格罗（Diego de Almagro，1475?—1538）共同策划远征南美西海岸。经过两次南征（1524—1525及1526—1528），终于在1532年以180人之兵力登陆秘鲁，掳获印加帝国皇帝亚塔瓦尔巴，翌年占领其首都库斯科，印加帝国灭亡。后来由于分享胜利果实而产生矛盾。1538年，阿尔马格罗被皮萨罗处死。1541年，阿尔马格罗的儿子及其父亲的追随者们进攻皮萨罗在利马的官邸，是年6月26日，皮萨罗战死。

〔19〕 奥赫达，参阅本书本篇注〔11〕。

〔20〕 达连(Darién),系指 16 世纪濒临达连湾的西班牙殖民地。达连湾(Golfo de Darién),今加勒比海最南部的海湾,在巴拿马的东北岸和哥伦比亚的西北岸之间。

〔21〕 "达连湾安提瓜岛的圣玛丽亚"的西班牙语原文是:Santa Maria de la Antigua del Darién。安提瓜岛(Antigua)是拉丁美洲岛国安提瓜和巴布达(Antigua and Barbuda)的主岛。

〔22〕 迭戈·德尼库埃萨(Diego de Nicuesa),参阅本书本篇注〔12〕。

〔23〕 约翰·卡伯特(John Cabot,意大利语姓名:Giovanni Caboto,乔瓦尼·卡博托,1450?—1498?),意大利航海家,后移居英国,获英王亨利七世的特许,于 1497 年西航寻找通往亚洲的新航道,结果于 52 天后在北美大西洋上的布雷顿角岛(Cape Breton Island)登陆,因而后世把他看作发现北美的先驱者之一。

〔24〕 科雷莱亚尔(Corereal),15 世纪航海家,生平不详。

〔25〕 塞维利亚(Sevilla)在 16 世纪以前已是古代西班牙的重要城市,在 1561 年马德里成为西班牙首都之前,塞维利亚由于繁荣富裕和海运方便,政府重要部门设在这里。国王常常驻跸于此,基本上起着首都的作用。

〔26〕 1230 年后的卡斯蒂利亚王国(Kastilien)还包括 9 世纪时西班牙西北部的莱昂王国(Leon)以及阿拉贡王国(Aragon,一译亚拉冈)。

〔27〕 斐迪南,即斐迪南二世,原为阿拉贡国王,后为卡斯蒂利亚王国二王之一。

〔28〕 胡安娜(Juana,1479—1555),阿拉贡国王斐迪南二世和卡斯蒂利亚女王伊莎贝拉一世所生之女,后继承母亲在卡斯蒂利亚的王位,1505 至 1516 年由其父摄政。

〔29〕 塞万提斯(Miguel de Cervantes Saavedra,1547—1616),16 至 17 世纪西班牙伟大作家,以《堂吉诃德》著称于世。洛佩·德维加(Lope de Vega,1562—1635),与塞万提斯同时代的西班牙著名剧作家,西班牙戏剧的奠基人。

〔30〕 印加帝国,15 世纪在南美太平洋沿岸地区建立的帝国,1533 年被皮萨罗率领的西班牙殖民者所灭。文中所说的"皮鲁"是指当时属于印加帝国的秘鲁。

〔31〕 佩德拉里亚斯（Pedrarias），全名：佩德罗·阿里亚斯·达维拉（Pedro Arias Dávila, 1440?—1531），西班牙将领和殖民地统治者。1513 年被西班牙国王任命为美洲新大陆西班牙殖民地驻军司令。1514 年率舰船 19 艘前往新大陆。1514—1526 年任达连和巴拿马总督，1519 年建立巴拿马城。1527—1531 年任尼加拉瓜总督。1519 年 1 月借谋反之名处死政敌巴尔沃亚。

攻克拜占庭

一四五三年五月二十九日

公元三九五年，原先统一的古罗马帝国终于分裂为东西两部分，即以罗马为首都的西罗马帝国和以君士坦丁堡为首都的东罗马帝国。君士坦丁堡就是古代希腊人移民的城市拜占庭，故君士坦丁堡习称拜占庭，东罗马帝国又习称拜占庭帝国。公元四七六年，西罗马帝国末代皇帝罗慕路斯·奥古斯都鲁被日耳曼军事首领奥多亚克废黜，西罗马帝国灭亡。时至十五世纪中叶，东罗马帝国面临内外交困的局面，绝大部分领土被兴起的奥斯曼帝国占领，实际上只剩下首都君士坦丁堡这座四面受围的城市，不但完全失去了作为地中海一支商业劲旅的地位，而且被迫听任热那亚和威尼斯的商人在东罗马帝国境内建立许多商业据点，享有种种特权。东罗马帝国已处于风雨飘摇之中。

一四五三年五月二十九日，君士坦丁堡终于被土耳其人奥斯曼帝国的苏丹穆罕默德二世亲自率军攻占，随后奥斯曼帝国迁都于此，更名伊斯坦布尔。君士坦丁堡的陷落，标志着在西罗马帝国灭亡后继续存在将近一千年的东罗马帝国的灭亡。欧洲历史从此揭开新的一页。

奥斯曼帝国土耳其人的祖先是突厥人，原居中亚，十三世纪初向西迁徙，定居于小亚细亚的西北部。一二九九年，其首领奥斯曼宣布独立，建立以其名命名的奥斯曼帝国，后不断进攻其近邻拜占庭帝国，侵占其领土。一四五三年，拜占庭陷落后，奥斯曼帝国继续四处扩张，版图大增。一五二九年，奥斯曼帝国攻陷维也纳，一度成为地跨欧、亚、非三大洲的庞大帝国。十七世纪中叶，奥斯曼帝国开始衰落。第一次世界大战期间，奥斯曼帝国参加同盟国，后退出战争，战后仅保有土耳其本土。一九一九年，国内爆发由基马尔领导的资产阶级革命。一九二〇年，国民政府在安卡拉成立。一九二二年，苏丹穆罕默德六世被废黜，奥斯曼帝国告终。一九二三年，土耳其共和国成立。

——译者题记

危在旦夕

一四五一年二月五日,一位密使到小亚细亚向苏丹穆拉德二世[1]的长子——二十一岁的穆罕默德[2]报告他的父亲已经去世的消息。这位既精明又果断的皇太子没有同自己的大臣和谋士商量一句话,就一跃跨上自己乘骑中那匹最好的马,扬鞭策马,驱着这匹纯种良马一鼓作气跑完一百二十里,到达博斯普鲁斯海峡,并且立刻渡海,来到欧洲一岸的加利波里[3]。他这才向自己的亲信们透露父亲去世的消息。为了事先就能挫败其他任何人染指王位的企图,他调集了一支精锐部队,率领到亚得里亚堡[4],尽管他在那里实际上并没有遇到任何反对就被确认为奥斯曼帝国的最高统治者。他随即采取的第一个政治行动同样充分显示了穆罕默德二世那种毫无顾忌的魄力,简直令人可怕。为了预先铲除掉所有的嫡血竞争对手,他让人把自己尚未成年的弟弟淹死在浴池里,并且接着又立刻将那个被他逼着去干这件事的凶手害死——由此也可看出他的诡计多端和生性残忍。

这样一个年轻、狂热、醉心于功名的穆罕默德二世从此取代了较为稳重的穆拉德二世而成为土耳其人奥斯曼帝国的苏丹。这一消息使拜占庭人惊恐万状,因为他们通过成百名的密探获悉,这个野心勃勃的家伙曾发誓要占领这座昔日的世界第一古都,尽管他年纪轻轻,却日日夜夜在策划着如何实现自己的这项毕生计划;同时所有的报告又都一致声称:这位土耳其人奥斯曼帝国的新君主具有非凡的军事和外交才能。穆罕默德二世是一身兼备双重秉性的人,他既虔诚又残忍,既热情又阴险,既是一个学识渊博、爱好艺术、能用拉丁文阅读恺撒大帝和其他古罗马伟人传记的人,同时又是一个杀人不眨眼、歹毒的人。他有一双神情忧郁的漂亮眼睛、尖尖的鹰钩鼻。他证明自己集三职于一身:既是一个不知疲倦的工匠,又是一个不怕死的士兵和一个寡廉鲜耻的外交家,而现在,所有这些危险的力量都集中到同一个理想:要大大超过自己的祖父巴耶塞特一世[5]和父亲穆拉德二世所建树的业绩——他们两人曾用新兴的土耳其人奥斯曼帝国的强大军事优势第一次教训了欧洲。不过,穆罕默德二世的第一个目标是要攻克拜占庭——这颗留在君士坦丁大帝和查士丁尼大帝[6]的皇冠上的最后瑰宝——世人都清楚并且都已感觉到。

其实,对一个决心如此大的穆罕默德二世而言,这颗宝石已没有任何保护,而是唾手可得。当年,拜占庭帝国——即东罗马帝国的版图曾一度包括世界几个大洲,从波斯一直到阿尔卑斯山脉,再从另一方向延伸到亚洲的沙漠地带。人们走上几个月的时间,也无法穿越全境,真可谓是一个世界帝国，可是现在只要步行三个小时就能轻松地走遍整个帝国。当年的拜占庭帝国如今只可怜巴巴地留下一个没有躯体的脑袋——一个没有国土的首都：君士坦丁堡，即君士坦丁之城。再说了，这座属于今日东罗马帝国巴斯列乌斯皇帝[7]的拜占庭城也已不再是昔日的拜占庭城，而仅仅是这座古城的一部分，即只限于城区斯坦布尔[8]，因为城外的加拉太[9]已落入热那亚人的手中，城墙以外的所有土地也都已被土耳其人奥斯曼帝国占领。这最后一位皇帝的拜占庭帝国仅有这样一块弹丸之地了。人们称之为拜占庭的，只不过是一道环绕着教堂、宫殿和一排排屋宇的巨大城墙之内的天地而已。这座拜占庭古城由于遭到十字军的大肆劫掠[10]和毁坏已大伤元气；兵灾、瘟疫使城内人口锐减；由于连年不断地抵御游牧民族的侵犯而精疲力竭；加之民族和宗教的纷争不断，内部四分五裂；现在面临穆罕默德二世——这个敌人早已用全副武装的军队从四面八方包围了拜占庭，拜占庭根本无法依靠自己的力量进行抵抗。拜占庭既缺乏兵员又缺乏勇气。拜占庭的末代皇帝君士坦丁十三世[11]的宝座已摇摇欲坠。他的皇冠正在听凭命运的摆布。然而，正因为拜占庭已被土耳其人奥斯曼帝国团团包围，也正因为拜占庭以其千年之久的欧洲文化而被整个西方世界奉为圣地，所以，拜占庭对欧洲来说是荣誉的象征；唯有团结一致的基督教世界才能共同保卫其在东方的这个最后的并且已在土崩瓦解的堡垒：圣索菲亚大教堂[12]——东罗马帝国最富丽堂皇和最后的东正教教堂才能够作为信仰基督教的教堂而继续存在。

君士坦丁十三世立刻认清了这种危险。尽管穆罕默德二世满口的和平言辞,但君士坦丁十三世还是怀着那种人人可以理解的惴惴不安的心情,向意大利、向教皇、向威尼斯、向热那亚派去一个又一个的使节,请他们派大战船和士兵来支援。然而罗马犹豫不决,威尼斯也是如此。因为东派教会和西派教会之间那种古老的宗教信仰上的裂痕[13]至今依然存在。希腊东正教憎恨罗马天主教。希腊东正教的牧首拒绝承认罗马教皇是最高牧人[14]。虽然由于面临土耳其人奥斯曼帝国的危险,在费拉拉和佛罗伦萨的两次宗教会议上[15]早已决议两教会重新统一,并保证支持拜占庭反对土耳其人奥斯曼帝国的斗争,以此作为统一的条件。但是当拜占庭面临的危险刚刚不再如此火烧眉毛时,希腊东正教的一些教会又都拒绝使决议生效。一直到穆罕默德二世已经成为苏丹的此刻,危急的形势才战胜了东正教会的固执:拜占庭向罗马送去自己顺从的消息,同时请求紧急支援。于是,一艘艘运载弹药和士兵的大战船此时此刻正向拜占庭驶来。罗马教皇的特使另乘一艘帆船到达,他要隆重地完成西方世界两个教会的和解,并向世界宣布:谁进攻拜占庭,谁就是向团结一致的基督教世界挑战。

和解的弥撒

那是十二月的一天,富丽堂皇的索菲亚大教堂里一派隆重庄严的场面——教堂内由大理石和由玻璃镶嵌细雕的图案以及那些灿烂夺目的装饰品所形成的金碧辉煌是我们今天从其改成的清真寺中无法想象的,教堂里正在为两个教会的和解举行盛大的庆祝活动。君士坦丁十三世皇帝在他的帝国的全体显贵的簇拥下,出席了这次庆祝活动。他要以皇帝的身份成为这次永远和睦一致的最高见证人和保证人。被无数的蜡烛照得通明的宽敞大厅里挤满了人。罗马教廷的特使伊西多鲁斯和希腊东正教的大牧首格列高利乌斯在圣坛前亲如兄弟似的一起做弥撒。在这座教堂里第一次重新提到教皇的名字[16];第一次同时用拉丁语和希腊语唱起虔诚的赞美诗,余音在这座永存的主教堂的拱顶间缭绕。与此同时,已经达成和解的两派教士列队把圣施匹利迪翁的圣体庄严地抬进来。看来,东西两派的宗教信仰从此永远联合在一起了。欧洲的理念,即西方精神,经过漫长岁月的罪恶的争执终于重新达到了一致。

然而,理智与和解的时刻在历史上从来都是短暂易逝的。正当共同祷告的虔诚声音在教堂里愈来愈响之际,那位博学的修道士盖纳迪奥斯已经在外边的一间修士室里激烈地指责那些讲拉丁语的人背叛了真正的信仰。刚刚由理智撮合而成的和平统一又被盲目信仰的狂热所破坏,而且正如这位希腊教士不想真正屈服一样,地中海彼岸的朋友们也忘却了他们自己许诺的援助。虽然罗马向拜占庭派来了几艘战船和数百名士兵,但随后也就让这座城市听天由命了。

战争开始

准备发动战争的强权统治者们在他们的准备工作还没有完全就绪以前,总是竭力散布和平论调,穆罕默德二世也是如此。他在自己的加冕典礼时接见了君士坦丁十三世皇帝的使团，向他们说尽了最友好和最使人宽心的话；他郑重其事地在真主及其在世的先知穆罕默德教祖、天使们和《古兰经》面前公开发誓：他要最忠实地信守和拜占庭皇帝签订的一切条约。与此同时，这个诡计多端的家伙又与匈牙利人和塞尔维亚人达成了一项为期三年的双边中立协定——他要在这三年时间内不受干扰地攻下拜占庭。穆罕默德二世要在信誓旦旦地作出足够的和平许诺以后，才会背信弃义挑起战争。

直到此时此刻，博斯普鲁斯海峡只有亚洲一岸是属于土耳其人奥斯曼帝国。所以拜占庭的船只仍能畅通无阻地穿过海峡驶进黑海，前往自己的粮仓。现在，穆罕默德二世要切断这条通道，因此他也不管有理没理，便下令在海峡的欧洲一岸靠近鲁米里·希萨尔的地方——海峡最狭窄的地段——建立一个要塞（古代波斯人称雄时，勇敢的薛西斯[17]就是在这里穿过博斯普鲁斯海峡）。于是穆罕默德二世一夜之间派遣成千上万的挖土工来到海峡的欧洲这一岸，而按照条约规定，欧洲一岸是不允许修筑工事的——不过，对强权者而言，条约又算什么呢？这些挖土工为了自己的生活所需，把周围的庄稼劫掠一空；为了取得建筑城堡用的石块，他们不仅拆毁一般的房舍，而且还拆毁了久已闻名的圣米歇尔教堂。穆罕默德二世苏丹亲自指挥修建工程，昼夜不停地施工，而拜占庭却不得不无奈地眼睁睁看着他们违背公理和条约——切断拜占庭通向黑海的这条自由通道。那些想要通过黑海——迄今还是公海——的拜占庭船只已在和平之中首次遭到了炮击；在这第一次显耀武力成功之后不久，穆罕默德二世也就不需要任何伪装了。一四五二年八月,他将自己手下的全体文官武将召集在一起,向他们公开宣布了自己要进攻和占领拜占庭的意图。随着这一宣告,野蛮行动不久就开始了;传令官被派往土耳其人奥斯曼帝国境内的四面八方,去征召能进行战斗的人。一四五三年四月五日,一支望不到尽头的奥斯曼帝国的军队像滚滚涌来的潮水突然出现在拜占庭城墙之外的平原上。

穆罕默德二世苏丹骑着马,一身豪华壮丽的戎装,走在自己部队的最前面,他要在吕卡斯城门前扎起自己的营帐。但是,他在让人于自己的统帅部营帐前升起帅旗之前,先让人在地上铺好祈祷用的地毯。他跣足而上,跪拜在地,面向麦加三叩首;在他身后是成千上万的部下,和他一起朝着同一方向叩首,用同样的节奏向真主念着同样的祷告,祈求真主赐予他们力量和胜利——那真是一派非常壮观的场面。然后穆罕默德二世苏丹才站起来,卑恭者又变成了挑战者,真主的仆人又变成了主人和武士。此刻,他的那些"传令兵",即传谕的差役,急急忙忙走遍整个营地,敲着鼓、吹着军号,反复宣告:"围攻拜占庭城的战斗已经开始。"

城墙和大炮

现在的拜占庭帝国,它的唯一依靠和力量只剩下城墙了;昔日的拜占庭帝国,其版图曾横跨欧、亚、非三大洲,然而,那个更伟大和更美好的时代留给今天拜占庭的遗产,仅仅是它的城墙而已,别无其他。这座呈三角形的城市有三道防线,在其两条斜边——即城市的南北两侧,南临马尔马拉海,北濒金角湾,这两侧翼的围墙虽然比较低矮,但始终是十分坚固的石头围墙,而面对大片开阔地的东边那一侧则是一座巨大的壁垒形的城墙,即所谓狄奥多西[18]城墙。先前的君士坦丁大帝早就认识到拜占庭未来的危险,所以用大方石把城池围了一圈,查士丁尼[19]又在他以后把城墙进行了扩建和加固,但是真正建立起主体防御工事的则是狄奥多西二世。他建造了七公里长的城墙。今天爬满常春藤的残余遗迹足资证明当年石块的坚固力量。这座用平行的两层和三层建筑起来的气势雄伟的城墙,上面有凹形的眼口和雉堞,前面有护城壕,还有大块方石垒起的坚固望楼守卫着。一千多年来,东罗马帝国的历代皇帝都曾将其加固和重修,因此这座城墙也就成了不可攻克的标志。这些用石块筑成的壁垒在以前曾嘲弄过蛮族部落蜂拥而至的拼命冲击和奥斯曼帝国土耳其人的人海战术,现在又同样嘲弄那些迄今发明的一切作战工具:攻城用的撞槌撞到城墙上,城墙依旧岿然不动;罗马式的攻城槌乃至新式的野战炮和臼炮对这座屹立的城墙也是无可奈何。有了这座狄奥多西城墙,没有一座欧洲城市能比君士坦丁堡更坚固和防御得更好。

现在,穆罕默德二世比谁都更了解这座城墙,知道它的厉害。几个月来,或者说几年以来,他夜不成寐,甚至在梦中还想着:怎样才能攻克这座不可攻克的城墙、摧毁这座不可摧毁的城墙。在他的案桌上堆放着许多图样、量尺、敌方工事的草图。他知道城墙内外的每一处小丘、每一块洼地、每一条水流,他的工程师们同他一起把每一个细节都考虑得十分周详。但令人失望的是,他们所有的人计算结果都一样：如果使用现有的臼炮是无法摧毁这座狄奥多西城墙的。

也就是说，必须制造更大的臼炮！必须有一种比迄今在战争中使用的火炮炮筒更长、射程更远、威力更大的火炮！还必须用更坚硬的石头制造一种比迄今的石弹更重、更有攻坚力和摧毁力的弹头！要对付这座难以接近的城墙，必须发明一种新的重炮，此外没有任何别的办法。穆罕默德二世表示，要不惜一切代价制造出这种新的进攻武器。

不惜一切代价——这种表示本身就会唤起无穷的创造力和推动力。所以，宣战之后不久就有一个男子来到穆罕默德二世苏丹面前。他是当时世界上最富于创造性和经验最丰富的铸炮能手。他的名字叫乌尔巴斯，或者奥尔巴斯，是一个匈牙利人，虽然他是基督徒，并且前不久还在为君士坦丁十三世皇帝效劳，但是他希望能在穆罕默德二世手下为自己的技艺获得更高的报酬和更具独创的使命，于是他禀告说，如果穆罕默德二世能向他提供无限的经费，那么他就能铸造出一种至今世上无与伦比的最大火炮——他的希望没有落空。穆罕默德二世苏丹像任何一个被专一的念头迷住了心窍的人一样，已不再计较钱的代价，他立刻答应给他工人，要多少给多少，同时派出成千辆的车子，把矿砂运到亚得里亚堡；经过三个多月时间，在铸炮工匠的不停不歇的努力下，一个采用秘密的淬火方法制成的黏土模坯已准备就绪，只等用火红的铁水进行浇铸了。这道激动人心的工序也获得了成功。大炮已经造好了。从模具里脱坯而出并且进行了冷却的巨大炮筒是迄今世界上最大的。不过，在进行第一次发射试验以前，穆罕默德二世先派出他的传令兵走遍全城,去提醒那些怀孕的妇女当心。然后,随着一声巨雷般的声响,从闪电般发亮的炮口喷出一颗硕大的石弹,一下子就把一堵城墙摧得粉碎。于是穆罕默德二世立刻下令用这种特大尺寸的大炮装备全体炮兵。

这一门巨大的"掷石器"——希腊的著述家们后来才心有余悸地把它称为大炮——看来已制造成功。不过还有一个更困难的问题:怎样才能把这种像巨龙似的铸铁怪物拖过整个色雷斯[20],运到拜占庭的城墙跟前呢?于是,一次前所未有的艰难历程开始了。全民动员,全军动员,用了两个月的时间,才把这长脖子、硬邦邦的庞然怪物运到。先是派出一队一队的骑兵在前面巡逻开道,以防这宝贝遭到袭击,随后是数百甚至近千名的挖土工进行夜以继日的挖土和运土作业,为的是要随时把崎岖不平的道路铲平,以便运送这些无比沉重的大炮,因为运输几个月之后,这些道路又会被毁坏得不成样子。五十对并列两行的公牛拖着一辆碉堡似的巨车,金属炮筒的重量均匀地分布在巨车的所有轮轴上——就像从前把方尖塔[21]从埃及运到罗马一样。还有二百名壮工始终从左右两边扶着这个由于自身重量而摇摇晃晃的炮筒;同时,五十名车匠和木匠不停地忙着更换滚木、给滚木涂抹润滑油、加固支架、搭造桥梁;谁都会明白,这样一支庞大的运输队只能像老牛迈步似的,用最慢的速度方可越过山岭和草原。村落里的农民惊奇地聚集在村口,在这铁铸的怪物面前画着十字,因为它看上去好像一尊战神似的被它的仆人和教士从一个国家运到另一个国家。没有多久,又有好几个这种出自同一个模坯的铁铸怪物被人用同样的方式从眼前拖过去——人的意志又一次使不可能的事情成为可能。现在,已经有二十或三十个这样的庞然大物向拜占庭张着黑色大口;重炮从此载入战争的史册。东罗马帝国皇帝们的千年城墙和新苏丹的新大炮之间的一场较量开始了。

再次寄予希望

巨型大炮用闪电般的火舌缓慢地、始终不停地、然而不可抗拒地蚕食和咬碎着拜占庭的壁垒。起初,每天只能发六七次炮,但尽管如此,穆罕默德二世苏丹每天总有新的进展。每击中一炮,便碎石横飞、尘土弥漫,眼看着这座石头壁垒噼里啪啦地塌下去,从中又出现一个新的缺口。虽然被围困在城里的人到了夜里用那些愈来愈凑合的木栅栏和亚麻布团堵住这些洞口,但城墙毕竟不再是原来那座未受损坏、坚不可摧、能躲在它后面进行战斗的城墙了;现在,拜占庭壁垒后面的八千人的部队一直在惊恐地想象着决战时刻,到那时,穆罕默德二世的十五万人的军队将会对这些已经千疮百孔的防御工事进行决定性的冲击。目前正是千钧一发的时刻。欧洲世界、整个基督教世界该是想到自己诺言的时候了。在拜占庭城内,成群的妇女带着她们的孩子整天跪在教堂的圣徒遗骨的木匣前祈祷;士兵们在所有的瞭望塔上日日夜夜观察着:在土耳其人奥斯曼帝国的船只到处游弋的马尔马拉海面上是否终于会有期待中的由罗马教皇和威尼斯派遣的增援舰队出现呢。

一四五三年四月二十日凌晨三点钟,一个闪光的信号终于出现,守望的士兵们看到了远方的船帆。那虽然不是魂牵梦萦的基督教世界派来的强大舰队,但终究是三艘热那亚的大船在乘风破浪,徐徐驶来,跟在后面的第四艘船是一艘较小的拜占庭的运粮船,三艘大船为了保护它,让它在三艘大船中间航行。君士坦丁堡全城的人立刻聚集在临海的城墙上,欢欣鼓舞,准备迎接这些支援者。不过,与此同时,穆罕默德二世也跨上了他的战马,离开自己的朱红营帐,向停泊着土耳其人奥斯曼帝国舰队的港口飞驰而去,命令要不惜一切代价阻止这些船只驶进拜占庭的港口——金角湾。

顿时,土耳其人奥斯曼帝国舰队一百五十艘战船的几千副船桨在海面上哗哗地划水前进,当然,这些战船的船身略小一些。这一百五十艘装备着铁爪篙、掷火器、射石机的土耳其帆船一齐向那四艘大橹战船驶去。而那四艘大橹战船得力于强大的顺风,速度远远超过这些用炮弹和呐喊助威的土耳其船只。四艘大橹战船鼓着圆圆的宽大风帆,不慌不忙地航行着,丝毫不担心这些进攻者。四艘大橹战船顺利地向金角湾的安全港口驶去,因为在拜占庭城区和加拉太之间那条著名的铁链一直封锁着海口,会保护战船免遭进攻和袭击。现在,眼看四艘大橹战船就要到达目的地了;城墙上的几千人已能辨认船上的每一张脸;男男女女都已跪下,为了能得到这光荣的拯救而感谢天主和圣徒们;护卫港口的铁链已缓慢地沉入海面之下,银铛作响,准备迎接这几艘增援船。

可是正在此时此刻发生了一件可怕的事。风忽然停止。四艘大橹战船好像被一块磁石吸住了似的一动也不动,停止在大海之中,离能够进行援救的港口只有数百米之远。

土耳其人奥斯曼帝国的水军见机立刻出动所有用木桨划的小战船，像一群猎犬似的朝这四艘瘫痪了的大橹战船扑去，狂声欢呼；而这四艘大橹战船却像四座塔楼似的纹丝不动地僵立在大海中。十六条用桨划的土耳其人小艇像一群猎犬似的紧紧咬住大橹战船，这些小艇用铁爪篙钩住大橹战船的两侧；为了把大橹战船弄沉，用刀斧狠狠地砍，为了把大橹战船烧毁，愈来愈多的人抓住锚链向上攀，朝着帆篷投掷火炬和燃烧的柴火。土耳其人奥斯曼帝国舰队的司令官毅然决然命令自己的旗舰向那艘运粮船冲去，想从侧面撞伤它。这会儿，旗舰和运粮船已经像角力士似的在较量。虽然另外三艘大橹战船上的热那亚水兵由于头盔的保护开始时还能从高高的船舷上抵抗攀登上来的土耳其敌人，还能用刀斧、石块和希腊式的火炬击退进攻者。但是这场搏斗肯定会很快结束，因为这是一次力量非常悬殊、寡不敌众的战斗。热那亚船队必败。

在城墙上的几千人看来，这是非常可怕的场面！这些平时在战车竞技场上怀着无比的乐趣观看血腥搏斗的人群，现在却是怀着无比的痛苦目睹这场海上的大拼杀，他们觉得自己这一方的失败是不可避免的，因为至多还有两个小时，这四艘大橹战船就会在这大海的竞技场上败于敌手。这些救援者虽然来了，但却纯属徒劳！君士坦丁堡城墙上绝望的希腊人离他们自己的弟兄仅仅一箭之远，却只能站在那里紧握着拳头，气急败坏地狂喊，而无法前去帮助来救援自己的人。有些人做出鼓劲的姿态，企图激励那些正在战斗的朋友们。另有一些人双手伸向天空，呼唤天主和大天使米歇尔，呼唤数百年以来曾经在拜占庭保护过自己的教派和修道院的所有圣徒的名字。祈求他们能创造奇迹。然而土耳其人在对面加拉太的岸边也同样在期待、呼喊，用同样的热情祈祷自己这一方的胜利：大海变成了舞台，海战成了斗士表演。穆罕默德二世苏丹本人已骑着快马赶来，周围是一群自己的高级将领，他催马一直走到海滩的水中，以致溅湿了上衣。他用双手在嘴边合成传声筒，用怒气冲冲的声音向自己的士兵高喊，命令他们无论如何也要擒住这几艘基督徒的船只。当他看见自己的三桅战船中有一艘被击退回来时，他就叱责不停，同时挥舞那柄弯刀，威胁自己的舰队司令说："如果你不能取胜，就别活着回来。"

虽然四艘基督徒的大橹战船还停在那里，但是战斗已接近尾声，从四艘大橹战船上向土耳其人的三桅战船还击的石弹已开始稀稀落落。大橹战船上的水兵们在同比自己强大五十倍的敌人进行了几小时的战斗之后，胳膊已疲乏不堪。白昼已快结束，太阳已经西沉。而这四艘大橹战船毫无防御地暴露在敌人面前至少还得有一小时，到时纵使不被土耳其人攻占，也会被海潮冲到加拉太后面被奥斯曼帝国土耳其人占领的岸边。完了，完了，一切都完了！

就在这千钧一发的时刻发生了意想不到的事——这在拜占庭城墙上那群绝望、怒号、叫苦不迭的人看来，简直是出现了奇迹。一阵微风开始吹来，接着风愈刮愈大。四艘大橹战船上干瘪的篷帆顿时鼓得又大又圆。风，渴望和祈求的风，终于又出现了。四艘大橹战船的船头胜利地昂了起来，随着猛一下鼓起风帆，船突然启动，冲出了围困在四周的土耳其敌人的船只，四艘大橹战船得救和自由了。

在城墙上几千人发出的暴风雨般的欢呼声中，第一艘大橹战船已驶进安全的港口，接着是第二、第三、第四艘。刚才放下的封锁海面的铁链现在又重新拉起，挡住了外面的船只，土耳其人那群猎犬似的小战船在铁链后边的海面上已无可奈何地东分西散。在这愁云密布、绝望的城市上空又回响起希望的欢呼声，犹如吉祥的彩虹。

战舰翻山越岭

被围困在拜占庭的人整整一夜都沉浸在疯狂的欢乐之中。这一夜使他们忘乎所以，浮想联翩，眼前出现的这一线希望犹如梦中甜蜜的迷魂汤，使他们神志不清。这些被围困的人在这天夜里相信自己已得到拯救和安全。因为他们梦想着，从现在起就会每星期有新的船只驶来，而且会像这四艘大橹战船上的士兵和粮食一样顺利上岸。欧洲没有忘记他们。他们仿佛看到拜占庭已被解围；敌人已丧失斗志并已被击败——但这些无非是他们自己在危急之中的期望罢了。

话又说回来，穆罕默德二世也是一个梦想家，当然他是另一种类型的梦想家，而且是更富于奇思异想的梦想家。这种类型的梦想家懂得如何通过自己的意志把梦想变成现实。正当那几艘热那亚的大橹战船误以为自己在金角湾的港口里十分安全之际，穆罕默德二世制订出了一项极富幻想的大胆计划；这项计划在战争史上可以与汉尼拔[22]和拿破仑的最大胆的行动媲美。拜占庭像一个金苹果似的就在穆罕默德二世的眼前，可是他却无法得手。进攻的主要障碍是凹得很深的海湾——金角湾，这个盲肠形状的海湾防卫着君士坦丁堡的一侧。想要进入这个海湾事实上是不可能的，因为入口处的边上是热那亚人的据点城市加拉太——穆罕默德二世曾承诺给予这座城市以中立地位——而且从这里到那座敌人的城池拜占庭之间还横拦着一条铁链呢。所以他的舰队不可能从正面冲入金角湾，而只能从热那亚人领地边缘的海湾内部水域出发，去袭击那些基督徒的战舰。可是一支舰队怎样到达金角湾的内部水域呢？当然，可以在这海湾里面建造战舰，不过，这又不知要用多少个月的时间呀，而如此急不可耐的穆罕默德二世苏丹是等待不了这么长时间的。

于是，穆罕默德二世想出一项破天荒的计划，让自己的战舰从无法施展力量的海湾之外越过岬角运到金角湾之内的水域：即把成百艘的战舰拖越过多山的岬角地带。这是一个令人瞠目结舌的大胆想法，实属史无前例。这项计划显得如此荒诞不经和不可实现，以至拜占庭人和加拉太的热那亚人从来没有想到过会有这样一种战略，就好像他们之前的罗马人和他们之后的奥地利人从没想到汉尼拔和拿破仑的军队会神速地越过阿尔卑斯山一样。按照世间所有人的经验，战舰只能在水里航行，从来没有听说过一支舰队可以越过山岭。然而正是这种把不可能的事情变成现实，才是一种精灵意志的真正标志呢；再者，穆罕默德二世始终认为，那种按战争常规进行的战争始终应该被一位军事天才不屑一顾，他自己绝不会在特定时刻因循守旧而会随机应变。于是，一次在编年史上无与伦比的大规模行动开始了。穆罕默德二世让人静悄悄地运来无数圆木头，又让工匠们制造滑板,然后把从海面上拖上来的战舰固定在这些滑板上,就像固定在活动的干船坞上一般。与此同时,成千名挖土工也开始工作,他们为了运输方便把那条经过佩拉山丘的狭窄山路从上坡到下坡全都填得尽可能平整。为了在敌人面前掩饰突然集结这么多的工匠,穆罕默德二世苏丹命令部队每天夜里向拜占庭周围地区连续发射臼炮,中立的加拉太城除外。发射这些臼炮本身毫无意义,唯一的目的就是转移拜占庭人的注意力,以掩饰自己的战舰越过山地和峡谷,从一个水域进入另一个水域;当拜占庭城里的人正在忙忙碌碌并且以为进攻只会来自陆路的时候,无数涂满了油脂的圆木头开始滚动,钉在滑板上的战舰就在这些巨大的滚木上面一艘接着一艘被拖着越过那座佩拉山,前面由两行数不尽的水牛拖着,后面由水兵们帮着推。当夜幕刚刚降临,这种奇异的迁移就立刻开始。世间一切伟大的壮举总是默默完成的,世间一切智者总是深谋远虑的,这奇迹中的奇迹:整整一支舰队翻山越岭——终于成功了。

在一切伟大的军事行动中,决定性的关键始终是出其不意,攻其无备。穆罕默德二世在这方面的特殊天才尤其显得不同凡响。对于他的意图,事先无人觉察。这位天才的谋略家有一次在谈到自己时曾这样说过:"如果在我的胡须中有一根毫毛知道了我的想法,我就会把它连根拔掉。"正当臼炮大事声张地向拜占庭的城墙轰击时,他的命令在最周密的安排下付诸实施了。到了一四五三年四月二十二日这一天夜里,七十艘战舰终于越过山冈和峡谷,穿过种植葡萄的山丘以及田野和树林,从一个海面运到了另一个海面。第二天早晨,当拜占庭人看见一支挂着三角旗、载着水兵的土耳其人舰队好像从天而降在他们误以为无法接近的海湾中心航行时,他们还一直以为自己在做梦呢。当他们揉着眼睛,还不明白这样的奇迹从何而来时,在他们迄今由海湾保护着的这一侧城墙底下,已经欢呼和呐喊四起,军号、铜钹、战鼓齐鸣。除了加拉太那一片狭窄的中立地带外,隐藏着基督教世界舰队的整个金角湾已经由于一个天才的计谋而属于穆罕默德二世苏丹和他的军队了。现在,穆罕默德二世苏丹已可以指挥部队从自己的浮桥上毫无阻碍地向拜占庭城墙的这较薄弱的一侧发起进攻了。由于这薄弱的一侧受到了威胁,原本因地广人少而已十分可怜的防线就显得更脆弱了。铁的巨手已经把牺牲者的咽喉掐得愈来愈紧。

欧洲,救命啊!

被包围者不再自己欺骗自己了。他们知道:即便能把已经有了裂口的这一侧牢牢守住,如果没有最快的增援赶到,在这千疮百孔的城墙后面的八千士卒要抵挡住十五万人大军,是坚持不了多久的。不过,威尼斯的执政官不是极其郑重地答应过派战船来吗?如果西方世界最华丽的教堂——圣索菲亚大教堂有变成异教徒的清真寺的危险,罗马教皇还能无动于衷吗?难道困于内部纷争、被层出不穷的无端猜忌而弄得四分五裂的欧洲还始终不明白西方文明所面临的危险吗?——被围困的拜占庭人一直这样安慰着自己:也许一支增援舰队早已准备好,只是由于没有认识到形势的险恶而迟迟不愿出航，而现在，事实足以使他们认识到，这种将会导致灭亡的迟疑该负多么巨大的责任呵！

可是，怎样通知威尼斯舰队呢？马尔马拉海面上到处是奥斯曼土耳其人的船只；如果拜占庭的所有舰船一齐出动，那就意味着要冒彻底毁灭的危险，况且会使城防线上减少数百名兵力，而守城是一个人要顶一个人用的。于是守城部队决定只派出一艘只能坐很少几个人的非常小的双桅帆船去冒险。总共是十二名男子去勇敢地从事这项英雄壮举：冲破重重包围去向威尼斯舰队告急——如果历史是公正的话，那么他们的名字应该像"阿耳戈"船上的英雄们[23]一样被人们传颂，可惜我们不知道他们任何一个人的名字。他们在这艘双桅小帆船上挂起一面土耳其人的旗帜作为伪装。为了不致引起注意，十二名男子一身土耳其人的打扮，缠上穆斯林的头巾或者戴着非斯帽。一四五三年五月三日的午夜光景，封锁海面的铁链静悄悄地松开了，这艘勇敢的小帆船在黑夜的掩护下划了出去，尽量不发出划桨的声音。你看，简直神奇极了，这艘轻巧的小帆船穿过达达尼尔海峡，驶进爱琴海，竟没有被人认出来，像往常一样，正是这种非凡的勇敢麻痹了对方。穆罕默德二世什么都考虑到了，只是没有想到这样一件不可思议的事情：一艘乘着十二名勇士的单独小帆船敢于穿过他的舰队进行一次阿耳戈英雄们式的航行。

然而，令人悲伤绝望的是：爱琴海上没有出现一艘威尼斯的帆船，更没有一支威尼斯舰队准备出发的迹象。威尼斯和罗马教皇都已将拜占庭忘却了，他们全都热衷于褊狭的教会政治，而忽视了信誉和诺言。这种悲剧性的时刻在历史上屡见不鲜，正当急需团结一切可以团结的力量保卫欧洲文化的时候，各个国家和君主们却不能把他们的对抗暂时搁置；热那亚认为把威尼斯晾在一边，比联合几个小国向共同的敌人作战更重要；反之，威尼斯对热那亚也是这种态度。海面上空空荡荡。十二名勇士坐在核桃壳似的小帆船里，绝望地从一个岛屿划到另一个岛屿。但是所有的港口都已被敌人占领，没有一艘友军的船只还敢在这个作战区域内航行。

现在该怎么办？十二人当中，有几个已经情有可原地失去了勇气。他们觉得重返君士坦丁堡，再去走一趟那危险的路程，又有什么意义呢？——因为他们不可能带回去任何希望。说不定那座拜占庭城已经陷落；如果他们再回去，等待他们的不是被俘，就是死亡。可是，这些谁也不知道他们姓名的英雄们的大多数人始终豪情满怀——他们还是决定回去。他们应该完成一项托付给他们的使命。他们被派出来是为了探听消息，他们现在必须把消息带回家去，尽管消息非常令人沮丧。于是，这艘片叶孤舟再度奋不顾身地穿过达达尼尔海峡、马尔马拉海域和穿过土耳其人的舰队回到拜占庭。一四五三年五月二十三日，也就是他们出发之后的第二十天，君士坦丁堡的人早以为这艘小帆船已经失踪，再也没有人想到它还会送来消息或者返回，可是就在这一天，几个哨兵突然从城墙上挥动起小旗，因为有一艘小帆船飞快地划着桨正在向金角湾驶来：由于被围困的人震天响地欢呼，反倒使土耳其人警觉起来，这会儿他们才惊奇地发现这艘挂着土耳其人奥斯曼帝国旗帜、肆无忌惮地驶过他们海域的双桅帆船原来是一艘拜占庭人的船,于是他们驾着无数小艇从四面八方向这艘双桅帆船冲去,企图在它即将进入安全港口之前把它拦截。小船的归来,霎时使拜占庭充满得救的希望,以为欧洲没有忘记这座城市,而上次驶来的那几艘大橹战船仅仅是先遣。将近一千人欢呼叫喊起来,不过这是非常短暂的时刻。到了晚上,真正的坏消息已四处传开。基督教世界已将拜占庭忘却了。这些被禁锢在城里的人是孤立无援的,如果他们不自己拯救自己,他们就要完蛋。

总攻前夕

每天每日的战斗持续了将近六个星期之后,穆罕默德二世苏丹变得不耐烦了。他的大炮已经在许多地方毁坏了拜占庭的城墙。但是,他指挥的一切攻击到目前为止都被顽强地击退了。对一个统帅来说,现在只剩下两种可能:不是放弃包围,就是在经过无数次个别的小袭击之后发起一次大规模的决定性总攻。穆罕默德二世把他的将领们召集起来举行作战会议。他的热切的意志战胜了一切顾虑,确定大规模的决定性总攻在一四五三年五月二十九日开始。穆罕默德二世苏丹以他一贯的坚决态度进行自己的准备工作。他安排了一次宗教盛典,十五万人的部队,从最高统帅到普通一兵,全都必须完成伊斯兰教规定的一切宗教礼仪——进行小净[24]和白天的三次礼拜[25]。所有现存的火药和石弹都已运来,以加强炮兵的攻势,为攻占拜占庭创造条件。全军已为总攻分编成各个部分。穆罕默德二世从清晨忙到深夜,连一个小时都不休息。他骑着马,沿着从金角湾到马尔马拉海的整个广大阵地,从这个营帐到另一个营帐,亲自给指挥员鼓气和激励士兵。不过,作为一个通晓别人心理的人,他知道怎样才能最有效地煽起这十五万人的高昂斗志。他许下了一项可怕的诺言——以后他完全履行了这项诺言,这既给他带来了荣誉,也给他带来了耻辱。他的宣谕差役敲着鼓、吹着号到处去宣读这样的诺言:"穆罕默德二世以真主的名义,以教祖穆罕默德的名义和四千名先知[26]的名义发誓保证,他还以他的父亲穆拉德苏丹的灵魂,用他自己孩子们的头颅和他的军刀发誓保证,在攻克拜占庭城以后允许自己部队的官兵尽情劫掠三天。拜占庭城墙之内的所有一切:家什器具和财物、饰物和珠宝、钱币和金银、男人、女人、孩子都属于打了胜仗的士兵,而他——穆罕默德二世本人将放弃所有这些东西,他只要得到征服东罗马帝国这个最后堡垒的荣誉。"

士兵们听到这样恬不知耻的宣告之后,顷刻一片欢腾。响亮的欢呼声犹如风的怒号,"真主保佑!真主保佑!"——一片呼唤真主的祈祷声犹如海的咆哮,欢呼声和祈祷声像风暴一般向已经惊慌失措的拜占庭袭去。"抢呀!""抢呀!"这样的叫喊声成了战场上的口号,叫喊声随着战鼓回荡,随着铜钹和军号齐鸣。到了夜里,土耳其人军营里一片节日的灯海。被围困的拜占庭人胆战心惊地从自己的城墙上看到平原和山丘上到处点燃起灯光和火把,犹如天上无数的星星。土耳其人在尚未取得胜利以前已经在用喇叭、笛子、铜鼓、手鼓庆祝胜利,恰似异教徒的祭司在献上牺牲以前那种吹吹打打、嘈杂而又残酷的仪式。但是到了午夜时分,所有的灯光又根据穆罕默德二世的命令突然一下子全都熄灭。十几万土耳其人的热烈声响戛然而止。然而,对那些被搅扰得心神不宁的拜占庭民众来说,这种令人不安的一片漆黑和突然的沉默显然是不祥之兆,比亮光中的喧嚣、疯狂的欢呼声更可怕。

圣索菲亚教堂里的最后一次弥撒

被围困在拜占庭城里的人不必派出任何一个探子,也不需要任何一个从敌人那边投奔过来的人,便可知道自己所面临的处境。他们知道,穆罕默德二世已经下达了总攻的命令,因而对于未来的巨大危险和自己的重大责任的预感,就像暴风雨前的乌云似的笼罩着拜占庭整座城市的上空。这些平时四分五裂和陷于宗教纷争的城内居民在这最后几个小时聚集在一起了——世间空前的团结场面总是到了最危急的关头才出现。为了大家都必须出力保卫的一切:基督教信仰、伟大的过去、共同的文化,君士坦丁十三世皇帝举行了一次激动人心的仪式。根据他的命令,全城的人——东正教徒和天主教徒、神圣人员和世俗平民、男男女女老老少少都集合在一起,举行一次空前绝后的宗教游行。谁也不许待在家里,当然,谁也不愿留在家里。从腰缠万贯的富翁到赤贫的穷人都虔诚地排在庄严的行列中,唱着"天主保佑"的祈祷歌;游行队伍先穿过城内,然后顺着外面的城墙绕行。从教堂里取出来的希腊东正教的圣徒画像和圣徒的遗物抬举在队伍的前面。凡是遇到城墙有缺口的地方,就挂上一张圣徒画像,似乎画像能比世间的武器更能抵抗异教徒的进攻似的。与此同时,君士坦丁十三世皇帝把元老院的成员、显贵人物和指挥官们召集到自己身边，向他们作最后一次讲话，以激励他们的勇气。虽然他不能像穆罕默德二世那样向他们许诺无数的战利品，但是却向他们描述了：如果他们击退了这最后一次决定性的进攻，他们将为全体基督徒和整个西方世界赢得怎样的荣誉；同时他也向他们描述了：如果他们败于那些杀人放火之徒，他们将面临怎样一种危险。穆罕默德二世和君士坦丁十三世两人都知道：这一天将决定以后几百年的历史。

接着，那最后一幕——灭亡以前令人难忘的热烈场面，也是欧洲历史上最最感人的场面之一开始了。这些面临牺牲的拜占庭人都聚集在圣索菲亚教堂里——自从基督教东西两个教派建立起兄弟般关系的那一天以来，两派的教徒还从未共聚在这座当时世界上最豪华的基督教主教堂里呢。此时此刻，全体宫廷僚臣、所有的贵族、希腊东正教会和罗马天主教会的教士们以及全副武装的热那亚和威尼斯的水陆军士兵，都齐集在君士坦丁十三世皇帝周围。在他们身后是毕恭毕敬、安安静静跪在地上的近千人——黑压压的一群充满恐惧和忧虑的老百姓，他们低着头，口中念念有词。蜡烛费劲地在拱顶阴影的幽暗中照耀着这一片像一个人的躯体似的跪在地上进行祷告的人群。这是拜占庭的灵魂在祈求天主。这会儿，大主教庄严地提高了自己的嗓门，带头祈祷，唱诗班跟着同他唱和。西方世界神圣的声音、永恒的声音：音乐在大厅里再次响起。随后，祈求天主保佑的人一个跟着一个走到圣坛前，皇帝走在最前面，去领受天主的安慰。一阵阵不停的祈祷声在宽敞的大厅里缭绕，在高高的拱顶周边回旋。东罗马帝国的最后一次安魂弥撒开始了。因为在查士丁尼建造的这座主教堂里举行基督教的仪式,这是最后一次了。

在举行了这样激动人心的仪式之后,皇帝最后一次匆匆返回皇宫,请自己的所有臣仆能原谅他以往对待他们的不周之处,然后他骑上马,沿着城墙从这一端走到另一端,去鼓励士兵,恰似他的不可一世的敌手——穆罕默德二世此时正在做的那样。已经是深夜了,再也听不到人声和武器的叮当声。但是城内的几千人正以忐忑不安的心情等待着白日的来临,等待着死亡。

一座被忘却的城门——凯尔卡门

凌晨一点钟,穆罕默德二世苏丹发出了进攻的信号。巨大的帅旗一展,随着"真主、真主"众口一声的呼喊,十万土耳其人拿着武器、云梯、绳索、铁爪篙向城墙冲去,同时,所有的战鼓敲起,所有的军号吹响,震耳欲聋的大擂鼓、铜钹、鸣笛的声音和人的呐喊、大炮的轰鸣汇成一片,像暴风雨的袭击。那些未经训练的土耳其人志愿敢死队被毫不怜悯地率先送到城墙上去——他们上半身赤裸的躯体,在穆罕默德二世苏丹的进攻计划中肯定只是作为替死鬼,为的是要在主力部队作决定性的冲锋以前先削弱敌人的力量和锐气。这些被驱赶的替死鬼带着数以百计的云梯在黑暗中向前奔跑,向城垛、雉堞攀登上去,但是常常被击退下来,接着他们又冲上去,就这样接二连三地向上冲,因为他们没有退路;在他们——这些仅仅用来当作炮灰的无谓牺牲品——的身后已经站立着精锐主力,他们不停地将这些替死鬼驱向几乎是必死的境地。守在拜占庭城墙上的人暂时还处于优势,土耳其人的无数矢箭和石块丝毫不能损害他们的有网眼的铠甲,城墙上的人面临的真正危险是自己的疲惫不堪——而这正是穆罕默德二世的计谋。城墙上的人全身穿着沉重的甲胄,持续地迎战不断冲上来的轻装部队,他们一会儿在这里战斗,一会儿又不得不奔跑到另一处去战斗,他们就在这样被动的防御中使自己的旺盛精力消耗殆尽。而此时此刻,在进行了两小时的搏斗之后,天已开始蒙蒙亮,由安那托利亚人[27]组成的土耳其人第二梯队发起了冲锋,战斗也就愈来愈危险,因为这些安那托利亚人都是纪律严明、训练有素的武士,并且同样穿着有网眼的铠甲。此外,他们在数量上占着绝对优势,而且事先得到充分的休息,相比之下,守在城墙上的人却不得不一会儿在这里一会儿在那里去保卫突破口。不过,进攻者所到之处还是不断地被击退下来。于是穆罕默德二世苏丹不得不调动自己最后预备的精锐部队——奥斯曼帝国的中坚力量:奥斯曼帝国的禁卫军。他亲自率领由一万两千名经过挑选、身强力壮的士兵组成的禁卫军——当时被欧洲视为最优秀的军旅——齐声呐喊着向城墙上精疲力竭的敌人冲去。现在真正是千钧一发的时刻了,城里所有的钟都已敲响,号召最后还能参加战斗的人都到城墙上来,水兵们也都从船上被召集到城墙上,因为真正决定性的战斗已经开始。对守卫在城墙上的人来说,倒霉的是热那亚部队的指挥官——无比勇敢的朱斯蒂尼亚尼被矢石击中而身负重伤,他被抬到船上去了。他的倒下,使守卫者的力量一时发生了动摇。但是,君士坦丁十三世皇帝已亲自赶来阻挡这次十分危险的突破,于是再次成功地把冲锋者的云梯推了下去;在这场双方殊死的搏斗中似乎拜占庭又得到了喘息的机会。最危急的时刻已经过去,最疯狂的进攻又被击退。然而,就在此时此刻,一次悲剧性的意外事故一下子就决定了拜占庭的命运,是神秘莫测的几秒钟里的一秒钟一下子就决定了拜占庭的命运——就像有时候历史在它令人不解的决定中所出现的那几秒钟一样。

发生了一件完全无法想象的事。在离真正进攻的地方不远,有几个奥斯曼帝国的土耳其人通过外层城墙中的许多缺口之一冲了进来。他们不敢直接向内层城墙冲去。但当他们十分好奇和漫无目的地在第一道城墙和第二道城墙之间四处乱闯时,他们发现在内层城墙中有一座较小的城门——人称凯尔卡门[28]的城门——由于无法理解的疏忽,竟敞开着。就其本身而言,这仅仅是一座小城门而已。在和平时期,当其他几座大城门紧闭的几小时内,这座小城门是行人通过的地方。正因为它不具有军事意义,所以在那最后一夜的普遍激动中显然忘记了它的存在。土耳其禁卫军的数名士兵此刻惊奇地发现,这座小城门正在高耸的五角形堡垒[29]中间向他们悠闲地敞开着。起初,他们以为这是军事上的一种诡计,因为他们觉得这样荒唐的事太不可思议了。通常,壁垒的每一处缺口、每一个窗口、每一座大门前,都是尸体堆积如山——燃烧的油和矛枪都会劈头盖脸地飞来,而现在,这里却像礼拜天似的一片和平景象,这座通向城中心的凯尔卡小城门大敞着。那几个土耳其士兵立刻叫来增援部队,于是,整整一支部队没有遭到任何抵抗就冲进了内城。那些守卫在外层城墙上的拜占庭人丝毫没有察觉、没有料想到背部会受到袭击。更糟糕的是，竟有几个拜占庭士兵发现在自己的防线后面有土耳其士兵时，就不禁喊出声来："城市被攻下了！"在战场上喊出这样不确实的谣言，那真是比所有的大炮更能置人于死地。现在，土耳其士兵也跟在这喊声后面大喊大叫地欢呼："城市被攻下了！"于是，这样的喊声粉碎了一切抵抗。城墙上的雇佣兵以为自己被出卖了，纷纷离开自己的阵地，以便及时逃回港口，逃到自己的船上去。君士坦丁十三世皇帝带着几个随从向入侵者浴血奋战，但已无济于事，他牺牲了。在乱哄哄的人群中，没有人认出他来。他被杀死了。只是到了第二天，人们在一大堆尸体中才从一双饰有一只金鹰的朱红靴上确认，东罗马帝国的最后一位皇帝光荣地以罗马人的精神随同他的帝国一起同归于尽。芝麻大的一次意外——一座被人遗忘了的凯尔卡小城门就这样决定了世界的历史。

十字架倒下了

有时候，历史是在玩弄数字游戏。因为刚好在古罗马被汪达尔人[30]令人难忘地洗劫之后一千年，一场抢掠拜占庭的浩劫开始了。一贯信守自己诺言的穆罕默德二世可怕地履行了自己的诺言。他在第一拨屠城以后就听任自己的官兵大肆抢掠房舍、宫殿、教堂、寺院；男人、妇女、儿童和数以千计的拜占庭人像地狱里的鬼魂在街头巷尾被争先恐后、互不相让地追逐着。首先遭到冲击的是教堂，金制的器皿在那里发亮、珠宝在那里闪耀；而当穆罕默德二世的一群官兵闯进一家住房时，他们就会立刻把自己部队的旗帜挂在屋前，为的是让随后来的人知道，这里的战利品已统统有主了。所谓战利品，不仅仅是宝石、衣料、黄金、浮财，而且还包括妇女、男人和儿童；女人是苏丹宫殿里的商品，男人和儿童是奴隶市场上的商品。那些躲在教堂里的苦命人，被成群结队地用皮鞭赶了出来。上了年纪的人是没有用的白吃饭的家伙和无法出卖的累赘，因此干脆把他们杀掉了事。那些年轻人像牲口似的被捆绑起来拖着走。奥斯曼帝国的土耳其官兵在大肆抢劫的同时又进行了最野蛮的毫无人性的破坏。十字军在进行差不多同样可怕的洗劫时残留下来的一些宝贵的圣徒遗物和艺术品被这一群疯狂的胜利者又砸、又撕、又捣，弄得七零八碎。那些珍贵的绘画被烧毁了，最杰出的雕塑被敲碎了，凝聚着几千年的智慧、保存着希腊人的思想和诗歌的不朽财富——书籍被焚毁或者被漫不经心地扔掉了，从此永远消失。人类将永远不会完全知道，在那命运攸关的时刻，那座敞开的凯尔卡小城门带来了什么样的灾难；人类将永远不会完全知道，在洗劫罗马、亚历山大里亚[31]和拜占庭时，人类的精神世界失去了多少财富。

　　一直到穆罕默德二世取得这次伟大胜利的那天下午，当大屠杀已经结束时，他才进入这座被征服的城市。他骑在自己那匹金辔马鞍的骏马上，神色骄矜而又严肃。当他经过那些被野蛮抢掠过的场面时，连看都不看一眼，他始终信守自己的诺言，不去打扰为他赢得了胜利的官兵们正在干的可怕行径。不过，对他而言，首要的不是去争得什么实物，因为他已经得到了一切，所以他傲慢地径直向圣索菲亚大教堂——拜占庭的光辉标志走去。五十多天来，他怀着向往的心情从自己的营帐里仰望这座圣索菲亚教堂的闪耀发亮而又不可企及的钟形圆顶；他现在可以作为一个胜利者长驱直入教堂的铜制大门了。不过，穆罕默德二世还要克制一下自己的焦躁心情：在他把这座教堂永远献给真主以前，他得先感谢真主。穆罕默德二世苏丹卑恭地从马背上下来，在地上叩首，向真主祈祷礼拜。然后他拿起一撮泥土撒在自己的头上，为了让自己记住他本人是一个不能永生的凡人，因而不能炫耀自己的胜利。他在向真主表示了自己的敬畏之后才站起来，作为真主的第一个仆人昂首阔步走进查士丁尼大帝建造的大教堂——神圣智慧的教堂：圣索菲亚大教堂。

穆罕默德二世苏丹怀着好奇和激动的心情细细察看着这座华丽的建筑：高高的穹顶、晶光发亮的大理石和马赛克[32]，精致的弧形门拱，都在黄昏中显得格外明亮。他觉得这座用来祈祷的最最杰出的宫殿不是属于他自己的，而是属于他的真主。于是他随即派人召来一个伊玛目[33]，让他登上布道坛，从那里宣讲教祖穆罕默德的信条。此时，这位土耳其人奥斯曼帝国的君主面向麦加，在这座基督教的教堂里向三界的主宰者——真主作了第一次祷告。第二天，工匠们就得到了任务：要把教堂里所有过去基督教的标志统统去掉；基督教的圣坛被拆除了，无辜的马赛克被粉刷上石灰；高高矗立在圣索菲亚大教堂顶上的十字架千年以来一直伸展着它的双臂，环抱着人间的一切苦难，现在却砰砰梆梆地倒在地上。

石头落地的巨大声音在教堂里回响，同时传到很远很远的地方。因为整个西方世界都在为这十字架的倒坍而震颤。噩耗可怕地在罗马、在热那亚、在威尼斯回响,像事先发出警告似的巨雷向法国、德国滚去。欧洲万分恐惧地认识到,由于自己置若罔闻,这股劫数难逃的破坏力量竟从那座被遗忘的倒霉的凯尔卡小城门闯了进来,这股破坏力量将要遏制欧洲势力数百年呢。是呀,在历史上就像在人的一生中一样,瞬间的错误会铸成千古之恨,耽误一个小时所造成的损失,用千年时间也难以赎回。

注 释

〔1〕 土耳其人奥斯曼帝国最高统治者称苏丹。苏丹穆拉德二世(德语拼写:MuradⅡ., 1404 年生, 1451 年 2 月 3 日卒, 1421—1451 年在位)。

〔2〕 苏丹穆罕默德二世(一译马哈茂德二世,英语拼写:MuhammadⅡ. 德语拼写:MahometⅡ. 1430 年生, 1481 年卒, 1451—1481 年在位), 1453 年挥师攻克拜占庭。

〔3〕 加利波里(Gallipoli),地名,今称格利博卢,奥斯曼土耳其人于 1354 年渡过达达尼尔海峡,占领此地,日后以此为桥头堡向色雷斯进攻。

〔4〕 亚得里亚堡(Adrianopel),即今土耳其城市埃迪尔内(Edirne)。它原是拜占庭帝国的城市,1361 年被奥斯曼帝国占领,1366 至 1453 年是奥斯曼帝国首都。

〔5〕 巴耶塞特一世(BāyazidⅠ., 德语拼写:Bajasid, 阿拉伯语词义是"闪电", 1360 年生, 1403 年卒, 1389—1402 年在位), 奥斯曼帝国第四代苏丹, 在东欧连战皆捷, 使奥斯曼帝国声威大振, 但在 1402 年安卡拉附近的战役中败于帖木儿, 被俘后死于蒙古人的狱中, 他是穆罕默德二世的祖父。

〔6〕 君士坦丁和查士丁尼,均为东罗马帝国的英明君主。君士坦丁大帝(Konstantin, 280—337)于公元 330 年将东罗马帝国首都迁至拜占庭, 故日后该城被称为君士坦丁堡。查士丁尼大帝(Justinian, 482—565), 通过多次征战, 扩大东罗马帝国版图, 建立圣索菲亚大教堂。

〔7〕 即东罗马帝国末代皇帝君士坦丁十三世(KonstantinⅩⅢ., 1403—1453)。

〔8〕 斯坦布尔(Stambul),今土耳其城市伊斯坦布尔的一个城区。

〔9〕 加拉太(Galata),位于金角湾和博斯普鲁斯海峡交汇处的一个小据点,隔金角湾南望君士坦丁堡,14 世纪时热那亚人在此建立"中立

〔10〕 第四次十字军东征时，君士坦丁堡于1204年4月12日被攻陷，这座文明古城被焚烧劫掠达一星期之久。半个多世纪以后，君士坦丁堡于1261年又被东罗马帝国收复。

〔11〕 君士坦丁十三世（Constantine XIII., 1448—1453年在位），有些文献亦称他为君士坦丁十一世，和本篇注〔7〕是同一人。他是东罗马帝国的最后一位皇帝，在君士坦丁堡陷落时战死。

〔12〕 圣索菲亚大教堂，532至537年由东罗马皇帝查士丁尼一世兴建，原为拜占庭帝国东正教的宫廷教堂兼君士坦丁堡牧首的主教堂，1453年土耳其人奥斯曼帝国入侵后改为伊斯兰教清真寺。

〔13〕 随着古罗马帝国在公元395年分为以君士坦丁堡为首都的东罗马帝国和以罗马为都城的西罗马帝国，基督教不久也在实际上分为天主教和东正教两大支。罗马大主教是天主教的领袖，自公元4世纪起自称教皇（在中国台湾、香港和其他华语地区称教宗）。君士坦丁堡大牧首逐渐成为东正教的领袖。东正教与天主教在1054年正式分裂，史称"东西教会大分裂"。

〔14〕 牧人（Hirt）是指天主教的神职人员，因为他们管理和引导信众——迷途的羔羊。最高牧人是指罗马天主教会的教皇——天主在人间的代表。牧师（Pastor）是主持基督教礼仪的人，不属于神职人员。

〔15〕 1438年教皇尤金四世（Eugenius IV., 1431—1447年在位）在意大利费拉拉（Ferrara）召开天主教宗教会议，讨论罗马教会与希腊教会合一问题，有七百多名希腊教会代表参加，一年后会议移至佛罗伦萨举行，1439年7月6日通过两教会统一的决议，希腊东正教会确认罗马教皇为基督在世的代表，具有全权地位，后因君士坦丁堡教会反对，两教会于1453年再度分裂。

〔16〕 当时的教皇是尼古拉五世，1447至1455年在位。

〔17〕 薛西斯（Xerxes），公元前486至公元前465年的波斯帝国皇帝，公元前480年亲率大军，分水陆两路进攻希腊。

〔18〕 狄奥多西二世（Theodosius II., 408—450年在位），他在413至439年建立起拜占庭城的坚固城墙。

〔19〕 查士丁尼一世（Justinian Ⅰ., 527—565年在位，亦称查士丁尼大帝），东罗马帝国皇帝，在位期间除扩大版图和兴建圣索菲亚大教堂外还积极革新内政，主持编纂《查士丁尼民法大全》，集罗马法之大成。

〔20〕 色雷斯（Thrakien），巴尔干半岛东南部古地名，地处今土耳其和保加利亚一部分。

〔21〕 方尖塔（Obelisk），一种高达二三十米的石制立柱，颇似中国的华表，但它的主干为四方形，顶部是尖状，公元前3世纪在埃及产生，原是太阳神的标志，以后发展成为神庙的装饰建筑，经常成对地矗立在庙门前。罗马帝国皇帝曾从埃及掠劫去不少这种方尖塔。19世纪时，埃及政府曾向巴黎、伦敦、纽约赠过这种文物，今天仍有一对方尖塔矗立在巴黎的协和广场。

〔22〕 汉尼拔（Hannibal，公元前247?—前183），迦太基统帅，历史上军事名将，以出奇制胜著称，曾出征罗马帝国。公元前218年，汉尼拔率兵六万从西班牙远征意大利，史无前例地越过阿尔卑斯山，汉尼拔军突然出现在意大利北部，遂使其在蒂查纳河与台伯河战役中粉碎了罗马军队。后来，汉尼拔被罗马人击败，过了几年寄居生活之后，于公元前183年被逼服毒自尽。

〔23〕 在希腊神话中，伊阿宋率领希腊的著名英雄们乘坐一艘命名为"阿耳戈"的船到海外去寻取金羊毛。

〔24〕 穆斯林在参加一般礼拜前，需履行小净仪式，即依次洗手、洗脸、洗肘、漱口、洗鼻孔、用湿手抹头，冲洗双足，共七项，称"沐"。如在沙漠，则以沙代水，进行拭抹。

〔25〕 穆斯林每日五次礼拜，分别在晨、晌、晡、昏、宵五个时辰内进行，称作晨礼、晌礼、晡礼、昏礼、宵礼。穆罕默德二世的部队因战事在身，只进行前三次礼拜。

〔26〕 伊斯兰教把能直接得到或通过天使、做梦等得到安拉（真主）"启示"的人称为先知。据称伊斯兰教共有12.4万名先知。仅土耳其，约有四千名。

〔27〕 安那托利亚，又称小亚细亚，即今土耳其之亚洲部分。

〔28〕 凯尔卡门的原文是拉丁语：Kerkaporta，其中Porta的词义是城门。

〔29〕 又称菱堡，指古代城堡角上的五角形堡垒。
〔30〕 汪达尔人（Vandale），日耳曼人的一支，公元4至5世纪进入高卢、西班牙、北非等地，并攻占罗马。
〔31〕 亚历山大里亚（Alexandria），今埃及第二大城市，习称亚历山大港，因为由古代亚历山大大帝于公元前332年兴建而得名，曾有古代最著名的图书馆。
〔32〕 马赛克（Mosaik），用彩石和玻璃在墙上或地面上拼嵌成的图案。
〔33〕 伊玛目，阿拉伯语的音译，意为站在前面的人，即指伊斯兰教做礼拜时站在前面的主持者。

亨德尔的复活

一七四一年八月二十一日

乔治·弗里德里克·亨德尔（英语名：George Frederick Handel，德语名：格奥尔格·弗里特里希·亨德尔 Georg Friedrich Händel，旧译：韩德尔，英国籍德国人，1685—1759）是西方音乐史上享有盛名的音乐大师，被誉为圣乐之祖。贝多芬说："亨德尔是有史以来最伟大的作曲家。我极愿跪在他的墓前。"[1]李斯特曾为"亨德尔伟大得像宇宙似的天才"而入迷，认为他是谱写音乐的先驱[2]。亨德尔原是德国人，却在英国成名。他身居异国，由于英德之间的政治旋涡而受排挤；早年所作歌剧，采用那不勒斯乐派的歌剧程式，唱词用意大利语，在英国上演频频受挫，因而他所主持的剧院营业萧条，本人债台高筑，精神十分痛苦。一七三七年四月十三日下午他突患中风，右半身瘫痪，是年八月底他到德国西部城市亚琛进行温泉治疗，奇迹般地恢复了健康，十月底回到伦敦。一七四一年八月，曾为他的歌剧写过歌词的詹宁斯给他寄来新的《弥赛亚》清唱剧的歌词，请他谱曲，二十一日夜，亨德尔阅读歌词，词中所云与自己渴望新生的心情引起强烈共鸣，灵感油然而生，于是从八月二十二日至九月十四日，在三个星期内成功地创作了一部蜚声全欧、至今盛名不衰的清唱剧《弥赛亚》，它为亨德尔永垂史册奠定了不可动摇的基础，亨德尔从此不仅在肉体上也在精神上"复活"，立于不败之地。

清唱剧《弥赛亚》的歌词除少数外，大部分源自《圣经·旧约》[3]的《以赛亚书》《哈该书》《玛拉基书》《撒迦利亚书》《约伯记》《诗篇》《耶利米哀歌》和《圣经·新约》[4]的《马太福音》《路加福音》《约翰福音》《使徒行传》《罗马书》《希伯来书》《哥林多前书》《哥林多后书》。

——译者题记

注 释

〔1〕 参阅罗曼·罗兰著、严文蔚译《韩德尔传》,上海新音乐出版社,1954年。
〔2〕 同上。
〔3〕〔4〕 参阅中国基督教两会编《圣经》(中英文对照简化字现代标点和合本)(Holy Bible, New Revised Standard Version), 2000年10月出版。

一七三七年四月十三日下午，乔治·弗里德里克·亨德尔[1]的男仆坐在布鲁克大街那幢房子底层的窗户旁，干着一件稀奇古怪的事——用自己的烟斗吹肥皂泡玩。他刚才发现自己备存的烟叶已经抽完，有点恼火。其实，他只要走过两条大街，到自己女友多莉的小杂货铺去一趟，就能弄到新鲜的烟叶，可是现在他却不敢离开这幢房子，因为主人——那位音乐大师正在盛怒之中，身为仆人的他感到害怕。乔治·弗里德里克·亨德尔从排练完毕回到家中就已怒气冲冲，满脸被涌上来的血涨得通红；两边的太阳穴上绽着粗青筋；砰的一声关上房门。此刻，他正在二层楼上急躁地走来走去，震得地板嘎嘎直响，男仆在楼底下听得清清楚楚。当主人这样怒不可遏的时候，男仆对自己的职守绝对不能马虎。

于是，男仆只好干点别的事来消遣。这会儿，他不是喷出一小圈一小圈漂亮的蓝色烟雾，而是从自己短短的陶瓷烟斗里吹着肥皂泡。他弄了一小罐肥皂水，自得其乐地从窗口向街上吹去一个又一个五光十色的肥皂泡。路过的行人停下脚步，高兴地用手杖把这些彩色的小圆泡一个又一个地戳破，一边笑着挥挥手，一点都不感到奇怪，因为在布鲁克大街的这幢房子里什么事都可能发生。有时候，突然会在深更半夜从这里传出吵闹的羽管键琴[2]声，有时候，能听到女歌唱家在里面大哭和抽泣，如果那个暴躁易怒的德国人亨德尔向她们大发雷霆的话，因为她们把一个八分之一音符唱得太高或太低——所以对格罗夫纳广场[3]周围的街坊来说，这幢布鲁克大街二十五号房子长久以来简直就像疯人院。

男仆默默地、一刻不停地吹着彩色的肥皂泡。过了一阵子，他的技艺有了明显长进。这些斑斓的肥皂泡，个儿愈来愈大，表面愈来愈薄，飘得愈来愈高、愈来愈轻盈。甚至有一个肥皂泡已经越过大街，飞到对面那幢房子的二层楼上了。突然之间，他吓了一跳，因为整幢房子被闷重的一声撞击震动起来。玻璃窗咯咯作响，窗帘晃动着，一定是楼上有件又大又重的东西摔倒在地上了。男仆从座位上跳将起来，急急忙忙顺着扶梯跑到楼上主人的工作室。

大师工作时坐的那张软椅上没有人，房间里也没有人影。正当男仆准备快步走进卧室时，蓦地发现亨德尔一动不动地躺在地板上，两眼睁开着，目光呆滞。男仆一怔，站着愣住了，只听到沉浊而又困难的喘气。身强力壮的主人正仰躺在地上呻吟，或者说，正在短促地喘息，呼吸愈来愈弱。

受惊的男仆想，主人快要死了，于是赶紧跪下身去急救半昏迷的主人。他想把主人扶起来，弄到沙发上去，可是这位身材魁梧的主人实在太重了，于是男仆只好先将那条勒着脖子的围巾扯下来，主人憋气的呼噜声也就随即消失。

大师的学生兼助手克里斯托夫·史密斯[4]从楼下走上来——他是为了抄录几首咏叹调刚到这里来的——他也被那跌倒在地的沉闷声音吓了一跳。现在，他们两人把这个沉重的大汉抬到床上——亨德尔的双臂软弱无力地垂下来，像死人似的——他们帮他躺好，用枕头垫高头部。"把他的衣服脱下来，"史密斯用命令的口吻对男仆说，"我去找医生，你给他身上洒些凉水，等着他苏醒过来。"

时间紧迫，克里斯托夫·史密斯没有穿外套就走了。他急匆匆地顺着布鲁克大街向邦德大街[5]走去，一边向所有的马车招手。可是那些神气十足的马车依然跑着小步，慢悠悠地驶去，而根本不理睬这个只穿着衬衫、气喘吁吁的胖男人。最后总算有一辆马车停了下来，那是钱多斯老爷的马车夫认出了史密斯。史密斯忘记了一切礼节客套，一把拉开车门，对着钱多斯公爵大声说道："亨德尔快要死了！我得赶快去找医生。"他知道钱多斯公爵酷爱音乐，是史密斯爱戴的这位音乐大师的挚友和最热心的赞助人。钱多斯公爵立刻邀他上车。几匹马连着猛吃了几鞭。就这样，他们把詹金斯大夫从他在舰队街[6]的一间小屋里请了出来。当时詹金斯大夫正忙着检验尿，但他立刻和史密斯一起乘着自己那辆轻便的双轮双座马车来到布鲁克大街。马车行驶途中，史密斯绝望地抱怨着说："是那么多的忧虑烦恼把他摧垮的，是他们把他折磨死的，那些该死的歌手和阉伶[7]，那些下流的吹捧者和吹毛求疵的挑剔者，全是一帮讨厌的蠢虫。为了挽救剧院，大师在这一年里创作了四部歌剧[8]。可其他人呢，他们却在取悦女人和宫廷。尤其是那个意大利人把大家都弄得像发疯似的,那个该死的阉伶,一只发着颤音吼叫的猴子[9]。唉,他们是怎么对付我们好心肠的亨德尔的呵!他把自己的全部积蓄都献了出来,整整一万英镑,可是他们却四处向他逼债,要把他置于死地。从来没有一个人像他这样成就辉煌,也从来没有一个人像他这样把自己的一切都奉献出来,可是像他这么干,就是巨人也要累垮的呀。唉,一个多么了不起的人啊!杰出的天才!"詹金斯大夫冷静地、默不作声地听史密斯讲。在他们走进寓所以前,医生又吸了一口烟,然后从烟斗里磕出烟灰,问道:"他多大年纪了?"

"五十二岁。"史密斯回答道。

詹金斯大夫说:"这样的年纪最糟糕。他会像一头牛似的拼命干。不过,这样的年纪,他也会像一头牛似的强壮。好吧,看看我们能做些什么吧。"

男仆端着一只碗,克里斯托夫·史密斯举起亨德尔的一条手臂,詹金斯大夫划破血管,一注血流淌了出来,那是鲜红的热血。不一会儿,亨德尔紧闭的嘴唇松开了,叹了一口气,他深深地呼吸着,睁开了双眼,但眼睛还是显得那么疲倦、异样,没有知觉,没有一点儿神采。

詹金斯大夫扎好他的手臂。没有太多的事要做了。詹金斯大夫已经准备站起身来,这时他发现亨德尔的嘴唇在动。詹金斯大夫靠近他的身边。亨德尔在断断续续地叹说,声音非常轻,好像只是喘气似的:"我算是完了……完了……浑身没劲……没有力气我就不想活了……"詹金斯大夫向他弯下身去,发现他的一只眼睛——右眼发直,另一只眼睛却在转动。詹金斯大夫试着提起他的右臂。一撒手,右臂就垂落下去了,似乎没有知觉;然后詹金斯大夫又举起他的左臂,左臂却能保持住新的姿势。现在詹金斯大夫一切都明白了。

当詹金斯大夫走出房间后,史密斯一直跟着他走到楼梯口,心神不安地问道:"什么病?"

"中风。右半身瘫痪。"

"那么他,"——史密斯把话噎住了——"他能治好吗?"

詹金斯大夫慢条斯理地吸了一撮鼻烟。他不喜欢这样的问话。

"也许能治好。什么事都可以说有可能。"

"他会一直瘫痪下去吗?"

"看来是这样,如果没有什么奇迹出现的话。"

对亨德尔忠心耿耿的史密斯没有就此罢休。

"那么他,他至少还能重新工作吧?不能创作,他是没法活下去的。"

詹金斯大夫已经站在楼梯口。

"创作是再也不可能了",他说得很轻,"也许我们能保住他的命。但我们保不住他这个音乐家,这次中风一直影响到他的大脑活动。"

史密斯直呆呆地望着他,眼神中流露出如此痛苦的绝望,终于使詹金斯大夫产生了恻隐之心。"我刚才不是说过,"——他重复道,"如果没有什么奇迹出现的话。当然,我只是说我现在还没有见到奇迹。"

乔治·弗里德里克·亨德尔有气无力地生活了四个月,而力量就是他的生命。他的右半身就像死掉了似的。他不能走路,不能写字,不能用右手弹一下琴键。他也不能说话，由于右半身从头到脚瘫痪，嘴唇可怕地歪向一边，只能从嘴里含含糊糊吐露出几个字。当朋友们为他演奏音乐时，他的一只眼睛会流露出几丝光芒，接着，他的难以控制的沉重身体就乱动起来，好像一个梦魇中的病人。他想用手随着节拍一起动，但四肢像冻僵了似的，筋肌都不再听使唤——那是一种可怕的麻木不仁；这位往日身材魁梧的男子汉感到自己已被束手困在一个无形的坟墓里。而当音乐刚一结束，他的眼睑又马上沉重地合上，像一具尸体似的躺在那里。为了让这位音乐大师摆脱显然无法治愈的困境，詹金斯大夫终于建议把病人送到亚琛的温泉去[10]，也许那里滚烫的温泉水能使病情稍有好转。

然而，正如地层底下蕴藏着那种神秘的滚烫泉水一样，在他的僵硬躯壳之中也有着一种不可捉摸的力量：那就是亨德尔的意志——他的生命中的原动力。这种意志的力量并没有被那一次毁灭性的打击所动摇，这种意志的力量不愿让自己追求不朽的精神在他并非永生的肉体中从此丧失。这位体魄魁伟的男子汉没有承认自己已经失败；他还要活下去，还要创作，而正是这种意志创造了违背自然规律的奇迹。在亚琛，医生们曾再三郑重地告诫他，待在滚烫的温泉中不得超过三小时，否则他的心脏就会受不住；他会被置于死地。但是，为了活，为了自己心中最最不能抑制的欲望——恢复健康的意志，他就敢去冒死的危险。亨德尔每天在滚烫的温泉水中待上九个小时。这使医生们大为惊讶，而他的耐力却随着意志一起增加。一星期后，他已经能重新拖着自己的身躯吃力地行走。两星期后，他的右臂开始活动。意志和信心终于取得了巨大胜利。他从死神使他瘫痪的圈套中挣脱了出来,重新获得了生命。他这一次取得的胜利比以往任何的胜利都显得更加辉煌和令人激动。那种无法形容的喜悦心情只有他这个久病初愈的人自己知道。

当亨德尔起程离开亚琛前的最后一天,他已完全行动自如了。他在亚琛的主教堂前停住了脚步。以前,他从未表现出特别的虔诚,而现在,当他迈着天意重新赐予他的自由步伐走上放着管风琴的唱诗台时,他的心情无比激动。他用左手试着按了按键盘,管风琴发出清亮、纯正的乐声,在教堂大厅里回响;现在他又踌躇地想用右手去试一试——右手藏在衣袖里已经好久了,已经变得僵硬了。可是你瞧:在右手的按动下,管风琴也同样发出了银铃般的悦耳声音。他开始慢慢地弹奏起来,随着自己的遐想演奏着,感情也随之起伏激荡。管风琴声犹如无形的方石,垒起层层高塔,奇妙地直耸到无形的顶峰,这是天才的建筑,美轮美奂,愈升愈高,但又是那样无影无踪,只是一种用声音发出的看不见的亮光。一些不知名的修女和虔诚的教徒在亚琛主教堂的唱诗台底下悉心聆听。他们还从未听到过尘世中会有人能演奏如此美妙的音乐。而亨德尔只顾谦恭地低着头,弹呀,弹呀。他又重新找到了自己的语言。他要用这种语言对天主、对世人、对永世诉说:他又能弹奏乐器和创作乐曲了。此刻,他才感到自己真正痊愈了。

"我从阴间回来了。"乔治·弗里德里克·亨德尔挺着宽阔的前胸,伸出有力的双臂,自豪地对伦敦的詹金斯大夫说,大夫不得不对这种奇迹般的治疗效果表示惊羡。恢复了健康的亨德尔又毫不迟疑地怀着如痴若狂的工作热情和双倍的创作欲望全力投身到工作中去。原来那种乐于奋斗的精神重又回到这个五十三岁的人身上。他痊愈的右手已完全听他使唤,他写了一部歌剧,又写了第二部歌剧、第三部歌剧,他还创作了大型清唱剧[11]《扫罗》《以色列人在埃及》以及《欢乐与忧思》[12],创作的欲望就像从长期积蓄的泉水中源源喷涌而不会枯竭。然而时运不佳,卡罗琳王后[13]的逝世中断了演出,随后是西班牙战争[14]爆发,虽然在公共广场上每天都有人聚集在那里高声呼号和唱歌,但是在剧院里却始终空空荡荡,致使亨德尔负债累累。接着又是严寒的冬季。伦敦处于一片冰天雪地之中,泰晤士河全冻住了,雪橇在亮晶晶的冰面上行驶,发出咔嚓咔嚓的声响。在天气这样恶劣的时节,所有的音乐厅都大门紧闭,因为在空荡荡的大厅里没有任何天籁之音能与如此残酷的寒冷抗衡。不久,歌唱演员一个个病倒了,演出不得不一场接着一场取消;亨德尔的处境愈来愈糟。债主们追逼,评论家们讥诮,公众则始终抱着漠不关心和沉默的态度;这位走投无路、敢于拼搏的亨德尔渐渐失去了勇气。虽然一场义演使他摆脱了因债台高筑而进入牢房的窘境,但是过着这种乞丐似的生活,又是何等羞辱!于是亨德尔日益离群索居,心情也愈来愈忧郁。早知如此,当年半身不遂岂不比现在全身清醒更好?到了一七四〇年,亨德尔重又感到自己是一个遭受打击而失败了的人。自己昔日的荣耀已成了炉渣和灰烬。虽然在艰难之中,他还整理着自己的早期作品,偶尔创作一些较小的作品,然而那种激流般的灵感却早已枯竭。在他恢复了健康的身体内,那种原动力已不复存在。他,一个身躯魁梧的人第一次感到自己已心力交瘁。这个勇于奋斗的人第一次感到自己已被击败。他第一次感到自己心中神圣的创作欲望的激流正在中断和干涸——而创作灵感的激流三十五年来一直充满他的生活。完了，又一次完了。他，一位完全陷于绝望的人知道，或者说他自以为知道：这一回是彻底完了。他仰天叹息：既然世人要再次埋葬我，天主又何必让我从病患中再生？与其现在像阴魂一般在冷冰冰的寂寞人间游荡，倒不如当初死了更好。但有时候他在悲愤之中却又喃喃低语着钉在十字架上耶稣说过的话："上帝啊！我的上帝，你为什么将我抛弃？"

　　一个失败的人是一个绝望的人，他会对自己的一切心灰意懒，他会不相信自己的力量，或许也会不相信天主。在那几个月里，亨德尔每到晚上都在伦敦的街头踯躅。但他都是在暮色降临之后才敢走出自己的家门，因为债主们会在白天拿着债据在门口堵住他，拽住他；而且街上的人向他投来的也都是那种冷漠和鄙夷的目光。他曾一度考虑过，是否逃到爱尔兰去为好，那里的人们还景仰他的名望——唉，他们哪会想到他现在已完全颓唐——或者逃到德国去，逃到意大利去；说不定到了那里，内心的冰雪还会再次消融；说不定在意大利令人心旷神怡的南风吹拂下，荒漠的心灵还会再次迸发出旋律呢。不，他无法忍受这种不能创作和无所作为的生活，他无法忍受自己已经失败的这种现实。他有时候伫立在教堂前，但是他知道，天主不会给他任何安慰。他有时候坐在小酒馆里，不过，谁领略过高尚的陶醉——领略过精神上的极乐和领略过纯粹的创作灵感，那么，在小酒馆里喝劣质的白酒只会使自己感到恶心。他有时候从泰晤士河的桥上呆呆地向下凝视那夜色一般漆黑的静静流淌的河水,甚至会想到是否一咬牙纵身投入河中一了百了更好!他实在不能再忍受这种令人压抑的空虚——这种离开了天主和人群的可怕寂寞。

他近来就这样一次又一次地徘徊在夜间的街道。一七四一年八月二十一日,那是非常炎热的一天。伦敦上空好像盖着一块正在熔化的金属板,天气阴沉、闷热。而亨德尔只有等到天黑才能离开家,走到格林公园〔15〕去呼吸一点清新空气。他疲倦地坐在幽暗的树荫之中,没有人会在那里看见他,也没有人会折磨他。他现在对一切都感到厌倦,就像重病缠身一样,懒得说话,懒得写作,懒得弹奏和思考,甚至厌倦自己还有感觉和厌倦自己的生命。因为这样活着又为了什么呢?为谁而活着呢?他像喝醉了酒似的沿着帕尔街〔16〕和圣詹姆斯街走回家,只有一个渴望的念头在驱使他:睡觉、睡觉,什么也不想知道;只想休息、安宁,最好是永远安息。在布鲁克大街的那幢房子里已经没有醒着的人了。他缓慢地爬上楼梯——唉,他已经变得多么疲倦,那些人已把他追逼得如此精疲力竭——他迈出的每一步都十分沉重,楼梯的木板咯吱咯吱直响。他终于走进自己的房间,用打火石点燃写字台旁的蜡烛。他的动作完全是下意识的、机械的,就像他多年来的习惯一样:打算坐下来工作;他情不自禁深深地叹了一口气,因为他以前每次散步回来,总要带回一段主旋律,他一到家就得赶紧把主旋律记下来,以免一睡觉就忘掉。而现在桌子上空空如也,没有一张乐谱纸。神圣的磨坊水轮在冰冻的水流中停住了。没有什么事要开始,也没有什么事要结束。桌子上是空的。

但是,不,桌子上不是什么也没有!放在桌子上的一件四方形白色纸包不是让人眼睛一亮吗?亨德尔把纸包拿起来。这是一件邮包,他觉得里面是稿件。他敏捷地拆开封漆。最上面是一封信。这是詹宁斯——那位为他的《扫罗》[17]和《以色列人在埃及》[18]作过词的词作者写来的信。他在信中说,他给他寄上一部新的脚本,并希望他——伟大的音乐天才能对他的拙劣脚本多加包涵,希望能仰仗他的音乐翅膀使这个脚本飞向永恒的苍天。

亨德尔霍地站起身来,好像被什么讨厌的东西触动了似的。难道这个詹宁斯还要讥诮他——一个麻木不仁、已经死了的人吗?他随手把信撕碎,揉成一团,扔到地上,踩了几脚,怒声骂道:"这个讨厌鬼!这个坏家伙!"——原来这个不机灵的詹宁斯恰巧碰到了亨德尔最深的痛处,捅到了他心灵中的伤口,使他痛苦不堪、怒不可遏。接着,亨德尔气呼呼地吹灭了蜡烛,迷迷糊糊地摸索着走进自己的卧室,和衣躺在床上。泪水突然夺眶而出。由于激怒和虚弱,全身都在颤抖。唉,多么不公平的人世呀!被剥夺了一切的人还要受人讥诮,饱尝苦楚的人还要遭到折磨。他的心已经麻木,他的精力已经殆尽,为什么此时此刻还有人要来招惹他呢?他的灵魂已经僵死,他的神志已经失去知觉,为什么此时此刻还有人要求他去创作一部作品呢?不,他现在只想睡觉,像一头牲口似的迷迷糊糊地睡觉,他只想忘却一切,什么也不想干!他——一个被搅得心烦意乱、失败了的人,就这样懒洋洋地躺在床上。

但是他无法入眠。他的内心非常不平静,那是一种由于心情恶劣而莫名其妙的不平静,满腔郁火就像暴风雨的海洋。他的身体一会儿从左侧翻到右侧,一会儿又从右侧翻到左侧,而睡意却愈来愈淡。他想,他是否应该起床去过目一遍脚本?不,对他这样一个已经死去了的人,脚本又能起什么作用呢!不,天主已让他坠入深渊,已把他同生命的神圣洪流隔开,对他已没有什么安慰可言!但是,在他心中总是还有一股力量在搏动,一种神秘的好奇心在驱使他;而且,神志不清的他已无法抗拒这种莫名其妙的好奇心。亨德尔突然起身,走回房间,用激动得发抖的双手重新点亮蜡烛。在他身体瘫痪的时候,不是已经出现过一次奇迹——使他重新站起来了吗?说不定天主也有使他振奋、治愈他灵魂的力量呢。亨德尔把烛台移到写着字的纸页旁。第一页上写着《弥赛亚》![19] 啊,又是一部清唱剧。他前不久写的几部清唱剧还都没有演出呢。不过,他还是翻开封面,开始阅读——心情依然不平静。

然而,第一句歌词就使他怔住了:"主安慰你"——所写的歌词就是这样开始的。"主安慰你"——这句歌词简直就像符咒,不,这不是歌词,这是主赐予的回答,这是天使从九霄云外向他这颗沮丧的心发出的召唤。"主安慰你"——这句歌词好像顿时就有了声音,触及了他的颓唐的灵魂;这是一句激励人有所作为、有所创造的歌词。刚刚读完和体会到这第一句,亨德尔的耳边仿佛已经听到了这一句歌词的音乐,各种器乐和声乐在飘荡、在呼唤、在咆哮、在歌唱。啊,幸福呀!他重又听到了音乐,在音乐声中感觉到敞开的天国大门!

当他一页一页往下翻阅时,他的手不停地哆嗦。是呀,他被唤醒了,每一句歌词都是在向他呼唤,每一句歌词都以不可抗拒的力量深深打动他。"耶和华如此说"[20]——难道这句歌词不也是针对他的吗?难道不是主的手曾经把他击倒在地,尔后又慈悲地把他从地上拉起来的吗?"主将使你心灵纯净"[21]——是呀,这句歌词在他身上应验了:他心中的阴郁顿时一扫而光,心里亮堂了。这声音,犹如一片光明,使心灵变得水晶般纯净。除了主——主是唯一知道亨德尔困境的人——还会有谁能促使不起眼的詹宁斯——这个住在戈布萨尔的蹩脚诗人在字里行间倾注这种鼓舞人心的语言力量呢?"他们可以向主奉献祭品"[22]——是呀,奉献的火焰已在热烈的心中点燃,直冲云霄,去回答这样美好庄严的召唤。"这是你的主发出的强有力的召唤"——这句歌词好像是针对他一个人而言似的——是呀,这样的歌词应该用最嘹亮的长号、怒涛般的合唱、雷鸣般的管风琴来演奏,就像泰初之道——神圣的主再次唤醒所有其他在黑暗中绝望地行走的芸芸众生。"看,黑暗笼罩着大地。"[23]一点不错,因为黑暗依然笼罩着大地,因为芸芸众生还不知道得到拯救的极乐,而亨德尔却在此时此刻已领略到获得拯救的极乐。他几乎刚刚把歌词读完,那感恩的合唱"万能的主,你是我们的引路人,是你创造奇迹"[24]已变成了音乐在他心中汹涌澎湃——是呀,对创造奇迹的主,就应该这样赞美,主知道如何指引世人,而事实上主已经给他破碎的心以安宁!歌词还写道:"因为主的天使已向他们迎去。"[25]是呀,天使已用银色的翅膀飞降到他的房间,接触到他并拯救了他。只不过此时没有成千人的声音在欢呼、在感恩、在歌唱、在赞美:"光荣归于主!"[26]这句歌词此刻仅仅是亨德尔一个人心中的歌声罢了。

亨德尔俯首看着每一页的歌词,就像置身在暴风雨中一般。一切疲倦都消失了。他还从未感到过自己的精力有像现在这样充沛,也从未感到过浑身充满着如此强烈的创作欲望。这些歌词就像使冰雪消融的温暖阳光,不断地倾泻到他身上。每一句歌词都说到了他的心坎里,字字句句是那么富有魅力,使他心胸豁然开朗!"你们应该欣喜"[27]——当他看到这句歌词时,仿佛听到气势磅礴的合唱顿时四起,他情不自禁地抬起头,张开双臂。"天主是真正的救世主"——是呀,亨德尔就是要为此做证,尘世间尚未有人尝试过这样做,他要把自己的明证高高举起,就像在世间树起一座辉煌的丰碑。只有饱经忧患的人才懂得欣喜;只有经过磨难的人才会预感到主最后恩赐的仁慈;而他就是要在众人面前证明:他在经历了死亡之后又复活了。当亨德尔读到"他曾遭到鄙夷"[28]这句歌词时,他又陷入对往事的痛苦回忆之中,音乐声也随之转入压抑、低沉。他们以为他已经失败了,在他躯体还活着的时候就把他埋葬,还尽情嘲笑他——"他们曾看着他嘲笑"[29],"而当时没有一个人给这个苦难者以安慰"[30]。是呀,在他无能为力的时候,没有一个人帮助他,没有一个人安慰他,但是神奇的力量帮助了他。"他信赖上帝"[31],是呀,他信赖主,而且看到主并没有让他躺在坟墓里——"不过,你不要把他的灵魂留在地狱。"[32]不,主没有把他——一个身陷困境、灰心丧气的人的灵魂留在绝望的坟墓里,留在束手待毙的地狱里,而是再次唤醒他肩负起给人们带来欢乐的使命。"昂起你们的头"〔33〕——这样的歌词仿佛是从他自己的内心迸发而出;但这是主的伟大圣谕!他蓦地一噤,因为恰恰在这句歌词之后就是不起眼的詹宁斯用手写的"这是上帝的谕旨"〔34〕。

亨德尔的呼吸屏住了。詹宁斯偶然从嘴里说出来的话竟有如此之准,这显然是主从上天传送给他的谕旨。这是"主的谕旨"——这同样也是主的话、主的声音、主的意志!必须把这句歌词的声音送回到主那里,汹涌的心声必须掀起滔天巨浪向上天的主迎去,赞美主是每一个作曲家的心愿和责任。哦,应该紧紧抓住这句歌词,让它反复、延伸、扩大、突出、飞翔,充满整个寰宇,所有的赞美声都要围绕这句歌词,要使这句歌词像主一样伟大。这句歌词原本是瞬息即逝的,但是通过音乐之美和无穷尽的激情将使这句歌词达到永恒的境界。现在你瞧,上面写着:"哈利路亚!哈利路亚!哈利路亚!"〔35〕这是应该用各种音乐进行无穷反复的一句歌词,是呀,世间所有的嗓音,清亮的嗓音,低沉的嗓音,男子阳刚的嗓音,女人柔顺的嗓音,都应当在这里汇合成一个声音。这"哈利路亚"的声音应当在有节奏的合唱中充溢、升高、转换,时而聚合,时而分散。合唱的歌声将顺着乐器的音乐天梯〔36〕上上下下。歌声将随着小提琴的甜美弓法而悠扬,随着长号嘹亮的吹奏而热烈,在管风琴雷鸣般的声音中咆哮:这声音就是哈利路亚!哈利路亚!哈利路亚!从这个词——从这个感恩词中创造出赞美的颂歌,这赞美的颂歌将轰轰隆隆从尘世滚滚向上,升回到万物的救世主那里!

亨德尔激情满怀,泪水使他的眼睛变模糊了。但是还有几页歌词要读,那是清唱剧的第三部分。然而在这"哈利路亚,哈利路亚"之后他再也读不下去了。这几个用元音歌唱的赞美声已充满他的心胸,在弥漫,在扩大,就像滚滚火焰喷流而出,使人感到灼痛。啊!这声音在攒动、在拥挤,这赞美声要从他心里迸发出来,向上飞升,回到苍天。亨德尔赶紧拿起笔,记下乐谱,他以神奇的速度写下一个个音符。他无法停住,就像一艘被暴风雨鼓起了风帆的船,一往直前。四周是万籁俱寂的黑夜。黑魆魆的潮湿的夜空静静地笼罩着这座大城市。但是在他的心中却是一片光明,在他的房间里所有的音乐声都在齐鸣,只是听不见罢了。

第二天上午,当男仆小心翼翼地走进房间时,亨德尔还坐在写字台旁不停地写着。当他的助手克里斯托夫·史密斯畏葸地问他是否要帮他抄乐谱时,他没有回答,只是粗声粗气地咕噜了一声。于是再也没有人敢走到他的身边,他也就这样埋头创作,三个星期没有离开房间。饭送来了,他用左手匆匆地掰下一些面包,右手继续写着,因为他无法停下来,他已完全如痴若醉。当他站起身来,在房间里走动时,他还一边高声唱着,打着拍子,眼睛里射出异样的光芒。当别人同他讲话时,他好像刚醒过来似的,回答得含含糊糊,语无伦次。这些日子可苦了男仆。债主来讨债,歌唱演员来要求参加节日的康塔塔大合唱,信使们来邀请亨德尔到王宫去,男仆都不得不把他们拒之门外,因为哪怕他只想同正在埋头创作的主人说一句话,他也会遭到一顿雷霆般的斥责。乔治·弗里德里克·亨德尔在那几个星期里已不再知道时间和钟点,也分不清白天和黑夜。

他完全生活在一个只用旋律和节拍来计量时间的人世。他的身心完全被从心灵深处涌出来的奔腾激流席卷而去。神圣的激流愈湍急愈奔放,作品也就愈接近尾声。他被囚禁在自己的心灵之中,只是踩着有节拍的步伐,走遍这间自设囹圄的房间。他一会儿唱着,一会儿弹起羽管键琴,然后又重新坐下来,写呀,写呀,直至手指发疼;他在有生之年还从未有过如此旺盛的创作欲望,也从未经历过如此呕心沥血的音乐生涯。

差不多三个星期以后,一七四一年九月十四日,作品终于完成了——这在今天是难以置信的,大概也是永远无法想象的。歌词变成了乐曲,不久前还是干巴枯燥的言辞现在已成了生气勃勃、永不凋谢的声音。就像从前瘫痪的身体创造了复活的奇迹一样,如今是一颗被点燃的心灵创造了意志的奇迹。所有的乐谱都已写好,并且都已弹奏过了,歌词已变成了旋律,并且已在展翅翱翔——只是一个词、作品的最后一个词"阿门"还没有配上音乐。现在,亨德尔要抓住这个"阿门"——这两个紧密联结在一起的短短音节,创造出一种直冲九霄云外的声乐。他要给这两个音节配上不同的音调,同时配上不断变换的合唱;他要把这两个音节拉长,同时又不断把它们拆开,以便重新合在一起,从而产生更加热烈的氛围。他把自己巨大的热情宛若天主的嘘息倾注在这首伟大的赞美颂歌的最后结束语上,要使"阿门"像天下一样宏大和充实。这最后一个词没有放过他,他也没有放过这最后一个词。他把这个"阿门"配上雄伟的赋格曲,把第一个音节——洪亮的"阿"作为最初的原声,让它在穹顶下回旋、轰鸣,直至它的最高音达到云霄；这原声将愈来愈高，随后又降下来，又升上去，最后再加入暴风雨般的管风琴，而这和声的强度将一次比一次高，它四处回荡，充满人寰，直至仿佛天使们也在全部和声中一起唱着赞美颂歌似的，仿佛头顶上的屋宇梁架在永无休止的"阿门！阿门！阿门！"的歌声中震裂欲碎似的。

亨德尔艰难地站起来。羽毛笔从他手中掉了下来。他不知道自己身在何处。他什么也看不见，他什么也听不见。他只感到疲乏，感到全身精疲力竭。他不得不支撑着墙壁跟跟跄跄地行走。他一点力气也没有了，身体像死了似的，神志迷迷糊糊。他像一个瞎子似的沿着墙壁一步一步向前挪动，然后躺倒在床上，睡得像个死人。

整整一个上午，男仆轻轻地三次旋开门把，三次推开房门，但主人还一直在睡觉，身子一动也不动，就像石头的雕塑，眼睛、嘴巴紧闭着，脸上没有任何表情。中午，男仆第四次想把主人唤醒。男仆故意大声咳嗽，重重叩门，可是亨德尔依然睡得那么死，任何声响和说话声都进不到他的耳朵里。下午，克里斯托夫·史密斯来帮助男仆，而亨德尔还是纹丝不动地躺在那里。史密斯向睡着的人俯下身去，而亨德尔却像一个赢得了胜利而又死在沙场上的英雄，在经过了难以形容的战斗之后终于因疲惫而死去。他就这样躺在那里。只不过克里斯托夫·史密斯和男仆并不知道他完成的业绩和取得的胜利罢了。他们只感到害怕，因为他们看到亨德尔躺在那里这么长的时间，而且令人可怕地一动都不动。他们担心可能又是一次中风把他彻底摧垮了。到了晚上，尽管他们使劲地摇晃亨德尔，他还是不愿醒来——他已经一动不动地软瘫在那里,躺了十七个小时——于是,克里斯托夫·史密斯再次去找大夫。他没有立刻找到詹金斯大夫,因为大夫为了享受那个和风宜人的夜晚,到泰晤士河岸边垂钓去了,当最终把他找到时,大夫嘟囔着对这次不受欢迎的打搅表示不快。只是在他听说是亨德尔病了时,他才收拾起长线和渔具,取了外科手术器具——这花了不少时间——以便必要时放血用,他觉得很可能需要这样。一匹小马拉着一辆载着两人的马车,终于踏着橐橐的快步向布鲁克大街驶去。

但男仆已站在那里,挥动着两只手臂向他们招呼,隔着一条大街大声喊道:"他已经起床啦,现在正在吃饭,吃得像六个搬运夫那么多。他狼吞虎咽地一下子吃了半只约克夏白猪肘子;我他斟了四品脱啤酒,他还嫌不够呢。"

真的,亨德尔正坐在餐桌前,俨若主显节的豆王[37],桌面上摆着各种食物。就像他在一天一夜之间补足了三个星期的睡眠那样,他此刻正在用自己魁梧身躯的全部力量和食欲,吃着,喝着,似乎想一下子就把在三个星期中耗尽在工作上的力气全都补回来似的。他几乎还没有和詹金斯大夫照一个正面,就开始笑了起来,一种渐渐变得响亮的超乎寻常的大笑在房间里萦绕。史密斯记起来了:在整整三个星期中,他没有看到亨德尔的嘴边有过一丝笑容,而只有那种紧张和怒气冲冲的神情。现在,那种积蓄起来的、出自他本性的率真的愉快终于迸发出来了,这笑声犹如潮水击拍岩崖,像滚滚怒涛溅起浪花——亨德尔在他一生中还从未像现在这样笑得如此纵情、如此天真,因为他是在知道自己的身心已完全治愈和满怀生活乐趣的时刻见到这位大夫的。他举起啤酒杯，摇晃着它，向身穿黑大氅的詹金斯大夫问候。詹金斯大夫惊奇地发问："究竟是哪位要我来的？您怎么啦？您喝了什么药酒？变得如此兴致勃勃！您究竟怎么啦？"

亨德尔一边用炯炯有神的眼睛望着他，一边笑着，然后渐渐严肃起来。他缓慢地站起来，走到羽管键琴旁，坐下去，先用双手在键盘上凌空摆了摆，接着又转过身来，诡谲地微微一笑，随即轻声地半说半唱地诵吟那咏叹调："你们听着，我告诉你们一个秘密。"[38]——这也是《弥赛亚》中的歌词，歌词就是这样诙谐地开始的。但当他刚刚把手指伸进这温和的空气中，便不能自已了。亨德尔在弹奏羽管键琴时忘记了其他在场的人，也忘记了自己。这独特的音乐激流使他全神贯注。顷刻之间，他重又陷入到自己的作品之中，他唱着，弹奏着最后几首合唱曲；在此之前，这几首合唱好像只是在梦中听到过似的；而现在，他是第一次在醒着的时候听到这些合唱："啊，死神呀，你的毒刺在何处？"[39]此时此刻，他感到自己的内心充满生活的热情，他把歌声愈唱愈高，好像自己就是唱着赞美颂歌和热烈欢呼的合唱队。他不停地一边弹着一边唱着，一直唱到"阿门，阿门，阿门"，他把自己的全部力量强烈地、深沉地倾注到音乐之中，整个房间好像要被各种声音的巨流冲破似的。

詹金斯大夫站在那里迷住了。当亨德尔最后站起来时，詹金斯大夫只是为了没话找话，才不知所措地夸奖说："伙计，我还从未听到过这样的音乐呢。你一定是中了魔啦。"

但这时亨德尔的脸色却阴沉下来。的确，连他自己也对这部作品感到吃惊,好像是上天在他的睡梦中赐予的。他不好意思地转过身去,轻声说道,轻得连其他几个人几乎听不见:"但我更相信是主帮助了我。"

几个月后,两位衣冠楚楚的先生敲着阿贝大街[40]上的一幢公寓的大门,那位伦敦来的高贵客人——伟大的音乐大师亨德尔旅居都柏林期间就在这幢公寓下榻。两位先生恭恭敬敬地提出了他们的请求。他们说,几个月来,这座爱尔兰的首府为能欣赏到亨德尔的如此精彩的作品而感到无比高兴,他们在自己的本土还从未聆听过这样好的作品,现在他们又听说,亨德尔将要在这里首演他的新清唱剧《弥赛亚》,亨德尔把自己最新的作品首先奉献给这座城市而不是伦敦,他们为此感到莫大荣幸,而且考虑到这部大型声乐协奏曲出类拔萃,可以预料亨德尔会获得巨大的收入,因此他们想来问一问,这位以慷慨著称的音乐大师是否愿意将这次首演的收入捐献给他们有幸代表的慈善机构。

亨德尔友善地望着他们。他爱这座城市都柏林,因为这座城市曾给予他厚爱,曾使他到了这里就感到如释重负,心情愉快。他笑眯眯地说,他愿意答应,只是他们应该说出来这笔收入将捐献给哪些慈善机构。"救济身陷各种囹圄的人。"第一位先生——一个满面和善、白发皤然的男子说。"还有慈善医院里的病人。"另一位补充道。他们还说,不过当然啰,这种慷慨的捐献仅仅限于第一场演出的收入,其余几场演出的收入仍归音乐大师自己所有。

亨德尔没有正面回答,他低声说道:"不,演出这部作品我不要任何钱。我自己永远不收一分钱,我也就不欠别人什么了。这部作品应该永远属于病人和身陷囹圄的人,因为我自己曾是一个病人,是依靠这部作品治愈的;我也曾身陷囹圄,是这部作品解救了我。"[41]

两位男子抬起眼睛望着亨德尔,显得有点迷惑不解。他们不太明白这番话的意思。但稍后他们就再三表示感谢,一边鞠着躬退出房间,去把这样的喜讯告诉都柏林全城的人。

一七四二年四月七日,最后一次排演《弥赛亚》的日期终于到了。只允许都柏林的两个主教堂的合唱团团员的少数亲属参加彩排,而且为了节约起见,坐落在菲施安布尔大街上的音乐堂的大厅里只有微弱的照明。人们三三两两地坐在空荡荡的长椅上,准备聆听伦敦来的这位音乐大师的新作。宽敞的大厅显得阴暗、寒冷、空气潮湿。然而,一件奇怪的事发生了:当宛若急流奔腾的多声部合唱刚一开始,坐在长椅上七零八落的人就不由自主地聚拢在一起,渐渐地形成黑压压的一片悉心倾听和惊异赞叹的人群。因为他们每一个人都从未听到过如此雄浑有力的音乐,他们仿佛觉得,如果单独一个人听,简直无法承受这千钧之势;如此恢宏的音乐将会把单独坐着的一个人冲走,拽跑。他们愈来愈紧地挤在一起,好像要用一颗心听,恰似一群聚集在教堂里的虔诚教徒,要从这气势磅礴的混声合唱中获取信心。交织着各种声音的合唱不时变换着形式。在这粗犷、猛烈的强大力量面前,每一个人都感觉到自己的单薄,然而他们却愿意被这种力量攫住,带走。一阵阵欢乐的感情向他们所有的人袭来,好像传遍每一个人的全身似的。当第一次雷鸣般地响起"哈利路亚"的歌声时,有一个人情不自禁地站了起来,所有的听众也都一下子跟着他站起来,他们觉得自己被如此强大的力量所攫住,再也不能紧挨着地面坐着。他们站起来,以便能随着这"哈利路亚"的合唱声靠天主更近一步,同时向天主表示自己仆人般的敬畏。随后,他们走出音乐堂,奔走相告:一部世间空前的声乐艺术作品业已创作成功。于是全城的人兴高采烈,为能听到这伟大的杰作而激动。

六天以后,四月十三日晚上,音乐厅门前麇集着人群。女士们没有穿钟式裙[42]就来了,贵族绅士们都没有佩剑,为的是能在大厅里给听众腾出更多的空间。七百人——这是从未达到过的数字——济济一堂,演出前交头接耳地谈论着《弥赛亚》这部作品所获得的赞誉,但当音乐开始时,却连出气的声音都听不见了,人们越来越肃穆地侧耳倾听。接着,多声部合唱迸发出排山倒海的气势,所有的心都开始震颤。亨德尔站在管风琴旁,他要监督并亲自参加自己作品的演出。而现在,这部作品已经脱离了他;他也完全陶醉在自己的这部作品之中,觉得它好不陌生,好像他从未听到过似的、从未创作过似的、从未演奏过似的。他的心在自己的音乐巨流中再次激荡起来。当最后开始唱"阿门"时,他自己的嘴巴也不知不觉地张开了,和合唱队一起唱着。他唱着,好像他一辈子从未唱过似的。然而,当其他人的赞美欢呼声还像怒涛汹涌一般经久不息地在大厅里回荡时,他却悄悄地溜到了一边,为的是要避免向那些打算向他致谢的人们表示答谢,因为他要答谢的是天意,是天意赐予他这部作品。

闸门既已打开,音乐的激流又年复一年地奔腾不息。从现在起,再也没有什么能使亨德尔屈服,再也没有什么能把这个复活了的人重新压垮。尽管他在伦敦创建的歌剧院再次遭到破产,债主们又四处向他逼债,但他从此以后已真正站了起来,他抵住了一切逆风恶浪。这位六十岁的老人泰然自若地沿着作品的里程碑走自己的路。有人给他制造种种困难,但他知道如何体面地克服这些困难。他日渐年迈,他的双臂不灵活了,痛风使他的双腿不时痉挛,但他还是用不知疲倦的心智继续不断地创作。最后,他的双目失明了;那是在他创作《耶弗他》[43]的时候,他的眼睛瞎了[44]。但他依旧用失去视力的眼睛继续孜孜不倦地、毫不气馁地创作,创作,就像贝多芬用失聪的耳朵创作一样。而且他在世间的胜利愈辉煌,他在天主面前愈谦卑。

就像所有严谨的、真正的艺术家一样,亨德尔对自己的作品从不沾沾自喜,但他十分喜爱自己的一部作品,那就是《弥赛亚》。他之所以喜爱它,是出于一种感激之情,因为是它把他从自己的绝境中解脱了出来,还因为他在这部作品中自己拯救了自己。他每年都要在伦敦演出这部作品,每一次都把全部收入——五百英镑捐赠给医院,去医治那些残疾病人和救济那些身陷囹圄的人。而且他还要用这部曾使他走出冥府的作品向人间告别。一七五九年四月六日,七十四岁的亨德尔已身染重病,但他还是在科文特皇家花园剧院再次走上指挥台。他——一个身躯巍巍、双目失明的瞎子就这样站在他的忠实的崇拜者中间,站在音乐家和歌唱家中间。虽然他的眼睛有目无光,什么也看不见,但是当各种器乐声犹如汹涌澎湃的波涛向他滚滚而来时,当数百人的赞美欢呼像狂风暴雨向他袭来时,他那疲倦的面容顿时显出了光彩,变得神采奕奕。他挥舞着双臂,打着节拍,和大家一起放声高歌,他唱得那么认真、那么心诚,仿佛他是站在自己灵柩边的牧师,为拯救自己和所有人的灵魂而祈祷着。他只有一次全身哆嗦起来，那是在他喊出"长号吹起"和所有的喇叭吹起嘹亮声音的时候，他昂首向上凝视着，好像他现在已准备好去面临最后的审判。他知道，他已杰出地完成了自己的事业，他能昂首阔步向天主走去。

朋友们深受感动地把这位盲人送回家去。他们也都感觉到：这是最后的告别。他在床上还微微翕动着嘴唇，喃喃低语说，他希望死在耶稣受难日那一天。医生们感到奇怪，他们不明白他的意思，因为他们不知道，那一年的耶稣受难日，即四月十三日，正是那只沉重的手把他击倒在地的一天[45]，也正是他的《弥赛亚》第一次公演于世的一天，他心中的一切曾在那一天全部死去，但同样也正是在那一天，他又复活了。而现在，他却愿意在他复活的那一天死去，以便确信自己将会获得永生的复活。

真的，我们的唯一意志——天主，既能驾驭生，亦能驾驭死。一七五九年四月十三日，亨德尔的精力全都耗尽了。他再也看不见什么，再也听不见什么。硕大的身体一动不动地躺在垫褥上，这是一个空洞而又沉重的躯壳，但正如一个空的贝壳能充满大海怒涛的声音一样，那听不见的音乐声还在他的内心轰鸣作响，这音乐比他以前听到过的更悦耳、更奇异。音乐的滚滚波浪缓慢地从这个精力殆尽的躯体上带走了灵魂，把它高高举起，送入缥缈的天穹。汹涌奔流的音乐永远回荡在永恒的宇宙。第二天，复活节的钟声还没有敲响，乔治·弗里德里克·亨德尔身上那具不能永生的躯壳终于死去了。

注 释

〔1〕 亨德尔的全名,德语拼写是 Georg Friedrich Händel,本篇中译文没有按茨威格所用的德语姓名拼写音译,而采用在中国内地一直沿用的英语姓名中译文。

〔2〕 羽管键琴(Cembalo),流行于 16 至 18 世纪欧洲的键盘乐器,类似钢琴,弦由铜制。和钢琴不同的是,钢琴是向下按键,羽管键琴是用羽管制成的钩向上钩弦。

〔3〕 格罗夫纳广场(Grosvenor Square),伦敦中部的一个大广场,今日,美国大使馆就在广场的一边,如果民众对美国的做法不满时,一般就会到此广场来抗议。

〔4〕 克里斯托夫·史密斯是亨德尔多年的助手,他的姓,按茨威格所用的德语拼写是 Schmidt,英语拼写是 Smith,本篇中译名从英语音译。

〔5〕 邦德大街(Bond Street),伦敦西区(the West End)的一条街道名,因那里有昂贵的店铺和艺术馆而闻名。

〔6〕 舰队街(Fleet Street),伦敦中部的一条街道,在伦敦城区(the City)和西区(the West End)之间。昔日,英国主要报纸的总部都设在这里。20 世纪 80 年代以后,多数报馆纷纷迁往他处更现代化的大楼,但许多人仍用"舰队街"指称英国报界。

〔7〕 阉伶,是指 17 至 18 世纪受过阉割术的歌剧演员或歌唱家,具有宽广音域的童声音质。

〔8〕 这是指从 1736 年 5 月至 1737 年 5 月这一年期间,亨德尔为了使剧院不致停顿,以超人的精力完成了四部歌剧:《阿塔兰塔》《阿尔米尼奥》《朱斯蒂诺》《贝吕尼切》。

〔9〕 指当时与亨德尔对着干的伦敦另一家意大利歌剧院的主持人——18 世纪享有盛名的意大利歌唱教师尼·卜波拉。

〔10〕 1737 年 8 月底,亨德尔在朋友们劝说下到德国西部城市亚琛(Aachen)去试行温泉治疗,结果像出现奇迹一般,他在几周之内

恢复了健康，10月底便回到了伦敦。

〔11〕 清唱剧，英语原文是 oratorio，这是一种由器乐重奏、独唱和合唱紧密结合的大型声乐曲，其形式颇似中国的《黄河大合唱》。但欧洲的 oratorio，内容取材于《圣经》故事；它虽有一定的情节，却不作舞台演出——不设布景，也没有扮演者，完全用音乐语言来戏剧性地描写性格和心理，表达人类的热情和灵性。由于 oratorio 所含的宗教内容，故而也有人把它译为"神剧"或"圣乐"，但这两种译法也如"清唱剧"一样，并未把 oratorio 所含的内容和形式完整地表达出来。亨德尔堪称创作 oratorio 的泰斗，因而被誉为"圣乐之祖"。莫扎特曾改编过亨德尔的清唱剧《弥赛亚》，海顿在亨德尔的清唱剧的启发下创作了《创世记》，但他们在这方面的成就均未超过亨德尔。亨德尔选择《圣经》中的题材创作清唱剧，并非出自宗教信仰，而是他看到：《圣经》中的这些英雄故事为民众所熟悉，已成为民众生活的一部分；而那些富于浪漫色彩的古代故事只能引起一些高雅的文人学士的兴趣。他是为顺应民众的思想感情而创作清唱剧。

〔12〕《欢乐与忧思》，此处原文是意大利语：Allegro e Pensieroso。

〔13〕 卡罗琳（Caroline，1683—1737），英王乔治二世的王后。

〔14〕 指1740—1748年为继承奥地利王位而发生的战争，英国、荷兰、普鲁士为一方，法国和西班牙为另一方，在欧洲范围内燃起熊熊战火。

〔15〕 格林公园（Green Park），位于伦敦中部，皮卡迪利大街（Piccadilly）南边的一个大公园。

〔16〕 帕尔街（Pall Mall），伦敦中部的一条街，以俱乐部密集而著称，其中包括雅典娜神庙俱乐部（Athenaeum）和改革俱乐部（Reform Club）。

〔17〕《扫罗》（Saul），清唱剧，亨德尔作曲。1739年初演于伦敦。剧情取自《圣经·旧约·撒母耳记》：扫罗年少时被先知撒母耳选为以色列王。后因扫罗在对亚玛力人的战争中杀敌不力，遂失宠于撒母耳，后者欲以大卫替代扫罗，大卫因遭扫罗妒忌而出走。扫罗在与非利士人再次开战中负重伤后自杀。

〔18〕《以色列人在埃及》（Israel in Egypt），清唱剧。亨德尔作曲。1739

年初演于伦敦。剧情取自《圣经·旧约·出埃及记》：以色列人在埃及受法老奴役，后摩西率领他们离开埃及，渡红海，到达西奈山。

〔19〕弥赛亚（Messiah），原是希伯来语 māshiah 的音译，意为"受膏者"（古犹太人在受封为王者的额上涂敷膏油），指上帝派遣的使者，也是犹太人梦想中的"复国救主"；基督教产生后借用此说，说耶稣就是弥赛亚，但已不是犹太人的"复国救主"，而是"救世主"，凡信奉救世主的人，灵魂可得到拯救，升入天堂。亨德尔创作的清唱剧《弥赛亚》，共分三部分，分别叙述耶稣诞生、受难和复活的故事。其中第一部分的《田园交响曲》和咏叹调《他必像牧人喂养其羊群》，第二部分的《哈利路亚合唱》，第三部分的咏叹调《我知道我的救世主活着》和《阿门颂》最为著名。第一句歌词"主安慰你"（Comfort ye），见《以赛亚书》（40：1-3）。

〔20〕"耶和华如此说"（Thus saith the Lord），这句歌词源自《圣经·旧约·哈该书》（2：6-7）。

〔21〕"主将使你心灵纯净"（And He will purify），这句歌词源自《圣经·旧约·玛拉基书》（3：3）。

〔22〕"他们可以向主奉献祭品"（that they may offer unto the Lord an offering of righteousness），这句歌词源自《圣经·旧约·玛拉基书》（3：3）。

〔23〕"看，黑暗笼罩着大地"（Behold, darkness shall cover the earth），这句歌词源自《圣经·旧约·以赛亚书》（60：2-3）。

〔24〕"万能的主，你是我们的引路人，是你创造奇迹"（Wonderful, Counsellor, the Mighty God），这句歌词源自《圣经·旧约·以赛亚书》（9：6）。

〔25〕"因为主的天使已向他们迎去"（the angel of the Lord came upon them），这句歌词源自《圣经·新约·路加福音》（2：8-9）。

〔26〕"光荣归于主"（Glory to God），这句歌词源自《圣经·新约·路加福音》（2：14）。

〔27〕"你们应该欣喜"（Rejoice greatly），这句歌词源自《圣经·旧约·撒迦利亚书》（9：9-10）。

〔28〕"他曾遭到鄙夷"（He was despised），歌词源自《圣经·旧约·以

赛亚书》(53:3)。清唱剧《弥赛亚》是一首赞美救世主耶稣的颂歌，讲述耶稣受难复活的故事，所以歌词中引语内的"他"是指耶稣；亨德尔在创作《弥赛亚》的过程中将耶稣的受难复活联想到自己的受难复活，所以正文中的他是指亨德尔自己。引语中耶稣信赖的是上帝耶和华，正文中亨德尔信赖的是耶稣基督。《圣经》中的 Lord 译成中文"主"，既可指《旧约》中的上帝，也可指《新约》中的耶稣基督。

〔29〕"他们曾看着他嘲笑"（All they that see him, laugh him to scorn），这句歌词源自《圣经·旧约·诗篇》(22:7)。

〔30〕"而当时没有一个人给这个苦难者以安慰"（He looked for some to have pity on him, but there was no man），这句歌词源自《圣经·旧约·诗篇》(69:20)。

〔31〕"他信赖上帝"（He trusted in God），这句歌词源自《圣经·新约·马太福音》(27:43)。

〔32〕"不过，你不要把他的灵魂留在地狱。"（But thou didst not leave his soul in hell，中国基督教两会编的《圣经》中的此段文本是：He was not abandoned to Hades），这段歌词源自《圣经·新约·使徒行传》(2:31)。

〔33〕"昂起你们的头"（Lift up your heads），这句歌词源自《圣经·旧约·诗篇》(24:7-10)。

〔34〕"这是主的谕旨"（The Lord gave the Word，中国基督教两会编的《圣经》中的此段文本是：The Lord gives the command），这句歌词源自《圣经·旧约·诗篇》(68:11)。

〔35〕哈利路亚，源自希伯来语 hallelujah 的音译，原意为"赞美天主之歌"，是基督教的欢呼语，常用于清唱剧结尾的段落。

〔36〕天梯，《圣经》中雅各梦见天使上下的天梯。

〔37〕西方习俗，在主显节（1月6日，天主耶稣显现的日子）得到馅中有豆的糕点者为"豆王"（Bohnenkönig）。

〔38〕"你们听着，我告诉你们一个秘密。"（Behold, I tell you a mystery，中国基督教两会编的《圣经》中的此段文本是：Listen, I will tell you a mystery），这句歌词源自《圣经·新约·哥林多前书》

〔39〕 "啊,死神呀,你的毒刺在何处?"(Oh, death where is thy sting?),这句歌词源自《圣经·新约·哥林多前书》(15:55-56)。

〔40〕 阿贝大街(Abbeystreet),一译修道院路,都柏林一条著名的街道。

〔41〕 亨德尔每年指挥演出一次《弥赛亚》,为孤儿院募捐;甚至在双目失明以后仍坚持此项善举,为了能募到更多的善款,他不同意在他生前出版《弥赛亚》。

〔42〕 钟式裙,16至18世纪时用鲸骨圈或藤圈撑起来的女裙。

〔43〕 《耶弗他》(*Jephta*),清唱剧。亨德尔作曲。1752年初演于伦敦。剧情取自《圣经·旧约·士师记》:基列之子耶弗他是以色列士师之一。他出师前发愿:如果耶和华帮助他打败敌人,得胜归来,必定将第一个从家门出来迎接他的人献祭给耶和华。后来,果然凯旋,而第一个走出家门迎接他的竟是其独生女。耶弗他无奈,只得忍痛将她献祭给耶和华。

〔44〕 1751年,当亨德尔创作清唱剧《耶弗他》的总谱时,因患白内障左眼首先失明,以后虽动过几次眼科手术,但终因无法医治而于1753年1月完全失明,此后他反而安之若素,在兰特每年举办的12次清唱剧演出中,照旧弹奏管风琴,并保持这一习惯直至辞世。

〔45〕 指1737年4月13日亨德尔中风、右半身瘫痪的那一天。亨德尔于1759年4月14日在伦敦逝世。

一夜之间的天才

《马赛曲》
一七九二年四月二十五日

　　一七八九年七月的法国大革命使得欧洲其他各国的封建统治者惶惶不可终日,扬言要派军队来惩罚"罪犯",主持"公道"。面对外国武装干涉的威胁,法国国民公会里的各党派意见不一。一七九二年四月二十日,吉伦特派内阁向普、奥宣战。尽管是法国首先宣战,但对法国民众来说这是一场保卫革命的战争。四月二十八日法军向奥地利发动攻势,可是由于法国将领们作战消极和贵族军官不断叛变,法军节节败退。战争失败的责任虽不在吉伦特派,但路易十六却借口领导不力而强令解散该派内阁,又改命立宪派组阁。一七九二年七月六日普鲁士开始军事行动,普奥联军很快进入法国领土。国难当前,法国民众奋起抗战,山岳派也积极投入保卫革命的战斗。在他们的建议下,法国立法会议于七月十一日通过了"祖国在危急中"的决议,开始征集各省义勇军前来保卫巴黎。七月三十日从马赛开来一支五百人的义勇军,他们沿途唱着一首歌词激动人心、旋律雄壮优美的进行曲。这首当时被人称为《马赛曲》的战歌不久就闻名于世,一七九五年又改编歌词成为法国国歌,除波旁王朝复辟期间和法兰西第二帝国时被禁止外,一直沿用至今。其实,这首歌并非由马赛人创作,也不是马赛义勇军的战歌,而是此前由驻扎在法德边境城市斯特拉斯堡的法军工兵上尉鲁热·德·利勒(Rouget de Lisle,1760—1836)创作,歌的原来名字是《莱茵军战歌》。《马赛曲》比较流行的中文歌词有:

> 前进,祖国的儿女,
> 光荣的日子已来临!
> 专制暴政的血旗
> 高扬在我们头顶!
> 你可听见,残暴的士兵
> 在四野号叫不停?
> 步步逼近我们!
> 夺走我们怀里妻儿的生命。
> 公民们,拿起枪,上战场!
> 前进! 前进!
> 敌人的污血染遍了祖国田野!
>
> 深爱我们祖国的心鞭策我们,
> 激励我们举起复仇的武器!
> 我们渴望珍贵的自由,
> 追求自由的人共同战斗到最后!
> 我们高举战旗,迈起雄壮的步伐
> 迎接最后胜利!

垂死挣扎的敌人
将看见自由的胜利,听见我们凯旋的歌声!
公民们,拿起枪,上战场!
前进! 前进!
敌人的污血染遍了祖国田野!

父兄们英勇牺牲,
我们前赴后继,战斗到底,
沿着父兄们的足迹,
牢记父兄们坚贞不屈,
我们岂能苟且偷生,
立誓献身沙场,
为父兄们复仇牺牲
无上荣光!
公民们,拿起枪,上战场!
前进! 前进!
敌人的污血染遍了祖国田野![1]

——译者题记

注 释

〔1〕《马赛曲》中文歌词不止一种。参阅宫愚的译文,载《外国名歌 201 首》,北京:人民音乐出版社,1987 年版;柳鸣九、郑克鲁、张英伦编《法国文学史》上册,北京:人民文学出版社,1979 年版。

一七九二年，法国国民公会对皇帝和国王们的联合行动[1]是战还是和已经犹豫了两三个月。路易十六[2]自己也在踌躇：他既担心革命党人的胜利带来的危害，又担心他们的失败带来的危害。各党派的态度也不一致。吉伦特派[3]为了保住自己的权力而急于开战，罗伯斯庇尔[4]和雅各宾派[5]为了自己能在此期间夺取政权而力主和平。但形势一天比一天紧张，报纸刊物嚷嚷得沸沸扬扬，各政治俱乐部里争论不休，谣言四起，而且愈来愈耸人听闻，从而使公众舆论变得愈来愈慷慨激昂。因此，当法国国王终于在四月二十日向奥地利皇帝和普鲁士国王宣战时，这项决定就像通常那样成了某种解脱。

就在这几个星期里，巴黎上空犹如笼罩着雷电，令人心烦意乱；而在那些边境城市，更是人心浮动，惶惶不可终日。部队已集中到所有的临时营地。每一座城市、每一个村庄，都有武装志愿人员和国民自卫军在到处修筑工事，尤其是阿尔萨斯地区的人都知道，法德之间的最初交锋又要像往常一样降临到他们这块土地上。在莱茵河对岸的所谓敌人可不像在巴黎似的只是一个模模糊糊、令人慷慨激昂、修辞上的概念，而是一个看得见、感觉得到的现实，因为从加固的桥头堡旁、从主教堂的塔楼上，都能一目了然地看到正在开来的普鲁士军队。到了夜里，敌人炮车的滚动声和武器的叮当声以及军号声随风飘过月色下水波悠然闪烁的莱茵河。大家都知道，只要一声令下，从普鲁士大炮缄默的炮口就会发出雷鸣般的隆隆声和闪电般的火光。其实，法德之间的千年之争已经又一次开始——但这一次，一方是以捍卫新自由的名义，另一方是以维护旧秩序的名义。

因此，一七九二年四月二十五日也就成了不同寻常的一天。这一天，驿站的紧急信差们把已经宣战的消息从巴黎传到斯特拉斯堡[6]。人群顿时从大街小巷和各家各户走出来，一起拥向公共广场。全体驻军为出征在作最后的检阅，一个团队接着一个团队在行进，身披三色绶带[7]的迪特里希[8]市长在中心广场上检阅部队，他挥动着缀有国徽的帽子向士兵们致意。军号声和战鼓声使所有的人都不再吭声。迪特里希用法语和德语向广场上和其他所有空地上的人群大声宣读宣战书。在他讲完话之后，团里的军乐队奏起了第一支临时性的革命战歌《这样就行》[9]，这本是一支热情奔放而歌词带有讽刺意味的民间舞曲，而将要出征的团队却以沉重有力的噔噔脚步声给这支舞曲配上了威武雄壮的节奏。随后，人群四散，将被激起的热情又带回到大街小巷和家家户户。在咖啡馆和俱乐部里，都有人在发表大肆煽情的演说和散发各种号召书。他们都是以诸如此类的号召开始："公民们，拿起武器！举起战旗！警钟已经敲响!"〔10〕所有的演讲、各种报纸、一切布告、每个人的嘴上,都在重复着这种铿锵有力、富有节奏的呼声:"公民们,拿起武器!让那些戴着王冠的暴君们发抖吧!前进!自由的儿女!"〔11〕而每一次,民众都为这些热烈的言辞而欢呼。

街道和空地上也一直有大批人群在为宣战而欢呼,但是,当满街的人群欢呼时刻,也总有另外一些人在悄悄嘀咕,因为恐惧和忧虑也随着宣战而来。不过,他们只是在斗室里窃窃私语,或者把话留在苍白的嘴边,欲言又止。普天下的母亲永远是一样的,她们在心里嘀咕:难道外国兵不会杀害我的孩子吗?普天下的农民也都是一样的,他们关心自己的财产、土地、茅舍、家畜和庄稼。他们也在心里嘀咕:难道自己的庄稼不会遭到践踏吗?难道自己的家不会遭到暴徒抢劫吗?难道在自己劳动的土地上不会血流成河吗?可是斯特拉斯堡市长弗里德里希·冯·迪特里希男爵——他原本是一个贵族——却像当时法国最进步的贵族那样,决心完全献身于争取新自由的事业,他用铿锵有力的洪亮声音表示自己的信念;他有意要把宣战的那一天变为公众的节日。他胸前斜披着三色绶带,从一个集会赶到另一个集会去激励民众。他向出征的士兵犒劳酒食。晚上,他把各级指挥员、军官以及最重要的文职官员邀请到坐落在布罗格利广场旁自己宽敞的邸宅参加欢送会。热烈的气氛使欢送会从一开始就带有庆功会的色彩。对胜利始终充满信心的将军们坐在主宾席上。认为战争会使自己的生活充满意义的年轻军官们在自由交谈,彼此勉励。他们有的挥舞军刀,有的互相拥抱,有的正在为祝愿干杯,有的举着一杯美酒在作愈来愈慷慨激昂的演讲。而在他们的所有言辞中都一再重复着报刊和宣言上那些激励人心的话:"公民们,拿起武器!前进!拯救我们的祖国!戴着王冠的暴君们很快就会颤抖。现在,胜利的旗帜已经展开,把三色旗插遍天下的日子已经来临!现在,每个人都必须为了法国国王、为了这三色旗、为了自由竭尽全力!"在这样的时刻,举国上下由于对胜利充满信心和对自由事业的热烈向往而达到了空前团结。

正当这样的演讲和祝酒进行之际,迪特里希市长突然转向坐在自己身旁的要塞部队的年轻上尉鲁热[12]。他记起来了,就是这位举止文雅、长得并不漂亮但却讨人喜欢的军官在半年前当宪法公布时写过一首相当出色的自由颂歌,团里的那位音乐家普莱耶很快就替那首颂歌谱了曲。那首简朴的歌曲朗朗上口,适宜演唱。于是军乐队将它练熟,在公共广场上进行演奏和大合唱。现在,宣战和出征不也是一个用音乐来表现庄严场面的极好机会吗?因此,迪特里希市长很随便地问了问这位鲁热上尉(他擅自给自己加了一个贵族姓名的标志"德",起名为鲁热·德·利勒,其实他是无权这样做的)——就好像请自己的一位好友帮一下忙似的——他是否愿意乘着这种爱国情绪,为出发的部队创作歌曲,为明天出征去讨伐敌人的莱茵军谱写一首战歌。

鲁热是一个秉性谦逊、普普通通的人,他从来没有把自己当作一个了不起的作曲家——他的诗作从未刊印过,他写的歌剧也从未上演过——但他知道自己善于写那些即兴诗。为了让市长——这位高官和好友高兴,他说他愿意从命。啊,他愿意试试。"好极了!鲁热。"坐在对面的一位将军一边向他敬酒,一边对他说,写完之后立刻把战歌送到战场上交给他,莱茵军正需要一首能鼓舞士气的爱国主义进行曲。正说着话,又有一个人开始夸夸其谈起来,接着又是敬酒,又是喧闹,又是欢饮。于是,这次两人之间的偶然短谈被普遍的热烈场面的巨浪所淹没。酒宴变得愈来愈令人销魂、愈来愈喧哗热闹、愈来愈激动疯狂。当宾客离开市长府邸时,午夜已经过去好久了。

午夜过去好久了,也就是说,由于宣战而使斯特拉斯堡无比振奋的一天——四月二十五日已经结束,四月二十六日已经开始。黑夜笼罩着千家万户,但这种夜阑人静仅仅是假象,因为全城依然处在热烈的活动之中。兵营里的士兵正在为出征做准备,一些谨小慎微的人或许已经从紧闭的店铺后面悄悄溜走。街道上一队队的步兵正在行进,其间夹杂着通信骑兵的橐橐马蹄声,随后又是沉重炮车的铿锵声,单调的口令声不时从这个岗哨传到那个岗哨。敌人太近了,太不安全了,全城的人都激动得无法在这样决定性的时刻入睡。

鲁热也不例外,他此刻正在中央大道一二六号那幢房子里登上回旋形楼梯,走进自己简朴的小房间。他也觉得特别兴奋,他没有忘记自己的诺言,要尽快为莱茵军写出一首战歌,写出一首进行曲。他在自己狭窄的房间里踏着重步,不安地踱来踱去。怎样开头呢?怎样开头?各种号召书、演讲和祝酒词中所有那些鼓舞人心的言辞还杂乱无章地在脑海里翻滚。"公民们,拿起武器!前进,自由的儿女!……消灭专制暴政……举起战旗!……"[13]不过,与此同时,他还想起了以前听到过的一些话,想起了为自己的儿子而忧虑的妇女们的声音,想起了农民们的担心——他们害怕法国的田野可能会被外国兵践踏得不成样子、血流满地。他几乎是半下意识地写下了头两行歌词,这两行歌词无非是那些呼喊的反响、回声和重复。

> 前进,祖国的儿女,
> 光荣的日子已来临![14]

随后他停下来。他愣住了,写得正合适。开头相当不错。只是现在要马上找到相应的节奏,找到适合这两行歌词的旋律,于是他从橱柜里拿出自己的小提琴,试了试,妙极了。头几拍的旋律很快就和歌词的节奏完全相配。他急忙继续写下去,他感到全身仿佛涌出一股力量拽着他向前,所有的一切:此时此刻自己心中的各种感情;他在街道上、宴会上听到的各种话语;对暴君的仇恨;对乡土的忧虑;对胜利的信心;对自由的热爱——顿时都汇集到了一起。鲁热根本用不着创作,用不着虚构,他只需把今天——这一天之中有口皆传的话押上韵,配上旋律和富有魅力的节奏,就成了,这就已经把全体国民那种最内在的感受表达出来了、说出来和唱出来了。而且,他也无须作曲,因为街上的节奏,时间的节奏,这种在士兵的行军步伐中、在军号的高奏中、在炮车的辚辚声中所表现出来的斗志昂扬的节奏已穿过紧闭的百叶窗,传入他的耳中——也许他自己并没有意识到吧,他也没有亲自用灵敏的耳朵去听。不过,在这一天夜里,蕴藏在他不能永生的躯体中的对于时代的灵感却听到了这种节奏。因此,旋律愈来愈顺从那强有力的欢呼的节拍——全国民众的脉搏。鲁热愈来愈迅速地写下他的歌词和乐谱,好像在笔录某个陌生人的口授似的——在他的市井百姓的狭隘心灵中从未有过如此的激情。这不是一种属于他自己的亢奋和热情,而是一种神奇的魔力在这一瞬间聚集起来,迸发而出,把这个不起眼的资质平平的业余作者拽到离他自己相距千百倍远的地方,把他像一枚火箭似的——闪耀着刹那间的光芒和火焰——射向群星,一夜之间使这位鲁热·德·利勒上尉跻身于不朽者的行列。从街头、报刊上吸收而来的最初呼声构成了他创作的那些歌词,并且升华为一段段永存的歌词,就像这首歌曲千秋流传的音乐旋律一样。

> *深爱我们祖国的心鞭策我们,*
> *激励我们举起复仇的武器!*
> *我们渴望珍贵的自由,*
> *追求自由的人共同战斗到最后!* [15]

接着他写了第五节歌词——最后一节歌词,同样是在激情中一气呵成。歌词和旋律结合得十分完美——这首不朽的歌曲终于在破晓前完成了。鲁热熄灭灯光,躺到自己床上。他自己也不知道是什么使他刚才如此头脑清醒、灵感勃发,现在也不知道是什么使他觉得疲倦不堪、浑身软瘫,他像死人似的沉睡了。事实也确实如此,那种诗人和创造者的天才在他心中重又泯灭了。不过,桌子上却放着那件已经完成的、脱离了这个正在沉睡的人的作品。它真像奇迹一般飘然而至,降临到他身上。这首歌,连词带曲几乎是同时产生的，创作之迅速，词曲结合之完美，在各民族的历史上简直找不出第二首能与之媲美。

大教堂的钟声像平时一样宣告了新的一天的清晨来临。小规模的战斗接触已经开始。莱茵河畔的枪击声不时随着阵风飘来。鲁热醒了，但睡意未尽。他咬着牙坐起来。他迷迷糊糊觉得好像曾发生过什么事，发生过与他有关的事，但只是依稀的记忆。随后他倏然看见桌子上那张墨迹尚新的纸。歌词？我什么时候写过歌词？乐谱？我亲笔写的乐谱？我什么时候为这首歌作过曲？哦——是呀！这不就是朋友迪特里希昨天要我写的那首莱茵军战歌！鲁热一边看着自己写的歌词，一边轻轻地哼着曲调，不过，他也像所有的创作者那样对自己刚刚创作的作品总觉得不完全有把握。好在隔壁住着自己团里的一位战友。于是他把这首歌曲拿给他看，唱给他听。看来，这位战友是满意的，只是建议他作一些小小的修改。鲁热从这最初的赞许中得到了充分信心。他怀着一个作者常有的那种焦急心情和对自己能如此迅速实现诺言的自豪感，立刻赶到市长迪特里希家中。市长正在花园里散步，一边为一篇新的演讲打腹稿。你说什么？鲁热，已经写完了？好吧，那就让我们立刻来演唱一遍。此刻两人从花园走进客厅。迪特里希坐在钢琴旁伴奏，鲁热唱着歌词。市长夫人被这早晨的意外音乐声吸引到客厅里。她答应把这首新歌誊抄几份。作为一个受过专门训练的音乐家的她还答应为这首歌曲谱写伴奏曲，以便能在今晚家里举行的社交集会上夹在其他的歌曲中演唱给家中的朋友们听。为自己甜美的男高音而自豪的迪特里希市长现在开始更仔细地琢磨起这首歌来。四月二十六日晚上，在市长的客厅里为那些经过特地挑选的上流社会人士首次演唱了这首歌——而这首歌却是在这一天的凌晨才完成作词和谱曲的呀。

听众们都友好地鼓掌，好像这是对在座的作者表示礼貌的恭维所必不可少的。当然，坐落在斯特拉斯堡大广场旁的德·布罗格利大饭店里的客人们显然不会有丝毫的预感：一首不朽的歌曲借着它的无形翅膀已飞降到他们所生活的人世。同时代的人往往很难一眼就看出一个人的伟大或一部作品的伟大。甚至连市长夫人也并未意识到这是一个非常时刻。这一点可以从她给自己兄弟的一封信中得到佐证。她在信中竟把一件奇迹轻描淡写地说成一件社交界发生的事。她在信中写道："你知道，我们得在家里招待许多人，总得想出点什么主意来换换消遣的花样，所以我丈夫想出了一个主意：让人谱写一首应景歌曲，工程部队的鲁热·德·利勒上尉是一位和蔼可亲的诗人兼作曲家，他很快就搞出了一首战歌的音乐，而我的丈夫又是一位优秀的男高音，他即刻就演唱了这首歌，这首歌很有魅力，富有特色，比格鲁克[16]的作品还要好，更生动、更热情。我也尽了我的一份力量，发挥了我写协奏曲的才能，为钢琴和其他乐器的演奏写了总谱，以致使我忙得不亦乐乎。这首歌已经在我们这里演奏过了，社交界认为相当不错。"

"社交界认为相当不错。"——这句话在我们今天看来，是相当冷淡的，这仅仅是表示一种好的印象和一种不痛不痒的赞许罢了。不过，这在当时却是完全可以理解的，因为《马赛曲》在那第一次演出时不可能真正显示出它的力量。《马赛曲》不是一支为甜润的男高音而创作的演唱歌曲，它也不适合在小资产阶级的沙龙里夹在浪漫曲和意大利咏叹调之间用与众不同的腔调来演唱。它是一首节拍强烈、激昂和富于战斗性的歌曲。"公民们，拿起枪！"——这是面向民众，面向成群结队的人唱的，这首歌的真正协奏曲是叮当作响的武器、嘹亮的军号、团队前进的整齐步伐。创作这首歌不是为那些冷静地坐在那里欣赏音乐的听众，而是为那些共同行动、共同战斗的人群。这首歌既不适合女高音独唱家演唱，也不适合男高音独唱家演唱，它适合数以千计的民众齐唱。它是一首典型的进行曲、胜利的凯歌、哀悼之歌、祖国的颂歌、全国民众之歌。因为这首歌正是从全国民众最初的激情中诞生，是那种激情赋予了鲁热的这首歌以鼓舞力量。只不过这首歌当时还没有引起广泛流传的热潮罢了。它的歌词还没有引起神奇的共鸣，它的旋律还没有进入到全国民众的心坎，军队还不知道自己的这首战歌和自己的凯歌，革命还不知道自己有这首不朽的战歌。

即便是奇迹在一夜之间降临到自己身上的人——鲁热·德·利勒也和其他人一样，没有料想到自己在那一天夜里像一个梦游者似的在偶然降临的神明的指引下创造了什么。他——一个老实巴交、讨人喜欢的业余作者自然打心眼儿里感到高兴，因为邀请来的客人们在热烈鼓掌，在彬彬有礼地向他这位作者表示祝贺。他怀着一种小人物的小小虚荣心，想在自己的这个外省的小地方竭力显耀这项小小的成就。他在咖啡馆里为自己的战友们演唱这支新歌，让人抄写复本，分送给莱茵军的将军们。在此期间，斯特拉斯堡的乐团根据市长的命令和军事当局的建议排练了这首《莱茵军战歌》。四天以后,当部队出发时,斯特拉斯堡的国民自卫军的军乐团在大广场上演奏这支新的进行曲。斯特拉斯堡的出版社负责人出于爱国热忱声言,他已准备印行这首《莱茵军战歌》[17],因为这首战歌是吕克内将军[18]的一位部下怀着敬意奉献给这位将军的。可是,在莱茵军的将军们中间,没有一位将军想在进军时真正演奏或歌唱这首歌,所以看来,"前进,祖国的儿女!"——这歌声就像鲁热迄今所作的一切努力一样,只不过是在那间沙龙里一天的成功,它只不过是在地方上发生的一件事情,而且不久就被人们忘却了。

然而,一件作品的固有力量是从来不会被长期埋没或禁锢的。一件艺术作品纵使可能会被时间遗忘,可能会遭到禁止和被彻底埋葬,但是,富有生命力的事物最终总会战胜没有生命力的事物。人们有一两个月时间没有听到这首《莱茵军战歌》。歌曲的印刷本和手抄本始终是在一些无关紧要的人手里流传。不过,倘若一件作品能真正激起人的热情,哪怕是激起一个人的热情,那也就够了,因为任何一种真正的热情本身还会激发出创造力。在法国另一端的马赛的宪法之友俱乐部于六月二十二日为出发的志愿人员举行聚餐会。长桌旁坐着五百名穿着国民自卫军新制服的血气方刚的年轻人,此刻,弥漫在他们中间的情绪如同四月二十五日的斯特拉斯堡一样,只是由于马赛人的那种南方气质而变得更热情、更激烈、更冲动,而且也不像宣战的最初一小时那样虚夸自己必胜。因为这些革命的法国士兵同那些高谈阔论的将军们不同,他们是刚从莱茵河那边撤回来的,而且沿途到处受到欢迎。此刻,敌人已深深挺进到法国的领土,自由正受到威胁,自由的事业正处在危险之中。

聚餐会进行之际,突然有一个人——他叫米雷,本是蒙彼利埃[19]大学医学院的学生——把玻璃杯用力往桌子上一放,站起来。所有的人顿时安静下来,眼望着他。大家以为他要讲话或者致辞。然而,这个年轻人却没有讲话,而是挥动着右手,唱起一首新的歌。这首歌大家都没有听到过,而且谁也不知道这首歌是怎么到他手里的。"前进,祖国的儿女!"此时此刻,这歌声犹如电火花插进了火药桶。情绪与感受,宛若正负两极接触在一起,产生了这火花。所有这些明天要出发的年轻人,他们要去为自由而战,准备为祖国献身,他们觉得米雷唱的这些歌词表达了他们内心最深处的愿望,表达了他们最根本的想法。歌声的节奏使他们不由自主地产生了一种共同的激奋。每一段歌词都受到欢呼,这首歌不得不唱了一遍又一遍。曲调已经变成了他们自己的旋律,他们激动地站起来,高举玻璃杯,雷鸣般地一起唱着副歌:"公民们,拿起枪,上战场!"[20]街上的人好奇地涌来,想听一听这里如此热烈地唱些什么。最后他们自己也跟着一起歌唱;第二天,成千上万的人都在哼着这首歌。他们散发新印的歌片,而当七月二日那五百名义勇军战士出发时,这首歌也就随着他们不胫而走了。当他们在公路上感到疲劳时,当他们的脚步变得软弱无力时,只要有一个人带头唱起这首崇高的歌曲,它的动人的节拍就会赋予他们以新的力量。当他们行军穿过一个村庄时,唱起这首歌,就会使村民们惊讶,村民们好奇地聚集在一起,跟着他们合唱这首歌。这首歌已经成了马赛人的歌。他们根本不知道,这首歌原本是为莱茵军而作,他们也不知道这首歌是谁写的和什么时候写的,他们把这首神圣之歌看作他们马赛人自己团队的神圣之歌,看作他们生和死的信条。这首歌就像那面军旗一样,是属于他们的,他们要在斗志昂扬的进军中把这首歌传遍天下。

《马赛曲》[21]——因为鲁热的这首神圣之歌不久就得到这样的名称——的第一次伟大胜利是在巴黎。七月三十日,当来自马赛的团队从郊区进入巴黎时,就是以军旗和这首歌为前导的。成千上万的人已站在街头等待,准备隆重地迎接他们。现在,当马赛人——五百名年轻男子一遍又一遍地唱着这首歌,迈着和口中唱的歌曲同样节奏的步伐愈走愈近时,所有的人都在悉心谛听,马赛人唱的是一首什么美妙动听的神圣之歌?伴随着点点鼓声,这首歌像一阵号角,激动着所有人的心弦:"公民们,拿起枪!"两三个小时以后,副歌已在各条大街小巷回响。那首《这样就行》的歌曲已被人忘却;旧的进行曲、那些唱烂了的旧歌曲均已被人抛到九霄云外;因为革命找到了自己所需要的声音,革命找到了自己的歌。

于是,这歌声像雪崩似的扩散开去,势不可当。在宴会上、在剧院和俱乐部里都在唱着这首神圣之歌,后来甚至在教堂里当唱完感恩赞美诗[22]后也唱这首歌,不久它竟取代了感恩赞美诗。一两个月以后,《马赛曲》已成为全民之歌、全军之歌。共和国第一任国防部长塞尔旺[23]以智慧的眼光认识到这样一首无与伦比的民族战歌所具有的振奋人心、鼓舞斗志的力量。于是他下了一道紧急命令:印刷十万份歌片,发到军中所有的小队。这位当时还不知名的作者所创作的歌曲就这样在两三夜之间发行得比莫里哀[24]、拉辛[25]、伏尔泰[26]的所有作品还要多。没有一个节日不是以高唱《马赛曲》作为结束，没有一次战斗不是先由团里的乐队演奏这首自由的战歌。当法国军队在热马普和内尔温登[27]发起决定性的冲锋时，各团官兵就是齐声高唱这首战歌列队前进。而那些只会用双份的犒酒这种老办法去刺激自己士兵的敌军将领们则惊奇地发现，当这些成千上万的士兵同时高唱着这首战歌，像咆哮的海浪向他们自己统率的队形冲去时，简直无法阻挡这首"可怕"的神圣之歌所产生的爆炸力量。眼下，《马赛曲》就像长着双翅的胜利女神尼刻[28]在法国的所有战场上翱翔，给无数的人带来热情和死亡。

就在这样的时候，鲁热——一个名不见经传、修筑工事的上尉却坐在许宁根[29]的一个小小驻地的营房里，一本正经地画着防御工事的图纸。也许他早已把自己在一七九二年四月二十六日那个已经消逝的夜里创作的这首《莱茵军战歌》忘却了，而当他在报纸上看到那首像风暴似的征服了巴黎的战歌——那首神圣之歌时，他简直不敢去想，这首充满必胜信心的"马赛曲"中的一词一句和每一个节拍只不过是那天夜里在他心中和身边发生的奇迹而已。因为命运竟是这样无情地嘲弄人：虽然乐曲响彻云霄，缭绕天际，但它却没有把任何个人——没有把创作出这首乐曲的人捧上天。全法国没有一个人关心这位鲁热·德·利勒上尉；这首歌也像每一首歌一样，所赢得的巨大荣誉依然属于歌曲本身，没有一点荣誉的影子落到它的作者鲁热身上。在印歌词的时候，没有把他的名字一起印上。他自己也完全习惯于不被人敬重,并且不为此而懊恼。因为这位革命战歌的作者自己并不是一个革命者——这种奇怪的现象也只有历史本身才会创造。他虽然曾用自己的这首不朽歌曲推动过革命,而现在,他却要竭尽全力来重新阻止这场革命。当巴黎的暴动民众唱着他的歌,猛攻杜伊勒里宫[30]和推翻国王的时候,鲁热·德·利勒对革命已十分厌倦,他拒绝为共和国效忠,他宁愿辞去自己的职务,也不愿为雅各宾派服务。在他的那首神圣之歌中关于"渴望珍贵的自由"那一句歌词对这位耿直的人来说确实不是一句空话:他对法国国民公会里的新的暴君和独裁者们的憎恶并不亚于他对国界那边的国王和皇帝们所怀的仇恨。当他的朋友——对《马赛曲》的诞生起过重大作用的迪特里希市长、吕克内将军——创作《马赛曲》就是为了呈献给他的——以及所有那天晚上作为《马赛曲》的第一批听众的军官们和贵族们,一个一个被送上断头台的时候,他公开向罗伯斯庇尔的福利委员会[31]发泄了自己的不满。不久,发生了更为荒唐的事:这位革命的诗人自己也被作为反革命而遭逮捕,被控犯有叛国罪。只是到了热月九日[32]罗伯斯庇尔被推翻,监狱的大门被打开,才使法国革命免却其莫大的耻辱:把这次革命的一首不朽歌曲的作者送交"国民的刺刀"。

如果当时鲁热真的被处死了,可以说是死得英勇而又壮烈,而不会像他以后生活得那么潦倒、那么不清不白。因为这个不幸的鲁热在他四十余年的职业生涯中,虽然度过了成千上万的日子,但是只度过了一天真正具有创造性的日子。后来,他被赶出了军队,他的退休金被取消了;

他所写的诗歌、歌剧、歌词均未能出版和演出。这个半瓶子醋曾擅自闯进不朽者的行列,命运为此没有原谅他。这个小人物后来干过各色各样并非总是干净的小行当,困苦地度过了自己渺小的一生。卡诺[33]和后来的拿破仑[34]曾出于同情想帮助他,但都没有成功。那一次偶然的机缘曾使鲁热当了三小时的神明和天才,命运然后又轻蔑地把他重新抛到微不足道的渺小地位。这是多么残酷。残酷的命运已使他的性格像中了毒似的,变得无可救药的乖戾,他对所有的当权者都是愤愤不平和满腹牢骚。他给想帮助他的拿破仑写了若干封措辞激烈而又十分无礼的信,公开表示他为自己在全民投票时投了反对拿破仑的一票而引以自豪。他经营的生意把他卷入到一些不光彩的事件中去,甚至为了一张空头支票而不得不进入圣佩拉尔热的债务监狱。他到处不受欢迎,被债主跟踪追逼,不断受到警察的侦查,最后终于匿居在外省的某个地方。他已与世隔绝,被人忘却,他在那里像从一座坟墓里似的偷偷打听自己的那首不朽之歌的命运。他听说《马赛曲》随着战无不胜的军队进入到欧洲的所有国家,然后他又听说拿破仑眼看自己就要当上皇帝而事先把这首过于革命化的《马赛曲》从所有的节目单上取消,一直到他听说波旁王朝的后裔完全禁止了这首歌。只是过了一代人的时间以后,当一八三〇年七月革命爆发时,他写的歌词和他谱的乐曲重又在巴黎的街垒中恢复了旧有的力量,资产阶级国王路易-菲力浦[35]把他当作一位诗人而给他一笔小小的养老金。人们还记得他,虽然只是依稀的记忆。但是这个被人忘却的、下落不明的老人却觉得这简直像做梦。当他于一八三六年以七十六岁的高龄在舒瓦齐勒罗瓦[36]去世时,已经没有人再叫得出和知道他的名字了。然而,又过了一代人的时间,在第一次世界大战期间,由于《马赛曲》早已成为法国国歌,在法国的所有前线重又响起《马赛曲》的战斗歌声,于是这位小小的上尉的遗体被安葬在巴黎荣军院[37]里,同小小的少尉拿破仑的遗体放在同一个地方,这样,这位创作了一首不朽之歌而本人却极不出名的作者终于在他感到失望的祖国的这一块荣誉墓地上长眠,但他只不过是作为仅仅一夜的天才罢了。

注　释

〔1〕 指由普鲁士、奥匈帝国、俄国等组成的神圣同盟的封建君主们干涉法国大革命的军事行动。
〔2〕 路易十六（Louis ⅩⅥ, 1754—1793），法国大革命初期的法国国王，出逃未遂，1792年被废黜，后因涉嫌里通外国，于1793年1月21日被送上断头台。
〔3〕 吉伦特派是雅各宾派的右翼，以布里索为首，代表工商业资产阶级利益，因该派成员大都从吉伦特省选出而得名。
〔4〕 马克西米利安·德·罗伯斯庇尔（Maximilien de Robespierre, 1758—1794），法国大革命的主要领袖之一，第三等级代表，1791年成为雅各宾派领袖，1793年5月起义后领导该派政府，在保卫和推动法国资产阶级革命中起过很大作用，1794年7月27日热月政变时被捕，次日被处死。
〔5〕 雅各宾派，法国大革命时资产阶级中最坚决的政治派别，因该派会址在巴黎的圣·雅各宾（Jacobin）修道院而得名，1793年6月夺取政权，建立历史上著名的雅各宾专政，1794年7月被热月政变推翻。
〔6〕 斯特拉斯堡（Strasbourg），法国阿尔萨斯地区城市，位于莱茵河畔法国一侧，是靠近德国边界的战略重镇。
〔7〕 法国国旗的颜色是蓝、白、红；这三色代表法国。
〔8〕 弗里德里希·冯·迪特里希（Friedrich von Dietrich, 1748—1793），当时任斯特拉斯堡市长，后被雅各宾派处死。
〔9〕《这样就行》（Ça ira），法国大革命时流行的歌曲。歌词是："这样就行，这样就行，把贵族拉去吊在路灯上！"
〔10〕 此处法语原文：Aux armes, citoyens! L'étendard de la guerre est déployé! Le signal est donné!
〔11〕 此处法语原文：Aux armes, citoyens! Qu'ils tremblent donc, les despotes couronnés!Marchons, enfants de la liberté!

〔12〕 鲁热·德·利勒（Rouget de Lisle，亦有人译为鲁日或卢歇，1760—1836），法国军官，以创作《马赛曲》的词曲闻名于世。

〔13〕 此处法语原文：Aux armes, citoyens!... Marchons, enfants de la liberté!... Écrasons la tyrannie!... L'étendard de la guerre est déployé!...

〔14〕 此处法语原文：Allons, enfants de la patrie, Le jour de gloire est arrivé!

〔15〕 此处法语原文：Amour sacré de la patrie, Conduis, soutiens nos bras vengeurs!Liberté, liberté chérie, Combats avec tes défenseurs!

〔16〕 格鲁克（Christoph Willibald Gluck，1714—1787），德意志人。歌剧作曲家。后期巴洛克歌剧的改革者。早年在意大利学习音乐，后在巴黎成名。一生创作歌剧百余部，但大多为意大利语和法语脚本谱曲。他主张歌剧须有深刻的内容，音乐必须服从戏剧。他的第一部革新歌剧《阿尔西斯特》（*Alceste*）的上演在法国引起主张歌剧改革的格鲁克派和墨守那不勒斯乐派成规的普契尼派之间的论争。除歌剧外，格鲁克还创作芭蕾舞曲、交响曲、声乐曲等。

〔17〕 《莱茵军战歌》法语原名：*Chant de guerre pour l'armée du Rhin*。

〔18〕 尼古拉·吕克内（Nicolas Luckner，1722—1794），当时在法军服役的德意志人，1763年为法军少将，1791年为法国元帅，1792年指挥北方军进军比利时；支持法国大革命，雅各宾专政时被处死。

〔19〕 蒙彼利埃（Montpellier），法国埃罗省首府，临地中海，有历史悠久的医学院。

〔20〕 此处法语原文：Aux armes, citoyens!Formez vos bataillons!

〔21〕 《马赛曲》全名《马赛人战歌》（*Chant de Marseillais*），简称《马赛曲》（*La Marseillaise*）。

〔22〕 此处"感恩赞美诗"的原文是拉丁语：Te deum，这是天主教徒赞美、祈求和歌颂天主的庄严颂歌的第一句祷词：Te, deum laudamus，意思是"天主，我们赞美你"，以后 Te deum 成为感恩赞美诗的代名词。

〔23〕 约瑟夫·玛丽·塞尔旺（Servan，1741—1808），法国国王路易十六的将军，法兰西共和国首任国防部长。

〔24〕 莫里哀（Molière，1622—1673），法国古典主义时期著名喜剧作家。传世佳作有《太太学堂》《伪君子》（原名 *Tartuffe*，音译：《达尔杜弗》）、《悭吝人》（一译《吝啬鬼》）等。

〔25〕 拉辛（Jean Racine，1639—1699），法国古典主义悲剧的杰出代表，著名悲剧有《安德洛玛克》《菲德拉》等。

〔26〕 伏尔泰（Voltaire，1694—1778），法国启蒙运动思想家，创作涉及历史、文学、哲学。哲学著作有《哲学词典》，历史著作有《查理十二史》《路易十四时代》等，著名的文学作品有哲理小说《老实人》《天真汉》等。

〔27〕 热马普（Jemappes）和内尔温登（Nerwinden），1792年11月6日，法兰西革命军在比利时的热马普大败奥地利军。1793年3月18日，奥地利军在内尔温登又大败法兰西革命军，致使法军被迫退出比利时，法军统帅去职。

〔28〕 尼刻（Nice），希腊神话中的胜利女神。她在艺术作品中往往是个有翼的少女，头戴桂冠，乘车辇。罗马神话中称她为维克托莉亚（Victoria）。

〔29〕 许宁根（Hüningen），阿尔萨斯地区城市。

〔30〕 法国旧王宫。1792年8月10日，巴黎民众冲进杜伊勒里宫；9月21日，国王路易十六被废黜；1793年1月21日被斩首。

〔31〕 福利委员会（Wohlfahrtsausschuβ），罗伯斯庇尔于1793年建立的附属于国民公会的政府机构。

〔32〕 1794年7月27日（法国新历共和二年热月9日），由于罗伯斯庇尔领导的雅各宾派在执政时持续实行恐怖政策而失去民心，曾遭到镇压的丹东派、平原派、吉伦特派和阿贝尔派等余党联合密谋在那天召开的国民公会的大会上突然发动政变，罗伯斯庇尔当场被逮捕。消息传出后，巴黎公社曾号召巴黎人民起来拯救雅各宾派领导人，但巴黎民众没有起来响应，第二天（热月10日），罗伯斯庇尔等人被送上断头台。

〔33〕 拉查尔-尼古拉·卡诺（Lazare-Nicolas Carnot，1753—1823），法国大革命时抗击欧洲反法同盟的组织者之一，1793年领导共和国防部，1794年参加热月政变，1795至1797年任法兰西共和国

督政府的督政。
〔34〕拿破仑曾说:"《马赛曲》是共和国最伟大的将军,其创造的奇迹不可思议。"参阅罗芃、冯棠、孟华:《法国文化史》第171页,北京大学出版社,1997年。
〔35〕路易 - 菲力浦(Louis-Philippe,1773—1850),奥尔良公爵,1793年流亡英国。1830年7月,巴黎民众筑起街垒,推翻复辟的波旁王朝,金融大资产阶级急忙拥立路易 - 菲力浦为法国国王,人称"资产阶级国王",后被1848年二月革命推翻。
〔36〕舒瓦齐勒罗瓦(Choisy-le-Roi),法国地名。
〔37〕巴黎荣军院(Invalidendom),一译巴黎荣誉军人教堂,因安葬拿破仑灵柩而著名,是法国最高荣誉的墓地陵园。

滑铁卢的一分钟

拿破仑
一八一五年六月十八日

波拿巴·拿破仑一世（Bonaparte Napoleon Ⅰ., 1769—1821）原是科西嘉岛上一个破落贵族的儿子。一七八九年法国大革命爆发，二十岁的拿破仑参加法国革命军，乘着法国大革命的多变局势平步青云。一七九九年十一月九日（雾月十八日），拿破仑发动政变，自任第一执政。一八〇四年，元老院授予拿破仑皇帝称号，法国由资产阶级共和国变为资产阶级帝国。拿破仑毕生东征西战，权势极一时之盛。一八一二年他兵败莫斯科。一八一四年三月三十一日被反法联军击败，被迫退位，被囚在地中海的厄尔巴岛。被推翻的波旁王朝路易十八（路易十六之弟）在反法联军的刺刀保护下重新复辟。法国民众尽管对拿破仑有所不满，但更加痛恨波旁王朝的复辟。拿破仑利用这种情绪，于一八一五年三月潜回法国，三月二十日返回巴黎，重登皇位。正在维也纳开会的欧洲各国君主又组成第七次反法同盟并于六月十八日在比利时的滑铁卢击败法军，拿破仑第二次退位，被流放在大西洋的圣赫勒拿岛直至病逝。

——译者题记

叱咤风云的命运总是迎着强有力的人物和不可一世者走去。多少年来，这样的命运总是让自己迎向这样的个人：恺撒、亚历山大大帝[1]、拿破仑，因为这样的命运喜欢这些像自己那样不可捉摸的强权人物。

但是有时候，当然，这在任何时代都极为罕见，叱咤风云的命运也会出于一种奇怪的心情将自己抛到一个平庸之辈手中。有时候——这是世界历史上最令人惊奇的时刻——叱咤风云的命运之线在瞬息时间内是掌握在一个无所作为者手中。英雄们为争夺天下的博弈像一阵风暴似的也会把那些平庸之辈卷进来。但是当重任突然降临到他们身上时，与其说他们感到庆幸，毋宁说他们更感到胆怯。他们几乎都是把抛过来的叱咤风云的命运又哆哆嗦嗦地从自己手里失落。一个平庸之辈能抓住机缘使自己平步青云是很难得的。因为伟大的事业降临到渺小人物身上，仅仅是短暂的瞬间。谁错过了这一瞬间，叱咤风云的命运绝不会再恩赐第二次。

格 鲁 希

维也纳会议[2]正在举行。在交际舞会、调情嬉笑、玩弄权术和互相争吵之中,像一枚嗖嗖的炮弹飞来这样的消息:拿破仑[3],这头被困的雄狮自己从厄尔巴岛的樊笼里闯了出来。紧接着,其他的信使也骑着马飞奔而来报告:拿破仑占领了里昂;他赶走了国王;军队又都狂热地举着旗帜投奔到拿破仑这一边;拿破仑回到了巴黎;他住进了杜伊勒里王宫。——莱比锡大会战[4]和二十年涂炭生灵的战争全都白费了。那些反法联军的国家中刚刚还在互相抱怨和争吵的大臣们好像被一只利爪攫住似的又都聚集在一起,急急忙忙抽调出一支英国军队、一支普鲁士军队、一支奥地利军队、一支俄国军队。他们现在要再次联合起来,彻底击败这个篡权者。欧洲合法的皇帝和国王们从未这样惊恐万状。威灵顿[5]开始从北边向法国进军,一支由布吕歇尔[6]统率的普鲁士军队,作为他的增援部队从另一方向前进。施瓦尔岑贝格[7]在莱茵河畔整装待发;而作为后备军的俄国军团正带着全部辎重,缓慢地穿过德国。

拿破仑一下子就看清了这种致命的危险。他知道,在这些猎犬集结成群之前绝不能袖手等待。他必须在自己的帝国没落之前就将由普鲁士人、英国人、奥地利人联合而成的一支欧洲盟军分而攻之,各个击破。他必须行动迅速,不然的话,国内就会怨声四起。他必须在共和派分子重整旗鼓并同王党分子联合起来以前就取得胜利。他必须在富歇[8]——这个狡诈多变的两面派与其一丘之貉塔列朗[9]

结成同盟并从背后捅他一刀之前就班师凯旋。他必须充分利用自己军队的高涨热情，一鼓作气把自己的敌人统统解决掉。每一天都是损失，每一小时都是危险。于是，他就匆匆忙忙把赌注押在欧洲流血最多的战场——比利时上面。一八一五年六月十五日凌晨三时，拿破仑大军（现在也是他仅有的一支军队）的先头部队越过边界，进入比利时。十六日，他们在林尼[10]与普鲁士军遭遇，并将普军击退。这是这头雄狮闯出樊笼之后的第一次猛击，这一击非常厉害，然而并不致命。被击退而并未被消灭的普军向布鲁塞尔后撤。

现在，拿破仑准备第二次猛击，即向威灵顿的部队进攻。拿破仑不允许自己喘息，也不允许对方喘息，因为每拖延一天，就意味着给对方增添力量。而胜利的捷报将会像烈性白酒一样，使不安的法国民众如醉若狂，使自己身后的祖国继续流血。十七日，拿破仑率领全军到达嘎德-布拉[11]高地前，威灵顿——头脑冷静、意志坚强的对手已在高地上筑好工事，严阵以待。而拿破仑的一切部署也是空前的细致周到。他的军令也是空前的清楚明白。他不仅反复斟酌进攻的方案，而且也充分估计到自己面临的各种危险，即布吕歇尔的军队仅仅是被击退，而并未被消灭。这支军队随时可能与威灵顿的军队会合。为了防止这种可能性，他抽调出一部分部队去跟踪追击普鲁士军队，以阻止他们与英军会合。

拿破仑把追击普鲁士部队的指挥权交给了格鲁希元帅。格鲁希[12]，一个气度中庸的男子，老实可靠，兢兢业业。当他任骑兵队长时，常常被证明是称职的。然而他也仅仅是一位骑兵队长而已。他既没有缪拉[13]那样的胆识魄力，也没有圣西尔[14]和贝尔蒂埃[15]那样的足智多谋，更缺乏内伊[16]那样的英雄气概。关于格鲁希，没有神话般的传说，也没有谁把他描绘成威风凛凛的勇士。在拿破仑的英雄传奇中，格鲁希没有显著的业绩使自己赢得荣誉和地位。使他闻名于世的，仅仅是他的不幸和厄运。他从戎二十年，参加过从西班牙到俄国、从尼德兰到意大利的各种战役。他是缓慢地、一级一级地升到元帅的军衔。不能说他没有成绩，但却无特殊的贡献。是奥地利人的子弹、埃及的烈日、阿拉伯人的匕首、俄国的严寒，使他的前任相继丧命——德塞[17]在马伦哥，克莱贝尔[18]在开罗，拉纳[19]在瓦格拉姆相继捐躯——从而为他腾出了空位。他不是青云直上登坐最高军衔的职位，而是经过二十年战争的煎熬，水到渠成。

拿破仑大概也知道，格鲁希既不是气吞山河的英雄，也不是运筹帷幄的谋士，他只不过是一个老实可靠、循规蹈矩的人。但是拿破仑自己的元帅，一半已在黄泉之下，而其余几位已对这种没完没了的风餐露宿的戎马生活十分厌倦，正怏怏不乐地待在自己的庄园里呢。所以，拿破仑是出于无奈才对这个中庸的男子委以重任。

六月十七日，林尼一仗胜利后的第一天，也是滑铁卢战役的前一天，上午十一时，拿破仑第一次把独立指挥权交给格鲁希元帅。就在这一天，在这短暂的瞬间，唯唯诺诺的格鲁希抛弃一味服从的军人习气，自己走进世界历史的行列。这不过是短暂的一瞬间，然而又是怎样的一瞬间呵！拿破仑的命令是清楚的：当拿破仑自己向英军进攻时，格鲁希务必率领交给他指挥的三分之一兵力去追击普鲁士军队。这似乎是一项简单的任务，既不曲折也不复杂。然而即便是一柄剑，也是柔韧可弯，两边双刃呀！因为拿破仑在向格鲁希交代追击任务的同时还交代清楚：他务必始终和拿破仑的主力部队保持联系。

格鲁希元帅踌躇地接受了这项命令。他不习惯独立行事。只是当他看到皇帝的天才目光，他才感到心里踏实，不假思索地应承下来。此外，他似乎也感觉到自己手下的将军们在背后对他的不满。当然，也许还有命运的翅膀在暗中拨弄他呢。总之，使他放心的是，大本营就在附近。只需三小时的急行军，他的部队便可和皇帝的部队会合。

格鲁希的部队在瓢泼大雨中出发。士兵们在软滑的泥泞地上缓慢地向普鲁士军队的方向运动。或者至少可以说，他们是朝着布吕歇尔部队所在地的方向前进。

卡右的夜里

北欧的暴雨下个不停。拿破仑的师团步履艰难地在黑暗中前进。个个浑身湿透。每个人的靴底上至少有两磅烂泥。没有任何蔽身之处，没有人家，没有房屋。连麦秆干草也都是水淋淋的，无法在上面躺一下。于是只好让十个或十二个士兵互相背靠背坐在地上，直着身子在滂沱大雨中睡觉。皇帝自己也没有休息。他心急如焚，坐卧不安，因为在这什么也看不见的天气中，无法进行侦察。侦察兵的报告十分含糊。况且，他还不知道威灵顿是否会迎战；从格鲁希那里又没有任何关于普军的消息传来。午夜一点钟，拿破仑不顾簌簌的骤雨，一直走到英军炮火射程之内的阵地前沿。英军阵地上的稀薄灯光在雾蒙蒙中隐约显现。拿破仑一边走着一边考虑进攻方案。拂晓，他才回到卡右[20]的小屋子里，这里就是他的极其简陋的统帅部。他在这里看到了格鲁希送来的最初几份报告。报告中关于普军撤退去向的消息含含糊糊，尽是一些为了使人宽慰的承诺：正在继续追击普军。雨渐渐地停了，皇帝在房间里焦虑地踱来踱去，不时凝望着黄色的地平线，看看远处的一切是否最终能显现清楚，以便下最后的决心。

清晨五点钟，雨全停了，妨碍下决心的胸中迷雾似乎也消散了，皇帝终于下达了如下的命令：全军务必在九点钟做好总攻准备。传令兵向各方出发。不久就响起了集合的鼓声。这时，皇帝才在自己的行军床上躺下，睡两个小时。

滑铁卢的上午

时间已是上午九点钟。但部队尚未全部到齐。下了三天的雨，地上又湿又软，行路困难，妨碍了炮兵的转移。到这时候，太阳才渐渐从阴云中露出来，照耀着大地。空中刮着大风。今天的太阳可不像当年奥斯特里茨[21]的太阳那样金光灿烂，预兆着吉祥。今天的太阳只散射出淡黄色的微光，显得阴郁无力。这是北欧的阳光。部队终于准备就绪，处于待命状态。战役打响以前，拿破仑又一次骑着自己的白色牝马，沿着前线，从头至尾检阅一番。在呼啸的寒风里，旗手们举起战旗，骑兵们英武地挥动战刀，步兵们用刺刀尖挑起自己的熊皮军帽，向皇帝致敬。所有的战鼓狂热地敲响,所有的军号都对着自己的统帅快乐地吹出清亮的号音。但是,盖过这一切响彻四方声音的则是从各个师团滚滚而来的雷鸣般的欢呼声。这是从七万士兵的喉咙里迸发出来的、低沉而又洪亮的欢呼声:"皇帝万岁!"

二十年来,拿破仑进行过无数次检阅,从未有像他这最后一次检阅这样壮观、热烈。欢呼声刚一消失,十一点钟——比预定时间晚了两小时,而这恰恰是致命的两小时!——炮手们接到命令:用榴弹炮轰击山头上的身穿红衣的英国士兵。接着,内伊——这位"雄中之杰"率领步兵发起冲锋。决定拿破仑命运的时刻开始了。关于这次战役,曾有过无数描述。然而,人们似乎从不厌倦,他们阅读各种各样激动人心的记载,一会儿去读司各特[22]写的鸿篇巨制,一会儿去读斯丹达尔[23]写的片段插曲。这次战役,无论是从远处看,还是从近处看,无论是从统帅的山头上看,还是从盔甲骑兵的马鞍上看,都是伟大无比,具有多方面的意义。这次战役是一部扣人心弦的富于戏剧性的艺术杰作:一会儿陷入低谷,一会儿又充满希望,两者不停地变换着位置。最后,这种变换突然成了一场灭顶之灾。这次战役是真正悲剧的典范,因为拿破仑个人的命运决定着欧洲的命运。拿破仑的生涯犹如爆竹一般在迷人的焰火中再次冲上云霄,然后飘忽着坠地,永远熄灭。

从上午十一点至下午一点,拿破仑的师团向高地进攻,一度占领村庄和阵地,但被击退下来,继而又发起进攻。在空旷、泥泞的山坡上已覆盖着一万具尸体。可是除了大量消耗以外,什么也没有达到。双方的军队都已疲惫不堪,双方的统帅都焦虑不安。双方都知道,谁先得到增援,谁就是胜利者。威灵顿等待着布吕歇尔;拿破仑盼望着格鲁希。拿破仑心情焦灼,不时端起望远镜,接二连三地派传令兵到格鲁希那里去;一旦他的这位元帅及时赶到,那么奥斯特里茨的太阳将会重新在法兰西上空照耀。

格鲁希的失误

可是,格鲁希并未意识到自己掌握着拿破仑的命运。格鲁希只是遵照命令于六月十七日晚间出发,按预计方向去追击普军。雨已经停止。那些昨天才第一次尝到火药味的年轻连队士兵,在无忧无虑地、慢腾腾地行走着,好像是在一个和平的国度里,因为敌人始终没有出现,被击退的普军撤退的踪迹也始终没有找到。

正当格鲁希元帅在一户农家急急忙忙进早餐时,他脚底下的地面突然微微震动起来。所有的人都悉心细听。从远处一再传来沉闷的、渐渐消失的声音:这是大炮的声音,是远处炮兵正在开炮的声音,不过并不太远,至多只有三小时的路程。几个军官用印第安人的方法趴在地上,试图进一步听清方向。从远处传来的沉闷回声依然不停地隆隆滚来。这是圣让山上的炮声,是滑铁卢战役开始的声音。格鲁希征求意见。副司令热拉尔[24]急切地要求:"立即向开炮的方向前进!"第二个发言的军官也赞同说:赶紧向开炮的方向转移,只是要快!所有的人都毫不怀疑:皇帝已经向英军发起攻击了,一次重大的战役已经开始。可是格鲁希却拿不定主意。他习惯于唯命是从,他胆小怕事地死抱着写在纸上的条文——皇帝的命令:追击撤退的普军。热拉尔看到他如此犹豫不决，便激动起来，急匆匆地说："赶快向开炮的地方前进！"这位副司令当着二十名军官和文职人员的面提出这样的要求，说话的口气简直像是在下命令，而不是在请求，这使格鲁希非常不快。格鲁希用更加严厉和生硬的语气说，在皇帝撤回成命以前，他绝不偏离自己的责任。军官们绝望了，只有隆隆的大炮声打破这愤懑的沉默。

热拉尔只能尽最后的努力。他恳切地请求：至少能让他率领自己的一师部队和若干骑兵到那边战场上去。他说他能保证及时赶到。格鲁希考虑了一下。他只考虑了一分钟。

决定世界历史的一瞬间

然而格鲁希考虑的这一分钟却决定了他自己的命运、决定了拿破仑的命运和世界的命运。在瓦尔海姆的一家农舍里逝去的这一分钟决定了整个十九世纪。而这一分钟全取决于既固执又平庸的格鲁希的一张嘴巴。这一分钟全掌握在被格鲁希神经质地揉皱了的写着皇帝命令的那张纸的双手之中——这是多么的不幸！倘若格鲁希在这刹那之间有勇气、有魄力、不拘泥于皇帝的命令，而是相信自己、相信显而易见的信号，那么法国也就得救了。可惜这个毫无主见的格鲁希只会始终听命于写在纸上的条文，而从不会听从命运的召唤。

格鲁希使劲地摆了摆手。他说，把这样一支小部队再分成两路是不负责任的，他的任务是追击普军，而不是其他。就这样，他拒绝了这一违背皇帝命令的行动。军官们闷闷不乐地沉默了。在他周围鸦雀无声。而决定性的一分钟就在这一片静默之中消逝了，它一去不复返，后来，无论用怎样的言辞和行动都无法弥补这一分钟——威灵顿在这一分钟胜利了。

格鲁希的部队继续往前走。热拉尔和旺达姆[25]愤怒地紧握着拳头。不久，格鲁希自己也不安起来，随着一小时一小时的过去，他越来越没有把握，因为令人奇怪的是，普军始终没有出现。显然，他们离开了普军撤退至布鲁塞尔的路线。接着，情报人员报告了种种可疑的迹象，说明普军在撤退过程中已分几路转移到了正在激战的战场。如果这时候格鲁希赶紧率领队伍去增援皇帝，还是来得及的。但他只是怀着愈来愈不安的心情继续等待消息，等待皇帝要他返回的命令。可是没有消息来。只有低沉的隆隆炮声震颤着大地，炮声却愈来愈远。孤注一掷的滑铁卢博弈正在进行，炮弹便是投下来的铁骰子。

滑铁卢的下午

时间已经到了下午一点钟。拿破仑的四次进攻虽然被击退下来，但威灵顿主阵地的防线显然也出现了空隙。拿破仑正准备发起一次决定性的攻击。他加强了对英军阵地的炮击。在炮火的硝烟像屏障似的挡住山头以前，拿破仑向战场最后看了一遍。

这时，他发现东北方向有一股黑魆魆的人群迎面奔来，像是从树林里窜出来的。一支新的部队！所有的望远镜都立刻对准这个方向。难道是格鲁希大胆地违背命令，奇迹般地及时赶到了？可是不！一个带上来的俘虏报告说，这是布吕歇尔将军的前卫部队，是普鲁士军队。此刻，皇帝第一次预感到，那支被击退的普军为了抢先与英军会合，已摆脱了追击；而他——拿破仑自己却用三分之一的兵力由格鲁希率领在空地上做毫无意义、失去目标的运动。他立即给格鲁希写了一封信，命令他不惜一切代价赶紧向自己靠拢，并阻止普军向威灵顿的战场集结。

与此同时，内伊元帅接到进攻的命令：必须在普军到达以前歼灭威灵顿部队。获胜的机会突然之间大大减少了。此时此刻，不管下多大的赌注，都不能算是冒险。整个下午，拿破仑的部队向威灵顿的高地发起一次又一次的冲锋。战斗一次比一次残酷，投入的步兵一次比一次多。拿破仑的部队几次冲进一个被炮弹炸毁的村庄，又几次被击退出来，随后又擎着飘扬的旗帜向村庄里已被击散的威灵顿的方阵蜂拥而上。但是威灵顿依旧岿然不动。而格鲁希那边却始终没有消息传来。当拿破仑看到普军的前卫部队正在渐渐逼近时，他心神不安地喃喃低语："格鲁希在哪里？他究竟待在什么地方？"拿破仑身边的指挥官们也都变得急不可耐。内伊元帅已决定把全部队伍都拉上去，决一死战（他的乘骑已有三匹被击毙）——他是那样的勇猛大胆，而格鲁希又是那样的优柔寡断。内伊把全部骑兵投入战斗。于是，一万名殊死一战的穿盔甲的骑兵和不穿盔甲的骑兵踩烂了英军的方阵，砍死了英军的炮手，冲破了英军的最初几道防线。虽然他们自己再次被迫撤退，但英军的战斗力已濒于殆尽。山头上像箍桶似的严密防线开始松散了。当受到重大伤亡的拿破仑的骑兵被炮火击退下来时，拿破仑的最后预备队——老近卫军正步履艰难地向山头进攻。欧洲的命运全系在能否攻占这个山头。

决 战

自上午以来，双方的四百门大炮不停地轰击着。前线响彻骑兵队向开火的方阵冲杀的铁蹄声。从四面八方传来的咚咚战鼓声，震耳欲聋，整个平原都在颤动！但是在双方的山头上，双方的统帅似乎都听不见这嘈杂的人声。他们只是倾听着更为微弱的钟表的嘀嗒声。

两只表在双方的统帅手中，像小鸟的心脏似的在嘀嗒嘀嗒地响。这轻轻的钟表声超过所有震天响的呐喊声。拿破仑和威灵顿各自拿着自己的计时器，数着每一小时，每一分钟，计算着还有多少时间，最后的决定性的增援部队就该到达了。威灵顿知道布吕歇尔就在附近。而拿破仑则希望格鲁希也在附近。现在双方都已没有后备部队了。谁的增援部队先到，谁就赢得这次战役的胜利。两位统帅都在用望远镜观察着树林边缘。现在，普军的先头部队像一阵烟似的开始在那里出现了。难道这仅仅是一些被格鲁希追击的散兵？还是被追击的普军主力？这会儿，英军只能作最后的抵抗了，而拿破仑的部队也已精疲力竭。就像两个气喘吁吁的摔跤对手，双臂都已瘫软，在进行最后一次较量前，喘着一口气：决定性的最后一个回合已经来临。

普军的侧翼终于响起了枪击声。难道发生了遭遇战？只听见轻火器的声音！拿破仑深深地吸了一口气："格鲁希终于来了！"他以为自己的侧翼现在已有了保护，于是集中最后剩下的全部兵力,向威灵顿的主阵地再次发起攻击。这主阵地就是通向布鲁塞尔的大门,必须将它摧毁,这主阵地就是欧洲的大门,必须将它冲破。

然而刚才那一阵枪声仅仅是一场误会。由于汉诺威兵团穿着别样的军装,前来支援的普军向汉诺威士兵开了枪。但这场误会的遭遇战很快就停止了。现在,普军的大批人马毫无阻挡地、浩浩荡荡地从树林里拥来——迎面而来的根本不是格鲁希率领的部队,而是布吕歇尔的普军。厄运就此降临。这一消息飞快地在拿破仑的部队中传开。部队开始退却,但还有一定的秩序。而威灵顿却抓住这一关键时刻,骑着马走到坚守住的山头前沿,脱下帽子,在头上向着退却的敌人挥动。他的士兵立刻明白了这一预示着胜利的手势。所有剩下的英军一下子全都跃身而起,向着溃退的法军冲去。与此同时,普鲁士的骑兵则从侧面向仓皇逃窜、疲于奔命的法军冲杀过去,只听得一片惊恐的尖叫声:"各自逃命吧!"仅仅几分钟的工夫,这支赫赫军威的拿破仑军队变成了一股被驱赶的抱头鼠窜、惊慌失措的人流。这人流卷走了一切,也卷走了拿破仑本人。策鞭追赶的普鲁士骑兵对待这股迅速向后奔跑的人流,就像对待毫无抵抗、毫无感觉的流水,猛击猛打。在一片惊恐的混乱叫喊声中,普军轻而易举地捕获了拿破仑的御用马车和全军的贵重财物,俘虏了全部拿破仑军队的炮兵。只是由于黑夜的降临,才拯救了拿破仑自己的性命和自由。一直到午夜,满身污垢、头昏目眩的拿破仑才在一家低矮的乡村客店里,疲倦地躺坐在扶手软椅上,他这时已不再是皇帝了。他的帝国、他的皇朝、他的命运全完了。一个微不足道的小人物的怯懦毁坏了他这个最有胆识、最有远见的人物在二十年里所建立起来的全部英雄业绩。

回到平凡之中

当英军追击刚刚被击溃的拿破仑部队时,就有一个当时几乎名不见经传的人,乘着一辆特快的四轮马车向布鲁塞尔急驶而去,然后又从布鲁塞尔驶到海边。一艘船正在那里等着他。他扬帆过海,以便赶在政府信使之前先到达伦敦。由于当时大家还不知道拿破仑已经失败的消息,他立刻进行了大宗的证券投机买卖。此人就是罗斯柴尔德[26]。他以这突如其来的机敏之举建立了另一个帝国,另一个新王朝。第二天,英国获悉自己胜利的消息;同时,巴黎的富歇——这个一贯依靠背叛而发迹的家伙也知道了拿破仑的失败。布鲁塞尔和德国也都在第二天响起了胜利的钟声。

只有一个人到了第二天早晨还丝毫不知滑铁卢发生的事,尽管他离这个决定命运的地方只有四小时的路程。他,就是造成全部不幸的格鲁希。他还一直死抱着那道追击普军的命令。奇怪的是,他始终没有找到普军。这使他忐忑不安。近处传来的炮声越来越响,好像在大声呼救似的。大地震颤着。每一炮都像是打进他的心里。现在人人都已明白这绝不是什么小小的遭遇战,而是一次巨大的战役,一次决定性的战役已经打响。

格鲁希骑着马,惶惶惑惑地在自己的军官们中间前行。军官们都避免同他谈话,因为他们先前的建议完全被他置之不理。

当他们在瓦弗附近遇到一支孤立的普军——布吕歇尔的后卫部队时，全都以为挽救的机会到了，于是发狂似的向普军的防御工事冲击。热拉尔一马当先，好像被一种不祥的预感所驱使，去找死似的。一颗子弹随即把他打倒在地。这个最喜欢提意见的人现在一声不吭了。随着黑夜的降临，格鲁希的部队攻占了村庄，但他们似乎感到，战胜这支小小的后卫部队已不再有任何意义。因为在那边的战场上突然变得一片寂静。这是一种令人不安的寂静，可怕的和平，一种阴森森、死一般的沉默。所有的人都觉得，这样一种咬啮神经的惘然沉默倒不如听见隆隆的大炮声更好。格鲁希现在才终于收到那一函拿破仑写来的要他到滑铁卢紧急增援的简短的信。可惜已为时太晚！滑铁卢一仗肯定是一次决定性的战役，可是谁会赢得这次巨大的战役呢？格鲁希的部队又等了整整一夜，完全是白等！从滑铁卢那边再也没有消息传来，好像这支伟大的军队已将格鲁希的部队遗忘了似的。格鲁希的部队毫无意义地站立在伸手不见五指的黑夜中，周围空空荡荡。清晨，他们拆除营地，继续行军。他们个个累得要死，并且早已意识到，他们的一切行军和运动完全是漫无目的。上午十点钟，总参谋部的一个军官终于骑着马奔驰而来。他们把他扶下马，向他提出一大堆问题，可是那个军官却满脸惊慌的神色，两鬓头发湿漉漉的，由于过度紧张，全身颤抖着。结结巴巴说出来的话，尽是他们听不明白的，或者说，是他们无法明白和不愿意明白的。那个军官说，再也没有皇帝了，再也没有皇帝的军队了！法兰西失败了……这时，所有的人都把他当成疯子，当成醉汉。然而他们终于渐渐地从他嘴里弄清了全部真相，听完了他的令人沮丧颓唐，甚至使人瘫痪的报告。格鲁希面色苍白，全身颤抖，用军刀支撑着自己的身体。他知道自己殉难成仁的时刻来临了。他决心承担起力不从心的任务，以弥补自己的全部过失。这个唯命是从、畏首畏尾的拿破仑部下，在那关键的一分钟没有看到决定性的战机，而现在，眼看危险迫在眉睫，却又成了一个男子汉，甚至像是一个英雄。他立刻召集所有的军官，发表了一通简短的讲话——眼眶里噙着愤怒和悲伤的泪水。他在讲话中既为自己的优柔寡断辩解，同时又自责自怨。那些昨天还怨恨他的军官们此刻都默不作声地听着他的讲话。本来，现在谁都可以责怪他，谁都可以自夸自己当时意见的正确。但是没有一个人敢这样做，也不愿意这样做。他们只是沉默，沉默。突如其来的悲哀使他们都成了哑巴。

错过了那一分钟的格鲁希，在现在这一小时内又表现出了军人的全部力量——可惜太晚了！当他重新恢复了自信而不再拘泥于成文的命令之后，他的全部崇高美德——审慎、干练、周密、责任心，都表现得清清楚楚。他虽然被五倍于自己的敌军包围，却能率领自己的部队突围归来，而不损失一兵一卒，不丢失一门大炮——堪称卓绝的指挥。他要去拯救法兰西，去解救拿破仑帝国的最后一支军队。可是当他到达那里时，皇帝已经不在了。没有人向他表示感激，在他面前也不再有任何敌人。他来得太晚了！永远是太晚了！尽管从表面看，格鲁希以后又继续升迁，他被任命为总司令、法国贵族院议员，而且在每个职位上都表现出魄力和能干。可是这些都无法替他赎回被他贻误的那一瞬间。那一瞬间原可以使他成为叱咤风云的命运的主人,而他却错过了机缘。

　　那关键的一分钟就这样进行了可怕的报复。这样的一瞬间在尘世的生活中是很少降临的。当叱咤风云的命运无意之中降临到一个人身上时,他却不知道如何利用。在叱咤风云的命运降临的伟大瞬间,市民的一切美德——小心、顺从、勤勉、谨慎,都无济于事,叱咤风云的命运始终只需要天才,并且将他造就成不朽的人物。叱咤风云的命运鄙视地把畏首畏尾的人拒之门外。叱咤风云的命运——这世上的另一位神,只愿意用热烈的双臂把勇敢者高高举起,送上英雄们的天堂。

注 释

[1] 亚历山大大帝（Alexandros 或 Alexander der Große，公元前356—前323），马其顿国王（公元前336—前323年在位），少时拜哲学家亚里士多德为师。二十岁登上王位，在巩固了自己在马其顿的统治之后，镇压希腊各城邦的反马其顿运动，将底比斯城夷为平地。亲自率远征军大举入侵东方。公元前334年在格拉尼库（Granikos）击败波斯军。公元前333年在西里西亚境内的伊苏（Issos）打败波斯王大流士三世（Dareios Ⅲ.）。公元前332年长驱侵入埃及，并于公元前331年在尼罗河三角洲西部建立亚历山大城（Alexandria），遂挥师东下入侵两河流域。公元前331年夏在高加米拉（Gaugamela）与波斯军决战，获胜。大流士三世东逃，被其臣属所杀。波斯帝国灭亡。公元前327—前325年经阿富汗南下侵入印度。"亚历山大帝国"东起印度河和中亚细亚，西至巴尔干半岛，南自尼罗河第一瀑布，北达多瑙河下游南岸，跨越欧、亚、非三大洲。公元前323年亚历山大大帝病殁于巴比伦，所建帝国迅即瓦解。他的东征使希腊文化进入亚洲和埃及，从而开创了"希腊化"时代。

[2] 欧洲各国君主在1814年4月6日拿破仑第一次退位后于维也纳举行的会议。

[3] 拿破仑一世在1814年反法联军攻陷巴黎后被放逐于厄尔巴岛，1815年他再度返回巴黎建立百日王朝。

[4] 1812年冬拿破仑兵败莫斯科城。1813年春第六次反法同盟组成，是年秋该同盟联军在莱比锡城下同拿破仑进行大会战。双方投入的兵力总数达五十多万，联军比法军人数几乎多一倍。会战结果，法军败北。这是拿破仑战争中规模最大的一次会战，标志着拿破仑从军事优势走向劣势。

[5] 威灵顿（Arthur Wellesley Wellington，1769—1852），英国元帅，第

一任威灵顿公爵，反拿破仑战争中的盟军统帅之一，以指挥滑铁卢战役闻名于世。1828年后历任英国首相、外交大臣等职。

〔6〕 布吕歇尔（Gebhard Leberecht von Blücher, 1742—1819），普鲁士元帅，拿破仑百日王朝时任反法盟军的普军总司令。由于他在滑铁卢战役中及时增援了威灵顿而使拿破仑的军队全线崩溃。

〔7〕 施瓦尔岑贝格（Karl Phillipp Schwarzenberg, 1771—1820），奥地利元帅，在1813年击败拿破仑的德累斯顿和莱比锡战役中任反法盟军总司令，1814年率盟军攻占巴黎。

〔8〕 富歇（Joseph Fouché, 1763—1820），历任拿破仑的警务大臣，滑铁卢战役后力主拿破仑退位，后领导临时政府和反法盟国进行谈判，1816年被逐出法国。

〔9〕 塔列朗（Charles Maurice de Talleyrand-Périgord, 1754—1838），曾任拿破仑第一帝国的外交大臣，复辟王朝初期又任路易十八的外交大臣，百日王朝后被迫辞职，后又于1830至1834年出使英国，以权变多诈闻名。

〔10〕 林尼（Lígny），比利时一地名。

〔11〕 嘎德 - 布拉（Quatre-Bras），比利时一地名。

〔12〕 格鲁希（Emmanuel de Grouchy, 1766—1847），法国大革命和拿破仑军队中的士兵，1794年任少将，在滑铁卢战役中指挥骑兵预备队，于1815年6月16日在林尼击败布吕歇尔将军的一个分遣队，但他未能阻止布吕歇尔的主力与威灵顿的部队会合，自己也未能及时去增援拿破仑，拿破仑失败后一度被流放，1831年又任法国元帅，1832年任贵族院议员。

〔13〕 缪拉（Joachim Murat, 1767—1815），拿破仑的元帅，骑兵司令，战功赫赫，参与百日王朝活动，1815年5月2至3日在多伦蒂诺被奥军击败被俘，同年10月13日被处决。

〔14〕 圣西尔（Saint-Cyr, 1764—1830），法国元帅，曾出征俄国，屡建战功，1817至1819年任国防大臣。

〔15〕 贝尔蒂埃（Louis Alexandre Berthier, 1753—1815），法国元帅，曾随拿破仑进军意大利和埃及，历任国防大臣、总参谋长，1814年转而支持路易十八。

〔16〕 内伊（Michel Ney，1769—1815），法国元帅，随拿破仑征战欧洲，路易十八复辟时又任贵族院议员，但在百日王朝时又投靠拿破仑，滑铁卢战役中指挥老近卫军英勇奋战，拿破仑失败后，被贵族院判定犯有叛国罪，1815年12月7日被处决。

〔17〕 德塞（Desaix，1768—1800），拿破仑麾下的将军，1800年6月14日在意大利马伦哥战役中被奥地利军击毙。

〔18〕 克莱贝尔（Jean-Baptiste Kleber，1753—1800），拿破仑麾下的将军，1798至1800年驻军埃及，1800年6月14日被一名埃及狂热分子暗杀。

〔19〕 拉纳（Jean Lannes，1769—1809），拿破仑的元帅，屡建战功，1809年5月在奥地利的战斗中重伤身亡。

〔20〕 卡右（Caillou），滑铁卢附近一小地方。

〔21〕 奥斯特里茨（Austerlitz），当年属奥匈帝国版图，今在捷克境内，1805年12月2日，拿破仑在此大胜俄奥联军，当天浓雾消散。阳光灿烂，拿破仑得以看清俄奥联军的动向，有助于他的作战部署。

〔22〕 司各特（Walter Scott，1771—1832），英国小说家、诗人。擅长写历史小说，代表作《艾凡赫》，著有《拿破仑传》等。

〔23〕 斯丹达尔（Stendhal，1783—1842），旧译司汤达，法国小说家，代表作《红与黑》，1806至1814年在拿破仑军中任职，随大军转战欧洲大陆，他在《巴马修道院》中所描写的滑铁卢战役是该小说的著名篇章。

〔24〕 热拉尔（Étienne Maurice Gérard，1773—1852），拿破仑的将军，曾参加滑铁卢战役，失败后于1815至1817年被逐出法国，后又任路易-菲力浦国王的国防大臣。

〔25〕 旺达姆（Dominique René Vandamme，1770—1830），拿破仑的将军，百日王朝时指挥第三集团军。滑铁卢战役中，1815年6月18日在瓦弗一仗中建立奇功。拿破仑失败后被放逐。

〔26〕 南森·梅耶·罗斯柴尔德（Nathan Meyer Rothschild，1777—1836），德国犹太大银行家罗斯柴尔德家族的后裔，1798年在伦敦开设交易所，他是第一个获悉拿破仑在滑铁卢失败消息的人，闻讯后立即返回伦敦，乘机进行证券投机买卖，获利百万。

玛丽恩巴德悲歌

从卡尔斯巴德到魏玛途中的歌德
一八二三年九月五日

约翰·沃尔夫冈·冯·歌德(Johann Wolfgang von Goethe, 1749—1832),德国伟大诗人,以书信体小说《少年维特的烦恼》和诗体悲剧《浮士德》传世。

十九世纪的前二十年,身为魏玛大公国枢密顾问的歌德几乎每年都要去波希米亚的卡尔斯巴德或玛丽恩巴德旅行和疗养。一八二一年八月,他在玛丽恩巴德时寄居在房东阿玛丽·莱佛佐太太家中,和房东太太的大女儿乌尔丽克相识,乌尔丽克正值妙龄少女焕发青春的年华。她经常陪歌德散步,像一个女儿对待父亲那样搀扶他,天真地向他谈论自己即兴想到的一切;歌德也在信中称她为"亲爱爸爸的忠实而漂亮的女儿"。可是时间一久,爱的激情在歌德心中荡漾起来,终于到了不可遏止的程度。

一八二三年六月,歌德又来到玛丽恩巴德,和乌尔丽克重逢,他决意要让乌尔丽克成为自己的妻子。

七月,魏玛大公国的卡尔·奥古斯特公爵也抵达该地,歌德就请他代自己向乌尔丽克求婚。但结果只是听到一番委婉的敷衍。八月，乌尔丽克一家从玛丽恩巴德去卡尔斯巴德，歌德亦尾随而至，并在那里度过了自己的七十四岁生日，生日之辰，他收到一件礼物，上面写着包括乌尔丽克在内的三个房东女儿的名字，但是关于求婚一事却只字未提。莱佛佐太太请求公爵无论如何也要晚些时候把拒婚的事告诉他的枢密顾问。于是歌德在一八二三年九月五日带着不明确的答复离开了卡尔斯巴德。但他刚一和乌尔丽克告别，心情就激荡起来。他忘怀不了乌尔丽克向他告别时的最后一吻，她的可爱倩影不时浮现，眼前是一片萧瑟秋色，老人悲不自胜，就在马车的车厢里和在途中的驿站一气呵成写下了他晚年最著名的爱情诗篇《玛丽恩巴德悲歌》。

对于歌德的这件轶事，虽则仁者见仁，智者见智，但都一致认为，《玛丽恩巴德悲歌》是歌德一生中的转折点：他从此永远告别了爱的激情带来痛苦的年代，而进入心境平静、勤奋写作的暮年。

《玛丽恩巴德悲歌》固然吐露了惆怅之情，但悲歌（Elegie）一词，本是源于古希腊的一种诗体，既可用于哀歌、挽歌，亦可用于战争诗、政治诗、教喻诗、爱情诗，如歌德的《罗马悲歌》，并非是哀悼罗马之作，乃是采用古代格调写的爱情诗篇。

《玛丽恩巴德悲歌》诗篇的中译文如下：

> 当一个人痛苦得难以言语时，
> 天主让我倾诉我的烦恼。

如今,花儿还无意绽开,
再相逢,又有何可以期待?
是天堂也是地狱,为你敞开,
难以平静的心绪呵,令我踟蹰不前!
别再怀疑,她正向天堂的大门走去,
会用她的双臂将你高高举起!

你就这样在天堂受到接待,
你的一生仿佛从此永远美满;
你不会再有别的希冀、渴求和期待,
你最内在的追求已在这天堂里实现。
看着绝色美人,
你不会再流相思的泪水。

白昼像平常一样渐渐消逝,
又仿佛觉得分分秒秒在后面追赶!
夕阳下的亲吻,刻骨铭心:
记忆到明天。
无穷尽的明天,既相似又相异,
宛若姗姗迎来的姐妹。

最后的亲吻,既甜蜜又令人肠断,
戛然中止了缠绵悱恻的思恋。
加快步伐呵,却又停止在天堂门前,
好像大天使迦百列会用火剑将他赶出伊甸园。
目光注视着通往天堂的模模糊糊小路,

回眸看，进入天堂的大门已紧闭。

此时此刻，我也索性紧闭自己的心扉，
好像从未敞开，未曾感受到
内心的幸福时光和她身旁的群星
可以互相媲美；
此刻，心中只有郁闷的情绪——
懊丧、自责和后悔。

难道世界不是依然存在？悬崖峭壁
不是在晨曦中巍然屹立在那边？
庄稼不是已经成熟？河畔的丛林和牧场
难道不是依旧绿野一片？
笼罩大地的无涯天穹
难道不还是过眼云烟，无穷变幻？

一个苗条的身形在碧空的薄雾里时隐时现，
多么温柔明净，多么轻盈优美，
仿佛撒拉弗天使拨开云彩，
露出她的姿颜；
你看她——这丽人中的佼佼者
婆娑曼舞，多么欢快。

可是将云彩当作真身
你只能蒙骗自己一瞬间；
回到内心深处去找吧！你会在心中有更多的发现，

她会在你心中变幻出无穷姿态:
一身玉体会变成许多形象,
千姿百态,越来越可爱。

仿佛她在天堂门前流连,
随后一步一步把我引到幸福的顶端,
已经吻别,她又快步走到我面前,
把最后的一吻亲在我的双唇;
爱得如此清楚、动人,
用激情铭刻忠诚在我心间。

我的心好似有坚实的高墙,固若金汤,
保护着自己,也保护着心中的她。
我的心要为她欣喜一生,
当她显露真容时,我的心才知道
在如此可爱的束缚中觉得更自由自在。
我的心每次跳动,都是为了向她表示感谢。

一旦被爱的向往和单相思的爱
都已消失得无影无踪,
人的上进心就会立刻找到其他的追求
和决心,并且迅速行动!
倘若爱情果真能激励热恋者,
最完美无缺的是我身上的表现。

恰恰是由于她!——当内心的忧虑

犹如折磨人的重担压迫我的身心：
抑郁、凄凉、空虚。
周围的情景更会令人生厌。
这时，我多么期待她出现在天堂的大门前，
沐浴着和煦的阳光，也会使我的心温暖。

天主有言：赐予世人以幸福，
不是理智，而是天主赐予的安宁。
在最可爱的丽人身旁，
我得到最可贵的安宁。
我怡然自得，没有任何干扰，
心中最深的意念：我和她形影相随。

我们纯洁的心中有一股热情的冲动，
出于感激，心甘情愿把自己献给
更高尚、更纯洁、不知其心思的人，
向永远不知如何称呼的人揭开自己的秘密；
我们将它称为：虔诚！——当我站在她面前，
我觉得自己分享到了这种神圣、高尚的情感。

她的目光犹如灿烂的太阳照耀身上，
她的呼吸犹如阵阵春风拂面，
融化了我早已冰冷的心，
让深藏在严寒的洞窟里的我苏醒，
唯我独尊、固执任性，
在她身影面前已消失得无影无踪。

她似乎说过:"每时每刻
我们都会感到生活的和睦,
昨日的生活给我们留下依稀的回忆,
明天的生活,老天不让我们知道;
我曾惧怕黑夜,
可是日落时,我看到的还是令我喜欢。

因此,你要像我一样,高高兴兴朝前看,
看到了那一瞬间,切莫迟疑!
迅速向那一瞬间迎去,充满生气,心怀善意!
你的行为才会博得你爱人的欢心!
无论如何你要像儿童般的天真,
你才会不可战胜,拥有一切。"

你说得好,我想:是神
一直陪伴着你,赐予你那幸福的瞬间,
任何人到了你身边,都会立刻感到
自己是命运的宠儿;
而离开你的预感令我惶惑,
向你学习如此高深的智慧,对我又有何裨益?

如今我已经远离!眼前的时光
我不知该如何安排?
她给了我享受美的善意
但只能成为我的负担,我必须将它抛开。

无法克制的热望使我坐立不安，
一筹莫展，除了流不尽的泪水。

泪水如泉涌，不断流淌，
却永远无法熄灭苦恋的火焰！
生与死的搏斗，无情又惨烈，
悲痛使我心碎！
肉体的疼痛还有药治，
唯独精神缺少意志和决断。

真不理解：他怎么会对她如此思恋？
他千百次重温她的姿颜，
时而姗姗迎来，时而蓦然不见，
时而影影绰绰，时而明亮清晰，
她来而复去，犹如潮汐，
这样些许的安慰，岂能补偿他的心酸？

忠实的旅伴，让我留在此间吧，
让我独自留在这沼泽里、青苔上、岩石边！
你们去吧！世界已为你们洞开，
大地辽阔，天空崇高而又恢然，
去观察、去研究、去归纳，
自然界的秘密就会步步揭开。

我已经失去一切，我自己也不再存在，
不久前我还是众神的宠儿；

他们考验我,赐予我潘多拉。
她身上有无数珍宝,但也有更多的危险;
众神唆使我去吻她天赐的嘴唇,
然后又将我们分开——将我抛进深渊。

(舒昌善译)

——译者题记

一八二三年九月五日,一辆旅行马车沿着乡间大道从卡尔斯巴德[1]向埃格尔[2]缓缓驶去。秋天的清晨,寒意袭人,瑟瑟凉风掠过已收完庄稼的田野,但在辽阔大地上的天空依然是一片湛蓝。在这辆四轮单驾轻便马车里,坐着三个男人:萨克森—魏玛大公国的枢密顾问冯·歌德(卡尔斯巴德的疗养者表格上是这样尊称的)和他的两名随行——老仆人施塔德尔曼和秘书约翰。歌德在这个新世纪里的全部著作几乎都是首先由这位秘书抄写的。两名随行谁都不说一句话,因为这位年迈的老人自从在少妇和姑娘们的簇拥下、在她们的祝愿和亲吻下告别卡尔斯巴德以来,一直没有张过嘴。他纹丝不动地坐在车厢里,只有全神贯注正在思索的目光显示出他的内心活动。他在到达第一个驿站后下了车,两位随行见他在休息时用铅笔在一张顺手找到的纸上匆匆地写着字句。后来,歌德在前往魏玛的整个旅途中,无论是在车上还是在歇宿地,都一直忙着干这样的事。第二天,他刚刚到达茨沃陶,就在哈尔腾城堡里埋头疾书起来,接着他在埃格尔和珀斯内克[3]也都是如此。他每到一处，要做的第一件事就是把在行驶的马车里斟酌好的诗句赶紧记下来。歌德的日记只是非常简略地谈到这件事：（九月六日）"斟酌诗句"，（九月七日）"星期日，继续写诗"，（九月十二日）"途中把诗又修改润色一遍"。而当他到达目的地魏玛时，这篇诗作也就完成了。这首《玛丽恩巴德悲歌》不是一首无足轻重的诗，乃是歌德晚年最重要、最发自内心深处的诗，因而也是他自己最喜爱的诗。这首诗标志着他勇敢地向过去诀别，毅然开始新的起点。

歌德曾在一次谈话中把这首悲歌的诗句称作"内心状态的日记"，也许在他的生活日记中没有一页会像这些诗句那样把自己感情的产生与迸发如此坦率、如此清楚地呈现在我们面前。这是一份用悲怆的发问和哀诉记录了他最内在情感的文献。他在青少年时代写的那些宣泄自己情感的抒情诗都没有如此直接地发端于某一具体事件和机缘，这是一首"献给我们的奇妙之歌"，是这位七十四岁的老人晚年最深沉、最成熟的诗作，恰似秋日的太阳散射出绚丽的光辉。我们也没有见过他的其他作品如同这首诗似的一气呵成，一节紧扣一节。正如他对爱克曼[4]所说，这是"激情达到最高峰的产物"，同时在形式上又和高尚的自我克制结合在一起，因而把他一生中这一最热烈的时刻写得既坦率又隐秘。这是他的枝繁叶茂、簌簌作响的生命之树上最绚丽的一叶，直至一百多年后的今天，它依然没有凋谢和褪色。一八二三年九月五日——值得纪念的一天将世世代代保存在未来德意志人的记忆和情感之中。

是那颗使他获得新生的奇异的明星照耀着这一页，照耀着这首诗,照耀着这个人和这一时刻。一八二二年二月,歌德不得不对付一场重病。连日的高烧使他的身体难以支持,有时候甚至昏迷不醒。他自己也感觉病得不轻。医生们看不出明显的症状,只觉得情况危险,但又无计可施。不过,病来得突然,好得也突然。这年六月,歌德到玛丽恩巴德[5]去疗养,当时他完全像换了一个人似的,仿佛那一场暴病只是一种内心返老还童——"新青春期"的征兆。这个沉默寡言、态度严峻、咬文嚼字、满脑子几乎只有诗歌创作的人,在经过了数十年之后又一次完全听凭自己的情感摆布。正如他自己所说,音乐"使他心绪不宁",每当他听到钢琴演奏,尤其是听到像席曼诺夫斯卡[6]那样漂亮的女人弹奏时,他总是泪水泫然。由于深埋的本能欲念不时冲动,他经常去找年轻人。一起疗养的人惊奇地发现,这个七十四岁的老人直至深夜还和女人们相聚在一起,看到他在多年没有涉足舞会之后又去跳舞。正如他自豪地说:"在女舞伴们变换位置时,大多数漂亮的姑娘都来拉我的手。"就在这一年夏天,他的那种刻板的禀性神奇地消失了,而且心扉洞开,整个心灵被那古老的魔法师——永恒的爱的魅力所攫住。从日记中可以看出,"春梦""昔日的维特"重又在他的心中复苏。就像半个世纪以前他遇到莉莉·舍内曼[7]那样,和女人亲近,促使他写出许多小诗、风趣的戏剧和诙谐小品,而现在究竟选择哪一个女性,仍未确定:起初是那个漂亮的波兰女子[8],后来又是那个倾注了自己全部热情的十九岁的乌尔丽克·冯·莱佛佐[9]。十五年前他曾爱慕过她的母亲,而且一年前他还只是用父辈的口吻昵称她为"小女儿",可是现在喜爱突然变成了情欲，好像全身缠上了另一种病，使他在这火山般的感情世界中震颤，而多年以来他早已没有这种经历了。一八二三年，这个七十四岁的老翁简直像一个情窦初开的男孩：刚一听到林荫道上的笑声，他就放下工作，不戴帽子也不拿手杖，急急匆匆跑下台阶去迎接那个活泼可爱的女孩子。他竟像一个年轻男子似的向她献殷勤。于是，一幕略带色情[10]、结局悲哀的荒唐戏开场了。歌德在同医生秘密商量之后，就向自己同伴中的最年长者——魏玛大公国的卡尔·奥古斯特大公爵吐露衷肠，请他在莱佛佐太太面前替自己向她的女儿乌尔丽克求婚。这时，大公爵一边回想起五十年前他们一起和女人们寻欢作乐的那些疯狂的夜晚，一边或许在心里默默地、幸灾乐祸地窃笑这个被德国和欧洲誉为本世纪最有智慧、最成熟、最彻悟的哲人。不过，他还是郑重其事地佩戴上勋章绶带，为这位七十四岁的老翁向那个十九岁姑娘求婚一事去走访她的母亲。关于她如何答复，不知其详——看来乌尔丽克的母亲是采取了拖延的办法。所以歌德也就成了一个没有把握的求婚者。当他愈来愈强烈地渴望着去再次占有那个如此温柔的人儿的青春时，他所得到的仅仅是匆匆的亲吻和一般抚爱的言辞。这个始终急不可待的老人想在最有利的时刻再作一次努力：他痴心妄想地尾随着那个心爱的人，从玛丽恩巴德赶到卡尔斯巴德。然而到了卡尔斯巴德，他的那种热烈的愿望仍然看不到成功的希望。夏季快要过去了，他的痛苦与日俱增。终于到了他该离去的时候了，但是他仍然没有得到任何许诺和任何暗示。现在，当马车滚滚向前时，这位善于预见的老人感觉到，自己一生中这一件非同寻常的事已经结束。不过,在这黯然神伤的时刻,天主——这个古老的安慰者、内心最深痛苦的永远伴侣——来到他的身边。因为这位天才已经悲不自胜,在人世间又得不到安慰,于是只得向天主呼唤。就像以往歌德多次从现实世界逃遁到诗歌世界一样,这一次他又遁入诗歌之中——只不过这是最后一次罢了。为了以独特的方式对天主的这最后一次恩赐表示感谢,这位七十四岁的老人把自己四十年前曾为托尔夸托·塔索写过的这样两行诗句作为题诗冠在现在这首诗的前面,以表示他奇怪地又经历到这种处境。

当一个人痛苦得难以言语时,
天主让我倾诉我的烦恼。[11]

此刻,年迈的老人坐在滚滚向前的马车里沉思默想,为心中一连串问题得不到确切的答案而烦闷。清晨,乌尔丽克还和妹妹一起匆匆向他迎来,在"喧闹的告别声"中为他送行,那充满青春气息的可爱的嘴唇还亲吻过他,难道这是一个柔情的吻?还是一个像女儿似的吻?她可能爱他吗?她不会将他忘记吗?正在焦急地期待着他的那笔丰富遗产的儿子、儿媳妇会容忍这桩婚姻吗?难道世人不会嗤笑他吗?明年,他在她眼里不会显得更老态龙钟吗?纵使他能再见到她,又能指望什么呢?

这些问题在他心中不安地翻滚。倏然间,一个问题——一个最本质的问题变成了一行诗、一节诗。是天主让他"倾诉我的烦恼"的,于是,疑惑、痛苦都变成了诗句。心灵的呼唤——内心的强大冲动都直截了当地、不加

掩饰地注入这首诗中:

> 如今,花儿还无意绽开,
> 再相逢,又有何可以期待?
> 是天堂也是地狱,为你敞开,
> 难以平静的心绪呵,令我踟蹰不前![12]

这会儿,痛苦又涌入水晶般明净的诗节,是诗句把本来紊乱不堪的思绪奇妙地变得清澈。正如这位诗人在心烦意乱、感到"郁闷"时偶尔举目远眺那样,他从滚动的马车里瞭望着波希米亚清晨恬静的风光,一派升平景象恰好和他内心的不安形成对比,刚刚看到的画面顷刻间又进入他的这首诗:

> 难道世界不是依然存在?悬崖峭壁
> 不是在晨曦中巍然屹立在那边?
> 庄稼不是已经成熟?河畔的丛林和牧场
> 难道不是依旧绿野一片?
> 笼罩大地的无涯天穹
> 难道不还是过眼云烟,无穷变幻?

但是他觉得,在自己激情澎湃的时刻,这样的世界显得太恬静,于是,他把自己见到一切又联想到那个可爱的倩影,记忆中的美少女又魔幻似的显现在眼前:

> 一个苗条的身形在碧空的薄雾里时隐时现,

多么温柔明净，多么轻盈优美，
仿佛撒拉弗天使[13]拨开云彩，
露出她的姿颜；
你看她——这丽人中的佼佼者
婆娑曼舞，多么欢快。
可是将云彩当作真身
你只能蒙骗自己一瞬间；
回到内心深处去找吧！你会在心中有更多的发现，
她会在你心中变幻出无穷姿态：
一身玉体会变成许多形象，
千姿百态，越来越可爱。

他刚回想起往事，乌尔丽克的玉体就性感地浮现在他眼前。于是他用诗描绘出她如何亲近他，如何"一步一步地使他沉浸在幸福之中"，她如何在最后一吻之后又将"最后最后"的一吻贴在他的双唇上，不过，这位年迈的诗圣一边陶醉在这样极乐的回忆之中，一边却用最高尚的形式，写出一节在当年德语和任何一种语言中都属于最纯洁的诗篇：

我们纯洁的心中有一股热情的冲动，
出于感激，心甘情愿把自己献给
更高贵、更纯洁、不知其心思的人，
向永远不知如何称呼的人揭开自己的秘密；
我们将它称为：虔诚！——当我站在她面前，
我觉得自己分享到了这种神圣、高尚的情感。

然而，正是在这种极乐境界的回味之中，这个孤寂的人才饱尝现在这种分离的痛苦。于是痛苦迸发而出，这痛苦几乎破坏了这首杰作的那种悲歌诗体的崇高情调，这完全是一种内心情感的宣泄，在他多少年来的创作中，唯有这一次是自发地把直接的经历转化为诗歌。这真是感人肺腑的悲诉：

> 如今我已经远离！眼前的时光
> 我不知该如何安排？
> 她给了我享受美的善意
> 但只能成为我的负担，我必须将它抛开。
> 无法克制的热望使我坐立不安，
> 一筹莫展，除了流不尽的泪水。

接着便是那最后的、极其忧伤的呼唤，这呼唤越来越激昂，几乎到了不能再高亢的地步：

> 忠实的旅伴[14]，让我留在此间吧，
> 让我独自留在这沼泽里、青苔上、岩石边！
> 你们去吧！世界已为你们洞开，
> 大地辽阔，天空崇高而又恢然，
> 去观察、去研究、去归纳，
> 自然界的秘密就会步步揭开。

> 我已经失去一切，我自己也不再存在，
> 不久前我还是众神的宠儿；

> 他们考验我,赐予我潘多拉[15],
> 她身上有无数珍宝,但也有更多的危险;
> 众神唆使我去吻她天赐的嘴唇,
> 然后又将我们分开——将我抛进深渊。

　　这位平素善于克制的人还从未写出过类似这样的诗句。他少年时就懂得隐藏自己的情感,青年时代也知道克制,通常几乎只在写照和影射自己的作品中象征性地流露自己内心最深处的秘密,然而当他已是一个白发苍苍的老翁时,他却第一次在自己的诗篇中尽兴坦陈自己的情感。五十年来,在这个多情善感的人和伟大的抒情诗人心中,也许从未有过比这难忘的一页更充满激情的时刻,这是他一生中值得纪念的转折点。

　　歌德自己也觉得这首诗的产生十分神秘,仿佛是命运的一种珍贵恩赐。他刚一回到魏玛家中,在着手做其他工作或处理家庭事务之前,第一件事情就是亲手誊清这一艺术杰作——《玛丽恩巴德悲歌》的草稿。他用了三天时间,像修道士似的深居在自己的净修室里,用端正的大字体在精选的纸上把诗抄写完毕,并且把它作为一件秘密的诗稿收藏起来,不让家中至亲的人和最信赖的人知道。为了不让容易引起非议的消息轻易传开,他亲自把诗稿装订成册,配上红色的羊皮封面,用一根丝带捆好——后来他又改用精致的蓝色亚麻布封面,就像今天在歌德—席勒博物馆里见到的那样。那几天是令人易怒和闷闷不乐的日子,他要结婚的打算只会在家里招来讥诮和引起儿子明显的反感;他只能在自己的诗句中流连忘返于那个可爱的人身边。一直到那位漂亮的波兰女子席曼诺夫斯卡再次来看望他的时候才使他重温起在玛丽恩巴德那些晴朗的日子里产生的感情，才使他又变得健谈。一八二三年十月二十七日，他终于把爱克曼叫到身边，用一种不同寻常的庄重语调向他朗读了这首诗的开头，这说明他对这首诗有着一种不同寻常的偏爱。仆人不得不在书桌上放两盏烛台，然后才请爱克曼在两支蜡烛前坐下来，阅读这首悲歌。此后，其他人也逐渐听到这首悲歌，当然，只限于那些最信赖的人，因为正如爱克曼所说，歌德像守护"圣物"那样守护着它。随后几个月的时间表明，这悲歌对他一生有着特殊的意义。在这个重返青春的老人健康状况一日好似一日以后不久，出现了衰竭现象。看上去，他又要濒临死亡的边缘了。他一会儿从床上挪步到扶手椅上，一会儿又从扶手椅上挪步到床上，没有一刻安静过。儿媳妇出门旅行去了，儿子满怀怨恨，因而没有人照顾他，也没有人替这个孤独的年迈老人出主意想办法。这时，歌德最知心的密友策尔特尔[16]从柏林到魏玛——显然是朋友们把他请来的。他立刻觉察到歌德的内心正在燃烧。他惊讶地这样写道："我觉得，他看上去完全像是一个正在热恋中的人，而这热恋使他内心备尝青春的一切痛苦。"为了医治歌德心灵的创伤，策尔特尔怀着"深切的同情"一遍又一遍地为他朗读这首不寻常的诗。歌德听这首诗的时候，从不觉得疲倦。歌德在痊愈后写信给策尔特尔说："这也真是奇怪，你那充满感情、柔和的嗓音，使我多次领悟到我心中爱得多么深沉，尽管我自己不愿承认这一点。"他接着又写道："我对这首诗真是爱不释手，而我们恰好又在一起，所以你就得不停地念给我听，唱给我听，直至你能背诵为止。"

事情就像策尔特尔所说的那样："是这支刺伤他的矛本身治愈了他。"人们大概可以这样说：歌德正是通过这首诗拯救了自己。他终于战胜了痛苦，抛弃了那种最后绝无希望的希冀。和心爱的"小女儿"过夫妻生活的梦想从此结束了。他知道自己再也不会去玛丽恩巴德，再也不会去卡尔斯巴德，永远不会再去那个逍遥者们的轻松愉快的游乐世界。从此以后，他的生命只属于事业。这位经受了折磨的人对命运的新起点完全"断念"了，而在自己的生活领域中出现了另一个伟大的词：完成。他认真地回顾自己六十年来的作品，觉得这些作品破碎、零散，由于他现在已不可能进行新的创作，于是决定至少要进行一番整理工作。他签订了出版《全集》的合同，获得了版权专利。他把刚刚荒废在十九岁的少女身上的爱的感情再次奉献给他青年时代的最老的伴侣——《威廉·迈斯特》和《浮士德》。他精力充沛地进行写作，从变黄的稿纸上重温上个世纪订下的计划。他在八十岁以前完成了《威廉·迈斯特的漫游年代》，八十一岁时又以坚忍不拔的毅力继续他的毕生"主要事业"——《浮士德》的创作。在产生《玛丽恩巴德悲歌》的那些命运带来不幸的日子过去七年以后，《浮士德》完成了。他怀着对《玛丽恩巴德悲歌》同样敬重的深爱，把《浮士德》盖印封存起来，对世界秘而不宣。

在这样两种感情范畴之间——最后的"欲念"和最后的"戒欲"之间，在情欲的起点和事业的完成之间，一八二三年九月五日告别卡尔斯巴德、告别爱情的那一天——那令人难忘的内心转变时刻——是分水岭:经过悲痛欲绝的哀诉而进入永远宁静的境界。我们可以把那一天称为纪念日,因为从此以后在德语诗歌中,再也没有把情欲冲动的时刻描写得如此出色,像歌德那样把最亢奋的激情倾注进如此酣畅淋漓的长诗。

注 释

[1] 卡尔斯巴德(Karlsbad),即今捷克著名疗养胜地卡罗维发利。当年属东普鲁士版图。

[2] 埃格尔(Eger),地名,从卡尔斯巴德到魏玛途中必经的小镇,今在捷克境内。当年属东普鲁士版图。

[3] 珀斯内克(Pößneck),地名,今在德国境内。

[4] 约翰·彼得·爱克曼(Johann Peter Eckermann, 1792—1854),德国作家,1823年起成为歌德的挚友和文学上的助手,参与歌德作品的最后出版工作,他本人最重要的著作是《和晚年歌德的谈话》(简译《歌德谈话录》),记述了1823—1832年歌德和他的私人谈话。

[5] 玛丽恩巴德(Marienbad),波希米亚的疗养胜地,以温泉、浴场著称,该地今在捷克境内,称马利恩斯克温泉。当时属东普鲁士版图。

[6] 席曼诺夫斯卡(Szymanowska),波兰女钢琴家,歌德在玛丽恩巴德和她相识,常为歌德弹奏钢琴,她年轻美貌,也曾一度使歌德产生爱的激情。

[7] 莉莉·舍内曼(Lili Schönemann, 1758—1817),法兰克福一个银行家的女儿,1775年歌德在该地和她相识,产生了热烈的爱情,是年4月订婚,10月即解除婚约,歌德曾为她写过著名诗篇《新的爱、新的生活》《给蓓琳德》和戏剧《丝苔拉》等。

[8] 是指波兰女钢琴家席曼诺夫斯卡。

[9] 乌尔丽克·冯·莱佛佐(Ulrike Freiin von Levetzow, 1804—1869),在1821至1823年的几个夏季里,歌德在玛丽恩巴德疗养时寄居她家,朝夕相处,后向她求婚,未果。当时她年仅19岁。

[10] "色情",此处原文是 satyrhaft。Satyrus(Satyri),希腊神话中最低等级的林神——司丰收的精灵。希腊神话把这些精灵描写为懒惰、淫荡,往往喝得半醉,因而在现代语言中成为醉鬼和色鬼的同义词。

〔11〕 这两行诗是歌德诗剧《托尔夸托·塔索》第五幕第五场中塔索的最后台词中的两句，以后作为《玛丽恩巴德悲歌》的题诗。托尔夸托·塔索（Torquato Tasso，1544—1595），文艺复兴时代的意大利著名叙事诗人，一生具有传奇色彩，但歌德诗剧中的塔索，实际上是歌德的自我写照。

〔12〕《玛丽恩巴德悲歌》的中译文在中国内地有若干种。绿原的中译文载《歌德文集》第8卷第319—326页，人民文学出版社，1999年版；杨武能的中译文载《歌德文集》第1卷第307—314页，河北教育出版社，1999年版。

〔13〕 据《圣经》，撒拉弗是最高的天使，身上有六个翅膀，本性是爱。

〔14〕 系指马车里歌德的随从施塔德尔曼和秘书约翰，前者热爱地质学，为歌德搜集矿石，后者热爱气象学，为歌德记录气象报告。但此处的旅伴可理解为广义的人生旅伴。

〔15〕 潘多拉，希腊神话中由火神用黏土造成的美女，众神赐予她各种品性：爱神赠以魅力，赫耳墨斯赠以口才和智谋，宙斯却赠她一只小盒，内藏一切灾祸，让她去引诱厄庇墨透斯。她在他面前打开了盒子，一切灾祸飞向人间。歌德在此将她隐喻乌尔丽克。

〔16〕 卡尔·弗里德里希·策尔特尔（Carl Friedrich Zelter，1758—1832），德国作曲家和音乐教育家，歌德的好友，他的音乐作品格调恬静淡雅，深受歌德赞赏。

黄金国的发现

约翰·奥古斯特·苏特尔 加利福尼亚
一八四八年一月

美国的加利福尼亚州以其土地肥沃、气候温和、物产丰富著称于世。风光旖旎的旧金山又是多么令人神往。然而,富饶的加利福尼亚,从拓荒开发到繁荣兴盛,还不到两百年的历史。今天映入人们眼帘的美丽的旧金山,历史更短。一九〇六年,旧金山城遭到特大地震,建筑全部被毁,现在的城市是在一片废墟中重建起来的。旧金山最早的旧址只不过是一个渔村。一七七六年十月,天主教托钵修士会的主要教派——弗兰西斯派的西班牙传教士在此建立了传教站,又因为这个渔村地处弗兰西斯科海湾,所以在一八四七年该城归属美国之后,正式命名为圣弗兰西斯科(San Francisco)。十九世纪中叶,加利福尼亚发现金矿后,华侨曾把该地称为金山,以后为了有别于澳大利亚墨尔本市(新金山)又改称旧金山。加利福尼亚的繁荣和圣弗兰西斯科的崛起正是和黄金密切联系在一起。一八四九年在加利福尼亚掀起的世界性淘金热潮广为人知,然而,恐怕并不是人人都知道,这一片土地当时是属于私人的,土地的主人就是约翰·奥古斯特·苏特尔（Johann August Suter, 1803—1880）。可惜，黄金的发现并没有给这位主人带来幸福，而是使他家破人亡，自己沦为乞丐。

——译者题记

一个厌倦欧洲生活的人

一八三四年,一艘美国轮船从哈弗尔[1]驶向纽约。在数百名亡命者中有一个名叫约翰·奥古斯特·苏特尔[2]的人。他原籍瑞士巴塞尔附近的吕嫩贝尔格,是年三十一岁。他正面临着欧洲几个法庭的审判,被指控为破产者、窃贼、证券伪造者,于是他急急忙忙撂下自己的妻子和三个孩子,在巴黎用一张假身份证挣到一点钱,踏上了寻找新生活的旅程。一八三四年七月七日,他抵达纽约,在那里混了两年,几乎什么事都干过,什么打包工呀、药剂师呀、牙医呀、药材商呀、开小酒馆呀,不管会干不会干,最后总算略微安定,开了一家客栈,可是不久又将客栈出售,随着当时一股着魔似的迁徙洪流搬到密苏里州,在那里经营农业,没有多久就积蓄了一小笔财产,可以过安安稳稳的日子。然而他的门前总是不断有人匆匆经过,皮货商人、猎人、冒险家、士兵,他们有的从西部来,有的又到西部去,于是"西部"这个词就渐渐有了诱人的魅力,只知道到那里去,首先遇到的是茫茫草原,成群的野牛,人烟稀少,在草原上走一天甚至一星期,都见不到人影,只有红皮肤的印第安人在那里追逐猎物,然后迎来的是无法攀登的高山峻岭,最后才是那"西部"的土地。关于这片土地的详细情况,谁也说不清楚,但是这片土地神话般的富饶却已变得家喻户晓。当时地处西部的加利福尼亚还是相当神秘,传说在那一片土地上遍地流的是牛奶和蜂蜜,人人可以随便取用。只不过那是一片遥远的地方,无穷无尽的远,要到那里去有生命危险。

然而约翰·奥古斯特·苏特尔浑身都是冒险家的血液,安居乐业并不能吸引他。一八三七年的一天,他变卖了自己的田地和家产,组织了一支远征队,带着车辆、马匹、一群美洲野牛,从印第奔腾斯堡[3]出发,到那陌生的远方去。

进军加利福尼亚

一八三八年,苏特尔带着两名军官、五名传教士和三名妇女坐着牛车向茫茫无际的远方驶去。他们穿过一片又一片的大草原,最后又翻过崇山峻岭,向着太平洋的方向进发。他们在路上走了三个月,一八三八年十月底到达温哥华镇。可是,两名军官在到达以前就离开了苏特尔,五名传教士也没有继续往前走,三名妇女在半途中因饥饿而死去。

现在只剩下苏特尔一个人了,有人留他在温哥华镇住下,并替他谋到一个职位,但都被他拒绝了。加利福尼亚——这个有着魔力般的名字始终诱惑着他。他驾着一条破旧的帆船,在太平洋上航行,先到达夏威夷群岛,然后沿着阿拉斯加的海岸,历尽千难万险,最终在一个名叫圣弗兰西斯科[4]的荒凉地方登陆。当时的圣弗兰西斯科可不是像今天这样一座在大地震后以突飞猛进的速度发展起来的拥有数百万人口的大都市。当时的圣弗兰西斯科仅仅是一个贫穷的渔村,还没有成为墨西哥的那个偏僻的州——加利福尼亚州[5]的主要城市,就连它的名字也还是跟着弗兰西斯教派的布道团叫起来的呢。当时的加利福尼亚无人管理,一片荒芜,是美洲新大陆最富庶的地区中一片尚未开垦的处女地。

这片西班牙领地的混乱局面由于缺乏任何权威而加剧,暴乱四起,畜力人力匮乏,也缺乏在这里励精图治的力量。苏特尔租了一匹马,骑着这匹马走进肥沃的萨克拉门托河谷。只用了一天时间,他就全明白了:在这片土地上不仅可以建立一座农庄、一个大农场,简直可以建立一个王国。第二天他骑马前往蒙德来[6],这是一座十分简陋的首府。他向阿尔瓦拉多总督[7]毛遂自荐,讲了自己要开垦这里一片土地的意图,他要从夏威夷群岛带来卡拿卡人[8],并让这些勤劳的有色人种自己定期从那里迁到此地,而他则愿意承担起为他们建立移民区的责任,要建立一个名为新赫尔维齐[9]的小国家。

"为什么要叫新赫尔维齐呢?"总督问。"我是瑞士人,而且是一个共和主义者。"苏特尔回答说。

"好吧,你愿意怎么干就怎么干。我把这片土地租让给你,为期十年。"

你看,事情很快就在那里达成了协议。在远离文明千里之遥的地方,一个人的能力会获得一种和在家里完全不同的报偿。

新赫尔维齐

一八三九年,一行用牲口驮着货物的队伍沿着萨克拉门托河[10]岸缓慢地向上游走去。苏特尔骑着马走在最前面,身上挎着一支枪,跟在他身后的是两三个欧洲人,接着是一百五十名穿着短衫背心的卡拿卡人,然后是三十辆装载着粮食、生活用品、种子和弹药的牛车,以及五十匹马、七十五头骡子和成群的奶牛、绵羊,末尾是一支小小的后卫——这就是要去征服新赫尔维齐的全部人马。

在这些人面前滚起火的巨浪。他们焚毁树林,这是比砍伐更为简便的方法。巨大的火焰刚刚烧完这一片土地,树墩残干还冒着余烟,他们就开始了自己的工作:建造仓库;挖掘水井;在无须耕犁的田地上撒种;为源源而来的成群牛羊筑起栏圈。大批新人从邻近传教站的偏僻殖民地渐渐迁移至此。

成就十分巨大。播下去的种子获得了五倍的收成。粮食满仓。不久,牲畜就数以千计。尽管在这片土地上还存在不少困难,还需要对敢于不断侵犯这片欣欣向荣的殖民地的当地土著人进行讨伐,但是新赫尔维齐的疆域犹如热带的植物一般蓬勃发展到幅员辽阔。河道水渠、磨坊工场、海外商店[11]都纷纷创办兴起。船只在江河上来来往往。苏特尔不仅供应温哥华和夏威夷群岛的需要,而且还供应所有停泊在加利福尼亚的帆船的需要。他种植水果——这些加利福尼亚水果今天已誉满全球。你看，果树在那里长得多么繁茂！于是他引进法国和莱茵河地区的葡萄。没有几年工夫，遍地都是果实累累的葡萄藤。至于说到苏特尔自己，他建立起许多房屋和庄稼茂盛的农场，甚至还不远万里，用一百八十天的时间从巴黎运来一架普莱耶尔[12]牌钢琴，用六十头牛横越过整个新大陆，从纽约运来一台蒸汽机。他在英国和法国的那些最大的钱庄银行里都能得到信贷和存有巨款。他现在已经四十五岁了，正处在事业的顶峰。他想起了自己在十四年前把妻子和三个孩子不知扔在世界何处，于是他给他们写信，请他们到他这里来，到他自己的领地上来。因为他觉得现在一切都掌握在自己手中，他是新赫尔维齐的主人，是世界上最富裕的阔佬之一，而且将永远富裕下去。尔后，美利坚合众国也终于把这块放任不管的殖民地从墨西哥手中并入自己的版图，一切更有保障和安全了。又过了若干年，苏特尔确实成了世界上最最有钱的人。

带来厄运的一铁锹

一八四八年一月的一天，约翰·奥古斯特·苏特尔的一个细木匠——詹姆斯·威尔逊·马歇尔[13]突然心情激动地冲进他的家门，说他们两人一定得谈一谈。苏特尔十分诧异，因为他昨天才刚刚把马歇尔派到柯洛玛自己的农庄去建立一个新的锯木场，而现在马歇尔却没有得到允许就返回来了，站在苏特尔面前，激动得直哆嗦，然后将苏特尔推进房间，锁上房门，从口袋里掏出一把含有少许黄色颗粒的沙土，他说他昨天掘地基时突然注意到这种奇怪的金属，他认为这就是黄金，可是别人却嘲笑他。这时苏特尔变得严肃认真起来，拿着这些颗粒去做了分析试验，证明确是黄金。他决定第二天就和马歇尔一起骑马到那个农庄去。可是这个木匠师傅当天夜里就冒着暴风雨骑马回到了农庄，他也是急不可耐地想要得到证实——他是被那种可怕的淘金热所攫住的第一个人，不久，那种可怕的淘金热震撼了整个世界。

第二天上午，苏特尔上校到达柯洛玛。他们堵截水渠，检查那里的河沙。人们只需用筛滤把河沙稍微来回摇晃几下，亮晶晶的黄金小粒就留在黑色的筛网上了。苏特尔把自己身边的几个白人召集到一起，要他们发誓对此事保守秘密，直至锯木场建成。然后苏特尔骑马回到自己的农庄，虽然他神情坚毅严峻，内心却无比兴奋：据人们记忆所及，迄今为止还没有人能如此轻而易举地得到黄金——黄金竟会完全暴露在地面上，而这片土地是属于他的，是他苏特尔的财产。看来，这一夜真好像胜似十年：他成了世界上最最富有的人。

淘金热

世界上最最富有的人？不——他后来成了地球上最贫穷、最可怜、最绝望的乞丐。八天以后，秘密被泄露，是一个女人——总是女人！——把这事对一个过路人讲了，还给了那个人几颗黄金细粒。接着发生的一切可真是史无前例。苏特尔手下的人一下子全都离开了自己的工作，铁匠们离开铁工场，牧羊人扔下羊群，种葡萄的离开葡萄园，士兵们撂下枪支，所有的人都像中了魔似的急急忙忙拿起筛网和平底锅，向锯木场飞奔而去，从河沙里淘黄金。一夜之间，整片土地就被人弃置不顾了。没有人去挤奶牛的奶，奶牛在那里大声哞叫，有的倒在地上死去；围起来的一群群野牛冲破了栏圈，践踏着农田；成熟的庄稼全都烂在秸秆上；奶酪作坊停了工；谷仓倒塌；推动苏特尔巨大事业的机制失灵了。然而电讯却不停地传播着发现黄金的好消息，跨过陆地，越过海洋。于是从各城市、各海港络绎不绝地有人来，水手们离开自己的船只，政府的公务员离开自己的职守，他们排成长长的、没有尽头的纵队，从四面八方涌来，有的步行，有的骑马，有的坐车，掀起一股疯狂的淘金热。这些淘金者简直像一群蝗虫。他们不承认任何法律，只相信拳头；他们不承认任何法令，只相信自己的左轮手枪。在这片欣欣向荣的殖民地上到处都是这样一群放荡不羁、冷酷无情的乌合之众。在他们看来，这里的一切都是没有主人的；也没有人敢对这群亡命之徒说一个不字。他们屠宰苏特尔的奶牛，拆掉苏特尔的谷仓，盖起自己的房子，踩烂苏特尔的耕地，盗窃苏特尔的机器——一夜之间，约翰·奥古斯特·苏特尔就穷得像个乞丐，恰似迈达斯[14]国王最后憋死在自己点化的黄金之中一样。

而这股追逐黄金的空前风暴却愈演愈烈；消息传遍全世界，仅从纽约一地，驶来的船只就有一百艘，在一八四八、一八四九、一八五〇、一八五一的那四年里，大批大批的冒险家从德国、英国、法国、西班牙蜂拥而至。有些人绕道合恩角[15]而来,但对那些最急不可耐的人来说,这条路线无疑是太远了,于是他们选择了一条更危险的道路:通过巴拿马地峡。一家办事果断的公司迅速在地峡兴建起一条铁路,为了铺设这条铁路,数以千计的工人死于热病,而这仅仅是为了使那些心情急躁的人能节省三四个星期的路程,以便早日得到黄金。无数支庞大的队伍横越过美洲大陆,世界上不同种族的人、讲各种不同语言的人从四面八方源源而来。他们都在约翰·奥古斯特·苏特尔的地产上挖掘黄金,就像在自己的地里一样。一座城市以梦幻般的速度在圣弗兰西斯科的土地上巍然屹立,互不相识的人彼此出售着自己的土地和田产,并有政府签署的公文证明——而这一片土地是属于苏特尔的。这样,苏特尔自己的王国——新赫尔维齐的名字终于在另一个迷人的字眼——黄金国加利福尼亚——面前消失了。

约翰·奥古斯特·苏特尔再次破产,他两眼直瞪瞪地看着这种豪夺,木然无神。起初,他还想同他们争夺,他想同自己的仆人和伙伴们一起敛取这份财富,可是所有的人都离开了他。于是他只好从淘金区完全退出来,回到一座与世隔绝的山麓农庄,远离这条该诅咒的河流和不圣不洁的河沙。他回到自己的农庄隐居起来。他的妻子带着三个已成年的孩子终于在这里同他相会,但妻子到达后不久就因旅途过度疲劳而死去。三个儿子现在总算在身边了,他们加在一起是八条胳膊。约翰·奥古斯特·苏特尔和儿子们一起重新开始经营农业;他再次振作精神,带着三个儿子发愤劳动,默默地、坚韧地干着,充分利用这块肥沃得出奇的土地。在他的内心又孕育着一项宏伟的计划。

诉 讼

一八五〇年，加利福尼亚已并入美利坚合众国的版图。在合众国的严格治理下，秩序也终于跟随着财富一起来到这块被黄金迷住了的土地。无政府状态被制止住了，法律重新获得了权力。

于是，苏特尔突然提出了自己的权益要求。他坚称，他有充分、合法的理由要求圣弗兰西斯科城所占的全部土地归属于他；政府有责任赔偿他由于盗窃所造成的财产损失；对所有从他的土地上挖掘出来的黄金，他都要求得到他应得的一份。一宗诉讼案开始了，而此案所涉及的范围之广是人类历史上闻所未闻的。约翰·奥古斯特·苏特尔控告了一万七千二百二十一名在他的种植区安家落户的农庄主，要求他们从私自强占的土地上撤走，他还要求加利福尼亚州政府支付给他两千五百万美元，作为对他私人兴建的那些道路、水渠、桥梁、堰堤、磨坊等的赎买金，要求美利坚合众国政府支付给他两千五百万美元，作为对他的农田遭受破坏的赔偿。此外，他还要求从挖掘出来的全部黄金中得到他的份额。为了打这场官司，他把自己的第二个儿子埃米尔送到华盛顿去学法律，并且把自己从几个新农庄中所获得的全部收入统统花在这场耗资无数的官司上。他用了四年之久的时间才办完所有上诉的法律程序。

一八五五年三月十五日，审判的时候终于到了。廉洁公正的法官汤普森——这位加利福尼亚州的最高长官裁定约翰·奥古斯特·苏特尔对这片土地的权益要求是完全合法和不可侵犯的。

到这一天,约翰·奥古斯特·苏特尔总算达到了目的。他成了世界上最最富有的人。

结　局

难道他果真成了世界上最最富有的人了吗?不——根本没有,他后来成了一个最最贫穷的乞丐,一个最最不幸和失败最惨的人。命运又一次同他作对,给了他致命的打击,而这是使他永世不能翻身的一击。判决的消息传开之后,圣弗兰西斯科和整个加利福尼亚席卷起一场大风暴。数以万计的人成群结伙举行暴动。所有感到自己财产遭到威胁的人、街上的无赖歹徒和一贯以抢劫为乐事的流氓一起冲进法院大厦,纵火焚烧大厦。他们到处寻找那位法官,要将他私刑处死。他们集结成一支声势浩大的队伍,前去洗劫约翰·奥古斯特·苏特尔的全部财产。苏特尔的长子在匪徒们的围困下开枪自尽了;第二个儿子被人杀害了;第三个儿子虽然保住了性命,但在逃命回家的路上淹死了。新赫尔维齐的土地上一片火海,苏特尔的农庄全被烧毁,葡萄藤被践踏得乱七八糟,家具器什、珍贵收藏、金银钱财均被抢劫一空,万贯家财在毫不怜悯的愤怒之下统统化为乌有。苏特尔自己好不容易捡了一条命。

经过这一次打击,约翰·奥古斯特·苏特尔再也不可能东山再起了。他的事业全完了,他的妻儿都已死去,他的神志已混乱不清。在他已变得十分糊涂的脑子里,只有一个念头还在不时地闪烁:去寻求法律、去打官司。

一个衣衫褴褛、精神萎靡的老人在华盛顿的法院大厦周围游来荡去走了二十五年。法院里所有办公室的人都认识这个穿着肮脏外套和一双破皮鞋的"将军"。他要求得到他的几十亿美元。而且也真有一些律师、冒险家和滑头们不断地怂恿他去重新打一场官司,为的是想捞走他最后一点养老金。其实,苏特尔自己并不想要钱,他痛恨黄金,是黄金使得他一贫如洗,是黄金杀害了他的三个孩子,是黄金毁了他的一生。他只是想要得到自己的权利。他像一个偏狂症患者似的,怀着愤愤不平的激怒,为捍卫自己的权利而斗争。他到参议院去申诉,到国会去申诉,他信赖形形色色帮他忙的人,而这些人却像寻开心似的给他穿上可笑的将军制服,牵着这个傀儡似的不幸者,从这个官署走到那个官署,从这个国会议员那里走到那个国会议员那里,一直奔波了二十年。这就是从一八六〇到一八八〇年可怜凄惨、行乞似的二十年。他日复一日地围绕着国会大厦踯躅,所有的官吏都嘲笑他,所有的街头少年都拿他开心。而他,就是地球上那片最富饶的土地的所有者,美利坚合众国——这个富饶之国的第二座大城市正屹立在他的土地上,并且每日每时都在发展壮大。但是人们却让这个讨嫌的家伙一直等待着。一八八〇年七月十七日下午,他终于因心脏病猝发倒在国会大厦的阶梯上,从而万事皆休——人们把这个死了的乞丐抬走。这是一个死了的乞丐,但在他的衣袋里却藏着一份申辩书,要求按照世间的一切法律保证给他和他的继承人一笔世界历史上最大的财产。

可是时至今日,并没有人要求得到苏特尔的这笔遗产，没有一个后裔提出过这样的要求。圣弗兰西斯科依然屹立着，那一大片土地还始终属于别人，在这里还从未谈论过苏尔特的权利问题。只有一个名叫布莱斯·桑德拉[16]的作家给了这个被人忘却了的约翰·奥古斯特·苏特尔一点点权利——这是他的一生命运给他的唯一权利：后世对他莫名惊诧的回忆。

注 释

[1] 哈弗尔（Le Havre），法国北部滨海城市。
[2] 约翰·奥古斯特·苏特尔（Johann August Suter 或 John Augustus Sutter），加利福尼亚的拓荒先驱，1803 年在瑞士出生，1834 年赴美国，1835 年和 1836 年曾到过美国新墨西哥州首府圣菲经商，1838 年迁居密苏里州的俄勒冈，1839 年在圣弗兰西斯科湾登陆，在今天的加利福尼亚首府萨克拉门托的地址上建立殖民地，1841 年成为墨西哥公民，从阿尔瓦拉多总督处获得大片土地。1848 年 1 月 24 日，在所有权属于他的土地上发现了黄金，从而引起疯狂的淘金热潮，他手下的人纷纷不辞而别，前来淘金的人盗走了他的成群牛羊，擅自占领他的土地，致使他于 1852 年宣告破产，1864 至 1878 年加利福尼亚州政府给他每月 250 美元养老金，1880 年死于心脏病猝发。
[3] 印第奔腾斯堡（Fort Independence），密苏里州西部小镇，一译独立镇。
[4] 圣弗兰西斯科（San Francisco），华人习称旧金山，一译三藩市。
[5] 加利福尼亚自 16 世纪以后，先为西班牙的领地，后为墨西哥的领地，以后又逐渐被美国吞并，经过 1846 至 1848 年的美墨战争，加利福尼亚于 1850 年正式成为美利坚合众国的一个州。苏特尔拓荒加利福尼亚时，正经历了这些历史演变。
[6] 蒙德来（Monte Rey），今为加利福尼亚州西部的蒙德来。
[7] 胡安·包蒂斯塔·阿尔瓦拉多（Juan Bautista Alvarado, 1809—1882），墨西哥派驻加利福尼亚的行政长官；1836 至 1841 年是实际上独立的加利福尼亚的总督。
[8] 卡拿卡人（Kanaken），夏威夷群岛的土著民族。
[9] 赫尔维齐（Helvetien），意为赫尔维齐人的国度，赫尔维齐人亦即瑞士人。1798—1803 年间瑞士的正式名称是赫尔维齐共和国。

〔10〕 萨克拉门托河（Sakramento），美国加利福尼亚州中部河流，该州首府萨克拉门托位于此河岸。
〔11〕 海外商店（Faktorei），是指欧洲商人在殖民地设置的贸易栈。
〔12〕 伊格纳茨·普莱耶尔（Ignaz Pleyel，1757—1831），奥地利作曲家兼钢琴制造家。
〔13〕 詹姆斯·威尔逊·马歇尔（James Wilson Marshall，1810—1885），美国人，1844至1845年到加利福尼亚拓荒，后和苏特尔合作经营锯木场，1848年1月24日，他在挖掘该锯木场地基时发现了黄金，从而引起1849年世界性的淘金热。
〔14〕 迈达斯（Midas），希腊神话中富利基阿（Phrygien）的国王，传说其手所触之物即点化为黄金，后被埋在自己点化的黄金里面窒息而死。
〔15〕 合恩角（Kap Hoorn），位于南美洲大陆的最南端。
〔16〕 布莱兹·桑德拉（Blaise Cendrars，1887—1961），法国作家。生于瑞士，故又被认为是瑞士的法语作家。早年从事诗歌创作，20世纪20年代中期转向纪实文学和随笔，最著名的纪实文学是《黄金》（L'Or，1925），带有美国西部小说的色彩，描述移民开发加利福尼亚的业绩，其中有关于苏特尔的生动记述。

英雄的瞬间

陀思妥耶夫斯基　圣彼得堡　谢苗诺夫斯基校场
一八四九年十二月二十二日

费奥多尔·米哈伊洛维奇·陀思妥耶夫斯基（Фёдор Михайлович Достоевский 1821—1881），俄罗斯著名作家，1821年11月11日出生于莫斯科一个医生家庭，父亲米哈伊尔在担任医官期间取得贵族身份，并在图拉省置有两处不大的田庄。父亲因虐待农奴，于1839年被农奴殴打致死，此事给他留下强烈印象。1843年，陀思妥耶夫斯基毕业于圣彼得堡军事工程学校，毕业后在工程局任制图员，一年后离职，专事文学创作。1845年发表中篇小说《穷人》，深化了俄罗斯文学中的"小人物"主题。传世之作有《被侮辱与被损害的》《死屋手记》《罪与罚》《白痴》《白夜》《卡拉马佐夫兄弟》等。其作品对俄罗斯大学和西方文学影响甚大。

陀思妥耶夫斯基青年时代受空想社会主义思想的影响，参加了彼得拉舍夫斯基[1]派的政治活动。

一八四九年四月，二十八岁的陀思妥耶夫斯基同该派成员一起被捕，被褫夺贵族身份并判处死刑。

一八四九年十二月二十二日，他们被带到圣彼得堡的谢苗诺夫斯基校场上执行枪决。正待开枪之际，一名军官骑着快马，一边挥着白手帕一边横穿广场疾驰而来，宣读了沙皇尼古拉一世的圣谕，给他们罪减一等的许可。

根据沙皇的圣谕，改判陀思妥耶夫斯基服苦役及期满后当兵。九年的苦役和军营生活对他产生重大影响：一方面丰富了他的生活阅历，积累了文学素材，对社会的观察、对人生的思考更加深刻和富于哲理；另一方面，流放生活使他远离俄国的先进思潮，对苦役犯的政治压制使他思想中固有的消极面有所发展，当时，陀思妥耶夫斯基频繁发作的癫痫病又进一步加深了他精神上的抑郁；此外，席卷欧洲的一八四八年革命失败之后，各种社会思潮的幻灭，更促使了他的思想转变。这一切的结果是，他摒弃社会主义的信念，代之以用宗教精神解释民众的理想，提倡弃绝个人欲望，宣扬人人都有罪孽，罪犯就是"不幸的人"等观点，并试图用道德感化来代替反对专制制度的斗争。

斯蒂芬·茨威格在本篇历史特写中以叙事诗的形式，记述了陀思妥耶夫斯基一生转折点中最关键的时刻——刑场一幕，并揭示了他以后那种深刻心理变化的开端。

——译者题记

注 释

[1] 米哈伊尔·瓦西里耶维奇·彼得拉舍夫斯基（Михаил Васильевич Петрашевский，1821—1866），19世纪俄国著名的解放运动活动家，彼得拉舍夫斯基派的领导者，曾参加1844至1846年《外来语袖珍辞典》的出版工作，在该辞典中反映出他的唯物主义和空想社会主义的观点，1849年被流放西伯利亚服苦役，毕生坚决反对封建专制和农奴制度。

他们在夜里把他从睡梦中拽醒，
地牢里只听见军刀的声音、
吆喝的命令；影影绰绰
晃动着令人恐怖的幽灵似的黑影。
他们推着他朝前走，长长的过道
又深又暗，又暗又深。
牢房的铁门闩尖厉吱叫，小铁门嘎嘎地开启；
他霎时感觉到露天下冰凉的空气。
一辆马车———一座滚动的墓穴已等在那里，
他被急急忙忙推了进去。

身旁是九个同志，
都戴着沉重的镣铐，
一个个脸色苍白，默不作声；
无人说话，
因为谁都感觉到，
这辆车要把他们送往何方，

脚底下滚滚车轮
将断送他们各自的性命。

嘎吱嘎吱的马车已停住,
车门开启,发出刺耳的声音:
他们用困倦蒙眬的目光
透过打开的栅栏
凝视一角黑暗的世界。
房屋将广场围成四方形,
一层冰霜覆盖着低矮、肮脏的屋顶,
广场上到处是积雪,到处是黑影。
灰蒙蒙的雾气
笼罩刑场,
只是在金色的教堂周围
晨曦投来清冷的、像是流着鲜血的红光。

他们默默地排列在一起。
一名少尉前来宣读判词:
因谋反处以枪毙,
执行死刑!
这字眼犹如一块巨石
落入寂静的冰面,
砰然巨响
仿佛什么东西碎成了两半,
然后是无声的回音
降落在冰冷、寂静的黎明中

默默的墓地上。

他觉得眼前发生的一切
犹如梦境,
只知道自己此刻要告别人生。
一个士兵走到他面前,不声不响
给他披上一件在寒风中飘动的白色死囚衣。
他用热烈的目光
无声的呼唤
向同伴们诀别。
牧师神情严肃地给他递上十字架,一边示意,
他吻了吻上面的耶稣受难像;
随后这十个人
分成三人一组,一共三组,
将他们分别捆绑在各自的刑柱。

转眼间,
一个哥萨克士兵[1]快步上前,
要给他蒙上对着步枪的双眼。
这时他赶紧用目光
贪婪地眺望蒙蒙天色所展示的
一角小小世界——
他知道:这是永眠前的最后一眼。
他看到教堂在晨曦中红光四射,
好像为了天国的最后晚餐。
神圣的朝霞

染红了教堂外观。
他望着教堂,突然有一股幸福感
仿佛看到神的生活是在死的后面……
这时他们已蒙住了他的双眼,只觉得漆黑一片。

可是在他心中
热血开始翻腾。
涌流的热血犹如明镜
纷纷浮现
一生的画面。
他觉得,
这临死的一秒钟
又将如烟往事涌上心间。
他的整个一生重又苏醒,
一幕幕
在心中呈现:
孤独、无趣、单调的童年,
父母、兄长、妻子,
三段友谊,两杯欢快,
一场荣华梦,一堆屈辱[2];
逝去的青春
宛若画卷顺着血管急遽展开。
在他们将他绑上刑柱
那一秒钟以前,
他内心深处还一直感觉到自己完全存在。
随后是一阵反省,

两眼漆黑、心情沉重,
回忆的阴影笼罩着他的灵魂。

这时
他仿佛觉得有人向他走来,
那是可怕的、不声不响的脚步,
走得很近很近,
只觉得那人用手按在他的心口,
心越跳越弱……越跳越弱……甚至不再
跳动——
再过一分钟——心脏也就永息。
哥萨克士兵们
在对面排成射击队形……
背枪的皮带甩到一边……推上子弹……
急促的鼓点想要把空气震碎,
而这一秒钟却长似千年。

突然,一声大喊:
住手!
一名军官走上前,
把手中的文书一闪,
他那清晰响亮的声音
划破静候的沉寂:
沙皇圣意
慈悲为怀
撤销原判

改成发配。
这些话听上去
有点蹊跷,他无法明白其中奥妙,
但血管里的血
又变得鲜红,
开始流动,开始轻轻歌唱。
死神
迟疑地爬出了已经发僵的四肢关节,
蒙住的双眼虽然还觉得一片黑暗,
但已感到永远的光明正在迎来。

执刑官
默默地替他解开绑绳
双手从他灼痛的太阳穴上
撕下白色的绷带
恰似撕下皲裂的白桦树皮。
两眼好像刚刚从墓穴出来,恍恍惚惚
只觉得亮光刺目,视线游移
迷迷糊糊重新见到了
这个已经要永别的世界。

这时他又看见
刚才那座教堂上的金色屋顶
在升起的朝阳中
神秘地散射红光。

红似玫瑰的朝霞
好像带着虔诚的祈祷拥抱教堂的顶端,
塔尖上的圆球闪烁发亮
一只曾钉在十字架上的手
宛若一柄神圣的剑,高高直指
红艳艳的云端。
仿佛就在这教堂上方,
天主的殿堂正在辉煌的曙光中显现。

光的巨流
将层层朝霞
波浪似的推向乐声缭绕的九重天。

一团团雾霭
滚滚升起,好像带走了
压在世间的全部黑暗,
尘世融入天主的黎明光辉。
团团雾霭仿佛是无数声音从深渊冲向霄汉,
那是千万人的
共同哀叹。
他好像平生第一次听到
人间的全部苦难,
悲诉自己不堪痛苦的哀号
越过大地,疾呼苍天。

他听到的是弱小者们的声音:

以身相许错了的妇女们的声音、
妓女们自嘲自叹的声音、
始终受人欺凌者的内心怨怒声、
从来没有笑容的孤独者的悲哀声,
他听到的是孩子们的抽噎声、哭诉声、
那些被偷偷诱奸的弱女子的悲怆叫喊声。
他听到了一切被遗弃、被侮辱、麻木不仁、
受苦受难者的声音,
那些在大街小巷名不见经传的
殉难者的声音,
他听到他们的声音
以高亢的音调
冲上寥廓的苍穹。
他仿佛看到
只是心中的痛苦向天主飘然飞去,
而坎坷的生活
依然将其余的苦难留在人世。
随着倾诉世间苦难的
齐声哀号
冲上云霄,
无边无际的天空愈来愈明亮;
他知道,
天主将会听到他们所有人的声音,
天主的殿堂已响起慈悲之声!

天主

不会审判可怜的人，
只有无限的怜悯
永照他的天庭。
人间处处是瘟疫、战争、死亡、饥馑，[3]
于是这个死里得生的人竟觉得
受苦受难倒是乐事，而幸运却是苦难。
闪闪发光的天使
正降临尘世
为苦难者产生的圣洁之爱的光辉
深深地照亮
他正在寒战的心。

这时他好像跌倒似的
跪下双膝。
他这才真切地感觉
充满苦难的整个大地。
他的身体哆嗦，
满口白沫，
面部抽搐，
幸福的泪水
滴湿了死囚衣。
因为他感到，
只有在触到死神苦涩的嘴唇之后
他的心才感受到生的甜蜜。
他的灵魂渴望着去受刑和受折磨，
他清楚地意识到，

这一秒钟里的他
正如千年前
钉在十字架上的耶稣,
在同死神痛苦地一吻之后
他
又不得不为受难去爱生。

士兵们把他从刑柱上拉开。
他的脸色
苍白得像死人一般。
他们粗暴地
将他推回到囚犯的行列。
他深深地陷入沉思
目光奇异,
卡拉马佐夫[4]将一丝苦笑
挂上他抽搐的双唇。

注　释

〔1〕 旧时俄国行刑队中的刽子手大都由哥萨克人担任。
〔2〕 陀思妥耶夫斯基青年时代曾与别林斯基、涅克拉索夫、谢德林三人为友；一生中两度结婚；本人享有贵族身份，而后又受到贵族身份被褫夺的耻辱，故云：三段友谊，两杯欢快，一场荣华梦，一堆屈辱。但他的两次结婚均在服苦役以后。
〔3〕 此处原文是 die Apokalyptischen Reiter，直译是：《约翰启示录》的四骑士，因这四骑士分别象征瘟疫、战争、死亡、饥馑，故意译如此。
〔4〕 这是指陀思妥耶夫斯基的最后一部著名长篇小说《卡拉马佐夫兄弟》，这部反映了作者在心理、伦理、政治和哲学中不断探索的社会哲理小说，完成于 1880 年，但构思于 19 世纪 50 年代初，亦即陀思妥耶夫斯基被判刑之际正在构思的小说。

越过大洋的第一次通话

赛勒斯·韦斯特·菲尔德
一八五八年七月二十八日

赛勒斯·韦斯特·菲尔德（Cyrus West Field，1819—1892），美国实业家，以经营造纸业起家，后集资铺设第一条横越大西洋、连接欧美两洲的海底电报电缆。经过两次失败，一八五八年七月二十八日在大西洋中部分两头开始进行第三次铺设工作，终获成功。八月十六日晚，英国维多利亚女王致美国总统的贺电通过海底电缆传到纽约。次日，欧美两洲沉浸在一片狂欢之中。但是，由于当时电讯技术其他方面条件的限制，如发报机功率小等，致使电缆虽然接通，电传讯号却不久又归于沉寂。于是群情由狂欢而转为对菲尔德的愤怒责难，谣言四起，纷纷传说菲尔德本来就是一个骗子……然而，事隔六年余，不屈不挠的菲尔德又于一八六五年重新继续这项事业，并于一八六六年取得最后胜利——通过海底电缆从美洲向欧洲传来清晰的电报讯号。

茨威格在如实记录菲尔德的荣辱升沉的过程中，热情讴歌了这位无畏的勇于实践的创业者，同时也反映了闲言碎语、随波逐流的炎凉世态。

——译者题记

新的节律

自从被称之为人的这种特殊生物在地球上出现以来的数千年乃至数万年,除了马的奔跑、滚动的车轮、划桨橹的船或风扬的帆船以外,地球上还没有另一种更高速度的连续运动。在我们称之为世界历史的这一记忆所及的狭隘范围之内的一切技术进步,都未能使运动节律获得明显的加快。华伦斯坦[1]军队的前进速度并不比恺撒统帅[2]的罗马军团快,拿破仑的军队向前推进也并不比成吉思汗的骑兵迅速。纳尔逊[3]的三桅战舰横渡大海只比维金人[4]的海盗船和腓尼基人[5]的商船快一点点。拜伦爵士[6]在他的《恰尔德·哈罗尔德游记》中每天走过的里程比奥维德[7]流放到黑海东岸草原时所走的里程多不了几里。十八世纪的歌德旅行时并不比世纪之初的使徒保罗[8]舒服得多和迅速得多。国家与国家在空间和时间上的距离,拿破仑时代和罗马帝国时代是一样的,并没有缩短;物质世界的抗拒仍然胜过人的意志。

一直到十九世纪,地球上速度的极限和节律才得到根本性的改变。在这个世纪的头十年和头二十年代,各民族之间、国家与国家之间的相互往来的速度就已超过了以往几个世纪。自从有了火车和轮船,从前需要数天的路程现在一天之内就能完成。从前要花数小时的旅行,现在只要几刻钟和几分钟就能解决。不过,尽管当时人们以无比自豪的心情感受到这种由火车和轮船带来的新速度,但是这种发明毕竟还是属于可以理解的范围之内。因为这类运输工具无非是把迄今为止所知道的速度加快到五倍、十倍、二十倍。这类运输工具的外观和内容也还都是能够捉摸的,这类运输工具创造的所谓奇迹也是能够解释的。然而,当第一批电气设备出现的时候,人们对电气设备所产生的效果就完全意想不到了。电,这个赫克勒斯[9],当它还在摇篮里时就已推翻了迄今为止的一切定律,破坏了一切行之有效的标准。我们这些后来者将永远无法体验到当时的一代人对电报的最初效果所产生的惊奇心情。正是这种小小的几乎无法感觉到的电火花——它昨天还只能在莱顿瓶[10]里发出噼噼啪啪的声音,产生手指节骨那样一英寸长的电火花,如今一下子获得了巨大魔力,电可以越过陆地、高山和所有的大洲。这使当时的一代人惊愕不已,不胜振奋。一个几乎还没有想完的念头、一个刚写好的字,墨迹未干,就能在一秒钟之内被几千里远的地方所获悉、阅读和了解。在微小的伏特电棒[11]两极之间震荡的看不见的电流能够绕着地球从这一端传到另一端。这种物理实验室里玩具般的仪器,昨天还刚刚能够通过玻璃片的摩擦吸住一些小纸片,现在却获得了比人的体力大几百万倍和几亿倍的力量和速度，它能传递消息、驱动有轨电车、照明街道和房屋，并且像精灵风神[12]一般能在空中倏然飘过。由于电的发现，空间和时间的关系才有了自上帝创造世界以来最具决定性的改变。

一八三七年应该说是具有世界历史意义的一年。这一年，电报第一次使以往彼此隔绝的世人能同时获悉世界上发生的事，可惜这一年在我们的教科书中很少提到。我们的教科书总以为去叙述国家之间的战争和统帅们的胜利更为重要，而不去记述人类的真正胜利——因为这样的胜利是人类共同的胜利。确实，就广泛的心理影响而言，近代史上没有哪一个日期能与电报的发明所带来的划时代的变化相比拟。自从在阿姆斯特丹、莫斯科、那不勒斯、里斯本发生的事能在同一分钟让巴黎知道以来，世界的面貌发生了根本的变化。只是还需要迈出最后一步，才能把世界上的其他各洲也纳入到这种庞大的联系之中，从而创造出一种全人类的共同意识。

诚然，自然界对这种最后的统一还要进行抗拒；这种最后的统一还面临着这样一个障碍：二十年来，那些被大海隔离的所有国家依然处于没有电讯联系的状态。因为电线杆子上的电报电线由于绝缘的瓷瓶而能使电流毫无阻碍地来回传送，而海水却能使电流失散。在一种能使铜丝和铁丝在水中完全绝缘的材料发明以前，要想在水中铺设一条穿过大海的电缆显然不可能。

幸亏由于时代的进步，现在已发明一种十分有效的材料。在陆地上使用电报之后没有几年，古塔胶[13]就被发现了，这是一种能使电线在水中得到绝缘的特效材料。于是就使人有可能开始把欧洲大陆对岸的最重要国家——英国和欧洲大陆的电报网连接起来。一个名叫布雷特[14]的工程师铺设了第一条海底电缆——但是一次愚蠢的意外事故破坏了这件眼看就要成功的事：一个布伦[15]的渔民以为自己找到了一条特大的海鳗而把已经铺设好的电缆拖出水面。后来，布莱里奥[16]就是在这里驾驶一架飞机首次飞越英吉利海峡。不过，一八五一年十一月十三日进行的第二次铺设英吉利海峡的海底电缆的试验终于获得成功：英国和欧洲联系在一起了，从而使欧洲才真正成为欧洲，欧洲像一个人一样，用一个大脑、一个心脏同时经历着时代发生的一切变化。

毫无疑问，在短短的几年之内取得如此巨大的成果必然会唤起那一代人的无限勇气。——因为十年时间在人类历史上岂不就像眼睛一眨？世人进行的一切试验都获得了成功，而且像梦一般地快。只用了几年工夫，英格兰和毗邻的爱尔兰就有了电报联系，丹麦与瑞典以及科西嘉岛和欧洲大陆也都建立了电报联系，同时人们已在探索要将埃及与印度和欧洲用电报网联系起来。但是世界上另一个大洲、而且恰恰是最重要的一个洲——美洲看来还始终被排斥在这种世界性的电报网之外。因为无论是大西洋还是太平洋都是如此浩瀚，要在洋面上设立中间站根本是不可能的，而一根电缆又怎么能横越这样两个大洋呢？在电的童年时代，各种因素尚未为人所知。海洋的深度尚未测出。世人对海洋的地质结构也还只是大致了解。在这样的深海铺设电缆，能否承受得住海水的崇山峻岭般的压力，对此还完全没有进行过试验。就算在这样的深海里铺设一条长得几乎没有尽头的电缆在技术上是可能的,那么又从哪里去弄到这样一艘巨船来运载一条两千海里长的由铁和铜合制而成的电缆呢?又从哪里去弄到如此大功率的发电机来把电流不间断地输送过如此漫长、用轮船横渡至少也得用两三个星期的距离呢?所有这些条件都不具备。况且世人还不知道大洋深处的磁场是否会导致电流失散呢;当时也还没有足够绝缘的材料,没有准确的测量仪器——世人刚刚从百年的沉睡中苏醒过来、仅仅知道电的那些最初定律。因此当有人刚一提出这项在大洋底下铺设电缆的计划时,学者们就激烈反对,摆摆手说:"不可能!绝对不可能!"纵然是那些最有魄力的技术专家,也只是说:"也许将来能办到吧。"就连莫尔斯[17]本人——迄今为止,电报的广泛采用应归功于他的伟大发明——也觉得这项计划是不可思议的冒险。但他预言说,如果铺设横越大西洋的电缆获得成功,那将是十九世纪最煊赫的壮举。

所以说,一桩奇迹或者一项非凡事业要想获得成功,一个人对这一奇迹本身的信念往往是占第一位的前提。正当学者们迟疑犹豫的时候,一个并非学者出身的人的那种淳朴的勇气却大大推动了这项计划。像大多数情况一样,这一次也是由于偶然的巧遇才使这项宏伟的壮举获得起飞。一八五四年,一个名叫吉斯博恩纳[18]的英国工程师要铺设一条从纽约到美洲最东边的纽芬兰[19]的海底电缆,以便能提前数日获悉有关船只航行的消息,但工程不得不在中途停止,因为他的财源已告枯竭,于是他前往纽约寻求金融家们的支持。由于纯粹偶然的机会——世界上的许多光荣业绩正是由于巧遇而产生——他在那里遇到一个名叫赛勒斯·韦斯特·菲尔德的年轻人,这位传教士的儿子在经营企业活动中财运亨通,腰缠万贯,虽然正值盛年,却已是一个殷实的富豪,隐居在家,过着寓公生活。当然,长期无所事事对他来说也未免太空虚了一点,旺盛的精力无所寄托。吉斯博恩纳想争取得到这位赋闲的菲尔德的帮助,借此能使铺设一条从纽约到纽芬兰的电缆的梦想得以实现。然而,赛勒斯·韦斯特·菲尔德既非技师又非专家——或许人们会说:幸亏他什么也不是。他对于电一窍不通,也从未见过什么电缆。但是,在这位传教士的儿子——一位富于冒险精神的美国人的心中却充满着热烈的信念。当吉斯博恩纳这位专业工程师还仅仅着眼于直接的目标——把纽约和纽芬兰联系起来时,充满灵感的年轻人菲尔德却已立刻把目光投向更远的地方。为什么不能在纽约连接上纽芬兰之后随即通过海底电缆也和爱尔兰联系起来呢?于是赛勒斯·韦斯特·菲尔德立刻以排除万难的决心着手这项工作,从那时起他就毅然决然为实现这项事业而把自己的全副精力和身边的所有财产都贡献出来——他在那几年里横渡大西洋往返于两大洲之间达三十一次。决定性的火苗就这样被点燃了,从而使他的这个主意在现实中获得了爆炸性的力量。创造奇迹的新的电的力量和另一种生活中最强大的动力因素——人的意志结合了起来。一个人找到了自己的人生使命,而使命也找到了它所需要的人。

筹　备

赛勒斯·韦斯特·菲尔德用难以置信的精力投身到这

项事业中去。他和所有的专家建立了联系，恳请与此有关的政府部门给予开发权；为了筹措必要的资金，他在欧美两洲展开了一场融资活动。而由这位名不见经传的人所发出的冲击力竟是如此强大，他内心的信念是如此执著，他对于电是一种创造奇迹的力量所抱的信心又是如此坚定，以至三十五万英镑的最初启动资金在英国几天之内就被认购完了。其实，为了创办这家电报建设和维修公司只要把利物浦、曼彻斯特和伦敦的最有钱的商人邀集在一起就够了。可是在认购股份者的名单中还有萨克雷[20]和拜伦夫人[21]的名字——当然，他们完全没有做生意的附带目的，而仅仅是为了促进事业，出于道义上的热忱。在产生斯蒂芬森[22]、布鲁内尔[23]和其他伟大工程师的那个时代，对一切技术和机器所抱的乐观主义始终笼罩着英国。为了一项完全幻想的冒险计划筹措一笔巨款，只要一声号召，就有人贷款并以此作为自己终身养老的基金——没有什么比这样的行为更能形象地说明当时那种乐观主义的了。

话又说回来，伊始之初，唯一有把握的，大概也就是这笔铺设海底电缆所需要的估计费用。至于技术上究竟如何实施，没有任何先例可循。类似这样规模的工程在十九世纪上半叶还从未有人设想过和计划过。而铺设一条横越整个大西洋的电缆又怎么能同在多佛[24]和加来[25]之间的那条水下电线相比呢？在多佛海峡铺设水下电线只要从一艘普通轮船的露天甲板上卷下三十或四十英里长的电线就行了。而把又粗又重的电缆沉入大洋，简直就像从绞盘上松下锚链一般。在多佛海峡铺设水下电线，可以静静地等候特别风平浪静的一天，而且世人对那里的海底深度也已了解得十分清楚。海峡的此岸和彼岸又都始终在视线之内,可以避免任何意外的危险。在那里铺设水下电线只需一天的时间就能顺顺当当地完成。而铺设那根横越大西洋的电缆至少得持续航行三个星期,在这期间,比在英吉利海峡之下电线长一百倍和重一百倍的电缆的卷筒就不能一直放在露天的甲板上,还姑且不说各种不测风云的恶劣天气。此外,当时也没有一艘巨轮能在货舱里容纳下这么多的由铁、铜、古塔胶制成的庞然电缆。由于当时没有一艘船能承载这样的重量,所以至少需要两艘船,而且这两艘主力船还必须由其他船只伴随,以便准确地保持在最短的航线之内和遇到意外时能得到救援。虽然英国政府为此提供了它的最大的战舰之一——在塞瓦斯托波尔战役[26]中曾作过旗舰的"阿伽门农"号;美国政府提供了一艘五千吨级的三桅战舰"尼亚加拉"号——这在当时是最大的吨位了——但是这两艘船必须先进行特殊的改建,才能在船体内藏下那条要把两大洲联系起来、没有尽头的电缆的各一半。毫无疑问,主要问题仍然在于电缆本身。要制成这样一条联系世界两大洲的巨大无比的脐带,技术上的要求简直不可思议。因为这条电缆一方面必须像钢索一样坚实和不能断裂,同时又必须相当柔软,以便能轻易地进行铺设。电缆必须经受得起任何压力、任何重量,但卷起来又要像丝线一样光滑。电缆内芯必须坚实,但又不能僵硬;内芯必须既坚固又非常精密,以便能让最微弱的电流传送到两千多海里以外。在这条巨大的电缆上,不管在什么地方只要有一点点裂缝、一点点不平整,就会破坏电流在这十四天航程的线路上的传送。

但是仍然有人敢干！现在，几家工厂日日夜夜地在制造这种电缆。菲尔德精灵般的意志驱使着所有的轮子向前转动。铁和铜的矿冶厂全都围着这一根电缆转。为了替如此之长的电缆制造古塔胶保护层，所有的橡胶树林都必须流淌乳胶。为了说明这项工程的巨大规模，最形象的比方莫过于：绕在电缆里的三十六万七千英里长的单股铜铁丝可以绕地球十三圈，如果连成一根线，能把地球和月球连接起来。自从人类曾梦想建造巴别塔[27]以来，人类岂敢去想还有比巴别塔更宏伟的工程。

初　航

隆隆的机器声响了一年，从工厂运来的电缆像一根绵延不断的细纱线不停地绕进两艘船的内舱，在缠绕了上万转以后，两艘大船的每艘船上终于装满了全部电缆各一半的线盘。铺设电缆用的笨重的新机器也已设计完毕并且安装好了。这些机器都配有制动装置和倒转装置，能连续工作一星期、两星期、三星期，不间歇地将电缆沉放到大洋的深处。最优秀的电气专家和技术专家、其中包括莫尔斯本人，都集中在船上，以便在整个铺设过程中始终用仪器进行监测电流是否中断。新闻记者和画家们也都到船队上来，为的是要用语言和画笔描写这一次自哥伦布和麦哲伦以来最激动人心的远航。

起航的一切工作终于准备就绪。虽然怀疑论者至今仍然占着多数，但是全英国的公众兴趣现已热烈地转到这一壮举上来。一八五七年八月五日，数百条舢板和小船在爱尔兰的瓦伦西亚[28]小海港围绕着前去铺设海底电缆的那支船队,为的是要目睹这个具有世界历史意义的时刻,要亲眼目睹电缆的一端是怎样用小船驳到海岸上和固定在欧洲坚实的陆地上。一次盛大的告别仪式自然而然形成。政府派来了代表,致了贺词。一位牧师在他令人感动的讲话中祈求天主保佑这一次大胆的冒险行动。"啊,永恒的天主,"他这样开始,"是你使天空放晴,是你主宰着海潮,风浪全听你的召唤,请你以慈悲之心看着你下界的仆人……在完成这项重大的事业中,请你为我们排解可能遇到的一切灾难险阻。"接着,数千只手和帽子从岸边和海面向船队挥动。陆地渐渐变得朦胧。人类最大胆的梦想之一正试探着要变成现实。

失 败

原先计划"阿伽门农"号[29]和"尼亚加拉"号[30]这两艘大船——它们各自运载着电缆的一半——一起驶往大西洋中部的一个约定地点,在那里先将两半的电缆对接上,然后一艘船朝西驶向纽芬兰,另一艘船朝东驶向爱尔兰。但是当事人觉得在第一次试验时就把全部昂贵的电缆都用上未免太冒失,于是决定改变原来的计划,宁可从大陆出发铺设第一段线路,因为他们当时还不能肯定,从海底传来的电报讯号在经过如此漫长的距离之后是否会继续保持正常。

从欧洲大陆出发把电缆铺设到大西洋中部的任务交给了两艘船中的"尼亚加拉"号。这艘美国三桅战舰缓慢地、小心翼翼地向预定方向驶去,一边像一只蜘蛛似的从它庞大的躯体内不停地在后面留下那根线——电缆。一架铺设机在甲板上慢慢腾腾地发出有节奏的嘎嘎声——就像锚链从绞盘上向下沉入水底时发出的声音一样,所有的海员都非常熟悉。几小时以后,船上的人对这种有规律的碾磨似的声音已不再注意,就像他们不注意自己心脏的跳动一样。

船越驶越远,电缆不停不歇地从船体的龙骨后面沉入大海。这样一次冒险行动似乎显得一点都不惊险。只是在一间特殊的船舱里坐着电学专家,他们在仔细倾听,一直和爱尔兰的陆地交换着讯号。令人欣喜的是:虽然海岸早已望不见,但从水底电缆传来的电报讯号依然十分清晰,就像从欧洲的一个城市传送到另一个城市似的。船已经离开浅水区,也越过了爱尔兰后面的一部分所谓深海高地,而这根金属粗线却始终不停地在龙骨后面沉入海底,犹如从沙漏流下来的沙,同时通过它发出讯号和接收讯号。

电缆已经铺了三百三十五海里,已经比从多佛到加来的水下电线距离长十倍多;没有把握的头五天五夜已经过去。到了八月十一日晚上——第六个晚上,赛勒斯·韦斯特·菲尔德已上床就寝,经过许多小时的工作和兴奋之后他也该休息一下了。这时,那嘎嘎的绞盘声突然停止——发生了什么事?一个在行驶的列车上睡着了的人,当机车猛一停住时他就会醒来,磨坊主人当磨盘突然停止时也会在床上惊醒,正如这种情况一样,船上所有的人一下子全都醒了,他们急急忙忙跑到甲板上。他们第一眼就发现:放缆机的出口处已空空如也。电缆突然从绞盘上滑落下去;要想马上找到电缆在何处扯断显然是不可能的,要想现在就把掉在深水里的电缆重新捞上来更是不可能。可怕的意外事故就这样发生了。一个小小的技术差错毁掉了几年的工作。这些出发时如此雄赳赳气昂昂的人现在却要作为失败者回到英国去。一切讯号突然沉寂的坏消息也早已在英国传开。

再次失败

唯一不动摇的人是菲尔德自己。他既是英雄又是商人，他正在算一笔账。损失了什么呢？——三百多海里长的电缆，约十万英镑的股本；而更使他心情颓唐的，或许是无法弥补的整整一年的时间。因为只有到了夏季才能指望有出航的好天气，而今年的夏季早已逝去了许多；但是他在另一张纸上又记着一笔小小的收获。他们在这第一次试验中获得了许多实践经验。电缆本身证明是可用的，这样就可以把电缆卷起来收拾好，为下一次远征时用。只是放缆机必须进行改装，这次电缆倒霉地折断就是放缆机出了毛病。

等待和准备的一年又过去了。一八五八年六月十日，仍旧是这两艘船带着新的勇气和载着旧的电缆再次起航。由于第一次航行时水下传来的电报讯号没有出现异常，所以这一次重启原来计划的旧方案：在大西洋中部分别向两岸铺设电缆。这一次新航行的最初几天平平常常过去了。因为要到第七天才在预先计算好的地点开始铺设电缆——正式的工作才算开始呢，而在此之前，所有的人就好像乘船兜风——或者说看上去是这样。放缆机停在那里没有工作，水手们还可以休息一阵，欣赏如此美好的天气，正是：晴空万里，风平浪静。大海似乎显得也太平静了。

可是到了第三天，"阿伽门农"号船长已暗暗感到不安。气压计向他表明，水银柱正在以可怕的速度下降。一场特大的暴风雨正在逼近，而事实上，第四天暴风雨就来了。像这样的暴风雨，就连大西洋上最老练的水手也难得遇到。而这样的暴风骤雨恰恰被这艘英国铺缆船——"阿伽门农"号遇上了，真是倒霉透顶。这艘英国海军的旗舰原是一艘装备精良的船，曾在所有的海洋上和战争中经受过最严峻的考验，它本来完全可以对付这样恶劣的天气。但不幸的是这艘船为了铺设电缆而进行了彻底的改装，以便使船舱能负载巨大的重量，而且这艘船现在又不同于一艘货轮。人们可以在一艘货轮上把重量均匀地分布在各个船舱，但在此刻的"阿伽门农"号上，巨大的电缆的全部重量都落在船中央，船头只承载一部分重量，这就造成了更为严重的后果：船每颠簸一次，摆动就要增加一倍。于是，狂风巨浪就拿自己的这件牺牲品做最危险的游戏：船一会儿倾斜到右，一会儿倾斜到左，一会儿向前抬，一会儿向后仰，几乎倾斜到与水面成45度角。冲来的巨浪扑打到甲板上，把所有的东西击得粉碎。有一次，由于巨浪的猛烈撞击，整条船从龙骨到桅杆都摇晃不停，使甲板上的挡煤板坍塌了。全部煤块像黑色的冰雹似的哗啦啦地往下撒落，像石头一样坚硬的煤块落到那些本来已精疲力竭、流着鲜血的水手们身上。有几个水手在煤块的倾泻之下受了伤，另有几个水手在厨房里被倒下来的锅炉烫伤。有一名水手在这样的十天暴风雨中变得神经错乱。有人已在考虑最后一招：把那倒霉的电缆扔一部分到海里去。幸亏船长反对，他不愿为此承担责任，而且他做的也对。"阿伽门农"号在经受了种种不可名状的考验之后总算熬过了十天的狂风巨浪，尽管晚了许多时间，终于能够在预先约定的洋面上和其他船只相会，并且在那里开始铺设电缆。

可是人们现在才发觉，经过这样持续不断的颠簸滚动之后，绕了数千圈宝贵而又容易损伤的电缆受到了严重的损坏。有些地方乱成一团，有些地方的古塔胶保护层被磨破或者被划破。尽管如此，船上的人还是抱着一线希望试了几次，想把这样的电缆铺下去，而结果无非是白白扔掉了大约两百海里的电缆，电缆像废物似的消失在大海之中。也就是说，第二次试验又失败了，"阿伽门农"号灰溜溜地回来而不是凯旋。

第三次航行

伦敦的股东们已经知道了这个不幸的消息，他们正脸色苍白地等待着自己的经理和诱骗者——赛勒斯·韦斯特·菲尔德。这两次航行已消耗掉股本的一半，可是什么结果也没有，什么也没有达到；可想而知，大多数人此刻都会说：算了！董事长主张把能挽回的尽量挽回。他赞成把那些剩下的没有用过的电缆从船上卸下来，必要时即便是赔本也要把它们卖掉，也就是说，他要一笔勾销这项铺设横越大洋海底电缆的荒唐计划。副董事长也附和他的意见，并递交了一份书面辞职书，以此表明他不愿再和这种怪诞企业继续发生干系。但是，赛勒斯·韦斯特·菲尔德的坚忍不拔和理想主义并没有因此而动摇。他解释说，什么也没有损失,经过这样的考验,证明电缆本身的性能非常良好。而且船上的电缆还足够进行一次新的试验,现在船队已经组成,船员也已雇到,正因为前一次航行遇到了不同寻常的恶劣天气,所以现在倒可以指望有一段风平浪静、天气晴朗的日子,只是需要勇气,再一次的勇气!要么现在敢于做最后一次试验,要么永远失去机会。

股东们面面相觑,愈来愈犹豫不决:他们投入的资本还有剩余,该不该把剩下的最后一部分钱信托给这个傻瓜呢?然而,由于强烈的意志最后总是能拖着犹豫不决的人向前跑,所以在赛勒斯·韦斯特·菲尔德的促使下,终于再次出航。一八五八年七月十七日,在不幸的第二次航行以后过了五个星期,船队第三次离开了英国的海港。

重大的事情几乎总是悄悄地获得成功——这种老生常谈的经验现在再次得到了证实。他们这次起航完全没有被人注意;船队周围没有表示祝愿的舢板、小汽艇;海滩上也没有聚集的人群;没有隆重的告别宴会;没有人发表贺词;也没有牧师祈祷天主保佑。他们的船队悄悄地、怯生生地出发了,像去进行一次海盗活动似的。可是大海却非常友好地在等候他们。驶离昆斯敦十一天以后,七月二十八日——正好是约定的那一天,"阿伽门农"号和"尼亚加拉"号在大西洋中部约定的地点开始了这项伟大的工程。

罕见的奇特场面——两艘船的船尾对着船尾。这两艘船此刻正在把电缆的两端对接起来。没有任何仪式,甚至连船上的人也没有对这一过程表现出浓厚的兴趣——由于前两次试验失败,他们已变得十分厌倦,那一根由铁和铜制成的粗电缆在两船中间徐徐沉入深海,一直落到尚未被测深锤勘探过的大西洋海底。然后,这艘船上的人和那艘船上的人互相挥手,同时打出旗语告别,英国船驶向英国、美国船驶向美洲。当两艘船在一望无际的大西洋上越离越远而变成两个移动的黑点时,电缆却始终把它们联系在一起。就人类的记忆所及,两艘船能越过空间的距离——越过风浪,通过无形的电流互相进行联系,这还是第一次。每隔若干小时,这一艘船就通过大西洋深处的电缆用电流讯号向另一艘船通报自己已经铺完了多少海里的电缆,而每一次都能得到另一艘船这样回答:由于天气非常好,他们也铺了同样的距离。第一天是这样,第二、第三、第四天还是这样。到了八月五日,"尼亚加拉"号终于能够报告说,该船在铺完了不少于一千零三十海里的电缆之后,现在已到达纽芬兰的特里尼蒂海湾[31],并已望见美洲的海岸。"阿伽门农"号也同样能够报告胜利的喜讯:该船也同样顺利地在深海铺完了一千多海里,也看到了爱尔兰的海岸。现在,人类已经能够第一次把声音从这一个大陆传到那另一个大陆——从美洲传到欧洲。不过,关于这一伟大业绩已经完成的消息,此刻还只有这两艘船——只有这几百个在自己的木头船舱里工作的人知道,而世人并不知道——他们早已把这件冒险的事忘却了。无论是在纽芬兰还是在爱尔兰,都没有人在海滩上等候他们。但是当新的海底电缆和陆地上的电缆接通的那一秒钟,全人类将肯定会知道自己已取得了共同的重大胜利。

一片欢呼

正因为胜利的喜悦犹如晴天霹雳的闪电,才点燃起如此狂热的欢呼。在八月初的某一天，旧大陆和新大陆几乎在同一个小时获悉这一事业成功的消息；它所产生的反响难以言表。在英国，平时十分谨慎的《泰晤士报》发表社论说："自从哥伦布发现新大陆以来，还从未发生过这种以无可比拟的方式大大扩大了人类活动范围的事件。"整座伦敦城洋溢在一片欢乐的氛围之中。但是，英国的这种自豪的喜悦和美国的狂热的欢呼相比，就不免显得矜持和含蓄。在美国，消息刚刚传到那里，人们就陷入狂热的欢呼之中。商店的营业随即停顿，大街小巷挤满人群，他们在打听、喧哗、谈论。赛勒斯·韦斯特·菲尔德——一个名不见经传的人一夜之间成了全民族的国家英雄，人们将他同富兰克林和哥伦布相提并论。纽约全城以及紧随其后的上百座其他城市在震撼、在咆哮。人们盼望着要一睹这位人物的风采，是他"通过自己的决断果敢使年轻的美洲和古老的欧洲结成了良缘"。不过，此时的热情还没有达到最高潮，因为眼下传来的无非只是一个简单扼要的消息：电缆已经铺好。这一根电缆果真能通话吗？这件事真的算是成功了吗？于是出现了令人激动的场面：全城的人、全国的人都在等待和悉心倾听从大洋彼岸传来的第一句话——只要一句话。他们知道，英国女王将率先发来贺电，他们每时每刻都在等待着她的贺电，心情越来越焦急。然而，日子还是一天一天地过去，因为从纽约通往纽芬兰的电缆恰恰在此时不幸发生了意外故障，一直到一八五八年八月十六日晚上，维多利亚女王[32]的贺电才传到纽约。

这条盼望已久的消息到得太晚了，以致报纸无法进行正式报道；消息只能直接发到各电报局和各编辑部。顷刻之间，人潮如涌。报童们不得不费劲地从喧闹的人群中挤过去，撕破了衣服，擦破了皮肤。贺电在剧场、在餐厅被宣读。有成千上万的人还不能理解电报怎么会比那艘最快的船早到好几天，他们纷纷拥到布鲁克林[33]的港口，去迎接那艘在和平时期取得胜利的英雄船"尼亚加拉"号。第二天，即八月十七日，报纸用特大号字的醒目标题欢呼这次胜利："电缆传送成功""人人欣喜若狂""全城轰动""普天同庆的时刻"。这确是史无前例的胜利，因为自从地球上开始有种种思想以来，还从未有过这种情况：一个想法能在同一时间内以自己同样的速度飞越过大洋。为了宣告美国总统[34]已向英国女王回电，礼炮鸣了一百响。现在再也没有人敢怀疑了；到了晚上，纽约和其他所有的城市都被万家灯火和火炬照得通明，每扇窗户都有亮光。此时此刻，即便是市政大厅的屋顶着了火，也几乎不能妨碍他们的欢乐，因为第二天又有新的庆祝活动。"尼亚加拉"号到达纽约，赛勒斯·韦斯特·菲尔德——这位伟大的英雄出现了！在胜利的欢呼声中，剩下的电缆被拖着穿过纽约城。全体船员受到了款待。现在，从太平洋到墨西哥湾的每一座城市，每天每日都在重复着这种欢庆的场面，好像美洲在第二次庆祝它被发现的节日似的。

但是这还远远不够！这支独特的庆祝队伍还应该显得更加壮观，要使它成为新大陆迄今见到过的最最盛大的队伍。经过两星期的准备，八月三十一日，全城举行了盛大的庆祝活动，这一次只是为了一个人——赛勒斯·韦斯特·菲尔德。自从有帝王和统帅们的时代以来，几乎还没有一个胜利者被自己的民众这样庆祝过。那一天正是秋高气爽的日子,一支长长的游行队伍用了六小时的时间从城市的这一端走到另一端。走在前面的是军队,他们举着旗帜穿过彩旗飘扬的街道,跟在后面的是军乐团、男声合唱团、各种歌咏队、消防队员、学校师生、退役军人——一队望不到尽头的行列。凡是能参加游行的都参加了游行,凡是能唱歌的都在唱歌,凡是能欢呼的都在欢呼。赛勒斯·韦斯特·菲尔德像一位凯旋的古代统帅坐在一辆四驾马车上,第二辆马车上坐着"尼亚加拉"号的指挥官,第三辆马车上坐着美国总统;后面是市长们、官员们、教授们。然后是接连不断的讲话、宴会、火炬游行。教堂的钟声在敲响,礼炮在轰鸣。一次又一次的欢呼把这个新的哥伦布、两大洲的统一者、空间的战胜者——赛勒斯·韦斯特·菲尔德弄得神魂颠倒,此时此刻他成了美国最光荣、最受崇拜的人物。

沉重的十字架

那一天,有几百万人的声音在喧哗和欢呼。但是就在这一片欢庆之中,只有一个声音、而且也是最最重要的声音却令人关注地沉默了,那就是海底传来的电报。说不定赛勒斯·韦斯特·菲尔德在这一片欢呼声中就已经知道这个可怕的事实:大西洋的电缆恰恰就在这一天停止了工作;而前几天传送的讯号现在也早已混乱不清、几乎不能辨认,好像一个临死的人的最后喘息,现在电报终于彻底断了气。赛勒斯·韦斯特·菲尔德是唯一知道这一底细的人,想必他内心非常惊恐。不过,除了那几个在纽芬兰监视接收信号的人以外,在全美国还没有一个人知道和预先想到电缆会渐渐失灵,即便是那几个知情人,面对着这种日复一日的无度狂热,也会犹豫是否要将这个令人痛苦的消息告诉欢呼的人们。但是不久,从电缆传来的消息竟是如此稀少终于引起了人们的注意。美国原先期待着每隔一个小时就会有消息越过大洋传来,可是现在情况并非如此,只是偶尔传来一点模模糊糊、无法核实的音信。没有多久,谣言就不胫而走,说有人为了急于求成,为了达到更好的传送效果输送了过量的电荷,反而把这条漫长的电缆彻底弄坏了。但是人们还是把希望寄托在排除故障上。可是不久再也无法否认:讯号已变得愈来愈混乱、愈来愈难以明白。恰恰就在欢庆胜利的狂热过后的第二天,九月一日,从大洋彼岸再也没有传来清晰的声音,再也没有传来纯正的电流振荡。

人们从真诚的热情中清醒过来之后,并没有对他们原来寄予厚望的赛勒斯·韦斯特·菲尔德仅仅是从背后绝望地冷眼相看,他们没有原谅他。关于大肆赞美过的电报已经失灵的谣传几乎还没有被证实,欢呼的浪潮就像反冲回来似的,全都气势汹汹地扑向那个无辜的罪人——赛勒斯·韦斯特·菲尔德,说他欺骗了一个城市、一个国家、一个世界;纽约城里的人说,赛勒斯·韦斯特·菲尔德早就知道电报失灵,但是为了利己的目的而让大家围着他欢呼,并且利用这段时间把属于他自己的股票以高价脱手。甚至还有更恶毒的诬蔑也纷纷传开,其中最值得注意的是这样一种武断的说法:越过大西洋海底传来的电报从来都不是真的,所有收到的电讯都是伪造的,都是骗局,那份英国女王发来的电报是事先起草好的,而且根本不是通过大西洋海底电缆传过来的。此外还流传着这样的谣言:在整段时间内,从大洋彼岸传来的电报没有一条是真正清楚的,而是电报局长们根据猜测把断断续续的讯号拼凑而成的虚构电文。一场轩然大波真的被掀起来了。恰恰是昨天欢呼得最响亮的人现在变得最慷慨激昂、怒不可遏。纽约全城的人、全美国的人都在为自己过分激烈、过分急躁的热情而感到羞愧。毫无疑问,赛勒斯·韦斯特·菲尔德成了这种愤怒的牺牲品;这个昨天还被当作民族英雄、富兰克林[35]的兄弟和哥伦布的后继者的人,现在却不得不像一个罪犯似的躲避他的昔日朋友和崇拜者。真可谓成于一朝,毁于一夕。没有想到失败得这么惨,资金损失,名誉扫地;而这根没有用的电缆却像传说中的一条环绕地球的巨蟒[36]躺在大洋底下见不到的深处。

六年沉寂

这条被人遗忘了的电缆在大洋底下毫无用处地躺了六年。在这六年期间,两大洲之间又恢复了原来的冷冷清清的沉寂,而在世界历史上两大洲曾经有过一小时长的时间紧密联系在一起,用一个脉搏跳动、呼吸彼此相闻。美洲和欧洲曾经肩并肩同时交谈过几百句话,而现在这两大洲重又像几千年以来一样被那无法克服的遥远距离所隔开。十九世纪最大胆的计划昨天几乎就要成为现实,而现在又变成了传奇和神话。不言而喻,没有人会想到重新去做这件成功了一半的事业;这可怕的失败挫伤了一切勇气,扼杀了全部热情。在美国，南北战争吸引了所有的注意力；在英国，各种委员会还偶尔举行会议，但仅仅是为了确认一下铺设一条海底电缆原则上是否可行，辩论这一点就需要两年时间。况且从学术上的认可到真正实施还有一条漫长的路呢，谁也不想去走这样一条路。所以六年之内一切工作都处于完全停顿状态，就像那条海底下被人遗忘的电缆一样，无人问津。

但是，尽管六年时间在漫长的历史长河中只不过是匆匆一瞬间，而在像电这样一门如此年轻的学科里，六年却又好比一千年。在电这门学科领域里，每年每月都有新的发现。发电机的功率愈来愈大，制造也愈来愈精致，电的应用愈来愈广泛，电的仪器愈来愈精密。电报网已经遍布各大洲的内陆，并且已越过地中海把非洲和欧洲联系起来；然而铺设横越大西洋电缆的计划却年复一年地被人遗忘。人们越来越不去注意执着于这项计划的那个幻想家，不过，重新试验这项计划的时刻不可避免地必然会到来；只是缺少给这项旧计划注入新力量的那个男子汉。

突然之间，那个男子汉出现了，看，他还是原来的他，仍旧是那个怀着同样信念、充满同样信心的赛勒斯·韦斯特·菲尔德。他从默默无闻的自我放逐和幸灾乐祸的蔑视中又站了起来，他重新出现在伦敦，他第三十次远渡大西洋；他用一笔六十万英镑的新资金获得了旧的经营权。而现在在供他使用的终于是那艘梦寐以求的巨轮——著名的"伟大的东方人"号。这艘由伊桑巴德·布鲁内尔[37]建造的巨轮有四个烟筒，吃水二万二千吨，能负载全部海底电缆的巨大重量。真是无巧不成书：这艘巨轮在一八六五年这一年恰恰闲置着,因为制造这艘巨轮本身也是一项十分大胆的计划,它的载重量远远超过当时的需要,所以两天之内菲尔德就买下了这艘船,并且为远航进行了必要的装备。

这一下子就使得以前无比困难的事变得容易多了。一八六五年七月二十三日,这艘装载着新电缆的巨型海轮离开泰晤士河。尽管第一次试验又失败了——在铺到目的地以前两天由于电缆断裂而告吹,那永远填不饱的大西洋又吞下了六十万英镑。但是此时此刻的技术对完成这项事业是确有把握的,因而没有使人丧失信心。一八六六年七月十三日,"伟大的东方人"号第二次出航,终获成功。这一次,通过电缆传到欧洲的声音十分清晰。数天以后,那条失踪的旧电缆被重新找到。现在,这两条电缆终于把欧洲的古老世界和美洲的新世界连接为一个共同的世界。在昨天看来是奇迹的事今天已变成想当然的事。从此时此刻起,地球仿佛在用一个心脏跳动;生活在地球上的人类能从地球的这一边同时听到、看到、了解到地球的另一边。人类通过自己创造性的力量处处生活得像神仙一般。由于战胜了空间和时间,但愿人类永远友好团结,而不是被灾难性的狂想一再迷惑:想不断去破坏这种伟大的统一;想用战胜大自然的同样手段来消灭人类自己。

注 释

[1] 华伦斯坦（Albrecht Eusebius Wenzel von Wallenstein, 1583—1634），神圣罗马帝国统帅，出身捷克贵族，在 1618 至 1648 年以德意志为主要战场的 30 年战争中，曾任德意志天主教诸侯盟军的统帅，战功显赫，后因企图在私下和新教联盟媾和，被奥地利皇室于 1634 年刺死。

[2] 恺撒（Gaius Julius Caesar, 公元前 100—公元前 44），古罗马著名统帅。

[3] 纳尔逊（Horatio Nelson, 1758—1805），18 世纪英国海军上将，屡建战功。1805 年在特拉法加之战中击败拿破仑的法国西班牙联合舰队，他本人亦在战斗中阵亡。

[4] 维金人（Wikinger），9 至 10 世纪居住在斯堪的纳维亚的丹麦人、挪威人和瑞典人的总称，经常越海到西欧沿海地带进行袭击劫掠和殖民。

[5] 腓尼基人（Phönizier），公元前 2000 年初，腓尼基人就在地中海东岸（今黎巴嫩和叙利亚一带）建立了若干奴隶制城邦，但并未形成统一的国家。在古代，腓尼基人以航海、经商（包括贩运奴隶）闻名。

[6] 拜伦爵士，即指英国著名诗人拜伦（George Gordon Byron, 1788—1824），他出生于伦敦一个破落的贵族家庭，10 岁继承男爵爵位。1809 年，21 岁的拜伦游历了西班牙、葡萄牙、阿尔巴尼亚、希腊、土耳其等国；1812 年发表《恰尔德·哈罗尔德游记》，记述了自己在游历中的见闻和异国风光。诗中的旅行者哈罗尔德是一个年轻而又多愁善感的人物。

[7] 奥维德（Pubius Ovidius Naso, 公元前 43—公元 18），古罗马诗人，代表作有长诗《变形记》等。公元 8 年，五十多岁的奥维德突然被奥古斯都流放到黑海东岸的托弥（今罗马尼亚的康斯坦察），据他自述，流放是由于一首诗和犯了一些错误，但真实原因不明，最后

客死异乡。
〔8〕 使徒保罗,据《圣经·新约》记载,耶稣生活于1世纪初期,有门徒12人;另有一个名叫保罗,起初迫害耶稣的12门徒,后又信仰耶稣基督,并到小亚细亚、希腊、罗马等地传教,最后被罗马皇帝尼禄杀害。因此,在耶稣的12门徒以外,保罗亦有使徒之称。
〔9〕 赫克勒斯,希腊神话中的大力士。
〔10〕 莱顿瓶,一种旧式的电容器,因最先在荷兰的莱顿使用,故名。其构造是贴有金属箔和插有金属棒的玻璃瓶,能使之带电或放电。
〔11〕 伏特电棒由意大利电学家伏特(Count Alessandro Volta, 1745—1827)发明,电压计量单位伏特即以其名命之。
〔12〕 此处原文是 Ariel(埃里厄尔),大气中的精灵风神,在莎士比亚戏剧《暴风雨》中和在歌德的《浮士德》中均有出现。
〔13〕 古塔胶(Guttapercha),又称马来亚树胶,似橡胶又无弹性,经热处理后可制成各种电线的绝缘体。
〔14〕 约翰·沃特金斯·布雷特(John Watkins Brett, 1805—1863)和他弟弟雅各布是英国创办海底电缆电报的先驱,1850年建立了英国和法国之间的海底电缆电报,1858年和赛勒斯·菲尔德一起参与铺设第一条横越大西洋的海底电报电缆。
〔15〕 布伦(Boulogne),法国北部城市,是濒临英吉利海峡的捕鱼中心。
〔16〕 路易·布莱里奥(Louis Blériot, 1872—1936),法国工程师和飞行家,曾制造一架单翼飞机,并于1909年7月25日驾该机从法国北部的加来飞抵英国的多佛,从而完成第一次飞越英吉利海峡的飞行。
〔17〕 莫尔斯(Samuel Finley Breese Morse, 1791—1872),美国人,电报发明者,1837年在纽约表演他制成的电磁式电报机,经改进后,他发明的电报机以及他所编的莫尔斯电码被各国普遍采用。
〔18〕 吉斯博恩纳(Gisborne, 1824—1892),生于英国,1845年定居加拿大,电学专家。
〔19〕 纽芬兰,指今加拿大东部的纽芬兰省。
〔20〕 萨克雷(William Makepeace Thackeray, 1811—1863),英国著名小说家,代表作《名利场》。

〔21〕 拜伦夫人，指英国著名诗人拜伦的妻子安妮·伊莎贝拉·米尔班克（Anne Isabella Milbanke, 1792—1860），她本人是数学家，1815年1月与拜伦结婚，1816年1月忽然回到娘家，提出分居要求，从而使拜伦愤然移居意大利。米尔班克于1856年成为温特沃思男爵夫人，其时拜伦已去世32年。

〔22〕 乔治·斯蒂芬森（George Stephenson, 1781—1848），英国著名工程师和发明家，火车机车发明者，此前曾发明矿山安全灯，1830年建成（利物浦至曼彻斯特）世界上第一条铁路。

〔23〕 马克·伊桑巴德·布鲁内尔爵士（Sir Marc Isambard Brunel, 1769—1849），发明家和工程师，生于法国，1793年作为法国革命的难民逃到纽约，从事工程建筑，1799年到英国，发明组装造船法，1825至1843年建造泰晤士河隧道。

〔24〕 多佛（Dover），英格兰东南部一城镇，濒多佛海峡，距伦敦108公里。

〔25〕 加来（Calais），法国北部重要海港，濒多佛海峡，与英国的多佛隔海相望，距离仅38公里，是英法海底隧道建成以前横渡英吉利海峡的最短距离。

〔26〕 19世纪中叶，俄国企图控制黑海海峡，以便在政治上左右土耳其，染指巴尔干和近东地区，因而与英法等国发生冲突。1853至1856年，俄国与英、法、土耳其、撒丁联军之间发生战争，因主要战场在克里米亚，故称克里米亚战争。1855年9月8日，俄国黑海舰队基地塞瓦斯托波尔要塞被英、法等国联军攻占。俄国在这次战争中失败并于1856年3月签订《巴黎和约》，克里米亚战争遂告结束。

〔27〕 巴别（Babel），古代城市巴比伦的简称。据《圣经·旧约·创世记》第11章记载，世上初民意欲在巴别（即巴比伦）建造通天的高塔，以显示人的力量，上帝耶和华为阻止通天塔的建造，让原本讲同一种语言的初民从此讲各种不同的语言，由于语言不通，巴别塔（通天塔）最终未能建成。

〔28〕 瓦伦西亚（Valentia），爱尔兰一小海港。

〔29〕 阿伽门农（Agamemnon），希腊神话中迈锡尼（南希腊岛国）国

王、在特洛伊战争中任希腊联军统帅。荷马史诗、古希腊诗人品达、悲剧作家埃斯库罗斯均塑造过阿伽门农的艺术形象。

〔30〕尼亚加拉（Niagara），源自美洲著名瀑布——尼亚加拉瀑布（Niagara Falls），该瀑布位于尼亚加拉河上，连接美国和加拿大边境的伊利湖和安大略湖，该地区是非常受人喜爱的旅游胜地。美国和加拿大各有一座尼亚加拉瀑布城，两座城市由彩虹桥相连。

〔31〕特里尼蒂海湾（Trinity Bay），在今加拿大纽芬兰东南部，长101公里。

〔32〕维多利亚（Alexandrina Victoria，1819—1901），英国女王，1837年继其叔叔威廉四世登基，在位六十余年。

〔33〕布鲁克林（Brooklyn），滨海城市，在今美国纽约州长岛西部。

〔34〕当时的美国总统是詹姆斯·布坎南（James Buchanan，1791—1868），民主党人，1857至1861年任美国第15届总统。

〔35〕富兰克林（Benjamin Franklin，1706—1790），美国政治家、科学家、作家。1730年是《宾夕法尼亚报》出版商和发行人。1731年在费城建立北美第一个公共图书馆。美国独立战争时期积极参加反英斗争，参与起草《独立宣言》，1776年出任美国驻法国大使，缔结法美同盟（1778）。1781年代表美国同英国和谈。1783年与英签订《巴黎和约》。在科学研究方面，发明避雷针、双焦眼镜、玻璃键琴等。文学修养极高，所著《自传》深受读者喜爱。

〔36〕北欧神话中传说有一条环绕地球的巨蟒（Midgardschlange）。

〔37〕伊桑巴德·金德姆·布鲁内尔（Isambard Kingdom Brunel，1806—1859），世界著名铁路、桥梁、船舶工程师，1858年建成当时世界最大的海轮"伟大的东方人"（Great Eastern）号，他是著名工程师马克·伊桑巴德·布鲁内尔之子。参阅本篇注〔23〕。

逃向苍天

为列夫·托尔斯泰的未完成剧本
《光在黑暗中发亮》补写的尾声
一九一〇年十月末

列夫·尼古拉耶维奇·托尔斯泰（Лев Николаевич Толстой，1828—1910）是十九世纪俄国著名的现实主义作家和人道主义思想家，以其经典名著《战争与和平》《安娜·卡列尼娜》《复活》等传世。

一八二八年九月九日，托尔斯泰在俄罗斯图拉省克拉皮文县的亚斯纳亚·波利亚纳庄园一个伯爵家族出生，一岁半丧母，九岁丧父，先后有两个姑妈作为他的监护人，曾在大学修读过土耳其语、阿拉伯语和法学，因对哲学和文学有浓厚兴趣，大学没有毕业；年轻时当过十四品文官和在军队中任炮兵连长。一八六二年九月，托尔斯泰和索菲娅·安德烈耶夫娜结婚，婚后安居庄园，过着俭朴、宁静的生活。可是内心的宁静没有保持多久。一八六六年，托尔斯泰出席军事法庭，为士兵希布宁辩护。希布宁因不堪军官的虐待打了军官的耳光，虽然托尔斯泰为之奔走，希布宁终被枪决。这一事件使托尔斯泰开始形成反对封建农奴制的俄国的法制和反对死刑的观点。一八六八年秋至一八六九年夏，托尔斯泰对叔本华悲观主义哲学产生兴趣，一度受其影响。从十九世纪七十年代初起，"到民间去"和"消灭农村一切旧基础"等社会运动在俄罗斯兴起。托尔斯泰为自己所处的贵族生活的"可怕地位"而十分苦恼，不知"该怎么办"。他研读各种哲学和宗教书籍，未能找到答案。这些思想情绪在他当时创作的《安娜·卡列尼娜》中有明显反映。此后，他走访神父、主教、修道士，并结识农民、独立教派的基督徒。加之俄罗斯青年在十九世纪七十年代和八十年代之交的革命倾向和当时全国性的大饥荒，使托尔斯泰终于完成世界观的转变。托尔斯泰在其《忏悔录》(1879—1880) 和《我的信仰是什么？》(1882—1884) 等文章中，详细阐述了他的思想转变过程。六十岁以后的托尔斯泰的思想立场，主要是：对封建贵族的生活及其基础——封地制度持强烈的否定态度；猛烈抨击维护封建贵族制度的国家政权和官方的教会；反对暴力；宣扬基督教的博爱精神和自我修身；从宗教信仰和伦理道德中寻求解决社会矛盾的道路。托尔斯泰从此厌弃自己及周围的贵族生活，经常从事体力劳动，自己耕地、缝鞋，为农民盖房，摒绝奢侈，长年吃素。

但是，托尔斯泰的妻子索菲娅却囿于世俗偏见，过多地为家庭和子女的利益着想，不能理解他的思想，从而造成夫妻不和，家庭也无法和谐，这更使托尔斯泰深感痛苦。于是他在一八八二年和一八八四年曾一再萌发离家出走的念头。这种想法在他十九世纪八十年代至九十年代的创作中有颇多反映，尤其是一八九〇年开始创作的剧本《光在黑暗中发亮》，更可以说完全是当时作者的自我写照。该剧的主人公萨林采夫在世界观转变之后同家庭和社会发生了严重的冲突，但萨林采夫同时又主张不用暴力抗恶。这部剧本是托尔斯泰最矛盾的作品之一。剧本虽然经过长时间的创作，但始终没有完成，只留下片段，因为托尔斯泰不知道该如何结局——他还没有为主人公的内心矛盾找到解决的办法。而现实生活中的托尔斯泰自己，正如剧本的主人公萨林采夫一样，也仍然处于深深的内心矛盾之中而不能自拔，因为他虽然想以离家出走来摆脱自己的痛苦，但又怕自己的这一举动会引起妻子和亲人的痛苦，这无异于自己犯下罪孽，违背自己"非暴力"的理论。这种矛盾的痛苦生活又继续折磨了他将近二十年。一九一〇年十月末，风烛残年的托尔斯泰在经过了几场极富戏剧性的家庭冲突之后，终于毅然决然悄悄离家出走。十月二十八日清晨，一辆载着托尔斯泰的马车在黎明前的黑夜中远远驶去，前面是茫茫苍天。陪同他的只有一个挚友兼医生杜尚·彼得罗维奇·马科维茨基，知道他去向的只有他的小女儿萨莎。但是，这位八十三岁[1]的老人已承受不起旅途的劳顿。三天之后，他因患肺炎不得不在阿斯塔波沃火车站下车，暂住在站长的公务房间里，经过几天的重病之后，终于在一九一〇年（俄历）十一月七日清晨与世长辞。由于导致托尔斯泰最后毅然出走的起因极富戏剧性，又由于他生前曾写过这样一部影射自己的未完成剧本，斯蒂芬·茨威格以此为契机，采用戏剧形式再现了这一幅令人唏嘘的历史画面。

托尔斯泰离世后七年,一九一七年俄国爆发十月社会主义革命。

——译者题记

注　释

[1] 列夫·托尔斯泰生于 1828 年（公历）9 月 9 日，卒于 1910 年（公历）11 月 20 日，文献通常记载为享年 82 岁（实足年龄），但俄罗斯人习惯说虚岁（83 岁），茨威格从之。

引　言

一八九〇年，列夫·托尔斯泰开始创作一部自传性的剧本，这部剧本后来以《光在黑暗中发亮》为题，作为遗稿的片段发表和上演。这部未完成的剧本（从第一场就已清楚表明）无非是用最隐晦的方式来描述自己家中的悲剧，为自己酝酿中的离家出走作公开的辩白，同时也是为了求得自己妻子的宽恕，可以说，这是一部在心灵的极度破碎中企求获得精神上完全平衡的作品。

显而易见，托尔斯泰在该剧中塑造的尼古拉·米哈伊洛维奇·萨伦采夫（Николай Михайлович Саринцев）这个形象正是他的自我写照，而且大概还可以这样认为，这个形象是这部悲剧中虚构成分最少的一个。列夫·托尔斯泰之所以塑造这个形象，无疑是为了替自己预先表白，他一定要摆脱自己的生活，但是，无论是在剧本中还是在现实生活中，无论是在当时的一八九〇年还是十年以后的一九〇〇年，他都没有找到和妻子决裂的勇气和方式。由于缺乏这种意志,剧本也始终只留下片段,剧本的结束仅仅写到主人公举着双手祈求天主帮助他结束内心自相矛盾的状态——那种全然不知所措的精神状态。

这部悲剧所缺少的最后一幕,托尔斯泰后来也没有再行补写。不过,重要的倒是:他用自己的生活完成了这最后一幕。在一九一〇年十月末的最后几天里,二十五年来的犹豫不决终于变成了摆脱困境的决心:托尔斯泰在经过几次极富戏剧性的冲突之后离家出走,而且走得正是时候,不久他就安详地、如愿以偿地与世长辞,在静穆中奠祭了自己一生的命运。

我觉得,把托尔斯泰自己的这个结局作为他的那部悲剧片段的尾声是最自然不过的了。因此,我试图以尽可能忠于历史和尊重事实与文献的态度把这最后的也是唯一的结局写出来。我深知自己并无奢望:想以此来任意补充和代替列夫·托尔斯泰的自白;我不是要把自己同他的那部作品掺和起来,我只是想对那部作品尽我绵薄之力。我在这里所作的努力,并不是要去完成他的剧本,而仅仅是想为他的那一部未完成的剧本和未解决的冲突写出一个独立成篇的尾声,唯一的目的是要给那出未完成的悲剧以一个悲壮的结局。这也就是这一尾声部分的意蕴和我怀着敬重的心情努力所求的宗旨。如果万一要演出这个尾声部分,那么我必须强调指出,尾声中发生的情节在时间上要比《光在黑暗中发亮》晚十六年,而这一点务必要在列夫·托尔斯泰的外貌扮相上体现出来。他晚年的几张出色肖像可以作为化妆时的模型,尤其是他在沙马尔京诺修道院看望他妹妹时[1]的那张画像和灵床上的那张照片。他的书房也应当布置得同历史上一样：惊人的简朴令人肃然起敬。纯粹从演出的角度考虑，我希望尾声部分能并入《光在黑暗中发亮》片段的第四幕，但幕间需隔较长时间后再演出（尾声中的主人公已用了托尔斯泰自己的名字，而不再是影射自我的人物萨林采夫）。单独演出这一幕尾声不是我的意图。

尾声中的人物

列夫·尼古拉耶维奇·托尔斯泰（时年八十三岁）

索菲娅·安德烈耶夫娜·托尔斯泰娅（Софья Андреевна Толстая，伯爵夫人），托尔斯泰的妻子

亚历山德拉·列沃夫娜（Александра Львовна，昵称萨莎 Саша），托尔斯泰的小女儿

秘书

杜尚·彼得罗维奇·马科维茨基[2]，托尔斯泰的家庭医生和朋友

伊万·伊万诺维奇·奥索林（Иван Иванович Озолин），阿斯塔波沃火车站站长

基里尔·格列戈罗维奇（Кирилл Грегорович），阿斯塔波沃的警长

大学生甲

大学生乙

三名旅客

第一场和第二场发生于一九一〇年十月末的最后几天，在亚斯纳亚·波利亚纳[3]的托尔斯泰府第书房；第三

场发生于一九一〇年十月三十一日,在阿斯塔波沃火车站的候车室。

第一场

(一九一〇年十月末,亚斯纳亚·波利亚纳托尔斯泰府第。)

(托尔斯泰的书房,简朴、没有任何装饰,完全像熟悉的照片上一样。)

(秘书引着两个大学生进来。两人都是一身俄罗斯装束,穿着高领紧扣的黑上衣,两人都年轻,轮廓鲜明的脸,举止矜持,与其说拘谨,毋宁说自负。)

秘　　书　请你们坐一会儿。列夫·托尔斯泰不会让你们久等的。我只是想请你们能考虑到他的年纪!列夫·托尔斯泰非常喜欢讨论问题,所以他常常会忘记自己的疲劳。

大学生甲　我们有点事要问问列夫·托尔斯泰,嗯——其实也只有一个问题,当然,这是一个对我们和对他都是关键性的问题。我答应您,我们只待一会儿,但——前提是我们可以进行自由交谈。

秘　　书　完全可以。越不拘形式越好。不过,有一点很重要,你们对他讲话,不要用老爷这个贵族称呼——他不喜欢这个。

大学生乙(发出笑声)对我们不用担心这个。什么都可以担心，只是这一点不用担心。

秘　　书　听，他已经从楼梯走上来了。

（托尔斯泰进入书房，步履迅捷，简直像一阵风似的，尽管到了这样的年纪，仍然显得灵活和容易激动。他在说话时常常会在手中转动一支铅笔，或者揉碎一张纸，并且时而会急不可耐地抢白。这会儿，他快步朝两个大学生走去，向他们伸出手，用炯炯的目光严峻地把他们每人都打量了一番，然后在一张打蜡的真皮扶手椅上坐下，面朝着两个大学生。）

托尔斯泰　你们就是委员会派到我这里来的那两位……（在一封信上寻找着）对不起，我忘了你们两位的名字……

大学生甲　我们两人叫什么名字，请您不必在意。我们两人是作为成千上万人的代表到您这里来的。

托尔斯泰（眼睛直望着他）你有什么问题要问我吗？

大学生甲　有一个问题。

托尔斯泰（向大学生乙）你呢？

大学生乙　同他一样的一个问题。我们大家都只有一个问题要问您。列夫·尼古拉耶维奇·托尔斯泰，我们所有的人——俄国的全体革命青年都只有一个问题：您为什么不同我们站在一起？

托尔斯泰（非常平静地）关于这个问题，我想我已经在我的著作和一些公开发表的书信里说清楚了——我不知道你们是否读过我的书？

大学生甲（激动地）我们是否读过您的书？列夫·托尔斯泰，您问我们也问得太奇怪了。说我们是否读过您的书——这话说得远远不够。应该说,我们从童年时代起就跟着您的书一起长大。当我们成为青年时,是您唤醒了我们肉体中的灵魂。除了您,还会有谁教我们去看清楚人间财富分配的不公平呢?——是您的书,也只有您的书才使我们的心挣脱了国家、教会和一个不维护全体民众而只维护人间不公正的统治者。是您,也只有您才使我们下定决心奋斗终生,直至这种错误的制度被彻底摧毁……

托尔斯泰(有意打断他的话)但不是通过暴力……

大学生甲(毫不理会对方,只顾往下说)自从我们学会说话以来,我们还从未像信赖您似的信赖过一个人。当我们问自己,谁会去消灭这种不公正,我们就会说:他!列夫·托尔斯泰;当我们问,谁会突然挺身而出,去同这种非光明正大的行为做斗争,我们就会说:他——列夫·托尔斯泰。我们曾经是您的学生、您的仆人、您的农奴。我相信,在那时候,只要您一挥手,我就会遵照您的旨意去死,如果几年以前我能走进您的府第,我一定还会在您面前深深鞠躬,就像见到一个圣人似的。列夫·托尔斯泰,就在几年以前,您对我们、对我们成千上万的人、对所有俄罗斯的青年人来说,还始终是一个圣人——可是我感到十分惋惜,我们大家都感到惋惜,从那以后您和我们疏远了,几乎不再和我们保持一致。

托尔斯泰(语气变软)那么你说,为了继续和你们保持一致,我该怎么办呢?

大学生甲 我不敢用教训的口吻和您说话。您自己知道,是什么使您和我们——俄罗斯的青年一代疏远。

大学生乙 哎,为什么不直说呢,我们的事业太重要了，顾不上那么多礼貌。我们是想说：您终于不得不面对现实了，政府对我们民众犯下如此的滔天罪行，您不能再态度暧昧了。您终于不得不从您的写字台旁站起来，公开地、鲜明地、毫无保留地站到革命这一边。列夫·托尔斯泰，您知道，我们的运动是怎样被残酷镇压下去的，目前在监狱里腐烂发臭的人比您自己的这座庄园里的落叶还要多呢。您看到了这一切，大家都这么说，或许您会不时在某家英文报纸上写一篇文章，谈论人的生命如何神圣。不过您自己也知道，用言论来反对这种血腥的暴政，今天已无济于事。现在唯一急需要做的事情，就是彻底推翻旧统治，进行革命。这一点，您像我们一样知道得很清楚。而您的声音就能为革命召集起整整一支军队，因为正是您使得我们这些人成为革命者，可现在，当革命到了成熟的时刻，您却谨小慎微地躲开了，您这样做，实际上是在赞成暴力！

托尔斯泰 我从未赞成过暴力，从未有过！三十年来，我所做的工作都是为了向一切权势者的犯罪行为做斗争。从三十年前开始——那时你们还未出世——我就不仅要求改善社会状况，而且还要求建立一种崭新的社会制度——比你们更激进。

大学生乙（打断他的话）那么，结果呢？三十年来他们采纳了您的哪些意见？他们又给了我们一些什么呢？几名杜霍波尔派基督徒[4]为了完成您的使命——得到的是鞭答，是射进他们胸膛的六颗子弹。通过您的温和要求，通过您的书籍和小册子，俄国又改善了一些什么呢？难道您还没有看清楚吗？——您要求民众宽容、忍让，劝他们期待这个千年王国的恩赐,这实际上是在帮助那些压迫者。不!列夫·托尔斯泰,您用爱的名义去感召那些飞扬跋扈的家伙,纵然您有天使般的口才,也是徒劳!那些沙皇的奴才们绝不会为了您的耶稣基督而从他们口袋里掏出一个卢布,在我们用拳头猛揍他们的喉咙以前,他们是寸步不让的。民众等待您的博爱的到来,已经等得够久的了,现在我们不再等待,现在该是行动的时候了。

托尔斯泰(相当激烈地)我知道,你们在自己的宣言中甚至把"激起仇恨"的行动也称作"神圣的行动"——"激起仇恨的神圣行动",但是我不知道什么叫仇恨,我也不想知道,即便是仇恨那些对我们民众犯下罪行的人,我也反对。因为作恶的人比遭罪的人在他自己的心灵中更感到不幸——我怜悯作恶的人,而不是仇恨他。

大学生甲(愤怒地)而我仇恨一切给人类造成不公正的人——他们都是嗜血的野兽,我毫不怜悯地痛恨他们每一个人!不,列夫·托尔斯泰,您不必再对我进行这种说教:要我去怜悯这些罪人。

托尔斯泰 即便是罪人,也还是我的兄弟。

大学生甲 即便他是我的兄弟——我母亲生的孩子,只要他给人类带来苦难,我也会把他像一条疯狗似的打倒在地。不,再也不能怜悯那些冷酷的家伙了!在沙皇和男爵们的尸体被埋葬在地下以前,俄罗斯的土地上绝不会有安宁;在我们把他们打倒之前,就不会有一种符合人性和道德的制度。

托尔斯泰 通过暴力不可能建立一种符合道德的制度,因为任何一种暴力不可避免地会再产生暴力。一旦你们掌握了武器,你们也会很快建立新的专制主义。你们不是破坏专制,而是使它永存下去。

大学生甲 可是,除了破坏强权,并没有其他反对强权者的手段。

托尔斯泰 这我承认,但是我们总不可以采用一种我们自己加以反对的手段。请相信我的话,回答暴力的真正力量不是通过暴力,而是通过容让使暴力不能得逞。《福音书》上就是这么说的……

大学生乙(打断他的话)嗨,您就别再提那《福音书》了。这是东正教教士为了麻痹民众早就炮制好了的药酒。这两千年前的《福音书》就从来没有帮助过什么人,要不然,世界上就不会有这么多的苦难和流血。不,列夫·托尔斯泰,《圣经》上的话今天已不能弥合剥削者和被剥削者——老爷和奴仆之间的深深鸿沟。发生在他们之间的悲惨事情实在太多了。今天,数以千计,不,数以万计有信仰、有献身精神的人在西伯利亚和在牢房里受尽折磨。而明天,这样的人就会增加到几十万。我问您,难道为了一小撮罪人,这几百万无辜者就该继续受苦受难吗?

托尔斯泰(克制着自己)他们受苦受难比一再流血要好;恰恰是这种无辜的受难有助于反对非正义。

大学生乙(愤愤地)您把俄罗斯民众近千年来所受的无尽苦难说成会有好处?那好吧,列夫·托尔斯泰,请您到监狱里去看看,问一问那些被打得遍体鳞伤的人,问一问那些在我们的城市和乡村里忍饥挨饿的人,他们受苦受难是否真有这样的好处。

托尔斯泰(怒气冲冲地)肯定要比你们的暴力好。难道你们真的以为用你们的炸弹和手枪就能彻底铲除尘世的邪恶吗?不,邪恶以后就会在你们自己身上起作用。我对你们再说一遍,为一种信念去受苦受难要比为一种信念去进行残杀好一百倍。

大学生甲(同样怒气冲冲地)好吧,如果说受苦受难竟有这么好,这么有益处,那么,我问您——列夫·托尔斯泰,您为什么自己不去经受苦难呢?您为什么总是向别人宣扬殉难,而您自己却温暖地坐在这座府第里呢?当您的农民穿着褴褛的衣衫在路上行走——这是我亲眼看见的,当他们在茅屋草棚里忍受饥寒交迫和处于死亡边缘的时候,您却在用全套的银制餐具进餐。您为什么自己不去受鞭笞,而是让您的杜霍波尔派基督徒为了您的说教去受酷刑呢?您为什么不最终离开这座伯爵府邸,走到街上去,在那苦风凄雨、天寒地冻之中亲自体验体验这种所谓大有好处的穷困呢?您为什么总是在口头上夸夸其谈,而不去身体力行您自己的主张呢?您为什么自己最终不给我们做出一个榜样呢?

(托尔斯泰一时语塞。秘书疾步走到大学生甲面前,意欲狠狠地斥责他,但托尔斯泰已恢复镇静,把秘书轻轻推到一边。)

托尔斯泰(对秘书说)你别管!这个年轻人向我的良知提出这样一个问题,(自言自语)很好……问题提得好,非常好,这是一个必须真正解决的问题。我应该老老实实地回答这个问题。(他向大学生甲稍稍挨近一些,迟疑了一会儿,然后打起精神,说话声音有点嘶哑,言辞委婉)你问我,为什么我不按照自己的主张和言论去经受苦难?我只能十分惭愧地回答你：我之所以迄今为止一直逃避我这最神圣的义务，那是……那是……因为我太胆怯、太软弱，或者说太不真诚……由于我是一个卑下的、微不足道的、有罪的人……由于时至今日苍天还没有赐予我力量——让我最终去做这件刻不容缓的事。年轻的陌生人，你的话深深地触动了我的良知。我知道，那些急需做的事，我连千分之一都没有做到。我惭愧地承认，我没有做到我早该应尽的义务：离开这个奢侈的家，抛弃这种我觉得是罪恶的可卑的生活方式，像你所说的作为一个朝圣者走在路上。可是我除了在灵魂深处感到内疚和向我自己所憎恶的事屈服以外，我不知道该怎么做。（两名大学生向后退了一步，惊愕得不说话了。过了一会儿，托尔斯泰用更轻的声音继续说下去）也许……也许正因为我不够坚强，不够真诚，没有能够把对别人说的话自己去付诸实现，我才这样受折磨，说不定我为此感到心灵的痛苦比肉体上的严刑拷打更难受，也许这正是天主为我而铸的十字架……我这个家比我戴着脚镣蹲在牢房里更使我痛苦……不过，你说得对，这种自我折磨始终不会有用，因为这仅仅是我个人的痛苦，而我却过于看重自己，以为这种痛苦会给我增添光荣。

大学生甲（略感内疚地）请您原谅，列夫·尼古拉耶维奇·托尔斯泰，如果我在激动中伤害了您……

托尔斯泰 不，不，恰恰相反，我感谢你！良药——苦口呀。（一阵沉默。托尔斯泰重又用平静的声音问道）你们两位还有别的问题要问我吗？

大学生甲 没有了。这是我们唯一的问题。我认为，您不愿声援我们，这是俄国和所有世人的不幸。因为已经没有人能阻止这一次推翻政权的行动,阻止这一场革命[5]。我觉得,这一场革命将会变得非常可怕,比地球上的所有革命都要可怕。可以肯定,领导这场革命的将是一些不屈不挠的男子汉,没有任何顾忌的坚毅的男子汉,不懂得什么叫宽容的男子汉。如果您站在我们的最前列,那么您的榜样将会赢来千百万人,从而也就必然会减少许多牺牲。

托尔斯泰 哪怕只有一个人是因为我的过错而死去,我都没法对得起我的良知。

(从楼下传来敲钟的声音。)

秘　　书(走向托尔斯泰,意欲中止这次谈话)吃午饭的钟声响了。

托尔斯泰(苦涩地)是呀,吃饭、闲聊、吃饭、睡觉、休息、闲聊——这就是我们这里过的饱餐终日、无所事事的生活,而别人却在劳动,侍奉天主。(重新转向那两个年轻人)

大学生乙 那么说,除了您的拒绝以外,我们是没有什么可以给我们的朋友带回去的了?难道您连一句鼓励我们的话都没有?

托尔斯泰(神情严肃地直望着他,一边斟酌着)请以我的名义告诉你们的朋友们这样几句话:我爱你们,我尊敬你们,俄罗斯的青年们,因为你们是如此强烈地感受到你们弟兄们的苦难,你们愿意为改善他们的处境而献身。(说话的语气顿时变得生硬、坚决,不顾情面)不过,在其他方面我不能同意你们,而且,只要你们不承认对所有的人都应怀有兄弟般的仁爱,那么我就拒绝同你们站在一起。

(两名大学生默不作声。然后大学生乙神态坚决地走到他面前,用同样生硬的语气说道。)

大学生乙 我们感谢您接见了我们,我们也感谢您的直率。我想我大概再也不会这样站在您的面前了——因此请您允许我——一个微不足道的陌生人在告别时,向您坦率地说上一句。列夫·托尔斯泰,如果您认为人与人之间的关系只要通过爱就能改善,那您就错了,它可能适用于那些有钱的人和逍遥自在的人,但是那些从童年起就忍饥挨饿、一辈子都是在老爷们的驱使下受苦受难的人,他们再也不想等待从耶稣基督的天国降临下什么博爱了,他们早就厌倦了。他们宁愿相信自己的拳头。列夫·尼古拉耶维奇·托尔斯泰,在您离开人世之前,我想告诉您:这个天下将会遭到血洗,不仅那些老爷们要被打死,被碎尸万段,而且连他们的后代也不能幸免,以免让他们的后代将来再给这个天下造孽。但愿您不要成为您的错误的目击者——这是我对您的衷心祝愿!愿苍天保佑您在安宁中离世!

(托尔斯泰怔住了。这个血气方刚的年轻人竟会如此激烈,使他大吃一惊;随后他镇静下来,向大学生乙走近一步,淡淡地说。)

托尔斯泰 我尤其感谢您说的最后几句话。您对我的祝愿也正是我自己三十年来所渴求的——愿同所有信奉天主的人保持和平,在安宁中告别人生。(两名大学生鞠了一躬,走了。托尔斯泰目送着他们离去,然后开始激动地在书房内踱来踱去,兴奋地对秘书说)这是一些多么了不起的青年呵!这些年轻的俄罗斯人,他们是多么勇敢、自豪和坚强!这些有信仰、有血气的青年一代多好啊!六十年前,我在塞瓦斯托波尔[6]见到过的年轻人就是这样!他们都是用这样镇定自若和坚毅的目光面对死亡,面对任何危险,准备随时含着微笑勇敢地死去。可是他们的死是毫无意义的。他们只是为了一个没有核仁的空壳——没有内容的空话,为了没有真理的理想而牺牲了自己的生命,牺牲了年轻宝贵的生命。他们仅仅是出于乐意献身而牺牲生命。这些不朽的俄罗斯青年是多么不可思议!他们竟把仇恨和残杀当作神圣的事业,为此献出自己的全部热忱和精力。不过,这样的人对我却是有益!是这两个大学生使我猛醒过来,因为说真的,他们是对的。我必须立即摆脱自己的这种软弱状态,去履行自己的主张——这事已刻不容缓!我已经离告别人世不远了,可还一直犹豫不决!真的,正确的东西只能向青年学习,只能向青年学习!

（*房门被推开了。列夫·托尔斯泰的妻子——伯爵夫人像一阵过堂风似的闯了进来,显得神经紧张,精神恍惚。她的举止不稳,目光总是胡乱地从这件东西转到那件东西,使人感觉到她说话时心不在焉,心事重重。她故意对秘书视而不见,只对着自己的丈夫说话。她的女儿萨莎跟在她后面也很快地进了屋,给人这样一个印象：好像她为了监视母亲才跟在身后似的。*）

伯爵夫人 吃午饭的钟早打过了,《每日电讯报》的那位编辑为了你的那篇反对死刑的文章在楼下等了足足半小时,可你却为了这样两个小伙子让他在那里白等着。这两个不懂规矩、没有礼貌的家伙!佣人刚才在楼下问他们说,是否想要求见伯爵,其中一个回答说：不,我们不求见什么伯爵,是列夫·托尔斯泰约我们来的——而你却和这样两个目空一切、玩世不恭的小子说个没完。他们最喜欢把天下搞得像他们自己脑袋那样乱七八糟!(不安地用眼睛把房间扫了一遍)这里也都是一片乱七八糟,书堆得满地都是,上面尽是灰尘。如果有体面一点的人来,实在丢人。(她向扶手椅走去,用手抓住)这椅子上的蜡布破得都像碎片似的了,真寒碜。这蜡布就别再要了。幸亏那个裱糊匠明天就要从图拉到家里来,让他赶紧把这扶手椅修好。(没有人答应她的话。她不安地望望这个望望那个)好吧,现在请你下楼去!不能再让那个编辑等着了。

托尔斯泰(脸色突然变得十分苍白,显得非常不自在)我马上就来,我只是还要在这里……稍微整理一下……萨莎留在这里帮我一下……你去招待一下楼下那位先生,替我向他道歉,说我很快就下来。

(伯爵夫人走了,临走前还把整个房间东张西望了一遍。她刚一走出房间,托尔斯泰就快步走向房门,旋转插在房门上的钥匙,把门反锁上。)

萨　　莎(对他如此匆忙十分吃惊)你怎么啦?

托尔斯泰(惊慌失态,一只手贴在自己的心口,咕哝着)修椅子的明天来……老天保佑……总算还有时间……老天保佑……

萨　　莎　究竟怎么啦……

托尔斯泰(急切地)赶快给我一把刀,一把刀或者一把剪刀……(秘书带着惊异的目光从写字台上递给他一把裁纸用的剪刀。托尔斯泰开始用剪刀慌慌忙忙地把扶手椅上的一个裂口剪得更大,一边不时抬头,神色紧张地去瞅那扇已锁上了的房门,随后把双手伸进露出马鬃的扶手椅裂口,紧张地摸索着,直至终于取出一函封了口的信)在这里——可不是吗?……太可笑……太可笑和太难以置信,简直就像一部拙劣的法国通俗小说描写的那样……莫大的耻辱呀,我,一个神志完全清醒的人,活到八十三岁,竟不得不在自己的家里把自己最重要的文件这样隐藏起来……因为有人在我背后把我所有的东西都翻遍了,去搜寻我的每一句话和每一桩秘密!是呀,我在这个家里的生活就像在地狱里受罪,多么不光明正大!多么虚伪!(变得平静一些,拆开那封信,一边看着,一边对萨莎说)这是我十三年前写的一封信,当时我打算离开你的母亲和离开这个使人痛苦的家,准备向你的母亲诀别;可是我以后却没有勇气这样做。(他轻声地念着信中的句子,是在读给自己听,颤抖的双手使信纸发出沙沙的声响)"……十六年来,我一直过着这样一种生活:我一方面要同你们对着干,一方面又不得不迁就你们。我现在觉得这种生活再也不能继续下去了。所以我决定做我早就应该做的事,远远地离开这个家……如果我公开这样做,势必会引起你们的痛苦,说不定到那时我的心又会软下来,当我应该实现我的决心时又不去实现,所以我只能不辞而别,如果我这一步给你们带来莫大的痛苦,请你们能原谅我,尤其是你,索尼娅[7],请你行行好,把我从你的心中忘掉吧,不要寻找我,不要怨恨我,不要责备我。"(深深地叹了一口气)哎,这已经是十三年前的事了。我当时说的每一句话就完全像是今天说的。可是,从那以后我又继续折磨了自己十三年。我今天的生活依然是畏首畏尾、胆怯懦弱,我还是始终没有出走,我一直在等待,等待,连我自己也不知道在等待什么。我对一切总是心里十分明白,而做的事却往往是错误的。

我始终是太软弱,缺乏同她决裂的坚强意志。我像一个小学生在老师面前藏起一本弄脏了的书似的把这封信隐藏在这里。我曾在自己的遗嘱里要求她:把我从著作版权得到的财产捐献给天下的民众。我后来没有把这样一份遗嘱交到她的手里,我之所以这样做,只是为了求得家里的安宁,而我的良知仍然不安宁。

（稍隔一段时间。）

秘　　书　列夫·尼古拉耶维奇·托尔斯泰,如果由于某种非常的意外……我是说……如果……如果天主把您召了回去,您是否认为,您的这个最迫切的最后愿望——放弃您的所有著作版权——在您身后真的会实现吗?

托尔斯泰（感到吃惊）当然会……就是说……（不安地）噢,不,我真的还不知道是否有把握……你说呢,萨莎?

（萨莎转过身去,默不作声。）

托尔斯泰　天哪,我真的没有想过这件事。不,不是我没有想过,而是我不愿意去想——瞧,我又没有完全说实话,我是想回避,就像我每次遇到要作出明确、果断的决定时就要回避一样。（眼睛直望着秘书）其实我知道,我知道得很清楚,我的妻子和几个儿子是不会尊重我的遗愿的,就像他们今天不尊重我的信仰和我的良知应尽的义务一样。他们会拿我的著作去谋取厚利,而我自己呢,人们会在我身后把我看作一个说假话的伪君子。（做了一个表示决心的动作）但是,绝不能、也不应该让这种情况发生!该是真相大白的时候了!今天来的那个大学生,那个真正诚实的人今天怎么说来着?他说,如今的天下要求我采取行动,要求我终于变得诚实,作出清清楚楚、明白无误的决断——这是一种预兆呀！一个八十三岁的人不能再对死神紧闭双眼，当作没有看见。他必须正视死神的来临，而且果断地作出自己的决定，是呀，那两个陌生人提醒得好：什么也不干，无非是要隐藏起心灵中的胆怯。而一个人的真实面目必须清清楚楚。我现在已是八十三岁的人了，已到垂暮之年，该是使自己面目真实清楚的时候了。（转向秘书和自己的女儿）萨莎，弗拉基米尔·格奥尔吉耶维奇[8]，明天我就要写我的遗嘱，我要写得清楚明白，不让发生歧义，而且要有约束力。我要在遗嘱中把我全部著作的收入以及从稿费存款中得到的利息——利息是并不完全干净的钱，统统捐献给大家，捐献给所有世人。我从自己的心灵痛苦中写下和说出这些话，是为了大家，我绝不允许用我这样的著作去做交易。你们明天上午到我这里来，再带一个第二位证人——我不能再犹豫不决了，说不定死神就要来妨碍我办完这件事。

萨　　莎　再等一等，父亲——我不是要劝阻你，而是我怕会遇到麻烦，如果母亲看到我们四个人在这里。她会立刻起疑心，说不定她会在最后一分钟动摇你的意志。

托尔斯泰（若有所思地）你说得对！我在这幢房子里简直无法办正当的事，办光明正大的事。在这里，整个生活都成了谎言。（对秘书）那么你就这样安排：你们明天上午十一点在格鲁蒙特树林里黑麦地后面左边的那棵大树旁同我会面。我将装成像平常骑马溜达的样子。你们把一切都准备好，我希望天主会在那里赐予我决心——我终于要解脱我自己的最后桎梏了。

（响起第二遍午餐的钟声，声音比前一次更响亮和更急促。)

秘　书　不过，请您现在不要让伯爵夫人有任何察觉，不然，一切都会白费。

托尔斯泰（喘着粗气）真是可怕呀，一个人必须不断地伪装自己，不断地掩饰自己。一个要想在世人面前、在天主面前、在自己面前做一个襟怀坦白的人，却无法在自己的妻子和孩子们面前做到！不，一个人不能这样生活，不能这样生活！

萨　莎（惊慌地）母亲来了！

（秘书手脚敏捷地旋开房门上的钥匙。托尔斯泰为了掩饰自己的激动，朝写字台走去，始终用背对着进屋来的妻子。）

托尔斯泰（叹息地）在这个家里到处都是谎言，我也中了毒——唉，一个人想要说一次真话，也得等到临死之前！

伯爵夫人（急急忙忙走进房间）你们为什么还不下来？（对托尔斯泰）你总是磨磨蹭蹭地要拖很长时间。

托尔斯泰（向她转过身去，脸部表情已完全平静，带着只有屋内其他两人能明白的强调语气缓慢地说）是呀，你说得对，我总是磨磨蹭蹭地要拖很长时间，但现在重要的不就是：用剩下的时间及时去办该办的事嘛。

第二场

（同样是托尔斯泰的书房。第二天的深夜。）

秘　书　您今天应该早一点上床，列夫·尼古拉耶维奇,经过长时间的骑马和紧张工作之后,您一定累了。

托尔斯泰 不,我一点都不累。只有一件事会使人觉得累:那就是动摇不定和优柔寡断。而每做完一件事,就会使人身心解放,即便把事情办坏了,也比什么都不干强。(*在房间里踱来踱去*)我不知道我今天做的这件事是对还是不对,我觉得有必要先扪心自问。我把我的著作交还给了大家,这件事使我的灵魂感到宽慰,但是我觉得,这份遗嘱我不该这样偷偷地写,而是应该当着大家的面公开地写、怀着实现自己的信仰的勇气去写。也许我做得并不体面——为了说明这是真话,这件事原本应该正大光明地去做。不过,谢天谢地,这件事现在总算办完了。在我的生命中又向前跨了一步,也可以说,更接近死亡了一步。现在只剩下最后一件事,也是最困难的一件事:在临死之前,像一头野兽似的及时爬回到丛莽中去。因为死在这家里,就像我活着的时候一样,完全不合我的心意。我已经八十三岁了,可是我还始终没有……始终没有找到能使自己完全摆脱今生今世的力量,也许我会耽误了自己的临终时刻。

秘　　书 谁能知道自己什么时候死呢!要是一个人能知道自己什么时候死,那倒一切都好办了。

托尔斯泰 不,弗拉基米尔·格奥尔格维奇,一个人知道自己什么时候死,一点都不好。难道你不知道这样一个古老的传说吗?那是一个农夫告诉我的。有一天他对我讲,耶稣基督是怎样不让人知道自己什么时候会死去。原先,每一个人都能预先知道自己什么时候死。有一天,耶稣基督降临人间,他发现有一些农夫不是在耕田,而是在过着罪恶的生活。这时候他责问其中的一个农夫为什么如此怠惰,那个可怜的家伙嘟囔着说,如果他自己再也看不到收获,他在田里撒种又为了谁呢。这时耶稣基督认识到世人能预先知道自己什么时候死,并不好,于是他就不再让世人知道自己什么时候死,从那以后,农夫们就不得不耕耘自己的田地,直至他们生命的最后一天,好像他们要永远活下去似的。不过,这也对,因为只有通过劳动,人才能分享天主的爱嘛。所以,我今天还要(指了指自己的日记本)进行我每日的耕耘。

(伯爵夫人从外面走进书房,步履急急匆匆,她已经穿上睡衣,恶狠狠地朝秘书瞅了一眼。)

伯爵夫人　哦,原来如此……我以为你现在总该一个人了。我有话要同你讲……

秘　　书　(鞠了一躬)我该走了。

托尔斯泰　再见了,亲爱的弗拉基米尔·格奥尔格维奇。

伯爵夫人　(书房门刚刚在秘书身后关上)他总是形影不离地跟在你身边,像缠在你身上的一根牛蒡藤[9]似的……可他讨厌我,他恨我,他要把我同你分开,这个阴险恶毒的坏家伙。

托尔斯泰　你这样说他,不公平,索尼娅。

伯爵夫人　我不要什么公平!是他自己插到我们中间来的,是他暗地里让你和我与孩子们疏远。自从他到这个家以后,在你的心目中就没有了我。现在,这幢房子和你自己都已属于所有的世人,但就是不属于我们,不属于你最亲近的人。

托尔斯泰　但愿我真能这样!这也正是天主的旨意,

一个人是属于大家的，不应该为自己和他的亲人保留任何东西。

伯爵夫人 是呀，我早就知道，这都是他教你的。他是我和孩子们身边的一个贼。我知道，就是这个贼东西使得你坚决同我们大家作对。所以我再也不能容忍他待在我们家里。这个挑拨离间的家伙，我讨厌他。

托尔斯泰 可是索尼娅，你要知道，我的工作需要他呀。

伯爵夫人 你可以找一百个别人！（嫌弃地）他在你身边，我就无法忍受！我不愿在你我之间有他这么个家伙。

托尔斯泰 索尼娅，亲爱的，请你别激动。来，坐下，让我们在这里心平气和地好好谈一谈——就像我们从前共同生活开始时那样——索尼娅，你想过没有，好声好气的日子对我们来说还能留下几天呢！（伯爵夫人不安地看了看身边四周，然后颤颤悠悠地坐下）索尼娅，你要知道，我需要这样一个人——也许，我之所以需要他，是因为我对自己的信仰表现出软弱，索尼娅，我在这方面并不像我自己所希望的那样坚强。尽管尘世有千百万人——他们分布在遥远的不同地方——每天每日都在向我证明，他们追随我的信仰，但是你也明白，我们世俗人的心总是这样：为了使自己对自己的信仰充满信心，他至少需要从自己身边的一个人身上得到那种看得见、摸得着、感觉得到的爱。也许圣徒们不需要任何人的帮助就能在自己的净修室里造化一切，也不会因为身边没有目击者就失去自信，但是你知道，索尼娅，我毕竟不是圣徒——我只不过是一个非常衰弱的朝不保夕的老人。因此我必须有一个抱有和我同样信仰的人在我身边,而这种信仰现在已成为我孤寂的晚年生活中最宝贵的东西。当然,如果你——我四十八年来怀着感激心情所尊敬的你,能够和我分享同样的宗教意识,自然是我莫大的幸福。可是,索尼娅,你却从来不想这么做。在我心灵深处视为最宝贵的东西,你却对它非常淡漠,我怕你甚至会厌恶我的信仰。(伯爵夫人为之一惊)索尼娅,请不要误解我的意思,我不是在责备你,不是。你把你能给予我和这个人世的一切都已奉献——拳拳的母爱和精心的照料。我怎么能要求你为了你心中并不具有的信仰而作出牺牲呢。我怎么能因为你并没有我的那些最内在的思想而怪罪你呢——一个人的精神生活,他最后的想法始终是他自己和天主之间的秘密。但是你看,终于有一个人走进我的家门,他从前在西伯利亚为自己的信念而历尽苦难,而现在,他和我的想法相同,他既是我的助手,更是我的珍贵客人,他帮助我,在我的内心生活中给我增添力量——为什么你容不得这样一个人在我身边呢?

伯爵夫人 因为他使你和我的关系疏远,我不能容忍这样的事,我无法忍受。我会气得发疯,我会得病,因为我清楚地感觉到,你们所做的一切都是针对我的。我今天中午亲眼看见他慌慌张张把一张纸藏了起来。当时你们谁也不敢正面看我一眼。他,你,还有萨莎,都不敢正面看我!你们大家都对我隐瞒了什么。我知道,你们一定对我干了什么坏事。

托尔斯泰 我希望在我行将就木之前天主保佑我不会有意去干坏事。

伯爵夫人 (激烈地)那么说,你不否认你们在背地里干了反对我的事。好呀——可是,你要知道,你在我面前不能像在别人面前似的说假话。

托尔斯泰(突然非常激动)我在别人面前说假话?你也这么说我,大家都觉得我尽说假话,那全是为了你。(克制住怒火)我还希望天主保佑我不去故意犯这种谎言罪呢。也许对我这样一个软弱的人来说,从来不可能把全部真话都说出来。但是我相信,我不是一个说谎者,不是一个欺骗者。

伯爵夫人 那么你告诉我,你们干了什么——这是一封什么样的信,这是一张什么样的纸……别再折磨我了……

托尔斯泰(走到她身边,非常温柔地)索菲娅·安德烈耶夫娜,不是我在折磨你,而是你在自己折磨自己,因为你不再爱我。如果你对我还有爱,那么你也就会信任我。尽管你不再理解我,但你仍然会信任我。索菲娅·安德烈耶夫娜,我请你好好回想一下:我们共同生活已有四十八年[10]了!也许你还能从这许多年里,从那些遗忘了的岁月中,从你心胸的裂缝中找到一点点对我的爱,那就请你抓住这一点点爱的火花,让它燃烧起来,但愿你还能像从前那样爱我、信任我、温柔地体贴我。因为我有时真感到吃惊,索尼娅,你现在怎么会对我这样。

伯爵夫人(受到感动而激动地)我自己也不知道我现在怎么会这样。是呀,你说得对,我变得丑陋了,也变得恶毒了。可是,眼看着你这样折磨自己,折磨得不像个人样,谁能忍受得了呢——如此愤愤不平地和天主同在,是罪孽呀。因为什么叫罪孽,罪孽就是孤傲、固执、不愿顺从,并且愿意就这样急不可待地去见天主,同时去寻找一种对我们毫无用处的真理。但你从前可不是这样,那时候一切都是那样的美好、和谐。你和大家一样过着爽快、单纯的生活,你有你自己的工作、有你自己的幸福。孩子们在成长,而你自己也高高兴兴地看着自己变老。可是突然之间你全变了,三十年前,你的那种可怕的妄想、你的所谓信仰,使得你和我们大家都变得不幸。直到今天我也不明白你的这种信仰有什么意义,你自己擦炉子、自己挑水、自己补破靴子,而世人却把你当作他们最伟大的文学家来爱戴你。不,我还始终弄不明白,为什么我们这种清清白白的生活——勤劳、节俭、安静、朴素的生活,突然之间会变成是对别人的罪孽呢?不,我不能明白,我不懂,我也无法明白。

托尔斯泰(非常温存地)听我说,索尼娅,这正是我要告诉你的:恰恰在我们彼此不能理解的时候,我们更需要依靠我们爱的力量互相信任。人是这样,天主也是这样。难道你真的以为我乖戾到不知是非吗?不,我只是相信我深深为之痛苦的事是我应该做的。我做的事无论是对世人还是对天主都不能说完全没有意义和完全没有价值。所以,愿你也有某种信仰,索尼娅,当你不能再理解我时,如果你也有信仰,至少会相信我追求真谛的意志。这样的话,一切也就好说了。

伯爵夫人(不安地)那么你把一切都告诉我……告诉我,你们今天干了什么。

托尔斯泰(非常平静地)我会把一切都告诉你,在我生命朝不保夕的时候,我不想再隐瞒什么,也不想背地里干些什么。我只是要等到谢廖日卡和安德烈[11]回来,到时候我就会当着你们大家的面,坦率地把我这几天决定的事告诉你们。离他们回来不过是很短的一段时间,索尼娅,在这段时间内,请你不要猜疑,也不要偷偷追踪我,在背后搜查——这是我唯一的也是最恳切的请求。索菲娅·安德烈耶夫娜,你能答应我吗?

伯爵夫人 嗯……答应……嗯……答应。

托尔斯泰 谢谢你。你看,一旦有了信任,开诚布公,什么都好说!像我们这样平心静气地、推心置腹地谈话,有多好。你又重新温暖了我的心。因为你看,当你刚进屋时,你的脸上布满了不信任的阴云。你脸上的那种不安和憎恨,使我感到陌生,我简直认不出是你了,你和从前完全不一样。而现在,索菲娅·安德烈耶夫娜,你的额角又舒展开了,我又重新认出了你的眼睛——你从前那双和善地望着我的眼睛。不过,这会儿你也该去休息了,亲爱的,时候不早了!我衷心地感谢你。

(他吻了一下她的额角,伯爵夫人退下,兴奋得在书房门边又一次回转身来。)

伯爵夫人 那么,你以后会把一切都告诉我?一切?

托尔斯泰 (依然十分平静地)一切,索尼娅。不过,你也要记住你答应我的话。

(伯爵夫人姗姗离去,一边用不安的目光望着写字台。)

托尔斯泰 (在书房内来回走了好几次,然后在写字台旁坐下,在日记本上写了一些字,少顷,又站起身来,往返踱步,随后又走到写字台旁,沉思地翻阅着日记,轻声地读着刚才写下的字)"我竭力在索菲娅·安德烈耶夫娜面前保持着镇静,我相信,我或多或少达到了使她安下心来的目的……今天我第一次发现,用善意和爱情可能会使她让步……如果她不……那么……"(他放下日记本,喘着气进入里间屋,在里面点上亮,然后又走回来,费劲地从脚上脱下那双沉重的农民穿的鞋,脱下外套,接着熄灭灯光,只穿着肥大的裤子和劳动衫走进里间自己的卧室。)

(书房里寂静无声,一片漆黑,在相当长的时间内,什么也没有发生,甚至连呼吸声都听不见。突然,那扇进入书房的房门被轻轻地、小心翼翼地推开了,像是小偷干的。有人光着脚蹑手蹑脚地摸索着走进这漆黑一片的书房,手中拿着一盏有遮光罩的提灯。只有一束狭窄的光柱投在地板上。现在观众才认出,进来的原来是伯爵夫人。她提心吊胆地四处张望,先在托尔斯泰的卧室门旁偷听了一会儿,显得放心多了,然后踮着脚走到书房的写字台旁,将提灯放在写字台上,此刻在桌子周围形成一个圆的亮圈。白色的亮圈是观众在黑暗中唯一看得见的地方。观众在亮圈中只能看见伯爵夫人一双哆哆嗦嗦的手。她先拿起那册留在桌面上的日记本,开始仓皇地阅读,然后一一拉开写字台的抽屉,在纸堆里乱翻,动作越来越匆忙,结果什么也没有找到,于是重又颤抖着拿起提灯,蹑手蹑脚地走了出去,面色惶惶惑惑,像一个患夜游症病人似的。房门刚刚在她身后关上,托尔斯泰霍地从里面把自己的卧室门拉开。他手中擎着一支蜡烛。蜡烛来回摇晃着,观众可以看出老人正气得浑身发抖。原来他妻子刚才干的一切,他都偷听到了。他正想出去追她,手已抓住了门把,突然又猛地回转身来,果断地、安安静静地把蜡烛放在写字台上,然后走到另一边的里间房门前,橐橐地敲着房门,敲得非常轻,非常小心。)

托尔斯泰 (轻声地)杜尚……杜尚……

杜尚的声音 (从里间传来)是您吗,列夫·尼古拉耶维奇?

托尔斯泰 小声点,小声点,杜尚!赶快出来……

(杜尚从里间出来,衣服刚穿了一半。)

托尔斯泰 你去把我的女儿亚历山德拉·列沃夫娜叫醒,要她立刻到我这里来,然后你快步跑到楼下马厩里去,告诉格里高利要他把马套好,但是告诉他必须静悄悄地干,不能让家里任何人发现。噢,你也要像我这样轻手轻脚!不要穿鞋,注意不要让门发出嘎吱嘎吱的声音。我们必须马上就走,不能再耽搁了——已经没有时间了。

(杜尚匆匆离去。托尔斯泰坐下来,神态坚决地重又穿上靴子,急急忙忙穿上外套,然后找出若干张纸,把它们卷在一起。动作显得十分有力,但有时显得过于性急。当他坐在写字台旁往纸上潦草地写下几行字时,两肩还在颤悠。)

萨　　莎 (轻声地走进书房)发生了什么事,父亲?

托尔斯泰 我要走了,我终于……终于……突然下了决心。一小时以前她还信誓旦旦地对我说,她信任我,可是她刚才竟在这深夜三点钟的时候偷偷溜进我的书房,把所有的纸张都翻了一遍……不过,这也好,可以说太好了……这不是她的意志,这是天主的意志。我曾祈求过天主多少次,求天主能在大限该到的时候赐给我一个信号——好啦,这一回天主总算给我信号啦,我现在就有权利将她单独留下——这个已经离开了我的心的女人。

萨　　莎　你准备到哪里去，父亲？

托尔斯泰　我不知道，我也不想知道……去哪里都行，只要能快快离开这种虚情假意的生活……去哪里都行……世上有的是路，到处都可以找到让一个老人安然死去的一堆稻草或者一张床。

萨　　莎　我陪你去……

托尔斯泰　不，你还必须留在这里，安慰她……她会气得发疯的……是呀，她会很痛苦，可怜的人呵！……而使她痛苦的，正是我……可是我没有别的办法，我不能再……要不然，我会憋死在这里的。你先留在这里，一直等到安德烈和谢廖日卡回来，然后你动身来找我。我要先到沙马尔京诺修道院去，向我的妹妹告别，因为我觉得该是诀别的时候了。

杜　　尚（急匆匆地回来了）马车已经套好了。

托尔斯泰　你自己也去准备一下，杜尚，把那几张纸藏在你身边……

萨　　莎　不过，父亲，你得穿上皮大衣，夜里外面很冷。我会很快替你把厚一点的衣服包好的……

托尔斯泰　不，不，什么也不要，我的天哪，我们不能再犹豫了……我也不愿再等了……为了等待这一时刻，等待这一信号，我等了二十六年……赶快，杜尚……要不然，就会有人出来阻拦我们。拿上那几张纸、日记本、铅笔……

萨　　莎　还有买火车票的钱，我替你去拿……

托尔斯泰　不，不要再拿什么钱！我不愿意再接触到什么钱。铁路上的人会认识我的,他们会给我火车票,以后,苍天会帮助我的。杜尚,收拾好就过来。(对萨莎)你把这封信交给你母亲,这就是我的诀别,但愿她能饶恕我用一封信诀别!你要写信告诉我,她是怎样熬过痛苦的。

萨　　莎　可是父亲,我怎么给你写信呢?我在邮件上一写上你的名字,他们就会立刻知道你逗留在什么地方,他们会很快追踪而去。你必须用一个假名。

托尔斯泰　哎,又要说假话!不断地说假话。隐秘的事愈多,灵魂也就愈不高尚……不过你说的也有道理……杜尚,过来一下!……萨莎,就照你的办……只要真有用……那么我该叫什么名字呢?

萨　　莎　(想了一想)我在所有的电报下面都署弗罗洛娃这个名字,而你就叫托·尼古拉耶夫。

托尔斯泰　(急于想走,显得非常慌忙)托·尼古拉耶夫。好……好……那么再见了,多保重!(拥抱萨莎)你是说,我应该自称托·尼古拉耶夫,还要说一次假话!——啊,苍天呀,但愿这是我在世人面前说的最后一次假话。

(他匆匆地走了。)[12]

第三场

(三天以后,一九一〇年十月三十一日。阿斯塔波沃火车站的候车室。右边是一扇通往站台的玻璃大门,左边是一扇通往站长伊万·伊万诺维奇·奥索林房间的小门。候车室的木条长椅上坐着一些旅客,一张桌子周围也坐着一些旅客,他们正在等候从丹洛夫开来的快车。旅客中有裹着头巾打盹的农妇、有穿着羊皮袄的小商贩,此外还有几个从大城市来的人,显然是政府公务人员或商人。)

旅　客　甲（正在读着一份报纸,突然大声地）这件事,他干得真漂亮!这老头简直干得妙极了!谁也没有料想到。

旅　客　乙　什么事呀?

旅　客　甲　他——列夫·托尔斯泰,突然从自己家里溜走了。谁也不知道他到哪里去。他是夜里动身的,穿着靴子和皮袄,可是没有带行李,也没有向家里人告别,就这样走了。只有他的医生杜尚·彼得罗维奇陪着他。

旅　客　乙　他就这样把自己的老婆扔在家里啦。这一回,索菲娅·安德烈耶夫娜可苦了。我说,他现在该有八十三岁了吧,谁能想到他还会这样呢,你说,他能到哪里去呢?

旅　客　甲　这也正是他家里的人和报社的人想要知道的。他们现在正通电天下进行查询呢。有一个人说在保加利亚边境上见到过他,可另一个人说是在西伯利亚。谁也说不清他究竟在哪里,这老头干得也真够绝的!

旅　客　丙（一个年轻大学生）你们在说什么呀?——列夫·托尔斯泰从家里走了。请把报纸给我看看。(刚看了一眼报纸)哦,好——好——他终于下了决心。

旅　客　甲　你怎么会说好呢?

旅　客　丙　因为像他过的那种生活违背他自己的言论,这当然是一种耻辱。他们逼着他扮演这个伯爵角色,时间够长的了,他们用阿谀奉承扼杀了他的声音。现在,列夫·托尔斯泰终于能自由地向世人说自己的心里话了。天下的所有百姓通过他就会知道在俄罗斯百姓中发生了什么——可以说，这是天主的恩赐。是呀，这位圣贤终于拯救了自己，这可是件好事，是俄国的幸运和福音。

旅 客 乙 说不定报上说的根本不是真的，尽是一些胡扯。也许——（他背转身去，看看是不是有人在注意听他的话，然后低声耳语）也许他们只是故意在报纸上这么说，目的是为了混淆视听，而实际上是已经把他干掉……

旅 客 甲 谁会有兴趣把列夫·托尔斯泰干掉……

旅 客 乙 他们……那些觉得他碍事的人，俄罗斯东正教会、警察、军队，他们都怕他[13]。有些人早就这样失踪了——然后说他们到异国他乡去了。不过，我们知道他们所说的异国他乡指的是什么……

旅 客 甲（同样压低了声音）那么说，托尔斯泰也可能已经被干掉……

旅 客 丙 不，他们不敢。像他这样的一个人，光是用言论，就要比他们所有的人都有力量。不，他们不敢，因为他们知道我们会用自己的拳头把他救出来。

旅 客 甲（慌张地）小心……留神……基里尔·格列戈罗维奇来了……赶快把报纸藏起来……

（警长基里尔·格列戈罗维奇穿着全身制服，从通往站台的那扇玻璃门走进来，随即向站长的房间走去，敲他的门。）

（站长伊万·伊万诺维奇·奥索林从自己的房间出来，头上戴着一顶表示值勤的帽子。）

站　　长 啊，是您，基里尔·格列戈罗维奇……

警　　长　我得马上和您谈一谈,您老婆在您的房间里吗?

站　　长　在。

警　　长　那还是在这里谈吧!(用严厉的发号施令的腔调冲着旅客们)丹洛夫来的快车很快就要进站了,请你们马上离开候车室,到站台上去。(旅客们全都站起来,急急忙忙拥出去。这时警长对站长说)刚才传来重要的机密电报,现在已可以肯定,列夫·托尔斯泰在出走以后,前天到过沙马尔京诺修道院他妹妹那里,从某些迹象推测,他打算从那里继续往前走,所以,从前天开始,由沙马尔京诺向各个方向开出的列车上都配备了警探。

站　　长　不过,请您向我解释一下,基里尔·格列戈罗维奇大叔,这究竟是为了什么呀?列夫·托尔斯泰不是什么捣乱分子,他是我们的光荣,是我们国家真正的瑰宝,是一个伟大的人物。

警　　长　但是他比那一群革命党人更能带来不安和危险。再说——这关我什么事,我的差使是监视每一趟列车。不过,莫斯科方面要求我们在监视的时候完全不让人察觉。所以我请您——伊万·伊万诺维奇代替我到站台上去,我穿着警察制服,谁都能认出来。列车一到,就立刻会有一个秘密警察下来,他会告诉您他在前面一段观察到的情况。然后我马上将报告向前方传达。

站　　长　考虑得真周到。

(从进站口传来报告列车进站而敲打的钟声。)

警　　长　您要悄悄地像一个老熟人似的同那个密探说话,知道吗?千万不能让旅客们发现有人在监视;如果我们干得都很出色,对我们两人只会有好处,因为每一个报告都是送到彼得堡的最高层,说不定我们两人中还会有一个得到乔治十字勋章呢。

(列车在舞台后面发出隆隆的声响进站。站长迅速从玻璃门出去。几分钟以后,第一批旅客——提着沉甸甸篮子的农民和农妇嘈杂地大声喧哗着出现在玻璃门外。其中有几个在候车室里坐下,想歇歇脚或者沏一壶茶。)

站　　长(又突然从玻璃门进入站台,急躁地冲着坐在候车室里的几个旅客直嚷)快离开这里!都走!快……

众 旅 客(惊奇地,嘟囔着)干吗这样……我们不是没有花钱,我们都买了票……为什么不能在候车室待一会儿……我们只是等下一趟慢车。

站　　长(高声喊叫)快走,听见没有,都快出去!(急急忙忙地撵他们走,然后又迅速走到玻璃门边,把它敞开)请从这边走,请你们把伯爵老爷引进来!

(托尔斯泰右边由杜尚、左边由自己的女儿萨莎搀扶着,行动困难地走进来。他穿的皮外套的领子高竖着,脖子上围着一条围巾,但仍然可以看出他裹着的整个身体在冷得直打战。有五六个人跟在他后面想挤进来。)

站　　长(对后面挤进来的人说)站到外面去!

众人的声音　就让我们留在这里吧……我们只是想帮助列夫·尼古拉耶维奇……也许我们能给他一点康亚克酒[14]或者茶什么的……

站　　长(非常着急地)谁也不许进来!(他硬是把那几个人推了出去,随即把通往站台的玻璃门的插销插上;观众在以后整段时间里依然能够看到玻璃门外面的那几张好奇的面孔在晃来晃去,往里窥视。站长迅速搬来一张扶手软椅,放到桌子边)殿下,请您坐下来休息!

托尔斯泰 不要再叫什么殿下……苍天保佑,不要再叫……永远不要再叫,这个已经结束了。(激动地举目张望四周,发现玻璃门外面的人)让那些人走开……走开……我要一个人待一会儿……总是那么多人……我希望一个人……

(萨莎快步向玻璃门走去,赶紧用大衣把门上的玻璃挡住。)

(这时杜尚正在轻声地同站长说话。)

杜　　尚 我们必须立刻把他扶到床上去。他在火车上突然得了感冒,发烧四十多度。我认为,他的情况很不好。这里附近有旅馆吗?有几间像样一点的房间的旅馆吗?

站　　长 没有,一家也没有!整个阿斯塔波沃没有一家旅馆。

杜　　尚 可是,他得立刻躺到床上去。您看,他一直发着高烧,情况可能会变得很危险。

站　　长 那只好把我自己的那间房让出来,就在这旁边,先让列夫·托尔斯泰住下,当然,我将为此感到非常荣幸……不过,请原谅……房间非常破旧,十分简陋,这是一间我的公务用房,一间狭小的破平房……我怎么敢让列夫·托尔斯泰留宿在这样的房间里呢……

杜　　尚 这没有关系,我们无论如何得先让他躺到床上去。(转向正坐在桌子旁打着寒战的托尔斯泰)站长先生一片好心,他把自己的房间让给我们。您现在得马上休息,明天您就又有精神了,我们可以继续旅行。

托尔斯泰 继续旅行？不，不，我知道，我是不能再继续旅行了……这是我最后的旅程，我已经到达终点。

杜　　尚（鼓励地）别担心，您只是暂时发点烧。没有什么大不了。您只是有点儿感冒——明天您就全好了。

托尔斯泰 我现在就已觉得全好了……完全好了……只是昨天晚上，那才可怕呢。我做了一个噩梦，我恍恍惚惚觉得，他们都从家里跑了出来，拼命地追赶我，要把我追回去，拽回到那地狱里去……我突然惊醒过来，我起身把你们叫醒……我一路上又是害怕又是发烧，牙齿磕得直响。但是现在，到了这地方……我一点也不怕了……我说，我现在究竟在哪里呀？……我怎么从来没有见过这地方……现在好了……我一点也不怕了……他们再也追不上我了。

杜　　尚 肯定追不上了，肯定追不上。您可以安安心心躺在床上睡觉，您在这里，谁也找不到。

（杜尚和萨莎帮助托尔斯泰站起来。）

站　　长（向托尔斯泰迎来）请原谅……我只能让出这样一间非常简陋的房间……我自己的房间……床也不太好……是一张铁床……但是我会把一切都安排好的，我将立刻发出电报，让下一趟列车运一张床来……

托尔斯泰 不，不，不需要别的什么床……我睡的床一直比别人的好，好床我已经睡够了！现在，床越是不好，我越是感到舒服！农民们死的时候又怎么样？……他们不是也安息得很好吗？……

萨　　莎（搀扶着托尔斯泰往前走）走吧，父亲，去床上躺下，你累了。

托尔斯泰 （又一次站住）我不知道……噢，你说得对，我累了，四肢都在往下坠，我已经疲倦极了，但是我好像还在期待什么……就好像一个人已经困极了，但还不能睡着，因为他正在想着那些即将来临的好事；他不愿意让自己睡着了，因为一睡着，他心里想的那些好事也就消失了……奇怪的是，我从未有过这种感觉……也许这正是临死前的一种感觉……多少年来我一直怕死，我怕我不能躺在自己的床上死去，会像一头野兽似的嗥叫着爬进自己的窝里——这你们是知道的。但是现在，或许死神正在这房间里等着我呢，我却毫无畏惧地向死神走去。

（萨莎和杜尚扶着他一直走到里间屋的房门边。）

托尔斯泰 （在房门边站住，向里张望）这里好，这地方很好，低矮、狭窄、破旧……我好像都在梦里见到过似的，一间陌生的屋子里放着这样一张陌生的床，上面躺着……一个疲惫不堪的老头……等一下，他叫什么名字来着，这是我几年前才写的，他叫什么名字来着？那个老头？……他曾经很有钱，然后又变得非常穷……谁也不认识他了……他自己爬到火炉旁的床上……哎——我的脑袋，我的脑袋怎么不灵了呢！……他叫什么名字来着，那个老头？……他以前很有钱，可现在身上只穿着一件衬衫……还有他的妻子，那个在精神上折磨他的妻子，在他死的时候也不在他的身边……哦，我记起来了，他叫柯尔涅依·瓦西里耶夫[15]，我在当时写的那篇短篇小说里就是这样称呼这个老头的。就在他死去的那天夜里，天主唤醒了他妻子的心，他的妻子玛尔法赶来，想再见他一面……可是她来得太晚了，老头已经双眼紧闭，躺在一张陌生的床上,他已经完全僵硬了。他的妻子已无法知道,她丈夫究竟还在怨恨她呢,还是已经宽恕了她。她是再也不会知道了,索菲娅·安德烈耶夫娜……(好像梦醒似的)噢,不,她叫玛尔法……我已经全糊涂了……是呀,我要躺下了。(萨莎和站长领着他往前走,托尔斯泰面对站长)谢谢你,陌生人,你在你自己家里给了我栖身之处,你给我的,正是野兽在树林里想要找的……是苍天把我——这样一个柯尔涅依·瓦西里耶夫送到这里来的……(突然十分惊恐地)不过,请你们把门关上,别让其他人进来,我不愿意再见到人……只愿意和天主单独在一起,这样我就会睡眠得更深、更好,比我一生中任何时候都要好……

(萨莎和杜尚扶着他走进卧室,站长在他们身后轻轻地把门关上,怅然若失地站着。)

(玻璃门外急速的敲门声,站长拉开玻璃门,警长匆匆进来。)

警　　长　他对您说了些什么?我必须立刻将全部情况向上面报告,全部情况!他打算在这里待多久?

站　　长　他自己也不知道,谁也不知道,只有天主知道。

警　　长　那么您怎么能够在这间国家的房子里给他提供住处呢,这是您的公务用房,您不能把您自己的公务用房让给一个陌生人!

站　　长　列夫·托尔斯泰在我的心里可不是什么陌生人。他比我的兄弟还亲。

警　　长　但您有责任事先请示。

站　　长　我请示了我的良知。

警　　长　好吧，您要对此事负责。我要立刻向上面报告……这样责任重大的事突然落到一个人的肩上，实在太可怕了！要是能知道最高的主宰[16]对列夫·托尔斯泰的态度就好了……

站　　长　（十分平静地）我相信，真正的最高主宰[17]对列夫·托尔斯泰始终充满善意……

（警长惊愕地望着站长。）

（杜尚和萨莎从房间里出来，轻轻地关上房门。）

（警长迅速躲开。）

站　　长　你们怎么离开了伯爵老爷？

杜　　尚　他非常安静地躺着——我从未见过他的面容有这么安详。他终于在这里找到了世人未曾惠予他的东西：安宁。他第一次单独和他的天主同在。

站　　长　请原谅，我是一个头脑简单的人，但是我心里总在嘀咕，我不能理解，天主怎么会把这么多的苦难降临到列夫·托尔斯泰身上，使得他不得不从自己的家里出走，说不定还要死在我的这张和他身份极不相称的破床上……那些人——俄罗斯人怎么能去搅扰这样一颗高尚的心灵呢，难道他们不能干点别的吗，如果他们真的爱他，敬重他……

杜　　尚　是呀，经常是这样，妨碍一个伟人和妨碍他完成自己使命的人恰恰是那些爱他的人，他就是因为自己的亲人而不得不远走高飞。不过，他走得也正及时，因为只有这样离世才算完成了他的一生，使他的一生更加高尚。

站　　长　是呀，不过……我心里无法明白，也不愿意明白，这样一个人——这样一个我们俄罗斯大地上的瑰宝,为了我们这样一些人历尽了苦难,而我们自己却在无忧无虑之中蹉跎岁月……我们这些活着的人真应该感到惭愧……

杜　　尚　请您——善良的好心人,不必为他难过。这种毫不炫耀、近乎寒酸的最后命运无损于他的伟大。如果他不为我们这些人去受苦受难,那么列夫·托尔斯泰也就永远不可能像今天这样名满天下。[18]

注 释

〔1〕 1910年10月28日清晨五点钟,列夫·托尔斯泰瞒着妻子悄然离家,从此永远离开了亚斯纳亚·波利亚纳。第二天他到柯泽尔斯克附近的沙马尔京诺修道院看他所怜爱的当修女的妹妹玛利亚·尼古拉耶夫娜,为了向她告别——也许是永别,他在那里逗留了两天。

〔2〕 杜尚·彼得罗维奇·马科维茨基(Душан Петрович Маковицкий),斯洛伐克人,医生,在1904至1910年是托尔斯泰的密友,在托尔斯泰去世后仍留在亚斯纳亚·波利亚纳至1920年,帮助当地农民治病,著有《亚斯纳亚日记》,参阅托尔斯泰的长女苏霍京娜-托尔斯塔娅著《回忆录》(Т. Л. Сухотина-Толстая: *Воспоминания*),莫斯科文艺出版社,1981年俄文版,第399页。

〔3〕 亚斯纳亚·波利亚纳,列夫·托尔斯泰在俄国图拉省克拉皮文县(今属俄罗斯图拉省晓金区)的庄园,这是他母亲(尼·谢·沃尔康斯基公爵的女儿)的陪嫁产业,在兄弟析产时归他所有,列夫·托尔斯泰在此出生,他漫长一生的绝大部分时间在此度过。

〔4〕 杜霍波尔派基督徒(Духоборы),18世纪中叶产生于沙皇俄国和加拿大的一个宗教派别,亦可意译为"反对东正教仪式派基督徒"。列夫·托尔斯泰生前曾努力维护受官方教会迫害的杜霍波尔派基督徒,并在1898年决定将《复活》的全部稿酬资助杜霍波尔派基督徒移居加拿大。

〔5〕 这一场革命是指俄国1905—1907年革命。1905年1月22日(俄历1月9日),向沙皇尼古拉二世(Николай Ⅱ Александрович,1868—1918)请愿的工人队伍游行至冬宫前,遭到彼得堡警察的枪击,130人被打死,数百人受伤,从而成为俄国1905—1907年革命的导火索。接着是尼古拉二世统治下的君主立宪时期。当时的首相是斯托雷平(Пётр Аркадьевич Столыпин,1862—1911),他于1911年在基辅被社会革命党人暗杀。尔后俄国的政局继续动荡多

变，进入 1917 年二月革命（推翻沙皇）和十月社会主义革命（建立苏维埃政权）的前夜。

〔6〕 塞瓦斯托波尔，黑海之滨的海港城市。俄罗斯于 1783 年在此处建立要塞。1853 至 1855 年，俄国为控制黑海海峡，慑服土耳其，染指近东、巴尔干，和英国、法国、土耳其、撒丁的联军进行战争，因主要战场是在克里米亚，故称克里米亚战争，亦称东方战争。1855 年 9 月，塞瓦斯托波尔要塞被英、法等国联军攻占，俄国战败。当年，26 岁的青年列夫·托尔斯泰参加了这一次战争并担任最危险的第四号棱堡的一个炮兵连连长，还参加了该城的最后防御战，在各次战役中亲眼目睹平民出身的青年军官和士兵的英勇精神和优秀品质，加强了他对普通百姓的同情和对农奴制的批判态度，后来著有小说《塞瓦斯托波尔的故事》。

〔7〕 索尼娅（Соня），托尔斯泰对自己妻子的昵称。妻子正式名字是索菲娅。

〔8〕 弗拉基米尔·格奥尔吉耶维奇（Владимир Георгиевич），托尔斯泰的秘书。

〔9〕 牛蒡藤（Klette），此处比喻纠缠不休、令人讨厌的人。

〔10〕 列夫·托尔斯泰于 1862 年（俄历）9 月 23 日和索菲娅·安德烈耶夫娜·别尔斯结婚。当时托尔斯泰 34 岁。

〔11〕 谢廖日卡（Серёжка，谢廖沙 Серёша 的昵称）和安德烈（Андрей）是托尔斯泰和索尼娅生育的儿子。谢廖日卡为长子，生于 1863 年。

〔12〕 1910 年（俄历）10 月 27 日后半夜，托尔斯泰把小女儿萨莎唤醒，开始为他整理行装。10 月 28 日清晨五点半钟，托尔斯泰和杜尚乘坐一辆马车离家出走。他们直奔施切基诺火车站，先乘火车到科杰尔斯克站下车，傍晚抵达奥普亭隐修院，10 月 29 日又到沙马尔京诺修道院看望托尔斯泰的当修女的妹妹玛利亚。10 月 31 日清晨，托尔斯泰和杜尚离开沙马尔京诺，乘上开往南方的火车，可是八十三岁的托尔斯泰经不起旅途的劳顿，在火车上着了凉，接着转成肺炎，于是不得不在里亚赞——乌拉尔铁路线上的阿斯塔波沃（Астапово）火车站下车。

〔13〕 托尔斯泰在晚年加强了对沙皇俄国社会现实的批判，1886 年完成

戏剧《黑暗的势力》,揭露金钱的罪恶;1891年发表政论文《论饥荒》等,因而沙皇政府早就企图将他监禁或流放,但慑于他的声望和社会舆论而中止。政论文《教会和政府》(1885—1886)等揭露官方教会是"有产者政权"的婢女,引起教会强烈不满。1901年,俄国东正教主教公会开除托尔斯泰教籍。托尔斯泰至死都不与教会和解。1902年,托尔斯泰写信给沙皇,批评政府的残酷,并提出以立法形式消灭土地私有制。1908年(俄历)9月11日,《无产者》报登载列宁的文章《列夫·托尔斯泰是俄国革命的镜子》。1909年(俄历)2月9日,莫斯科《生活报》登载托尔斯泰反对死刑的杂文《塞翁失马,安知非福》,报纸编辑洛巴汀被判拘留三个月。1909年(俄历)8月4日,托尔斯泰的秘书古谢夫被逮捕,罪名是"进行革命宣传和散发违禁书籍",被判流放两年。1910年(俄历)8月,《欧洲消息报》登载托尔斯泰的《乡间三日》一文,不久即被查禁。1910年(俄历)11月7日,托尔斯泰逝世,九天以后,即(俄历)11月16日,列宁的文章《列夫·尼古拉耶维奇·托尔斯泰》在《社会民主党人》报第18期上发表。参阅中文版《列宁全集》第十六卷。

〔14〕康亚克酒(德语 Kognak,法语 Cognac),一种从葡萄酒再次提炼的烈性酒,呈金黄色,酒精浓度比白兰地更高,源自法国康亚克(Cognac)地区。

〔15〕列夫·托尔斯泰在1905年革命前夕著有短篇小说《柯尔涅依·瓦西里耶夫》,该小说宣扬宽容、饶恕、仁爱,反映了托尔斯泰晚年的思想。小说中的男主人公柯尔涅依·瓦西里耶夫和女主人公——他的妻子玛尔法的最后结局同托尔斯泰本人和他的妻子索菲娅的结局颇相似。

〔16〕〔17〕警长此处所说的"最高的主宰"是指沙皇;站长所说的"真正的最高主宰"是指天主。

〔18〕托尔斯泰离家出走并在途中患病的消息通过报纸很快传遍俄罗斯全国,接着全世界的报纸也都刊登了这条消息。托尔斯泰的亲人、朋友、新闻记者,以及抱着不同目的的政府官员都纷纷涌到阿斯塔波沃这个小小的火车站。托尔斯泰的病情不断加重,终于在

1910年（俄历）11月7日清晨六时零五分与世长辞。11月9日遗体被运回到故乡亚斯纳亚·波利亚纳。人们抬着灵柩，有成千上万的人送行。最引人注目的是一个农民高举着一面横幅，上面写着："列夫·尼古拉耶维奇！对您的恩德的记忆将永远活在我们这些成了孤儿的亚斯纳亚·波利亚纳农民的心里。"遵照托尔斯泰生前的嘱咐，他的遗体被安葬在亚斯纳亚·波利亚纳树林中的峡谷旁，离他的庄园约一公里远。墓地是一座十分朴素的孤坟，实际上只是一个不高的土堆而已，连一块墓碑也没有。由于教会的迫害，这里也没有十字架。但是坟墓却由许多老橡树、白杨树和菩提树环绕着，犹如一群忠诚的卫士守护着这块神圣之地。

南极探险的斗争

斯科特队长　南纬90度
一九一二年一月十六日

今天,设立在南极南纬90度的科学实验站取名为阿蒙森—斯科特站,这是为了纪念最早到达南极点的两名探险家:挪威人阿蒙森和英国人罗伯特·福尔肯·斯科特(Robert Falkon Scott,1868—1912)。当年,他们各自率领一支探险队,为使自己成为世界上第一批到达南极点的人而进行激烈的竞争。结果是阿蒙森队捷足先登,于一九一一年十二月十四日到达南极点,斯科特队则于一九一二年一月十八日才到达南极点,比阿蒙森队晚了将近五个星期。最后,阿蒙森队凯旋班师,而斯科特等五名最后冲击南极点的人却永眠在茫茫冰雪之中。研究南极探险史的科学家们指出:阿蒙森的胜利和斯科特的惨剧,并不在于他们两人的计划周密与否,而是在于前者依据丰富的实践经验制订计划,后者凭推理的设想制订计划。阿蒙森断定,人的体力和西伯利亚矮种马都无法抗御南极的严寒,唯有北极的爱斯基摩狗才能在极圈拉着雪橇前进,于是他用二十条膘肥体壮的狗胜利完成了到南极点去的往返路程。而斯科特则认为,狗的胃口太大，南极没有可猎的动物来补充狗的口粮（事实并非如此，狗可以和人吃同类的食物），于是决定用人力拉着雪橇长途跋涉，终于使自己和四名伙伴在从南极点返程时因极圈寒季的突然提前到来，在饥寒交迫之中死于体力不支。

发人深省的是，斯蒂芬·茨威格没有为胜利者阿蒙森作传，却用他生动的语言，记述了斯科特的悲壮一幕。这是因为正如茨威格在本篇结束时所说："只有雄心壮志才会点燃起火热的心，去做那些获得成就和轻易成功极为偶然的事。一个人虽然在同不可战胜的占绝对优势的厄运的搏斗中毁灭了自己，但他的心灵却因此变得无比高尚。"

——译者题记

征服地球

二十世纪眼帘底下的世界似乎已无秘密可言。所有的陆地都已被勘察过了,最遥远的海洋上都已有船只在乘风破浪。那些在一代人以前还不为世人所知、犹如仙境般的迷迷蒙蒙的地区,如今都已服服帖帖地在为欧洲的需要服务;轮船正向长期寻找的尼罗河的不同源头驶去。半个世纪以前才被第一个欧洲人看见的维多利亚瀑布[1]如今已顺从地推动着转盘发出电力;亚马孙河两岸的最后原始森林已被砍伐得日益稀疏;唯一的处女地——西藏也已被揭开羞涩的面纱;旧的地图和地球仪上那个"人迹未至的地区"[2]是被专家们夸大了的,如今二十世纪的人已认识自己生存的星球。探索的意志已在寻找新的道路,向下要去探索深海中奇妙的动物世界,向上要去探索无尽的太空,因为自从地球对人类的好奇心暂时变得无秘密可言以来,足迹未至的路线只有在天空中还能找到,所以飞机的钢铁翅膀已竞相冲上云霄,要去达到新的高度和新的远方。

但是，直到我们这个二十世纪，地球还隐藏着她的最后一个谜，不让人看见。这就是被分割得支离破碎的地球躯体上两块极小的地方，是地球从自己创造的人类的贪欲中拯救出来的两块地方：南极和北极——地球躯体的脊梁。千万年来，地球正是以这两个几乎没有生命、抽象的极点为轴线旋转着，并守护着这两块地方的纯洁不被亵渎。地球用层层叠叠的冰障隐藏着这最后的秘密。面对追寻秘密的人类，地球用永恒的冬天做守护神，用严寒和暴风雪竖起最雄伟的壁垒，挡住来往的通道。死的恐惧和危险使勇士们望而却步。只有太阳自己可以匆匆地看一眼这闭锁着的区域，而人的目光却还从未见过它的真貌。

在近几十年里，探险队一个接着一个前往，但没有一个达到目的地。勇士中的佼佼者——安德拉[3]的尸体在某处巨冰的玻璃棺材里静卧了三十三年，现在才被发现。他曾驾着飞艇想飞越北极圈，但却永远没有回来。每一次冲击都碰到由严寒铸成的巨冰的晶亮壁垒而被粉碎。自亘古至今日，地球的这一部分还始终蒙住自己的容貌，成为地球战胜人类欲望的最后壁垒。地球像处女似的对世人的好奇心保持着自己的一片洁白。

但是，年轻的二十世纪急不可待地伸出了自己的双手。二十世纪在实验室里锻造了新的武器，为防御危险找到了新的甲胄，而一切艰难险阻只能增加二十世纪的热望。二十世纪要知道一切真相。二十世纪想要在自己的第一个十年里就能占有以往千万年里未能达到的一切。个人的勇气中又结合着国家间的竞争。他们不再仅仅为了夺取极地而斗争，而且也是为了争夺那面第一次飘扬在这块新地上的国旗。于是，为了争夺这块由于热望而变得神圣的地方，由各民族、各国家组成的十字军开始出征了。从世界各大洲发起一次又一次的冲击。人类等待得已经不耐烦了，因为这是我们生存空间的最后秘密。从美国向北极进发的有皮尔里[4]和库克[5]，驶向南极的有两艘船：一艘由挪威人阿蒙森[6]指挥，另一艘由一名英国人——斯科特[7]海军上校率领。

斯科特

斯科特，一名英国皇家海军上校，一名普普通通的海军上校。他的履历表简直就同军衔表一样。他在海军的服役深得上级满意，后来参加过沙克尔顿[8]的探险队。没有任何特殊的迹象暗示出他将会是一位英雄。从照片上看，他的脸同成千上万的英国人一样，冷峻、刚毅，脸部的肌肉仿佛被内在的力量凝住了似的，缺乏表情。深灰色的眼睛，闭得紧紧的嘴巴。面容上没有任何轻松愉快的线条和浪漫色彩显示出他的意志和考虑现实世界的求实思想。他书写的字是英文的某一种字体，清楚而没有曲线的花饰，写得快而又工整。他的文风清晰和准确，像一份报告似的以真实性动人而不掺杂任何臆想。斯科特写的英文就像塔西佗[9]写的拉丁文一样质朴而遒劲。人们会觉得他是一个讲究实际而完全没有梦想的人。在英国，即便是具有特殊才能的天才也都像水晶石般的刻板，把一切都提升到尽责的高度。斯科特就是这样一个地地道道的英国人。他和英国历史已发生过上百次联系。他出征到过印度，征服过印度周边的无名岛屿，他随同殖民者到过非洲，参加过无数次世界性的战役。但无论到哪里，他都是一副同样冷冰冰的、矜持的面容，具有同样刚强的毅力和集体意识。

他的那种钢铁般的意志，人们早已在以往的事实面前感觉到了。如今，斯科特矢志要去完成沙克尔顿已经开始的事业。他计划组织一支探险队，然而资金缺乏。但这也难不倒他。他献出了自己的财产，还借了债，因为他自信有成功的把握。他的年轻妻子替他生了一个儿子，可是他毫不犹豫，像又一个赫克托耳[10]似的离开了自己的安德洛玛刻[11]。朋友和伙伴们不久也被找到了。世间再也没有什么能动摇他的意志。一艘名叫"新地"号的奇特的船把他们送到冰海的边缘。之所以说这艘船奇特，是因为它有着双重的装备：一半像是挪亚方舟[12]，满载着活的动物[13]，船上的另一半是一个现代化的实验室，备有成千件的仪器和大量图书。因为所必需的各种物质和精神食粮都必须随身带往那个空寂无人的世界，以维持人的生命。令人奇怪的是，在新时代最精良和最复杂的技术装备中却结合着原始人的最简陋的防御工具——兽皮、皮毛、活的动物。而整个探险行动也像这艘船一样，具有双重的面貌、奇异的色彩：这是一次冒险的行动，但又是一次盘算得非常仔细的行动，像做一桩买卖似的；这是一次大胆的行动，但又是一次最小心谨慎的行动——每一个细节都要算得十分准确，而发生意外的可能性仍然防不胜防。

他们于一九一〇年六月一日离开英国。那正是这个盎格鲁—撒克逊的岛屿王国阳光灿烂的日子。绿草如茵，鲜花盛开。灿烂的太阳高悬在没有云雾的上空，光芒四射。

当海岸线渐渐消失时,他们无比激动,因为人人都知道,他们和温暖与太阳一别就是数年,有些人也许是永别了。但船首飘扬着英国国旗,当他们想到,这面象征着世界的旗帜将随同他们去占领地球上迄今还没有主人的唯一地方时,他们也就心满意足了。

南极世界

他们于一九一一年一月在麦克默多海湾新西兰的埃文斯角登陆,这里是长年结冰的极地边缘。短暂的休整之后,他们在这里建起一座准备过冬的木板屋。十二月和一月在这里算是暖季[14],因为一年之中只有这段时间白天的太阳会在白色的金属般的天空中悬挂几个小时。房屋的四壁是用木板制成的,完全像以往探险队使用过的基地营房一样。但是人们在这座木板屋里却能感觉到时代的进步。他们的先驱当年用的还是像豆火似的气味难闻的鲸鱼油灯,坐在黑洞洞的斗室中对自己的视野所见十分厌烦。接二连三没有太阳的单调日子又会使他们感到非常疲倦。而现在,这些二十世纪的人却能在四面板壁之内看到整个世界和全部科学的缩影。一盏乙炔电石灯发出白亮的光。电影放映机把远方的画面——温带和热带的风光像变魔术似的呈现在他们面前。八音盒演奏着音乐。留声机播放着歌唱声。各种图书传播着时代的知识。打字机在一间木板屋里噼噼啪啪地直响。另一间木板屋是小暗室,在这里洗印彩色胶卷和影片。一名地质学家在用放射性仪器检验岩石。一名动物学家在捕获到的企鹅身上寻找新的寄生物。气象观测和物理实验互相交换着结果。在昏暗的没有阳光的几个月里，每个人都有自己分内的工作，彼此巧妙地联系在一起，把孤立的研究变成共同的知识。这三十个人每天晚上都各自写出专门的报告，在巨冰形成的层峦叠嶂和极地的严寒之中讲授大学的课程。每个人都想尽量把自己的知识传授给别人，他们在互相热烈的交谈中完善自己对世界的认识。由于研究的专门化，谁也谈不上骄傲，他们只是希望能在集体生活中相得益彰。这三十个人就在这样一个处于自然状态的史前世界中，在没有时间概念的一片孤寂中，互相交换着二十世纪的最新成果。而他们正是在这些成果之中不仅能感觉到世界时钟的每一小时，而且还能感觉到每一秒钟。后来，人们在他们的记载中令人感动地读到，这些严肃的人们曾怎样在圣诞树旁兴高采烈地欢庆过，曾怎样出版过一份风趣的小报，诙谐地把小报称作《南极时报》，在小报上愉快地开着玩笑。在那里，一件小事——比如，一条鲸鱼浮出水面、一匹西伯利亚矮种马跌了一跤——都会变成头条新闻，而另一方面，那些非同寻常的事——比如，发亮的极光、可怕的寒冷、极度的孤独寂寞——反而变得司空见惯和习以为常。

在这期间，他们只敢进行小规模的外出活动，试验机动雪橇[15]、练习滑雪和驯狗，同时，为以后的远征建造仓库。可是在暖季的十二月到来之前的日子却过得很慢很慢。——那艘带着家信的轮船要等到暖季才会穿过巨冰漂浮的大海驶到这里呢。他们现在倒是也敢分小组出去活动了，在凛冽的寒季中锻炼白天行军，试验各种帐篷，掌握一切经验。当然，他们所做的事并不件件成功，但正是无数的困难给他们增添了新的勇气。当他们外出活动归来时，全身冻僵，精疲力竭，而迎接他们的则是一片欢呼和热烘烘的火炉。在经过了几天的饥寒交迫之后，他们便觉得这座建立在南纬 77 度线上的舒适的小木板屋是世界上最安乐的场所。

不过，有一次一个探险小组从西面方向归来，他们带回来的消息使整个屋子变得鸦雀无声。回来的人说，他们在途中发现了阿蒙森的寒季营地。斯科特立刻明白：现在，除了严寒和危险以外，还有另一个人在向他挑战，要夺去他作为第一个发现地球最后秘密的人的荣誉。这个人就是挪威的阿蒙森。斯科特在地图上反复测量。当他发现阿蒙森的寒季营地驻扎在比他自己的寒季营地离南极点近一百一十公里时，他完全惊呆了，但却没有因此而气馁。"为了祖国的荣誉，振作起来！"——他在日记中自豪地这样写道。

阿蒙森这个名字在他的日记中仅仅出现过这唯一的一次，以后再也没有出现过。但是人们可以感觉到：从那天以后，阿蒙森的名字成了一直笼罩在这座冰天雪地中的孤寂小屋上的阴影，每时每刻都使斯科特坐卧不安。

向南极点进发

离木板屋一英里远的观察高地上不停地轮换着守望人。架在斜坡上的一台孤零零的仪器，恰似一门大炮，对准着看不见的敌人。这台仪器用来测试正在临近的太阳初升时发出的热量。他们一连几天等候着太阳的出现。黎明时的蒙蒙天空中已变幻着色彩缤纷的霞光,但圆面似的太阳还始终没有浮出地平线。不过,四周辉耀着奇妙彩光的天空——这种太阳反射的先兆已经使这些急不可耐的人欢欣不已。电话铃终于响了,从观察高地的顶端向这些高高兴兴的人们传来这样的消息:太阳出来过了,几个月来太阳第一次在这寒季的黑夜里露了一小时脸。太阳的光线非常微弱、非常惨淡,几乎不能使冰冷的空气活动起来,太阳的光波几乎没有在仪器上产生摆动的信号,不过,仅仅看到了太阳这一点,就足以使人发出欢笑。为了充分利用这一段有光线的短暂时间——尽管这段时间按照我们通常的生活概念来说仍然是冷得可怕的冬天,可是在南极则意味着春天、夏天、秋天的一齐到来——探险队紧张地进行准备工作。机动雪橇在前面嘎嘎地开动,后面跟着西伯利亚矮种马和爱斯基摩狗拉的雪橇。整个路程被预先周密地划分为几段。每隔两天路程就设置一个贮藏点,为以后返程的人储备好新的服装、食物以及最最重要的煤油——在无限的寒冷中被液化了的热量。因为出发的时候将是全部人马,然后逐渐分批回来,所以要给最后一个小组——挑选出来去征服南极点的人——留下最充分的装备、最强壮的牵引牲畜和最好的雪橇。

尽管计划制订得非常周密,甚至连可能发生的种种意外不幸的细节都考虑到了,但还是没有奏效。经过两天的行程,机动雪橇全都出了毛病,瘫在地上,变成一堆无用的累赘;西伯利亚矮种马的状况也不像预期的那样好。不过,这种生物工具在这里要比机械工具略胜一筹,因为即使这些病马不得不在中途被杀死,它们也还可以给狗留下几顿热的美餐，增加狗的体力。

一九一一年十一月一日，他们分成几组出发。从电影的画面上看，这支奇特的探险队开始有三十人，然后是二十人、十人，最后只剩下五个人在没有生命的史前世界的白色荒原上孤独地行走着。走在队伍最前面的一个人始终用毛皮和布块把自己裹得严严实实，只露出胡须和一双眼睛，看上去像个野人。一只包着毛皮的手牵着一匹西伯利亚矮种马的笼头，马拖着他的载得满满的雪橇。在他后面是一个同样装束、同样姿态的人，在这个人后面又是这样一个人……二十个黑点在一望无际的耀眼的白色冰雪上形成一条线。他们夜里钻进帐篷，为保护西伯利亚矮种马，朝着迎风的方向筑起一堵雪墙。第二天一早，他们又重新登程，怀着单调、荒凉的心情行走在这千万年来第一次被人呼吸的冰冷空气之中。

但是令人忧虑的事愈来愈多。天气始终十分恶劣，他们有时候只能走三十公里而不是四十公里。而每一天的时间对他们来说愈来愈宝贵，因为他们知道在这一片寂寞之中还有另一个看不见的人正在从另一侧面向同一目标挺进。在这里，每一件小事都可能酿成危险。一条爱斯基摩狗跑掉了；一匹西伯利亚矮种马不愿进食——所有这些事都能使人惴惴不安，因为在这荒无人烟的雪原上一切有用的东西都变得极其珍贵，尤其是活的东西更成了无价之宝，因为它们是无法补偿的。说不定永垂史册的功名就系在一匹矮种马的四只蹄上，而风雪弥漫的天空则很可能妨碍一项不朽事业的完成。与此同时，全队人的健康状况也出了问题。一些人得了雪盲症，另一些人四肢冻伤。西伯利亚矮种马愈来愈精疲力竭,因为它们的饲料愈来愈少。最后,这些矮种马刚刚走到比尔兹莫尔冰川脚下就全部死去,这些马在这里的孤独寂寞之中和探险队员共同生活了两年,已成为他们的朋友。每个人都叫得出马的名字。他们曾温柔地抚摸过它们无数次,可是现在却不得不去做一件非常伤心的事——在这里把这些忠实的牲口杀掉。他们把这个伤心的地方称作"屠宰场营地"。一部分探险队员就在这个鲜血淋漓的地方离开队伍,向回走去,而另一部分队员现在就要去作最后的努力——越过那段比尔兹莫尔冰川的险恶路程。这是南极用以保护自己而筑起的险峻的冰雪壁垒,唯有人的意志的热烈火焰能冲破它。

他们每天走的路愈来愈少,因为这里的雪都结成了坚硬的冰碴儿。他们不能再滑着雪橇前进,而必须拖着雪橇行走。坚硬的冰凌划破了雪橇板,走在像沙粒般硬的雪地上,脚都磨破了,但他们没有屈服。十二月三十日,他们到达了南纬87度,即沙克尔顿到达的最远点。最后一部分支援人员也必须在这里返回了,只有五个选拔出来的人可以一直走到南极点。斯科特将他认为不合适的人挑出来。这些人不敢违拗,但心情是沉重的。目标近在咫尺,他们却不得不回去,而把作为第一批看到南极点的人的荣誉让给其他的伙伴。然而,挑选人员的事已经决定。他们互相又握了一次手,用男性的坚强隐藏起自己感情的激动。这一小队人终于又分成了更小的两组,一组朝南,走向一切未知的南极点,一组向北,返回自己的营地。他们不时从两个方向转过身来,为了最后看一眼自己活着的朋友。不久,最后一个人影消失了。他们——五名挑选出来的人:

斯科特、鲍尔斯、奥茨、威尔逊和埃文斯[16]寂寞地继续向一切未知的南极点走去。

南极点

那最后几天的日记显示出他们愈来愈感到不安。他们开始颤抖,就像南极附近罗盘的蓝色指针。斯科特在日记中写道:"身影在我们右边向前移动,然后又从前边绕到我们左边,围着我们的身子慢慢地转一圈,可是这段时间却是没完没了的长!"[17]不过,希冀的火花也在日记的字里行间越闪越明亮。斯科特愈来愈起劲地记录着走过的路程:"只要再走一百五十公里就到南极点了,可是如果这样走下去,我们真坚持不了。"——日记中又这样记载着他们疲惫不堪的情况。两天以后的日记是:"还有一百三十七公里就到南极点了,但是这段路程对我们来说将变得非常非常困难。"可是在这以后又突然出现了一种新的、充满胜利信心的语气:"只要再走九十四公里就到南极点了!即便我们不能到达那里,我们也已走得非常非常近了。"一月十四日,希望变成了确有把握的事:"只要再走七十公里,我们的目的地就达到了!"而从第二天的日记里已经可以看出他们那种喜悦和几乎是轻松愉快的心情:"离南极点只剩下五十公里了,不管怎么样,我们就要到达目的地了!"这几行欢欣鼓舞的字使人深切地感觉到他们心中的希望之弦是绷得多么紧,好像他们的全部神经都在期待和焦急面前颤抖。胜利就在眼前;他们已伸出双手去揭开地球的这个最后秘密之处,只要再使一把劲,目的地就到达了。

一月十六日

"情绪振奋"——一九一二年一月十六日的日记这样记载。这一天,他们清晨起程,出发得比平时更早,为的是能早一点看到无比美丽的秘密。焦急的心情把他们早早从自己的睡袋中拽了出来。到了下午,这五个坚持不懈的人已走了十四公里。他们热情高涨地行走在荒无人迹的白色雪原上,因为现在再也不可能达不到目的地了,为人类所做的决定性的业绩几乎已经完成。可是突然之间,同伴之一的鲍尔斯变得不安起来。他的眼睛紧紧盯着无垠雪地上的一个小小的黑点。他不敢把自己的猜想说出来:可能已经有人在这里竖立了一个路标。但现在其他的人也都可怕地想到了这一点。他们的心在战栗,只不过还想用自己的错觉安慰自己罢了——就像鲁宾孙[18]在荒岛上刚发现陌生人的脚印时竭力想把它看作是自己的脚印一样,这当然纯属徒劳——他们对自己说,这一定是冰的一条裂缝,或者是某件东西投下的影子。他们神经紧张地越走越近,一边还不断自欺欺人,其实他们心中早已明白:以阿蒙森为首的挪威人已在他们之先到过这里了。

没有多久,他们发现雪地上插着一根滑雪杆,上面绑着一面黑旗,周围是扎过营地的残迹——滑雪板的痕迹和许多狗的足迹。在这严酷的事实面前也就不必再怀疑:阿蒙森在这里扎过营地了。千万年来人迹未至、或者说自远古以来从未被世人瞧见过的地球的南极点竟在一个分子量的时间之内——即十五天[19]内两次被人发现,这在人类历史上是闻所未闻、不可思议的事。而他们恰恰又是第二批到达南极点的人,他们仅仅迟到了一个月。虽然昔日逝去的光阴数以几百万个月计,但现在迟到的这一个月,却显得太晚太晚了——对人类来说,第一个到达者拥有一切,第二个到达者什么也不是。而他们正是人类到达南极点的第二批人。一切努力成了白费劲,历尽千辛万苦显得十分可笑,几星期、几个月、几年的希望简直可以说是癫狂。"历尽千辛万苦、风餐露宿、无穷的痛苦烦恼——这一切究竟是为了什么呢?还不是为了实现梦想,可是梦想现在已成为泡影。"——斯科特在他的日记中这样写道。泪水从他们的眼睛里夺眶而出。尽管精疲力竭,这天晚上他们还是夜不成眠。他们像被判了刑的罪人似的失去希望,闷闷不乐地继续走着那一段到南极点去的最后路程,而他们原先想的是:欢呼着冲向那里。他们谁也不想安慰别人,只是默默地拖着自己的脚步往前走。一九一二年一月十八日,斯科特海军上校和他的四名同伴到达南极点。由于他已不再是第一个到达这里的人,所以这里的一切并没有使他觉得十分耀眼。他只是用冷漠的眼睛看了看这块伤心地方。"这里看不到任何东西,和前几天令人毛骨悚然的单调没有任何区别。"——这就是罗伯特·福尔肯·斯科特关于南极点的全部描写。他们在那里发现的唯一不寻常的东西,不是由自然界造成的,而是由角逐的对手造成的,那就是飘扬着挪威国旗的阿蒙森的帐篷。挪威国旗耀武扬威地、扬扬得意地在这座被人类冲破的壁垒上猎猎作响。它的占领者还在这里留下一封信等待这个不相识的第二名的到来,他相信这第二名一定会随他之后到达这里,所以阿蒙森请他把那封信带给挪威的厚康国王[20]。斯科特接受了这项任务，他要忠实地去完成这项最冷酷无情的职责：在世界面前为另一个人完成的事业做证，而这项事业却正是他自己所热烈追求的呀。

他们怏怏不乐地在阿蒙森的胜利旗帜旁边插上英国国旗——这面姗姗来迟的"联合王国的国旗"，然后就离开了这块"辜负了他们的雄心壮志"的地方。在他们身后刮来凛冽的寒风。斯科特怀着不祥的预感在自己的日记中写道："回去的路让我感到非常可怕。"

罹　难

回来的路程所冒的危险增加了十倍。在前往南极点的途中有罗盘指引他们，而现在除了罗盘外，他们还必须顺着自己原来的足迹走回去，在几个星期的行程中必须小心翼翼地绝不离开自己原来的脚印，以免错过事先设置的贮藏点——那里储存着他们的食物、衣服和凝聚着热量的几加仑煤油。但是漫天大雪封住了他们的眼睛，使他们每走一步都忧心忡忡，因为一旦偏离方向，错过了贮藏点，无异于直接走向死亡。况且他们体内已缺乏那种初来时的充沛精力，因为那时候丰富的营养所含有的化学能和南极之家的温暖营房都给他们带来了热量。

不仅如此，他们心中钢铁般的意志现在也已松懈。来的时候他们满怀无限的希望，这希望体现了所有世人的好奇和渴求，这希望给他们增添了无穷的力量。当他们一想到自己所进行的是人世间不朽的事业时，也就有了超人的力量。而现在他们仅仅是为了使自己的皮肤不受损伤、为了自己终将死去的肉体的生存、为了没有任何荣耀的归来而搏斗。说不定在他们的内心深处，与其说盼望着回家，毋宁说更害怕回家。

阅读那几天的日记令人不寒而栗。天气变得愈来愈恶劣，寒季比平常来得更早。他们鞋底下的白雪由软变硬了，结成厚厚的冰凌，踩上去就像踩在三角钉上一样，每走一步都要粘住鞋。刺骨的寒冷吞噬着他们已经疲惫不堪的躯体。所以每当他们经过几天的畏缩不前和走错路以后重新到达一个贮藏点时，他们就稍稍高兴一阵，从他们的话语中重新闪现出信心的火焰。这几个在阴森森的一片寂寞之中行走的人，他们的英雄气概令人钦佩，最能证明这一点的莫过于负责科学研究的威尔逊博士，他在离死只有寸步之遥时，还在继续进行着自己的科学观察，在自己的雪橇上除了一切必需的载重之外还拖着十六公斤珍稀的岩石样品。

然而，人的勇气终于渐渐地被大自然的巨大威力所销蚀。这里的自然界冷酷无情，千万年来积聚的力量能像精灵一般使自然界召唤来寒冷、冰冻、飞雪、风暴——用这些毁灭人的一切威力来对付这五个无比大胆者。他们的脚早已冻烂；食物的定量愈来愈少，一天只能吃一顿热餐。由于热量不够，他们的身体已变得非常虚弱。一天，同伴们可怕地发觉，他们中间最身强力壮的埃文斯突然精神失常。他站在一边不走了，嘴上念念有词，不停地抱怨着他们所受的种种苦难——有的是真的，有的是他的幻觉。从他语无伦次的话里，他们终于明白，这个苦命的人由于摔了一跤或者由于巨大的痛苦已经疯了。对他怎么办？把他抛弃在这一片没有生命的冰原上随他去吗？但另一方面他们又必须毫不迟疑地迅速赶到下一个贮藏点，要不然……斯科特还在犹豫，是否把这件事写入日记。一九一二年二月十七日夜里一点钟，这位不幸的海军军士死去了。那一天他们刚刚走到"屠宰场营地"，重新找到了上个月屠宰的矮种马，第一次吃了较丰盛的一餐。

现在只有四个人继续走路了，但灾难又临到头上。下一个贮藏点带来的是令人痛苦的新的失望。储存在这里的煤油太少了，也就是说，他们必须精打细算地使用这些最必需的用品——燃料，他们必须节省热能，而热能恰恰是他们对付严寒的唯一防御武器。冰冷的黑夜，周围是呼啸不停的暴风雪，他们胆怯地睁着眼睛不能入睡。他们几乎再也没有力气把毡鞋的底翻过来。但他们继续拖着自己往前走，他们中间的奥茨已经在用冻掉了脚趾的脚行走。风刮得比任何时候都厉害，一九一二年三月二日，他们到了下一个贮藏点，但再次使他们感到可怕的绝望：那里储存的燃料又是非常之少。

现在，恐惧已在话语中表露出来。人们从斯科特的话语中可以觉察到他如何尽量掩饰着自己的恐惧，但从他强制的镇静中还是一再迸发出绝望的尖叫——"再这样下去，是不行了"或者"天主保佑呀！我们再也忍受不住这种劳累了"，或者"我们的戏将要悲惨地结束"，最后终于出现了可怕的自白："唯愿天主保佑我们吧！我们现在已很难期待人的帮助了。"然而，他们还是拖着疲惫的身体，咬紧着牙关，绝望地继续向前走呀，走呀。奥茨越来越走不动了，越来越成为朋友们的负担，而不再是什么帮手。一天中午，气温达到摄氏零下 42 度，他们不得不放慢走路的速度。不幸的奥茨不仅感觉到，而且心里也明白，这样下去，他会给朋友们带来厄运，于是做好最后的准备。他向负责科学研究的威尔逊要了十片吗啡，以便在必要时加快结束自己的生命。他们陪着这个病人又艰难地走了一天路程。然后这个不幸的人自己要求他们将他留在睡袋里，把自己的命运和他们的命运分开来。但他们坚决拒绝了这个主意，尽管他们都清楚，这样做无疑会减轻大家的负担。于是病人只好用冻伤了的双脚踉踉跄跄地又走了若干公里，一直走到宿夜的营地。他和他们一起睡到第二天早晨。清早起来，他们朝外一看，外面是狂吼怒号的暴风雪。

奥茨突然站起来，对朋友们说："我要到外边去走走，可能要多待一些时候。"其余的人不禁战栗起来。谁都知道，在这种天气下到外面去走一圈意味着什么。但是谁也不敢说一句阻拦他的话，也没有一个人敢伸出手去向他握别。他们大家只是怀着敬畏的心情感觉到：劳伦斯·奥茨——这个英国皇家禁卫军的骑兵上尉正像一个英雄似的向死神走去。

现在只有三个疲惫、羸弱的人吃力地拖着自己的脚步，穿过茫茫无际、像铁一般坚硬的冰雪荒原。他们疲倦已极，已不再抱任何希望，只是靠着迷迷糊糊的直觉支撑着身体，迈着蹒跚的步履。天气变得愈来愈可怕，每到一个贮藏点，迎接他们的是新的绝望，好像故意捉弄他们似的，只留下极少的煤油——即热能。一九一二年三月二十一日，他们离下一个贮藏点只有二十公里了，但暴风雪刮得异常凶猛，好像要人的性命似的，使得他们无法离开帐篷。他们每天晚上都希望第二天能到达目的地,可是到了第二天,除了吃掉一天的口粮外,只能把希望寄托在第二个明天。他们的燃料已经告罄,而温度计却指在摄氏零下40度。任何希望都破灭了。他们现在只能在两种死法中间进行选择:是饿死还是冻死。四周是白茫茫的洪荒世界,三个人在小小的帐篷里同注定的死亡进行了八天的斗争。一九一二年三月二十九日,他们知道再也不会有任何奇迹能拯救他们了,于是决定不再迈步向厄运走去,而是骄傲地在帐篷里等待死神的来临,不管还要忍受怎样的痛苦。他们爬进各自的睡袋,却始终没有向世界哀叹过一声自己最后遭遇到的种种苦难。

斯科特临死时的书信

凶猛的暴风雪像狂人似的袭击着薄薄的帐篷,死神正悄悄走来,就在这样的时刻,斯科特海军上校回想起了与自己有关的一切。因为只有在这种从未被人声冲破过的极度寂静之中他才会悲壮地意识到自己对祖国、对所有的人的亲密情谊。但是在这个白雪皑皑的荒漠上只有内心中的海市蜃楼——它召来那些由于爱情、忠诚和友谊曾经同他有过联系的各种人物的形象,他给所有这些人留下了话。斯科特海军上校在他行将死去时用冻僵的手指给他所爱的一切活着的人写了书信。

那些书信写得非常感人。死在眉睫,信中却丝毫没有缠绵悱恻的情意,仿佛信中也渗透着那种没有生命的天空中的清澈空气。那些信是写给他认识的人的,然而是说给全人类听的；那些信是写给那个时代的，但说的话却千古永垂。

他给自己的妻子写信。他提醒她要照看好他的最宝贵的遗产——儿子，他关照她最主要的是不要让儿子懒散。他在完成世界历史上最崇高的业绩之一的最后时刻竟作了这样的自白："你是知道的，我不得不强迫自己有所追求——因为我总是喜欢懒散。"在他行将死去的时刻，他仍然为自己的这次决定感到光荣而不是感到遗憾。"关于这次远征的一切，我能告诉你什么呢。它比舒舒服服地坐在家里不知要好多少！"

他怀着最诚挚的友情给那几个同他自己一起罹难的同伴们的妻子和母亲写信，为他们的英勇精神做证。尽管他自己也即将死去，他却以坚强的、崇高的感情——因为他觉得这样死去是值得纪念的，这样的时刻是伟大的——去安慰那几个同伴的遗属。

他给他的朋友们写信。他在谈到自己时非常谦逊，但在谈到整个民族时却充满无比自豪，他说，在这样的时刻，他为自己是这个民族的儿子——一个称得上儿子的人而感到欢欣鼓舞。他写道："我不知道，我算不算是一个伟大的发现者。但是我们的结局将证明，我们的民族还没有丧失那种勇敢精神和忍耐力量。"他在临死时还对朋友作了友好的表白，这是他在一生中由于男性的倔强、灵魂的贞操而没有说出口的话。他在给他的最好的朋友的信中写道："在我一生中，我还从未遇到过一个像您这样令我钦佩和爱戴的人，可是我却从未向您表示过，您的友谊对我来说意味着什么，因为您有许多可以给我，而我却没有什么可以给您。"

他的最后一封信,也是最精彩的一封信是写给他的祖国的。他认为有必要说明,在这场争取英国荣誉的搏斗中他虽然失败了,但却无个人的过错。他一一列举了使他们遭到失败的种种意外事件,同时用那种死者特有的无比悲怆的声音恳切地呼吁所有的英国人不要抛弃他们的遗属。他最后想到的仍然不是自己的命运。他写的最后一句话讲的不是关于自己的死,而是关于活着的他人:"看在天主面上,务请照顾我们的家人!"以下便是几页空白信纸。

斯科特海军上校的日记一直记到他生命的最后一息,记到他的手指完全冻住,笔从僵硬的手中滑下来为止。他希望以后会有人在他的尸体旁发现这些能证明他和英国民族勇气的日记,正是这种希望使他能用超人的毅力把日记写到最后一刻。最后一篇日记是他用已经冻伤的手指哆哆嗦嗦写下的愿望:"请把这本日记送到我的妻子手中!"但他随后又悲伤地、坚决地划去了"我的妻子"这几个字,在它们上面补写了可怕的字眼:"我的遗孀。"

回　应

住在基地木板屋里的同伴们等待了好几个星期,起初充满信心,接着有点忧虑,最后终于愈来愈不安。他们曾两次派出营救队去接应,但是恶劣的天气又把他们挡了回来。这些失去了队长的人在木板屋里白白地待了整个漫长的寒季,他们的心中都已蒙上灾难的黑影。在这几个月里,有关罗伯特·斯科特海军上校的命运和事迹一直被封锁在白雪和静默之中,想必白冰已把他们密封在晶亮的玻璃棺材里。直到南极的暖季——也可说是春天到来之际，一九一二年十月二十九日，一支探险队才出发，至少要去找到那几位英雄的尸体和他们的消息。十一月十二日他们到达那个帐篷，发现英雄们的尸体已冻僵在睡袋里，死去的斯科特还像亲兄弟似的搂着威尔逊。他们找到了那些书信和文件，并且为那几个悲惨死去的英雄们垒了一座石墓。在堆满白雪的墓顶上竖着一个简陋的黑色十字架。它至今还孤独地矗立在银白色的世界上，好像这银白色的世界将要永远藏匿起这件人类历史上那次英雄业绩的物证。

可是没有！他们的事迹出乎意料地、奇妙地复活了。这是我们新时代的科技世界创造的精彩奇迹。朋友们把那些底片和电影胶卷带回家来，在化学溶液里显出了图像，人们再次看到了行军途中的斯科特和他的同伴们，并且发现：看到南极风光的除了他以外，只有另一个人——阿蒙森。斯科特的遗言和书信通过电波迅速传到既惊异又赞叹的世界各地。在英国国家主教堂里，国王跪下来悼念这几位英雄。所以说，看来徒劳的事情会再次结出果实，一件耽误了的事情会变成对人类的大声疾呼：要求人类把自己的力量集中到尚未达到的目标；壮丽的毁灭，虽死犹生，失败中会产生攀登无限高峰的意志。因为只有雄心壮志才会点燃起火热的心，去做那些获得成就和轻易成功极为偶然的事。一个人虽然在同不可战胜的占绝对优势的厄运的搏斗中毁灭了自己，但他的心灵却因此变得无比高尚。一位文豪只是有时候会创作出一些千古流传的伟大悲剧，而生活所创作的千古流传的伟大悲剧却要多至千万倍呢。

注 释

[1] 维多利亚瀑布,世界上最宽大的瀑布,地处非洲赞比西河上中游交界处。它从石床上直泻而下,飞雾和声响可远及 15 公里。1855 年 11 月英国传教士——殖民者戴维·利文斯通来此发现后,以英国女王之名命为维多利亚瀑布。赞比亚独立后,恢复原名,称莫西奥图尼亚瀑布(Falls "Mosi-Oa-Toeja"),在洛兹语或通加语中意为声若雷鸣的雨雾。

[2] 具有逻辑头脑的古希腊人设想世界是个球体,因而认为必然要有一个陆块由极南方来平衡欧洲及亚洲——不然的话,世界就会翻转而成南、北对调的状态。公元 2 世纪的地理学家托勒密在他的地图上就画出了这样一个地区,在已知世界的下面画出一个跨越底部的大陆,取名为 terra incognita(人迹未至的地区或未知的地区)。文艺复兴期间,地图绘制者坚持在地图上画出这个传统性的大陆,但画出的位置比托勒密所画的还更向南,重新取名为 terra australis(南方的陆地),又由于它仍是个未知的大陆,通常还附上 incognita(人迹未至)一词。

[3] 安德拉(Salomon August Andree,1854—1897),瑞典飞艇驾驶员,1897 年驾飞艇横越北极时遇难,距茨威格著《南极探险的斗争》已有 33 年,距斯科特遇难 25 年。

[4] 罗伯特·皮尔里(Robert Edwin Peary,1856—1920),美国探险家,据以往的探险史记载,他于 1909 年 4 月 6 日到达北纬 90 度并胜利归来,从而成为世界上第一个到达北极的人,但事后有人质疑。

[5] 弗雷德里克·库克(Frederick Albert Cook,1865—1940),美国医生和极地探险家,声称自己曾于 1908 年到达北极,比皮尔里还早一年,但很快受到责难,皮尔里说库克"欺骗民众",调查结果几乎没有支持库克的证据,从而使他名誉扫地,死时仍悲愤莫名。然而自 20 世纪 70 年代以来,极地研究专家们对库克踏上极地一事日

趋表示肯定，因为库克在1908年提出的极地探险报告中首次描述的许多现象已被现代冰地研究的成果以及飞机、人造卫星拍摄的照片所证实。相反，1973年物理学家兼天文学家在详细研究了罗伯特·皮尔里公布的全部资料后，得出结论：皮尔里上将根本没有到达北极。参阅〔苏〕《在国外》1983年第10期文章：《谁第一个踏上北极》，中译文请见《读者文摘》1984年第3期。

〔6〕 罗阿勒德·阿蒙森（Roald Amundsen, 1872—1928），挪威探险家，1911年12月14日到达南极点，是世界上第一支到达南纬90度并胜利归来的探险队的领队，以后又声称到过北极，从而成为世界上唯一到过南、北两极的著名探险家。

〔7〕 罗伯特·福尔肯·斯科特（Robert Falcon Scott, 1868—1912），英国皇家海军上校，著名南极探险家。1912年1月18日与四伙伴到达南极，返程时罹难。

〔8〕 欧内斯特·亨利·沙克尔顿（Sir Ernest Henry Shackleton, 1874—1922），英国人，南极探险家，1909年1月到达南纬88°23′，因严重冻伤未能到达南纬90度而返回基地，但他在南极顺利通过的2740公里路程，被誉为当时南极探险中最伟大的业绩，从而在欧洲各国被封为爵士，以后又带领探险队横跨整个南极洲。

〔9〕 塔西佗（Cornelius Tacitus, 约55—约120），古罗马著名历史学家，其文体崇尚简洁并善用警句。

〔10〕 赫克托耳，荷马史诗中特洛伊的英雄。

〔11〕 安德洛玛刻，荷马史诗中赫克托耳的妻子，以钟爱丈夫著称。

〔12〕 挪亚方舟（Noah's ark），基督教《圣经·旧约》中的故事人物诺亚建造的方形大船，他与家属以及每种动物雌雄各一对，乘方舟逃脱了大洪水之灾。

〔13〕 活的动物，是指带到南极来用来牵引雪橇的西伯利亚矮种马和爱斯基摩狗。

〔14〕 南极圈内全年分寒暖两季，11月至3月为暖季，4月至10月为寒季，暖季是连续的白昼，寒季则是连续的极夜，并有绚丽的弧形极光出现，称南极光。

〔15〕 斯科特为征服南极准备了三辆机动雪橇，但实践证明它们在南极

的严寒之中完全无效,这三辆机动雪橇至今还废弃在麦克默多海湾埃文斯角的主要营地上,成为纪念馆的遗物。

〔16〕 随同斯科特一起到达南极点的其他四名探险队员是:亨利·鲍尔斯(H. Bowers, 1883—1912),英国海军上尉;劳伦斯·奥茨(Lawrence Edward Grace Oates, 1880—1912),探险队船长,在回程时因双腿冻伤行走困难,为不连累伙伴而自杀;爱德华·威尔逊博士(Edwark Adrian Wilson, 1872—1912),美国医生和南极探险家,负责斯科特探险队的科学研究;埃德加·埃文斯(Edgar Evans, 1874—1912),退役海军军士,在回程时因摔了一跤受伤,痛苦不堪而发疯,最后死于体力不支。

〔17〕 这是指南极太阳照射的一天。

〔18〕 鲁宾孙(Robinson),是指英国小说家笛福(Daniel Defoe,约1660—1731)的著名小说《鲁宾孙漂流记》(*Robinson Crusoe*, 1719/20)中的主人公。鲁宾孙出海经商,在海上遇难,流落荒岛28年。

〔19〕 此处原文是十五天。可能是指阿蒙森比斯科特早十五天离开南极点,据文献记载,斯科特比阿蒙森约晚一个月到达南极点。

〔20〕 厚康七世(Håkon Ⅶ, 1872—1957),丹麦王子,1905年挪威从瑞典分离出来后,任挪威国王。

封闭的列车

列　宁
一九一七年四月九日

　　自一九〇七年起，弗拉基米尔·伊里奇·乌里扬诺夫（Владимир Ильич Ульянов），化名是列宁（Ленин），(1870.4.22—1924.1.21) 第二次流亡国外，侨居日内瓦、巴黎、伯尔尼等地。一九一六年初，列宁从伯尔尼迁到苏黎世，和妻子克鲁普斯卡娅一起寄居在修鞋匠卡墨列尔家里。一九一七年三月中旬，列宁获悉彼得格勒的工人和士兵武装起义胜利的消息，但政权却落到临时政府手里，出现了双重政权并存的局面。正当俄国革命面临这样紧急关头的时刻，身在瑞士的列宁迫不及待地渴望着尽快返回俄国。列宁返回俄国的路线无非是两条：一是通过德国，经瑞典、芬兰归来，但德国当时是俄国的交战国；二是取道法国，然后渡海到英国，再返回俄国，但英法当时是俄国的协约国。列宁深知，英国是无论如何不会借道给他这样一个坚决反对帝国主义战争的人。最后，他以交换拘留在俄国的德国战俘作为条件，乘坐一节封闭的车厢，取道德国而归。一九一七年四月十六日晚上十一点十分，列宁转从芬兰乘火车抵达当时俄国的首都彼得格勒,以后不到七个月的时间,十月社会主义革命就爆发了。

在斯蒂芬·茨威格看来,这趟风驰电掣的封闭列车犹如一发炮弹,乘坐在里面的人物犹如威力强大的炸药;这一炮摧毁了一个帝国、改变了整个世界。

——译者题记

一个住在修鞋匠家的人

瑞士,在这一片小小的和平绿洲周围却是世界大战[1]的风云所激起的弥漫硝烟,因而在一九一五年、一九一六年、一九一七年和一九一八年连着的这几年里,瑞士也显出一派侦探小说那样惊险的场面。在豪华的旅馆里,敌对的列强大国的使节们擦肩而过,好像互相不认识似的,而一年以前他们还友好地在一起打桥牌和彼此邀请对方到自己家中做客呢。从豪华旅馆的房间里不时溜出一些一闪而过、讳莫如深的人物。国会议员、使馆的各种等级的外交秘书、参赞们、商人们、戴面纱或不戴面纱的夫人们,每个人都负有秘密使命。插着外国国旗的高级轿车驶到这些豪华旅馆门前,从车上下来的是工业家、新闻记者、文艺界的名流,以及那些似乎只是偶尔出来旅游的人,但是他们每一个人几乎都负有同样的使命:打听消息,刺探情报。甚至引他们走进房间的门房和打扫房间的女仆,也都被迫去干偷看和监视的勾当。敌对的组织在旅馆、公寓、邮局、咖啡馆到处进行活动。所谓宣传鼓动,一半是间谍活动;貌似友爱,实际是出卖。所有这些匆匆而来的人办理的每一件公开的事,背后都隐藏着第二件秘密的事和第三件秘密的事。一切都有人汇报,一切都有人监视。不管何种身份的德国人,刚一到达苏黎世,设在伯尔尼的敌方大使馆就立刻知道,一小时后巴黎也知道了。大大小小的情报人员每天都将真实的和杜撰的成册报告交给那些外交人员,再由他们转送出去。所有的墙壁都是透风的;电话被窃听;从字纸篓的废纸里和吸墨纸的痕迹上重新发现每一条消息;在这样群魔乱舞的混乱之中,许多人到末了连自己都弄不清楚,自己究竟是猎手还是被猎者,是间谍还是反间谍,是出卖者还是被出卖者。

不过,在这样的日子里,只有关于一个人的报告却极少,也许是因为他太不受人关注吧。他既不在高级旅馆下榻,也不在咖啡馆里闲坐,更不去观看宣传演出,而是和自己的妻子彻底隐居在一个修鞋匠家里,住在利马特河〔2〕后面那条古老、狭窄而又高低不平的施皮格尔小巷里的一幢房子的三层楼上,这幢房子就像旧城里的其他房子一样,有高高耸立的屋顶,构造结实,但一半由于天长日久,一半由于楼下院子里那家熏香肠的小作坊,房屋已熏得相当黑。他的邻居有:一个面包房的女工、一个意大利人和一个奥地利男演员。由于他少言寡语,邻居们除了知道他是俄罗斯人和名字难念之外,别的也就不知道什么了。女房东是从他的一日三餐的简单伙食和夫妇两人的旧衣裳上看出他已离别家乡流亡多年了,而且也没有大笔的财产和做什么赚大钱的买卖。这对夫妇刚搬来住的时候,全部家当还装不满一个小篮呢。

这个身材矮小的人是那么不显眼和生活得尽可能不引人注意。他避免交际,邻居们很少能和他从眯缝的双眼射出的锐利而又深邃的目光相遇,也很少有客人来找他。但是他每天的生活却极有规律,上午九点钟去图书馆,在那里一直坐到十二点钟图书馆关门,十二点十分准时回到家中,十二点五十分又离开住所,成为下午到图书馆的第一个人,然后在那里一直坐到傍晚六点钟。况且,情报人员只注意那些喋喋不休的人,殊不知沉默寡言、埋头书堆、好学不倦的人倒往往是使世界革命化最危险的人物,所以情报人员从来没有为这一个住在修鞋匠家里、不引人注目的人写过报告。与此相反,在社会主义者圈子里,大家都认识他,知道他曾是伦敦的一家俄罗斯人流亡者办的激进小刊物的编辑,是彼得堡的某个发音别扭的特殊党派的领袖;但是,由于他在谈论社会主义政党里的那些最有名望的人物时态度生硬和轻蔑,并说那些人的方法是错误的,又由于他自己显得不好接近和完全不会通融,所以大家也就不太关注他了。有时候,他利用晚上在一家无产者出没的小咖啡馆召集会议,来参加的人至多不过十五到二十名,而且大都是年轻人。因此,人们对待这位怪僻的人,就像对待所有那些没完没了地喝着茶和争论不休从而使自己头脑发热的俄国流亡者一样,采取容忍的态度,没有人去重视这个面容严肃、身材矮小的人。在苏黎世,认为记住这个住在修鞋匠家里的人的名字——弗拉基米尔·伊里奇·乌里扬诺夫是重要的,不足三四十人。所以,假如在当时那些以飞快的速度穿梭于各个使馆之间的高级轿车中有一辆车，偶然在大街上撞死了这个人，那么世界上的人都不会知道他是谁，既不会知道他是乌里扬诺夫，也不会知道他就是列宁。

实现……

有一天，那是一九一七年三月十五日，苏黎世图书馆的管理员感到奇怪。时针已指到上午九点，而那个最准时的借书人每天坐的座位却还空着。快九点半了，快十点了，那个孜孜不倦的读者还没有来。他是不会再来了。因为正当他来图书馆的路上，一位俄国朋友和他的谈话把他留住了，或者更确切地说，俄国爆发革命的消息使他很吃惊。

起初，列宁还不愿相信。他完全被这个消息惊呆了。可是随后他迈开短促迅速的步履，赶往苏黎世湖滨的报亭，从此以后他就一直在报亭和报馆门前等候消息，一个小时又一个小时，一天又一天。事情是真的，消息确凿，而且他觉得，消息真实得一天比一天鼓舞人心。开始只传来不确实的消息，说发生了一次宫廷革命，好像只更换了内阁；然后才传来：沙皇被废黜了，成立了临时政府，接着又传来杜马[3]开会那天的情况；俄国自由了；政治犯得到了大赦。他多年来梦寐以求的一切——他二十年来在秘密组织里、在监狱里、在西伯利亚、在流亡中为之奋斗的一切——现在实现了。他顿时觉得，这第一次世界大战造成的数百万人的死亡，血没有白流。他觉得，这些死者并不是无谓的牺牲品，而是为了一个自由、平等和持久和平的新国家献身的殉道者，现在，这样一个新国家已经诞生。这个平时非常清醒和镇静的梦想家此刻却像迷醉了似的。可以回到俄国老家去了！这个鼓舞人心的消息也振奋着其他几百名蛰居在日内瓦、洛桑和伯尔尼小小斗室里的俄国流亡者。他们欢呼、雀跃，因为他们现在不必用假护照隐姓埋名和冒着被判处死刑的危险回到沙皇的帝国去，而是作为自由的公民回到自由的土地上去。他们所有的人都已经在准备自己少得可怜的行装，因为报纸上登载了高尔基[4]的言简意赅的电报："大家都回家吧！"于是俄国流亡者向四面八方发出信件和电报：回家，回家吧！集合起来！团结起来！他们要为自从自己有觉悟以来毕生为之奋斗的事业——俄国革命再一次献身！

……和失望

然而，几天以后他们惊愕地认识到：俄国革命的消息虽然使他们欣喜若狂，但是这一次革命并不是他们所梦想的那种革命，而且也谈不上是俄国的一次革命，它无非是一次由英国和法国的外交官们所策动的反对沙皇的宫廷政变而已，目的是阻止沙皇与德国媾和。这一次革命不是由要求和平与权利的民众所进行的革命，不是俄国流亡者们曾毕生努力并且准备为之牺牲的那种革命，而是好战的党派、帝国主义分子和将军们为了不愿被别人打乱自己的计划而策动的一次阴谋。而且，列宁和他的同志们不久还认识到：大家都可以回去的许诺并不适用于那些要进行真正革命的人——要进行改天换地、实行马克思式革命的人。米留可夫[5]和其他的自由派人物已经指示要阻止这些人回去。他们一方面把那些对于继续进行战争有利的属于温和派的社会主义者迎接回国,例如普列汉诺夫[6]就是在护送人员的陪同下十分体面地乘着鱼雷艇从英国回到彼得格勒;另一方面,他们却把托洛茨基[7]截留在哈利法克斯[8],把其他的激进派分子拒之于国境线外。在所有协约国[9]的边境线上的关卡哨所,都有一份记录着参加过第三国际齐美尔瓦尔得会议[10]的全体人员的黑名单。列宁抱着最后的希望,向彼得格勒发去一封又一封的电报,但是这些电报不是中途被扣留就是放在那里置之不理。在苏黎世的人不知道,在欧洲也几乎没有人知道,然而在俄国,人们知道得很清楚:弗拉基米尔·伊里奇·列宁,在反对他的人眼里,是一个多么坚强有力、多么矢志不渝、但又是一个多么致命危险的人物。

　　这些被拒之于国门之外的布尔什维克们确实是一筹莫展,无限绝望。多少年来,他们在伦敦、巴黎和维也纳的总部举行过无数次会议,制订了自己的俄国革命的战略。他们权衡、尝试、彻底讨论过组织工作中的每一个细节。十年来,他们在自己的刊物中互相探讨过俄国革命在理论与实践上的各种困难、危险和可能性。而他——列宁一生所思考的,就是关于俄国革命的总体构想;经过不断修改,这个总体构想终于最后形成。可是现在,因为他被阻留在瑞士,他所构想的革命将被另一些人篡改和搞糟,他觉得,那些人假借解放人民的崇高名义,实际上却是为外国人效劳,为外国人谋利益。兴登堡[11]在他四十年的戎马生涯中几乎一直调遣和操纵着德国军队的行动,但当第一次世界大战爆发时,他却不得不穿着平民服装待在家里,只是用小旗帜在地图上标出现役将军们的进展和错误。列宁在这些日子里的命运和兴登堡的遭遇何其相似。这位平时最彻底的现实主义者——列宁,在这绝望的日子里也竟做起最不着边际的迷梦来:能否租一架飞机,飞越德国和奥地利?——然而,第一个找上门来表示愿意帮助的人,却是一个间谍;于是他心中不断产生潜逃的想法,他写信到瑞典,请人设法给他弄一张瑞典护照,他甚至想假装成哑巴,这样就可以不受盘问。不过,列宁在夜里可以有各种各样丰富的幻想,但早晨一起来,自己也知道这些美梦是根本无法实现的,只是到了大白天,他仍然知道:必须回到俄国去。他必须自己去从事自己的革命,而不是让别人代理。他必须去进行真正的、名副其实的革命,而不是那种政权的更迭。他必须回去,必须立刻回到俄国去,不惜一切代价!

取道德国:行不行?

瑞士处于意大利、法国、德国和奥地利的环抱之中。作为革命者的列宁要取道协约国是行不通的,而作为俄国的子民,即作为一个德国敌国的公民,要取道德国也是不行的。然而令人感到荒唐的是:威廉[12]皇帝的德国却要比米留可夫的俄国和普安卡雷[13]的法国对列宁显得更为友好热情。因为德国需要在美国宣布参战之前不惜一切代价同俄国媾和,所以,一个能在俄国给英国和法国的使节们制造麻烦的革命者,对德国人来说无疑是一个备受欢迎的帮手。

不过，列宁以前曾在自己的著作中对威廉皇帝的德国进行过无数次谴责和抨击，现在却突然要同这个国家进行谈判，迈出这一步，显然要承担不同寻常的责任。因为按照迄今为止的道德观念，在战争期间得到敌国军事参谋部的允许，进入并通过敌国的领土，这无疑是一种叛国行为。而且列宁也清楚明白，这一行动从一开始就会使自己的党和自己的事业遭到诋毁。他本人将要受到嫌疑，怀疑他是作为一个受德国政府收买和雇用的间谍被派到俄国去的；而且，一旦他实现了自己的立即媾和的纲领，那么他将会永远成为历史的罪人，指责他妨碍了俄国取得真正胜利的和平。所以当他宣布说，在万不得已的情况下，他将走这条最危险、最足以毁坏他名誉的路线时，不仅那些温和的革命者，而且连大多数与列宁观点一致的同志，也都为之瞠目。他们急得不知所措地说：瑞士的社会民主党人早已在着手谈判，争取通过交换战俘这种合法而又不刺眼的办法，把俄国革命者作为交换送回俄国去。但是列宁知道，这将是一条十分漫长的路，俄国政府将会为他们的返回蓄意制造各种人为的障碍，一直拖到遥遥无期。而现在的每一天、每一小时都事关重大，于是他只得铤而走险，决心去干这种按照现有的法律和观念被视为是属于背叛的事。那些少具魄力和胆识的人都不敢干这样的事。但是列宁却已暗下决心，并且由他个人承担全部责任，同德国政府进行谈判。

协　定

正因为列宁知道自己的这一步会引起轰动和攻击，所以他要尽可能公开行事。瑞士工会书记弗里茨·普拉滕[14]受他的委托前去和德国公使磋商,向他转达列宁提出的条件。这位德国公使在此之前就已和俄国流亡者进行过一般性的谈判。现在,这个身材矮小、名不见经传的流亡者——列宁好像已经预见到自己不久必能具有权威似的,根本没有向德国政府提出什么请求,而是向德国政府提出条件,说只有在这样的条件下俄国旅客才准备接受德国政府提供的方便,即德国政府承认该车厢具有治外法权;上下车时不得检查护照和个人;俄国旅客按正常票价自己支付旅费;不允许以任何方式让旅客离开车厢。龙贝格[15]大臣把这些条件向上报告,一直呈送到鲁登道夫[16]手中,鲁登道夫无疑表示了同意,虽然他在自己的回忆录中对这一次具有世界历史意义、或许是他一生中最重要的决定只字未提。德国公使曾想在某些细节上作些修改,因为列宁故意把协定写得模棱两可,为的是不仅让俄国人,而且也让同车的奥地利人拉德克[17]免受检查。不过,德国政府也像列宁一样着急,因为美利坚合众国在一九一七年四月五日这一天就向德国宣战了,所以德国公使没有如愿。

四月六日中午,弗里茨·普拉滕得到这样一个值得纪念的通知:"一切按所表示的愿望进行安排。"一九一七年四月九日下午两点半钟,一小群提着箱子、穿戴寒酸的人从蔡林格霍夫餐馆向苏黎世的火车站走去。一共是三十二人,其中有妇女和儿童,在男人中只有列宁、季诺维也夫[18]和拉德克的名字日后为世人所知。他们先在那家餐馆一起吃了一顿简便的午饭,并且共同签署了一份文件。他们都知道《小巴黎人》报上的这样一条报道:俄国临时政府将把这些经过德国领土的旅客视为叛国分子,所以他们用粗壮的直来直去的字体签名,以示他们对这次旅行自己承担全部责任和同意所有的条件。此刻,他们默默地、坚决地踏上这次具有世界历史意义的行程。

他们到达火车站时,没有引起任何注意。没有新闻记者,也没有摄影记者。因为在瑞士有谁认识这位乌里扬诺夫先生呢。他戴着一顶压皱了的帽子,穿着旧上衣和一双笨重得可笑的矿工鞋——这双鞋一直穿到瑞典。他夹杂在一群提箱挎篮的男男女女中间。他默默地、不引人注意地在车厢里找了一个座位。这些人看上去和那些从南斯拉夫、鲁塞尼亚[19]、罗马尼亚来的无数移民并无两样,那些移民在前往法国海岸并在那里远渡重洋以前,常常会在苏黎世坐在自己的木箱上休息几个钟头。瑞士的工人政党不赞成列宁的这次旅程,所以没有派代表来;只有几个俄罗斯人来送行,为的是给故乡的人捎去一点食物和他们的问候。还有几个人来,他们是想在最后一分钟劝列宁放弃这次"无谓的、违法的旅行",可是大局已定。下午三点十分,列车员发出信号,列车滚滚向前朝德国边境哥特马定根[20]车站驶去。三点十分,从这个时刻起,世界时钟的走法变了样。

封闭的列车

在这第一次世界大战中已经发射了几百万发毁灭性的炮弹,这些冲击力极大、摧毁力极强、射程极远的炮弹是由工程师们设计出来的。但是,在近代史上还没有一发炮弹能像这辆列车似的射得那么遥远，那么命运攸关。此刻，这辆列车载着二十世纪最危险、最坚决的革命者从瑞士边境出发，越过整个德国，飞向彼得格勒，要到那里去摧毁时代的秩序。

现在，这一枚不同寻常的炮弹就停在哥特马定根火车站的铁轨上。这是一节分二等席位和三等席位的车厢。妇女和儿童坐在二等席位，男人们坐在三等席位。车厢的地板上画了一道粉笔线，这就是俄国人的领地和那两个德国军官的包厢之间的分界线。那两个军官是来护送这批活的烈性炸药的。列车平安地行驶了一夜。只是在法兰克福，突然有几个德国士兵跑来——他们事先听到了俄国革命者要从这里经过的消息，而且还有几个德国社会民主党人企图和这批旅行者攀谈，但都被拒绝上车。列宁知道得很清楚，在这片德国的领土上哪怕只和一个德国人说一句话，也会替自己招来嫌疑。到了瑞典，他们受到热烈的欢迎，并在那里进了瑞典式早餐，这些饿坏了的人都向餐桌拥去，餐桌上的黄油面包竟像奇迹般地出现在他们面前。早餐后，列宁才不得不为了换下那双沉重的矿工鞋去买一双新鞋和几件新衣服。现在终于到达俄国边境了。

这一炮击中了

列宁在俄国土地上的第一个举动充分显示出他的性格特点：他没有朝任何人看一眼，就一头埋进报纸堆里。虽然他已经有十四年没有待在俄国，已经有十四年没有见到自己的故土、国旗和士兵的军服，但是这位意志坚强的思想家不像其他人似的泪水泫然,也不像同来的妇女们似的去拥抱那些被弄得莫名其妙的士兵们。他首先要看的是报纸,是《真理报》[21],要认真研究一下这份报纸——他自己的报纸是否坚定地维护国际主义立场。不,《真理报》并未坚持足够的国际主义立场,他气愤地把《真理报》揉成一团。报纸中还始终充斥着"祖国"呀、"爱国主义"呀这样一些字眼,而对他的思想中的那种纯洁的革命却谈得很不够。他觉得,自己的归来正是时候,他要扭转舵轮,去实现自己平生的理想,不管是迎向胜利还是走向毁灭。但是,他能达到目的吗?他感到有点不安,也感到有点担忧,到了彼得格勒[22]——当时这座城市还是这样称呼,不过为时不会太长了——米留可夫会不会立刻将他逮捕呢?对于这个问题,专程前来迎接他的两位朋友——加米涅夫[23]和斯大林[24]——在车厢里没有回答,或者说他们不愿意回答。他们只是在昏暗的车厢里露出明显的、神秘的微笑,在朦胧的灯光中显得有点隐隐约约。

不过,事实却作出无声的回答。当列车驶进彼得格勒的芬兰火车站时,车站前的广场上已经挤满成千上万的工人和来保护他的带着各种武器的卫队,他们正在等候这位流亡归来的人。《国际歌》骤然响起,当弗拉基米尔·伊里奇·乌里扬诺夫走出车站时,这个昨天还住在修鞋匠家里的人已经被千百双手抱住,并把他高举到一辆装甲车上,探照灯从楼房和要塞射来,光线集中在他身上。他就在这辆装甲车上向人民发表了他的第一次演说。大街小巷都在震动,不久之后,"震撼世界的十天"[25]开始了。这一炮击中和摧毁了一个帝国、改变了整个世界。

注 释

〔1〕 指第一次世界大战。1914—1918 年间，以英、法、俄为核心的同盟国一方和以德、奥为核心的协约国一方之间进行的世界大战。1914 年 7 月 28 日，奥匈帝国向赛尔维亚宣战，大战开始；1918 年 11 月 11 日，德国签订《康边停战协定》，宣告投降，大战结束。大战期间，1917 年（俄历 10 月），俄国爆发十月社会主义革命，建立苏维埃政权。

〔2〕 利马特河（Limmat），流经苏黎世市区，入苏黎世湖。

〔3〕 杜马（дума），俄语的音译，意即议会，1905 年后，沙皇政府先后召开过五届国家杜马。1917 年（俄历）2 月 14 日国家杜马开会的当天，广大民众响应布尔什维克的号召，举行大规模的示威运动。

〔4〕 马克西姆·高尔基（Максим Горький，1868—1936），俄罗斯作家和前苏联作家。1906 年发表长篇小说《母亲》，被视为第一部社会主义现实主义作品。1934 年当选为苏联作家协会主席。著有自传体三部曲《童年》《在人间》《我的大学》以及许多政论、特写、回忆。

〔5〕 巴维尔·尼古拉耶维奇·米留可夫（Павел Николаевич Милюков，1859—1943），俄国自由君主派的立宪民主党首领，1917 年俄二月革命后任第一届临时政府外交部长，推行把战争进行到"最后胜利"的帝国主义政策，十月社会主义革命后是外国武装干涉苏维埃俄国的组织者之一，后流亡国外，1921 年起在巴黎出版《最近新闻报》。

〔6〕 格奥尔基·瓦连廷诺维奇·普列汉诺夫（Георгий Валентинович Плеханов，1856—1918），俄国最早的马克思主义者之一，第二国际的活动家和理论家。1880 年起侨居瑞士日内瓦，长达 37 年。1900—1903 年与列宁一起主编《火星报》和《曙光》杂志，但两人多次意见分歧。普列汉诺夫 1903 年参加俄国社会民主工党第二次代表大会，会后加入孟什维克派。1917 年俄国二月革命后，从瑞士取道英国返回彼得格勒。因认为俄国经济落后而不赞同十月社会主

义革命。1918年在芬兰去世。身后有《普列汉诺夫全集》问世。
〔7〕 托洛茨基（Лев Давидович Троцкий。1879—1940），1915年移居法国，1916年被法国驱逐出境，1917年1月取道古巴到达纽约，1917年3月，俄国二月革命爆发后乘船回俄国，但在加拿大的哈利法克斯海港被英国当局逮捕下船，并在加拿大被拘禁一月。十月革命胜利后任苏维埃外交人民委员。1927年被开除苏共党籍。1932年被剥夺苏联国籍。1940年8月在墨西哥被暗杀。
〔8〕 哈利法克斯（Halifax），这是指加拿大新苏格兰州首府，濒大西洋，海港城市。
〔9〕 第一次世界大战时协约国由英、法、俄、日、美、意等25国组成。
〔10〕 齐美尔瓦尔德代表会议，即国际社会党第一次代表会议，于1915年9月5日至8日在瑞士齐美尔瓦尔得（Zimmerwald）举行。参加会议的有德、法、俄、意、荷等11个国家的38名代表，列宁代表俄国布尔什维克出席了这次会议。会议是在第二国际彻底破产的情况下召开的，会议承认第一次世界大战的帝国主义性质，谴责了社会沙文主义及"保卫祖国"的口号。但严格说来，齐美尔瓦尔得派并不属于第三国际（共产国际），第三国际于1919年3月在莫斯科成立。
〔11〕 保罗·冯·兴登堡（Paul von Hindenburg, 1847—1934），德国元帅，魏玛共和国第二任总统。1871至1911年的四十年间一直在军队中任职，军阶升至将军。1911年因"冒犯皇帝"而辞职回到汉诺威过清闲生活。1914年第一次世界大战爆发时，尚在家中当寓公，但8月22日突然接到大本营电报，他被任命为第八集团军司令，复出后即率部与俄军交锋，屡建奇功，最后把俄军全部赶出东普鲁士。1916年德皇威廉二世任命兴登堡为德军总参谋长，尔后被任命为元帅。兴登堡谙熟历史和地理，把看地图视为趣事。1919年7月辞去德军最高统帅职务。1925年和1932年两度当选为魏玛共和国总统。1933年1月30日任命希特勒为德国总理。1934年8月兴登堡逝世后希特勒自称元首兼总理，解散国会，实行法西斯专政。
〔12〕 威廉二世（Wilhelm Ⅱ., 1859—1941），第一次世界大战时的普鲁

士国王兼德意志帝国皇帝。

[13] 雷蒙·普安卡雷（Raymond Poincaré，1860—1934），法国政治家，1913 至 1920 年任法国总统。

[14] 弗里德里希（弗里茨）·普拉滕［Friedrich（Fritz）Platten，1883—1942］，瑞士共产党人，职业革命家，1912—1918 年任瑞士社会民主党书记，是 1917 年 4 月安排列宁从瑞士返回俄国的主要组织者，后参加第三国际工作。

[15] 康拉德·威廉·冯·龙贝格（Konrad Wilhelm von Romberg，1866—1939），德国外交官。第一次世界大战时任德国驻瑞士伯尔尼公使，当时并未任外交大臣。

[16] 埃里希·鲁登道夫（Erich Ludendorff，1865—1937），第一次世界大战时，德国最高统帅部军需总监，同兴登堡共掌军事指挥权，实为战时第二号实权人物。

[17] 卡尔·拉德克（Karl Radek，1885—1939），生于波兰的加利西亚，20 世纪初先后在波兰、莱比锡、不来梅等地担任社会民主党报纸的编辑，1915 年属齐美尔瓦尔德左派，1917 年到俄国加入布尔什维克，后于 1937 年被苏维埃政权判处十年徒刑，服刑两年后死于监狱。

[18] 格里戈里·叶夫谢维奇·季诺维也夫（Григорий Евсеевич Зиновьев，1883—1936），1901 年加入俄国社会民主工党，1908 年被捕，出狱后流亡国外至 1917 年 4 月。十月革命后任俄共（布）党中央政治局委员，彼得格勒苏维埃主席，第三国际（共产国际）执行委员会主席，1934 年被开除出党，同年被捕，1936 年被处决。

[19] 鲁塞尼亚（Ruthenia），位于喀尔巴阡山脉之南、乌克兰西部的一个地区，历史上曾分别属于奥匈帝国、波兰、捷克和俄国版图，有鲁塞尼亚人和鲁塞尼亚语，今已和乌克兰融为一体。

[20] 哥特马定根：Gottmadingen。

[21] 《真理报》（Правда），是当年俄国布尔什维克的报纸，也是日后苏联共产党中央机关报。

[22] 圣彼得堡在 1914—1924 年称彼得格勒，后改称列宁格勒，苏联解

体后又恢复原名圣彼得堡。
〔23〕 列夫·鲍里索维奇·加米涅夫（Лев Борисович Каменев，1883—1936），1901年加入俄国社会民主工党，十月革命后任全俄中央执行委员会主席，莫斯科苏维埃主席，人民委员会副主席和中央政治局委员，1932年被开除出党，1934年被捕，1936年被处决。
〔24〕 约瑟夫·维萨里奥诺维奇·斯大林（Иосиф Виссарионович Сталин，1879—1953）1879年12月21日在格鲁吉亚的哥里城出生，父亲是农民出身的皮鞋匠，母亲是农奴之女。1894年进入梯弗里斯（今第比利斯）东正教中学读书，因参加革命活动于1899年被开除学籍，尔后成为职业革命家。自1902年至1917年，先后被捕7次，流放6次，逃脱5次。第一次世界大战期间仍在流放中。1917年二月革命后于3月25日回到彼得格勒，领导《真理报》，1924年1月21日列宁逝世后成为苏联党和国家的主要领导人。1936年领导制定苏联宪法。1941年5月任苏联人民委员会主席，6月兼任国防委员会主席，8月兼任苏联武装力量最高总司令。1946年3月任苏联部长会议主席。是列宁逝世后的苏联领袖。1953年3月5日因脑溢血逝世。1956年在苏共第二十次代表大会上遭到批判。
〔25〕 指十月革命开始的前十天，美国新闻记者约翰·里德（John Reed，1887—1920）为报道这次革命，著有《震撼世界的十天》。

西塞罗

古罗马
公元前四十三年十二月七日

　　许多人知道古罗马的恺撒,他征战疆场,名扬四海;也有不少人知道马尔库斯·图利乌斯·西塞罗(Marcus Tullius Cicero,公元前106—前43),他是古罗马首屈一指的共和主义者,他的雄辩的演说词被人誉为"西塞罗文体",千古流芳。但不是人人都知道,西塞罗比恺撒年长六岁,且成名更早,曾提携过恺撒并一度成为朋友,可是由于政见不同:恺撒志在独裁,西塞罗捍卫共和,最后分道扬镳,然而两人的命运结局却又十分相似:均死于非命。公元前四十四年三月十五日,五十五岁的恺撒在元老院会堂被共和派的元老们当场刺死,围攻者六十余众,恺撒身中二十三刀。公元前四十三年十二月七日,六十四岁的西塞罗被政敌安东尼的部下残酷杀害,西塞罗的头颅被钉挂在古罗马广场的讲坛上示众,惨不忍睹。人们不禁感慨,在强盛的古罗马背后,原来是刀光剑影、血雨腥风。西塞罗去世后,已经成为古罗马第一任元首的屋大维·奥古斯都这样赞叹西塞罗:他是"一个富有学识的人、语言大师和爱国者"[1]。在此后的两千多年间,西塞罗在欧洲文明发展的各个不同时期都受到称赞。中世纪时,基督教的著作家们尽量使西塞罗的一些神学思想和伦理观念适应基督教信仰的需要,从而使西塞罗成为世俗的古代和宗教信仰时代的中世纪之间的联系纽带。文艺复兴时期的人文主义者们把西塞罗尊为学习的榜样和不可超越的典范。在法国大革命时期,作为演说家和共和主义者的西塞罗更是受到特别推崇。时至今日,西塞罗在其《论友谊》《论老年》《论义务》《论神性》《论演说家》《论共和政体》《论法律》等著述中所阐发的思想,仍然被认为是人文主义思想的最初源头之一。茨威格在希特勒法西斯横行霸道的一九四〇年写下这篇历史特写《西塞罗》,字里行间流露出他对西塞罗的深深惋惜,同时哀叹一位才华横溢的人性论者在专制独裁面前竟显得如此软弱无能。这无疑也是茨威格对自己的哀叹。

——译者题记

注 释

[1] 参阅王焕生著:《〈论共和国〉导读》,四川教育出版社,2002年,第59页。引文源自普卢塔克:《西塞罗传》,第49页。在西塞罗的语境中〉De republica〈似应译为《论共和政体》,不宜译为《论共和国》。

一个才华横溢而又不十分勇敢的人如果遇到一个比自己更强的人,最聪明的办法就是躲避此人,同时从容不迫地静候时来运转,直至前途自动再次为他铺平。马尔库斯·图利乌斯·西塞罗[1]——这位在世界之国古罗马首屈一指的共和主义者、演说大师和法律的捍卫者,为了替传统的法律效劳和维护古罗马的共和政体已孜孜不倦工作了三十年。他的演说词已载入史册,他的拉丁语著作已成为拉丁语的基石。他控告过维尔列斯[2]的贪赃枉法,怒斥过卡提利纳[3]的暴动阴谋,抵制过获胜的军事统帅们日益逼近的独裁[4]。而他的著作《论共和政体》[5]在他的那个时代则是作为理想国家的道义规范。可是,现在来了一个比他更强的人——尤利乌斯·恺撒[6]。西塞罗起初曾作为比他年长、比他更有名望的人,毫无猜忌地提携过他。但是恺撒凭借自己的高卢军团一夜之间便成了意大利的主人。作为一个军权无限的统帅,他只需一伸手,便可得到安东尼[7]在集会的民众前献给他的王冠。当恺撒率军越过卢比孔河时,恺撒同时也就越过了法律。当时,西塞罗曾与恺撒的独裁统治做过斗争[8]，但纯属徒劳。西塞罗曾试图号召那些最后捍卫自由的人[9]抵抗企图用强权夺取独裁的恺撒，也无济于事。军队[10]总是比言辞更强大。恺撒——一个才智超群和行动果断的人——大获全胜。倘若他像绝大多数的独裁者那样报复心强烈，那么他在高唱凯歌之后完全有可能轻而易举地将这位固执己见的法律捍卫者——西塞罗干掉，或者至少把他宣布为不受法律保护的人。然而，恺撒看重自己的宽宏大量[11]甚于自己所取得的一切军事胜利。恺撒饶了西塞罗——这个业已失势的对手——一命，况且没有任何侮辱的意图。不过，他对西塞罗的唯一要求是：退出政治舞台。这个舞台现在只属于恺撒一人，其他任何人都只能在这个政治舞台上扮演沉默和服从的角色。

此时此刻，对一个充满智慧的人来说，没有什么能比远离公众生活——即远离政治更幸运的了[12]。这种远离把这位才华出众的文人和思想家从一个只能凭借残忍或诡计进行掌控的不光彩的天下驱回到他自己的不受干扰、无法破坏的内心世界。对一个睿智的人而言，任何一种形式的流放都是一种使内心宁静而致远的推动力。天赐的流放恰恰是西塞罗所遇到的最美好和最幸运的时刻。这位伟大的雄辩术家正渐渐地接近人生的晚年。他的一生始终处在政治风暴和紧张局势之中，生命给他留下太少的时间去总结自己的创作。这位六旬老人在自己有限的一生中已亲身经历了多少出尔反尔的事情呀！他，一位发迹的"新人"[13]，曾以自己的出众才能、坚韧和机智而步步高升，他逐级获得过所有的官职和所有的荣誉，而这一切通常和一个来自外省小镇的人是无缘的；这一切只是为贵族世家的权贵们令人羡慕地敞开,而他却能深得公众中最高层和最底层的青睐。自从他战胜卡提利纳之后,他在元老院[14]里的地位青云直上,他被民众戴上花冠,被元老院授予"国父"的荣誉称号[15]。但从另一方面讲,他又不得不在一夜之间流亡[16],被同一个元老院谴责,被同样的民众背弃。他失去了自己曾经履行过职责的官位、失去了曾靠自己孜孜不倦的努力所获得的荣誉。他曾在元老院议事厅的圆形讲坛上进行过控告,他曾作为军人在战场上指挥过罗马军团[17],他曾作为执政官主持过共和政体古罗马的政务,他曾作为已卸任的执政官管理过行省[18]。数百万的塞斯特斯[19]经过他的手进账,同样有数百万的塞斯特斯在他手下流水般地被花掉[20]。他曾拥有帕拉丁山[21]上最漂亮的府邸,但也看到过自己漂亮的住宅变成一片废墟,被他的敌人焚烧成为瓦砾场[22]。他曾写过重要的论著并作过堪称经典的演说。他生育过子女和失去过子女[23]。他曾有过勇气十足的时候,也曾有过软弱的时候;他曾是一个固执己见的人,而后又是一个善于恭维的人[24];有许多人赞赏他;也有许多人憎恨他。他是一个性格复杂的人,他的性格有时光彩照人,有时黯然失色。总而言之,他是他那个时代最具魅力的人,同时也是最令人恼怒的人,因为在从马略[25]至恺撒的四十年间风云变幻中发生的各种事件都和他有牵连。没有另一个人能像西塞罗那样亲身经历并感受到自己那个时代的历史——世界的历史;只是时代从未为他留下时光去做一件事情——一件最最重要的事情:回顾自己的一生。这位为了追求功名而忙忙碌碌的人从未找到过时间:静心地好好进行反思,并把自己的知识和思想进行一番总结。

而现在由于恺撒篡夺了政权[26],他被排斥在国家事务之外,他终于有了机会:卓有成效地去处理自己的私人事务——天下最最重要的事情:回顾自己的一生。西塞罗无可奈何地把向民众发表演说的讲坛、元老院和最高权力都让给了恺撒的独裁统治。对一切公众事务都感到趣味索然的情绪占据了这位受排挤者的心。他对政治已心灰意懒:但愿他人去捍卫民众的权利吧。在民众看来,古罗马斗士的比武和竞技比他们自己的自由还重要呢。而西塞罗觉得,现在自己更重要的是:去寻觅、找到、营造自己内心的自由。于是,西塞罗在他六十岁时第一次默默地沉思着把目光专注于自己,以便向世人表明,他曾经为这个天下而生,他曾经为这个天下发挥过自己的作用。[27]

西塞罗只不过是由于不经意而曾经从一个书籍的天地陷入到一个险恶的政治的天地,但是作为一个天生才华出众的文人,他现在试图按照自己当时的年龄和自己最内在的爱好明智地安排自己的生活。他离开了喧嚣的大都会罗马,隐居在图斯库卢姆[28]——今日意大利的弗拉斯卡蒂,他在这里拥有一座庄园,周围是意大利最美的风景区之一。郁郁葱葱的丘陵连绵起伏,平缓地伸向坎帕尼亚平原[29],淙淙泉水使山野更显幽静。这位富有灵感和善于思索的人的以往岁月,都是在古罗马的广场上、在元老院的圆形讲坛上、在战地的帐篷里和在旅行的马车上度过。如今,在这一片幽静之中,他的心智终于完全开启。那座既具诱惑力而又令人疲惫不堪的城市——罗马,宛若一缕云烟,远在天边,但也可以说离得并不太远,以致还常常有朋友到图斯库卢姆来和他进行谈话,以启迪思想,其中有亲密的知己阿提库斯[30]、年轻的布鲁图斯[31]、年轻的卡西乌斯[32],有一次竟然来了一位危险的客人[33]——不可一世的独裁者恺撒本人!尽管罗马的朋友们不在身边,但身边却始终有另一些高尚的、从不会令人失望的陪伴者:书籍,书籍无论是沉默不语还是参与谈话,均悉听尊便。西塞罗在自己的乡间别墅布置了一间非常雅致的藏书室。如果说智慧是蜂蜜,那么藏书室就是真正取之不尽的蜂房了。这里整齐地排列着古希腊哲人们的著作、罗马人的编年史和各种法律纲要。和这样一些来自各个时代和各种语言的朋友们——书籍生活在一起,不可能还会有哪一个晚上感到寂寞无聊。早晨的时间是工作。那个有学问的奴隶总是毕恭毕敬地伺候着,为西塞罗的口授作笔录。心爱的女儿图利娅替他为膳食节省了许多时间[34]。每天对儿子的教育[35]是他对自己生活的一种很好的调剂,并不时带来新的慰藉。此外还有一件事,那就是他的最后的生活经验:这位六旬老人干了一件老年人最甜蜜的傻事——他娶了一位年轻的妻子[36],年龄比自己的女儿还小,以便作为一名生活的艺术家用最性感和最销魂的方式享受美,而不是在自己的大理石雕像中或者在诗句中享受美。

看来,西塞罗在他六十岁那一年终于回归到他原来的本色——他只不过是一位哲学家,而不再是民众的领袖;他更是一位作家,而不再是演说家;他仅仅是自己闲情逸致的主人,而不再是民众利益的忙忙碌碌的公仆。他不再在古罗马的广场上面对可以贿赂的法官们振振有词地辩护,而是更愿意在自己的著作《演说家》[37]中为他后来的所有模仿者树立榜样,阐明演说家的艺术本质,同时在他的著作《论老年》[38]中勉励自己:一个确实有智慧的人应该学会老年人的真正尊严——老年生活中的戒欲断念。他的那些最优美、和他人沟通最和谐的书信[39]也全部出自那段心境宁静的时间。纵使是自己心爱的女儿图利娅的去世给他带来莫大的悲痛,他仍然是以一种富于哲理的生活艺术治愈自己心灵的创伤:他写下了《论安慰》[40],这篇随笔在今天还曾安慰过成千上万有相同遭遇的人呢。这位昔日忙忙碌碌的演说家此时成了一个伟大的作家,后世把这种变化归功于他远离了纷扰的罗马。他在安安静静的这三年[41]中所撰写的著作和为后世留下的英名,比他此前为国家事务碌碌无为而献身的三十年还要多呢。

他的生活似乎已成为一个哲学家的生活。他几乎不重视每天来自罗马的消息和信函,他已经是永恒的精神王国的公民,而不再是被恺撒的独裁统治篡权的共和政体罗马的公民。这位人世间法律的导师终于明白了每一个献身于社会的人最后必定会知晓的苦楚奥秘:一个人从不可能长期捍卫民众的自由,而始终只能捍卫自己内心的自由。

西塞罗——这位普世的公民、人性论者和哲学家就这样在远离——如他自己所说,彻底远离——世俗的和政治的喧嚣之后度过了一个天赐福分的夏天、一个创作丰硕的秋天和一个震撼意大利的冬天[42]。他几乎不注意来自罗马的消息和信函,他对一场不再需要他作为参与者的博弈[43]漠不关心。他似乎已完全沉浸在一个文人追慕名声的欲望之中,他只愿意自己是一个灵感天地的公民,而不再是腐败、险恶、卑躬屈膝于暴政的共和政体罗马的公民。直至三月某一天的中午,一名满身灰尘、气喘吁吁的信差急急匆匆走进他的寓所。信差刚刚报告完这个消息:独裁者恺撒已在元老院的会堂被刺死——信差就屈膝倒在地上了。

西塞罗顿时脸色煞白。几星期前,他还曾和这位慷慨大度的胜利者——恺撒坐在同一桌宴席旁呢。西塞罗固然曾十分憎恨地反对过这位才能出众的危险人物,也曾深怀疑虑地观望着恺撒所取得的各种军事上的胜利,但在自己的内心深处却始终不得不钦佩这位唯一值得敬仰的政敌所具有的卓越的组织才能、内在的自信和人性。话又说回来,尽管所有谋杀者们的团伙都会令人厌恶地为自己的密谋行动编造一个拙劣的理由,但是,难道恺撒不正是由于自己的种种优秀之处和旷世业绩才遭遇到这种最该诅咒的谋杀——"弑杀国父"的谋杀吗?同样,难道恺撒不正是由于自己的天才而成为罗马人的自由所面临的最危险的危险吗?如果说,这样一个人物的死很可能会令人惋惜,反之,这次密谋行动的成功却很可能会促使最神圣的事业取得胜利呢,因为现在恺撒死了,共和政体的古罗马可能会再度新生:自由的理念——最崇高的理念可能会由于恺撒的死而获得胜利呢。

这么一想,西塞罗也就克服了自己最初的惊愕。他原本是不愿意看到这种密谋行动的;或许在他内心深处就根本不敢有这样的梦想呢。尽管布鲁图斯在把鲜血淋淋的匕首从恺撒胸膛中抽出来时曾呼喊过西塞罗的名字[44],并以此要求西塞罗——共和思想的导师能见证这次密谋行动的成功,但是布鲁图斯和卡西乌斯并没有把西塞罗吸收到这次密谋行动中来。现在,刺杀恺撒的行动无可挽回地发生了,而这次行动至少应该被评价为有利于古罗马的共和政体。西塞罗认识到:越过恺撒这具"独裁者"的尸体,将是一条通往古老的罗马人的自由之路,西塞罗同时也认识到:向其他人指出这一条路是自己责无旁贷的义务。这样一种千载难逢的时刻绝不能白白放过。于是,西塞罗放下书籍和文稿,也顾不上身为文人的从容不迫,为了既要从密谋者们手中又要从恺撒派复仇者们手中拯救恺撒留下的真正遗产——古罗马,西塞罗在事发的当天就急急忙忙赶回罗马去了。

西塞罗到了罗马,遇到的是一座怅然若失、惊慌失措的城市[45]。早在事发的那一刻就已证明:刺杀恺撒的行动本身要比那些参与刺杀行动的人更举世瞩目,那是一群偶然纠集在一起的密谋分子,他们只知道要除掉这一个比他们所有人都强的人,只知道要刺杀恺撒,但是到了要充分利用这一次成功行动的现在,他们却束手无策,不知应对了。元老院的元老们犹豫不决,不知道是赞成这次刺杀行动呢,还是应该谴责这次行动。早已习惯于被一个严厉统治的人管束的民众们,更是不敢表示任何看法。安东尼和恺撒的朋友们惧怕那群密谋分子,正在为自己的性命而哆嗦。反之,密谋分子也害怕恺撒的朋友们,害怕他们要复仇。[46]

西塞罗在这样一片惊慌失措之中证明自己是唯一表现出果敢的人。足智多谋和镇定自若的西塞罗在平时总是谨小慎微,但此时此刻却毫不迟疑地站出来支持这次他本人并未参与的刺杀行动。他迈入元老院的会堂时,气宇轩昂,而庞培议事厅里的大理石地面上还留着恺撒未干的血迹呢。他在开会的元老们面前把这次除掉独裁者的行动赞誉为共和思想的一次胜利。"我的民众们,你们再次回到了自由之中!"——他慷慨陈词。"你们,布鲁图斯和卡西乌斯,你们完成了不仅是罗马国家最伟大的行动,而且也是人世间最伟大的行动。"不过他同时要求:现在要给这次行动本身赋予更崇高的意义。密谋者们应该果断地去掌握恺撒死后暂时搁置的政权,而且为了拯救国家,为了重建罗马人的古老法制,要迅即充分利用这一次成功的行动。西塞罗说,安东尼的执政官职务应该被免除。行政权应该被移交给布鲁图斯和卡西乌斯。为了迫使独裁统治永远让位给自由,这位始终遵循法律的西塞罗却在这短暂的具有世界历史意义的时刻第一次打破了墨守成规的法律。

然而,密谋者们的软弱现在暴露出来了[47]。他们只会策划一次密谋,只会完成一次谋杀。他们仅有的力量是把五寸长的匕首捅入一个手无寸铁者的肉体,随后他们自己的决心也就完了。他们不去掌握政权并为重建国家充分利用政权,而是花费时间和精力去为自己寻求廉价的赦免,去和安东尼进行谈判。他们给恺撒的朋友们留下了积聚力量的时间,同时也耽误了自己最宝贵的时间。西塞罗敏锐地认识到这种危险。他觉察到,安东尼正在准备反击[48],不仅要干掉这些密谋者,而且也要消灭共和思想。西塞罗为了促使密谋者们和民众采取坚决行动,虽然发出了警告并竭力说服、宣传鼓动和发表演说,但他却犯了一个具有世界历史意义的错误——他自己并没有采取行动!很显然,各种可能性现在是掌握在西塞罗自己手中。元老院已准备支持他。民众们原本就是只期待有一位坚决而又勇敢的人出来控制局面——接住从恺撒强大的手中掉下来的缰绳。如果西塞罗现在执掌政权,并在一片混乱之中重建秩序,是没有人会反对他的。所有的人只会松一口气。

自从西塞罗作了四次《控告卡提利纳的演说》以来,他热切盼望的具有世界历史意义的时刻终于随着三月十五日恺撒被刺那一天而到来。要是他当时就知道如何利用这一时刻,该有多好呀!那样的话,我们所有的人就会在学校里学到另一种完全不同的历史。西塞罗的名字将不仅作为一个有名望的作家的名字,而是作为共和政体拯救者的名字,作为罗马人的自由的真正守护神的名字,在李维[49]和普卢塔克[50]的编年史中永世流传。他的名字将会万古流芳,因为是他占据了一个独裁者空下的政权并自愿把这个政权重新交还给民众。

可是,在历史上始终重演着这样的悲剧:恰恰是一个智慧出众的人,由于内心感到责任重大,往往在关键时刻很难成为一个行动果断的人。这种矛盾也一再表现在才华横溢和善于写作的西塞罗身上:正因为他对时代的愚蠢行为看得比谁都清楚,所以他就必定是蹑足其间,他既可能会在满腔热忱的时刻不由自主地投身到政治斗争中去,但同时他又会在面对用暴力报复暴力时踌躇不前。他内心的责任感使他畏惧恐怖手段和流血事件。而现在,恰恰是在不仅允许而且是要求毫无顾忌地使用权力的特殊时刻,他的犹豫不决和顾虑重重终于使他丧失了力量。西塞罗在最初的一阵振奋过去之后,以自己的洞察力忧心忡忡地观望着局势，观望着昨天还被他誉为英雄的密谋分子。他看到他们只不过是一群毫无胆识的人——密谋分子起了恻隐之心，他们退却了。西塞罗观望着民众，他看到今日的民众早已不再是他曾梦想的英勇的、古老的罗马民族的庶民，而是一群蜕化变质、只关心实惠和享乐——只关心吃喝玩乐的芸芸众生。这些民众向布鲁图斯和卡西乌斯这样的密谋分子仅仅欢呼了一天；第二天，他们就向安东尼欢呼了——安东尼号召他们向密谋分子复仇；第三天，他们又向多拉贝拉[51]欢呼了——此人指挥他人把恺撒的雕像打倒在地。西塞罗心里明白，在这座已经蜕化变质的城市里，没有人还会真诚地献身于自由的理念。他们都只想得到权力或者自己的安逸。恺撒已被除掉，但无济于事，因为所有的人都仅仅是为了企图得到他的遗产、他的钱财、他的军团和他的权力。他们正在讨价还价和争吵。他们都只是为自己谋利，而并非为了罗马人唯一神圣的事业——自由而奋斗。

在昙花一现的欢欣鼓舞过去之后的那两个星期里[52]，西塞罗的厌烦心情和疑虑与日俱增。除了他自己，没有人操心国家的重建；密谋分子对国家的感情已经消失，向往自由的意识已消失得无影无踪。动荡不安的局势终于使西塞罗感到厌恶。他不能再有任何错觉：以为自己的话有多大分量。面对自己的失败，西塞罗不得不承认，他所扮演的调解折中的角色已不起作用；他不得不承认，不是自己太软弱无能就是自己太缺乏勇气，以致他不能在内战即将发生的时刻去拯救自己的祖国。于是他就让国家自己去听天由命吧。四月初，他离开罗马，回到邻近那不勒斯海湾的普托里[53]，那里有他自己的可供隐居的庄园——他又回到了自己的书斋，但却怀着又一次失望和又一次失败的情绪。

西塞罗就这样第二次从那个变幻莫测的政坛躲避到自己的隐居生活之中。现在他终于明白，身为学者的他、维护人性和法律的他，从一开始就不应该涉足那个有权就有理的天地，不应该涉足那个由权势造成更多的为所欲为而不去促进明智与和解的人世。他不得不深有感触地认识到，他为自己的祖国所憧憬的共和政体的理想与恢复罗马人的古老民风，在那样一个人性脆弱的时代不可能再实现。由于他在难以驾驭的重视物质利益的现实中无法完成自己的拯救行动，所以，他至少要为更有智慧的后世拯救自己的梦想。六十年的人生辛劳和知识不应该完全不起作用地失去吧。于是，这位心情抑郁的人想起了自己原本有的才能。他在那些寂寞孤独的日子里撰写了自己最后的、同时也是最伟大的著作《论义务》[54]。这是他为其后几代人留下的遗言，是关于一个独立的、有道德的人对自己和对国家应尽义务的教导。这是他的一部关于政治和伦理学的遗著，记载了公元前四十四年的秋天——同时也是他自己生命中的秋天——在普托里的西塞罗。

书中犹如谈心般的语言就已显示出，这部关于个人对国家关系的伦理著作是一个已经退职的、对社会的一切热情都已消失的人留下的最后遗作。《论义务》是写给他的儿子的；西塞罗坦率地告诉自己的孩子，他不是出于漠不关心而从公众生活中隐退，而是因为他作为一名自由的有识之士和罗马的共和派分子[55]认为，替独裁统治效劳有失自己的身份和尊严。西塞罗说："当这个国家还被那些由我自己所选择的人掌管的时候，我一直在那么长的时间里把我的才能和计谋奉献给了国家。可是自从一切都处于一手遮天的独裁统治之下以来，我为公众服务的空间已不复存在，或者说为权威机构——元老院和法庭等服务的空间已不复存在。"确实，自从元老院被架空和法庭被终止以来，仍然保存着几分自尊的西塞罗还能在元老院里——或者说在元老院会堂的圆形讲坛上谋求些什么呢？此前，他为公众服务——即政治活动已经花费了他自己的太多太多的时间。"未曾给予这位从事写作的人以闲暇"[56]。西塞罗从未能以自成一体的完整形式写下自己对人世的看法。而现在，由于他被迫不再从事国务活动，他至少打算要好好利用这种闲暇，去应验小西庇阿[57]说过的那句十分精彩的话——小西庇阿曾在谈到自己时说过："当他在不得不无所事事时，他所做的事从不会更少；当他孤独一人时，他从未感到更寂寞。"

西塞罗在《论义务》中向儿子阐述关于个人对国家关系的各种思想观念常常不是新的和原创的[58]。这些思想观念结合了从书本上学到的知识与平时接受的知识，因为一位雄辩术家纵使在六十岁的时候也不会突然成为一名诗人，这好比一位辞书编纂家不会突然成为一名原创作家一样。可是在这部著作中，西塞罗的思绪由于通篇忧伤和怨恨的语气而获得一种新的哀婉动人的感染力。这是一位真正富于人性的英才在流血的内战之中和在古罗马的权贵集团与各派的亡命之徒为权力而斗争的时代之中所做的一个永恒的梦:通过道德上的认知以及绥靖的途径让人间赢得和平——就像在那样的时代里总会有不少人做这样的美梦一样。西塞罗说,正义和法律——唯有这两者应该成为国家的坚强支柱。不是让蛊惑人心的政客去掌握政权,而是内心正直的人一定得去掌握政权,从而保持国家的公正。没有人可以想方设法将自己的个人意志——从而将自己的为所欲为强加给民众;拒绝服从任何一个从民众手中夺取领导权的野心家,是每一个人应尽的义务。他西塞罗作为一个不屈不挠有独立思想的人,坚决拒绝和任何一个独裁者结盟[59],并拒绝在独裁者手下服务。

西塞罗论证说,暴政侵犯每一种权利。只有当每一个人不是企图从自己的公职中获得个人的好处,不是企图在社会利益的背后隐藏自己的私利,国家才能实现真正的和谐。只有当财富不被大肆挥霍而成为奢侈与浪费,而是得到妥善管理,并被转化为精神文明——文化艺术等;只有当贵族阶层放弃自己的傲慢;只有当平民阶层不让自己被善于煽动的政客们收买,并且不将国家出卖给某一个派别,而是要求得到自己的天赋权利时,国家才能健康发展。就像一切有人性思想的人都赞美调和折中一样,西塞罗要求对立的社会阶层和睦相处[60]。古罗马这个世界之国不需要苏拉[61]这样的人和恺撒这样的人,而另一方面也不需要格拉古兄弟[62]这样的人。独裁是危险的,革命也同样如此。

西塞罗在《论义务》一书中所说的许多话,人们早已能够在先前的柏拉图的《理想国》中找到,也能够在此后的让-雅克·卢梭[63]和所有理想主义的乌托邦[64]空想者们的著作中读到。然而,西塞罗的这部遗著之所以能如此令人惊讶地超越他自己的那个时代,是因为他在公元前半个世纪就在此书中第一次用文字表达了那种新的情感:仁爱的情感。在那样一个极其野蛮和残暴的历史时代,西塞罗是第一个也是唯一的一个反对任何滥用暴力的人。在那样的历史时代,纵使是恺撒也还要在攻占一座城池之后让人把两千名俘虏的双手手指砍掉呢[65];刑讯拷打、斗剑角力、大肆杀戮、在十字架上处以死刑,在那样一个历史时代乃是司空见惯、不言而喻的事情。而西塞罗却谴责战争是一种兽行。他谴责自己的民族穷兵黩武和疯狂扩张。他谴责自己的民族对行省的剥削。西塞罗期盼:将其他国家并入古罗马版图的途径唯有通过文化和习俗的融合,而绝不应该使用长矛和利剑。西塞罗竭力反对把城市洗劫一空,并且要求即使对没有权利者中最没有权利的人——奴隶也要宽厚善待;这在当时的古罗马是一种不合时宜的要求[66]。他以先知的眼光预见到了古罗马将会衰落,这是由于古罗马取得的胜利太迅速所致,同时也是由于古罗马征服天下是一种不健全的征服——因为古罗马只会一味使用武力。西塞罗说,自从古罗马这个国家由苏拉开始向外征战以来,唯一的目的就是掠取大量的战利品,而正义却已在自己的国家内消逝。要知道,每当一个民族用武力剥夺了其他民族的自由时,这个民族本身也就会在神秘的复仇之中被孤立,从而失去自己的、创造奇迹的力量。

正当罗马军团在野心勃勃的军事统帅们率领下,为疯狂一时的扩张领土效力时——正当罗马军团向帕提亚[67]、波斯、日耳曼地区、大不列颠岛、西班牙和马其顿进军时,西塞罗却在自己的《论义务》一书中表达了另一种不同凡响的见解：反对这种危险的胜利，因为西塞罗已看出，播种流血的征服战争，孕育出的收获乃是流血更多的内战，所以这位已失去权势的人性守护者西塞罗谆谆教诲自己的儿子要把人与人之间的和睦相处奉为至高无上的理想。这位已经当了太长时间的演说家、辩护大师和政治家的西塞罗——他曾经为了金钱和荣誉，以同样出色的雄辩演说替任何一件好事和坏事作过辩护；他曾经亲自为自己争夺过每一个官职；他曾经追求过财富、追求过在公众中的名望、追求过民众的喝彩——终于在自己生命的秋天达到了这样一种清楚的认识。于是，在自己的生命即将结束的时候，迄今只信奉人性论的马尔库斯·图利乌斯·西塞罗成了维护仁爱的第一人。

正当西塞罗以这样的方式在自己的隐居中安静而悠闲地深入思考着国家生活的道德规范时，古罗马内部的政局动荡与日俱增。元老院还始终没有抉择，民众也始终没有抉择，是应该赞扬杀死恺撒的密谋分子呢，还是应该谴责他们。安东尼正在为反对布鲁图斯和卡西乌斯而扩军备战；而另一个新出现的要求继承恺撒的人——屋大维也出人意外地回到了罗马。恺撒在遗嘱中把屋大维[68]指定为自己的继承人，而现在，屋大维果真要来继承这一笔权力和财富的遗产了。他刚一在意大利登陆，就致信西塞罗，以谋求西塞罗的支持；但与此同时，安东尼也请求西塞罗能回到罗马，还有布鲁图斯和卡西乌斯也同样从各自的战场上召唤西塞罗。他们都想讨好这位杰出的辩护大师西塞罗，争取西塞罗能为他们各自的事业辩护；他们都想征求这位著名法律导师的意见,希望他能将他们各自不合法的事情变为合法。他们就像所有想要掌权的政治家们一样,当他们尚未掌权时,他们总会出自一种真正的本能去寻找一位智慧超群的人作为自己的依靠。——而一旦他们掌了权,他们就会轻蔑地将这位智囊踢到一边,倘若西塞罗还像先前一样是一个自负而又有雄心的政治家,那么他很可能就会上当。

然而,西塞罗并未上当,一半是出于厌倦,一半是出于明智——这两种心态常常难以互相区别。他知道,他现在真正急需要做的只有一件事:完成自己的著作《论义务》——即把自己的一生和自己的思想作一番整理。就像奥德修斯[69]不听海妖[70]的歌唱一样,他对这些权势者们的诱人的召唤充耳不闻,他不听从安东尼的召唤,不听从屋大维的召唤,不听从布鲁图斯和卡西乌斯的召唤,即便是元老院和自己的朋友们的召唤,他也不听从,而是继续不断地写他的书,因为他觉得,言辞中的他比行动中的他更强大;独自一人的他比朋党中的他更具智慧,同时他也预感到,这已是他告别人世的遗言了。

当他完成这部遗著后,他才举目四望,看到的却是一片令人担忧的局面。这个国家——他的祖国已面临内战。把恺撒的银库和执政官的银库洗劫一空的安东尼正在用这笔盗窃来的钱招兵买马。但有三支全副武装的军队反对安东尼:屋大维的军队、雷必达[71]的军队、布鲁图斯和卡西乌斯的军队。任何和解与斡旋都已为时太晚。现在必须作出的抉择是,应该让在安东尼领导下的新的恺撒式的专制独裁统治古罗马呢,还是让共和政体继续存在。每一个人都不得不在这样的时刻作出抉择。即便是这位最最小心谨慎、最最瞻前顾后的马尔库斯·图利乌斯·西塞罗——他以往总是为了寻求调解而超越派别,或者迟疑地在派别之间来回摇摆——也不得不作出最终的抉择了。

于是,现在发生了令人奇怪的事。自从西塞罗将自己的遗著《论义务》留给儿子以后,他已把自己的生命置之度外,仿佛浑身有了新的勇气。他知道,自己的政治生涯和文学生涯已告结束。他该说的话都已说了。留给自己还要去经历的事已经不多。他年事已高,该做的事他都已做了,微不足道的余生还有什么可值得珍惜的呢?他像一头被追赶得精疲力竭的野兽,知道身后有狂吠不停的猎犬在紧追不舍,于是索性突然转过身来,向追赶过来的猎犬猛冲过去,以便迅速结束这场最后的角逐。西塞罗以真正不怕死的勇气[72]再次投身到斗争之中,并使自己处于危险的境地。几个月来,乃至几年来,他做得更多的,只不过拿着一支无声的笔从事写作,而现在又要再度拿起演说的利剑,向共和政体的敌人投去。[73]

令人震撼的场面:公元前四十四年十二月,这位头发灰白的老人西塞罗又站在罗马元老院的讲坛上,他还要再一次呼吁古罗马的民众;他要庄严地表示自己对罗马祖先们的崇敬。他发表了反对篡权者安东尼的十四篇振聋发聩的演说"反腓力辞",因为安东尼拒不听从元老院和民众的意愿。西塞罗完全意识到,自己手无寸铁地去反对一个独裁者将意味着什么。——独裁者安东尼已在自己身边集结了准备进军和准备屠杀的罗马军团。但是,谁要号召别人鼓起勇气,那么只有当他率先证明自己有了这种勇气时,他才会有说服力。西塞罗知道,他这一回已不能像先前似的在这同一个讲坛上洒脱地唇枪舌剑,而是必须为自己的信念拿生命来冒险。他从讲坛上发出这样铿锵激越的声音:"早在我年轻时,我就捍卫过这个共和政体的罗马,现在我已年老,但我不会把共和政体弃置不顾。如果罗马城的自由由于我的死而能重建,我已准备好,甘愿为此献出我的生命。我唯一的愿望是,在我死去的时候,罗马民众仍能自由地生活在大地上。但愿永生的诸神能成全我的愿望,没有比这更大的恩赐了。"他坚决要求元老院:现在已经不再是和安东尼谈判的时候了。他说,元老院必须支持屋大维——他代表共和政体的事业,虽然他是恺撒的继承人和有血缘关系的亲戚。但是现在不再是关系到人,而是关系到事,关系到一件最为神圣的事:自由。这件事已经到了决定性的最后关头。而自由——这笔神圣不可侵犯的精神财产在受到威胁时,任何迟疑踌躇都是毁灭性的。所以,和平主义者西塞罗要求共和政体的军队去反对独裁统治的军队,因为他西塞罗本人,正如他后来的学生伊拉斯谟[74]一样,憎恨内战超过一切。他提议,宣布国家处于紧急状态,宣布篡权者安东尼不受法律保护。[75]

自从西塞罗不再为疑难官司当辩护人而成为崇高事业的维护者以来,他在这十四篇反对安东尼的演说"反腓力辞"[76]中真正找到了富于感染力和激励人心的言辞。他向自己的同胞发出呼声:"假如别的民族愿意在奴役中生活,我们罗马人则不愿意。如果我们不能赢得自由,那么就让我们死去。"他说,如果罗马这个国家真的气数已尽,那么,主宰着天下的罗马人就应该采取这样的行动:宁可正面对着敌人死去,而不愿任人宰割——就像已成为奴隶的古罗马斗士在竞技场上表现的那样:"宁可在尊严中死去,而不在耻辱中苟生。"

元老院的元老们和集会的民众悉心倾听这些痛斥安东尼的演说,莫名惊诧。也许有些人已感到,可以在罗马广场上公开说出这样的话,对今后数百年而言,将是最后一次了。人们不久将不得不在罗马广场上只向罗马皇帝们的雕像诚惶诚恐地鞠躬。在恺撒们的国度里,只允许阿谀奉承者和告密者们诡计多端地窃窃私语,而不会再允许先前那种自由的言论了。听众们面面相觑:一半是出于惊恐,一半是出于敬佩这位老人——他竟会以"一个亡命之徒"的大胆,即以一个内心已完全绝望者的勇气,单枪匹马地捍卫人的精神独立和共和政体的法律。听众们赞同他的话,但犹犹豫豫,因为即便是烈火燃烧般的语言也已不再能够点燃起这根已腐朽的树干——罗马人的自豪了。正当这位孤军奋战的理想主义者西塞罗在罗马广场上劝告大家要为国家献身的时候,统率罗马军团的三个肆无忌惮的统帅们已在西塞罗的背后缔结了罗马历史上最可耻的政治同盟。

一个是曾被西塞罗誉为共和政体捍卫者的屋大维,另一个是雷必达——西塞罗曾鉴于他为罗马人立下了功劳而要求为他建造一尊大理石雕像;屋大维和雷必达曾为了要消灭篡权者安东尼而离开罗马在外征战,但现在却宁肯做一笔私人交易。由于这三个军事统帅中没有一个能强大到独自一人夺取古罗马这个国家作为个人的战利品——屋大维不能,安东尼不能,雷必达也不能,于是这三个当年的死对头现在宁可达成一项协议,私下瓜分恺撒的遗产。一夜之间,古罗马在恺撒原来的位置上竟有了三个小恺撒。

这是具有世界历史意义的时刻:这三个军事统帅不服从元老院的命令,不遵守罗马人的法律,联合起来组成了三巨头同盟,把横跨欧亚非三大洲的幅员辽阔的古罗马当作低廉的战利品进行瓜分。在雷诺河和拉维诺河交汇处的博洛尼亚城[77]附近的一个河心小岛上,一座营帐被搭建起来了。三巨头就在这里会晤。不言而喻,在这三个不可一世的战争英雄中,没有一个会信任另一个。在他们以往的各自言论中,充斥着互相攻讦的言辞,如攻击对方为造谣惑众者、流氓无赖、篡权者、强盗、窃贼等,以致无法详细知道三人当中的这一个冷嘲热讽另一个究竟是为了什么。不过,对于权力欲极强的人来说,唯有权力最重要,而不是思想品质;重要的是战利品,而不是声誉。这三个对手现在用各种防备措施,一个跟着一个走近事先约定的位置;当这三个未来的天下统治者彼此确信——他们中间谁也没有为了谋害另一个最新的同盟者而随身携带武器之后,他们才友好地互相微笑致意,并一起走进营帐——未来的三巨头同盟将要在这里缔结和建立。

屋大维、安东尼和雷必达在这座营帐里停留了三天,但无人见证。他们有三件事要做。他们迅速联合起来要做的第一件事是:他们将怎样瓜分天下。最后,屋大维得到了阿非利加和努米底亚[78],安东尼得到了高卢,雷必达得到了西班牙。纵使是第二件事也没有使他们太发愁:如何筹措到钱,把欠了各自的追随者和军团士兵几个月的军饷发下去。按照历来常常仿效的办法,这件事巧妙地得到解决,那就是直截了当抢掠国内富豪们的财产,同时把他们消灭掉,免得他们大声抱怨和控告。三巨头在桌面上慢慢悠悠起草了一份有两千名意大利富豪的黑名单,其中一百名是元老;后来还公布了一份富豪中不受法律保护者的名单。每个人都提出自己所知道的人,其中包括他本人的私敌。这三个新结盟的巨头在解决了领土问题之后又用匆匆的几笔完全解决了经济问题。

现在要商讨第三件事。凡是要建立独裁统治的人,就必然首先要让那些永远反对任何暴政的人——那些捍卫根深蒂固的梦想:自由——的人永远闭上嘴,亦即要让人格独立的人永远闭上嘴,以便自己稳稳当当地坐在统治者的位置上。安东尼要求把马尔库斯·图利乌斯·西塞罗列为这最后一份黑名单的第一人[79]。安东尼认识到西塞罗的真正本质,并直言不讳地说出西塞罗的名字。西塞罗确实比所有的人都危险,因为他具有精神力量和要求独立的意志。他必须被干掉。

屋大维感到很吃惊,并予以拒绝。作为一个年轻人的他,毕竟还没有被政治的奸诈完全毒害,还没有完全冷酷无情,用杀害这位意大利最著名的学者来开始自己的统治,他对此还有疑虑。西塞罗曾经是维护屋大维的事业的最忠诚的人。西塞罗曾经在民众和元老院面前多次赞誉过他。就在几个月前[80],屋大维还曾恭恭敬敬地征询过西塞罗的建议,寻求西塞罗的帮助呢。屋大维早先曾尊敬地称这位老人是自己"真正的父亲"。屋大维觉得不能昧着良心做事,他坚持自己的反对态度。出于对西塞罗真正崇敬的本能,他不愿把这位最显赫的拉丁语大师交给收买来的凶手们去杀戮。但是安东尼非常坚持,他知道,在思想精英和暴力之间存在着永恒的敌对；对独裁统治而言，没有人能比这位语言大师更危险的了。为了西塞罗的这颗人头的斗争持续了三天。最后，屋大维让步了。于是，西塞罗的名字结束了对这份黑名单的争论。这份黑名单也许是罗马历史上最可耻的一份文件。随着这份不受法律保护者的黑名单的确定，对共和政体的古罗马国家的死刑判决才算真正生效。

就在西塞罗获悉先前的三个不共戴天的仇敌已联合起来的那一刻，西塞罗就已知道自己输了[81]。西塞罗心里十分明白，自己已落入海盗安东尼的手掌之中。他曾公开揭露过这个不顾一切图谋私利之徒——公开揭露过安东尼身上的那种贪婪、虚伪、残忍、不知廉耻的卑鄙本能，实在是太不留情面和太伤人啦，以致西塞罗不可能希望从这个凶残的暴君身上得到像恺撒那样的宽宏大量。——而莎士比亚却毫无道理地把安东尼美化为具有高贵精神的人[82]。西塞罗知道，如果他要拯救自己的性命，唯一合乎逻辑的做法，就是迅速逃离。西塞罗必须横渡大海，逃到希腊去，投奔布鲁图斯[83]和卡西乌斯[84]，或者投奔小加图[85]，逃入追求自由的共和派分子的最后军营。他在那里至少可以免遭被已经派出来的刺客们的杀害。而且事实上，已不受法律保护的西塞罗似乎已经下过两三次决心，准备出逃。他已准备好一切。他通知了自己的朋友们。他已经登上了船。他已经起程。可是，总是在最后一刻，西塞罗一再中断自己的行程。谁曾经感受过流亡的凄凉，那么即便在危险之中，他也会觉得故土的温馨，并觉得在永远逃亡中的生命是多么黯然神伤。这是被理智左右的一种神秘莫测的意志——甚至可以说是对理智的一种逆反，这种意志迫使西塞罗直面等待着他的命运。这位已经变得十分疲惫的老人只是渴望从已经了结的一生中再歇几天，只是还想静静地稍微思考一下，只是还要写几封信，还要读几本书[86]，然后就让已经为他注定的命运到来吧！在这最后的几个月里，西塞罗一会儿躲藏在这个庄园，一会儿躲藏在另一个庄园，每当危险临近时，他就立刻起程，可是从未完全逃离。就像发烧的病人把头埋在软枕头里不时变换姿势一样，西塞罗也不时变换自己的半藏匿之处，他既没有完全下定决心去接受自己的命运，也没有完全下定决心去躲避自己的命运，西塞罗仿佛要以自己静候死的来临来实践自己在《论老年》中写下的座右铭：一个老人既不可能寻求死亡，也不可能延迟死亡，而只能当死亡降临时去从容接受：对视死如归的人而言，没有可耻的死亡。

已经在前往西西里岛途中的西塞罗正是以这样的心态突然命令他手下的人再次掉转船头，折回到四处是敌人的意大利。他在卡伊埃塔——今天的加埃塔[87]登陆。他在那里有一座小庄园。他已感到十分疲倦——不仅仅是四肢的疲倦、神经的疲倦，而且也是对活下去感到疲倦；除了这样一种疲倦，还有一种对末日来临的神秘向往和对人间生活的眷恋：他只是还想再歇一歇，再呼吸一下故乡清新的空气，并向故乡告别，向人间告别；他还想再休息一下，再歇一歇脚，哪怕只有一天或者一小时也好！

他刚一回到自己的小庄园[88]，就毕恭毕敬地向守护家的神明[89]祝祷。他——一个六十四岁的老人确实累了。海上航行的颠簸之苦已使他精疲力竭，于是他在一间墓穴般的卧室里躺在床上,伸开四肢,闭上眼睛,要在永眠之前先享受一下温馨睡眠的甜美。

可是,西塞罗刚一伸开四肢,一个忠诚的奴隶就已急急忙忙走进房间,告诉他:附近已出现形迹可疑的武装人员。一个毕生得到西塞罗许多恩惠的管家为了得到报酬已将西塞罗的逗留之处泄露给了来行刺的凶手。西塞罗还有可能逃离,但必须赶紧走。一顶轿子已准备好。在家中伺候的几个奴隶打算武装起来,准备在西塞罗去上船的短距离中保卫他。西塞罗上了船就安全啦。可是,这位疲惫不堪的老人拒绝了。他说:"何必呢,我已经累得不想逃走了,我也已经累得不想再活了。就让我死在这个我曾拯救过的国家吧!"不过,这个走进房间的忠诚的老仆人最终还是把他说服了。佩带武器的奴隶们抬着西塞罗的轿子,绕道穿过小树林,向救命的小船走去。

但是,自己家中的那个告密者为了他的一笔不义之财不致落空,便急急忙忙召来一个百人队队长和几个武装人员。他们像狩猎似的在林间追踪搜寻,并及时找到了他们的猎物——西塞罗。

手持武器的仆人们立刻聚集在轿子周围,准备抵抗。然而西塞罗却命令他们离去。他自己的一生已经活到了尽头。何必还要让更年轻的不认识的人去作无谓的牺牲呢?就在这最后一刻,一切惧怕都从这个总是动摇不定、缺乏坚定和仅仅难得有勇气的男子身上烟消云散了。西塞罗觉得,他作为一个古罗马人只能在最后的考验中——当他神态凛然地面对死亡时——才证明了自己的勇气。仆人们听从他的命令散开了。而他则将自己白发苍苍的人头交给了杀害他的凶手们。他手无寸铁，没有任何抵抗。他只说了一句满不在乎的话："我从来就知道，我不是一个永生不死的人。"不过，杀害他的人要的并不是他的哲学思想，而是要自己的军饷。他们没有犹豫。那个百人队队长用一把军刀狠狠地把这个不作任何反抗的人击倒。

马尔库斯·图利乌斯·西塞罗——最后一位维护古罗马人自由的人——就这样死去了[90]。他在自己的这最后一个小时中的表现比他在自己一生中所度过的数以万计的小时中的表现更英勇、更有男子气概和更坚强。

紧接着这幕悲剧后面的是血腥的群魔乱舞的丑剧[91]。西塞罗如此紧迫地被杀死，正是安东尼所指使。凶手们从这种紧迫感中揣测到，这颗人头必定有特殊的价值——当然，他们不会预先想到这个头脑在人间和后世的精神领域中的价值，而只是预料这颗人头对这次血腥行动的指使者必定具有特殊的价值。为了使自己理所当然地得到奖赏，匪徒们决定把这颗人头作为完成使命的确凿证据交给安东尼本人。于是，匪徒们的头目从西塞罗的尸体上砍下头颅和双手，塞进一个大口袋——从口袋里还滴着被杀害者的鲜血呢——匪徒们以最快的速度匆忙赶回罗马，以便用这样的消息使独裁者安东尼高兴：这位罗马共和政体最优秀的捍卫者——西塞罗已经用通常的方法被干掉了。

这个小匪徒——这群匪徒们的头目估计得完全正确。而那个大匪徒——指使这次谋杀行动的安东尼现在却要把自己对这次行动成功所感到的高兴转换成丰厚的报酬。由于他已让人去抢掠并杀害意大利两千名最有钱的人，现在的安东尼终于阔绰到能够为了这一只装着被砍下来的西塞罗的人头和双手的鲜血淋淋的口袋支付给这个百人队队长一百万光灿灿的塞斯特斯。不过，安东尼复仇的欲火还一直没有因此而冷却。刻骨的仇恨终于使这个嗜血成性的凶手想出了要让这个死去的人蒙受一种特别的羞辱；安东尼[92]万万没有料到这样的羞辱却使他自己遗臭万年。安东尼命令：把西塞罗的头和双手钉挂在罗马广场的讲坛上——西塞罗当年为了捍卫古罗马人的自由，就是从这同一个讲坛上呼吁民众反对安东尼的。

第二天，罗马的民众看到了这幅可耻的场面。从这最后一位捍卫自由的西塞罗身上砍下来的惨白的头颅正挂在他当年曾作过不朽演说的讲坛上。一根粗大的生锈的铁钉穿过他的额头——这额头曾思考过无数的想法；苍白的双唇紧闭着——从这双唇中用拉丁语说出来的铿锵有力的言辞，比所有的言辞都美；发青的眼睑紧闭着，盖住了眼睛——这双眼睛在六十多年的时间里守望着共和政体的古罗马。无力的双手张开着——这双手曾撰写过那个时代最华美的书信。

然而，西塞罗的默默无声、被残杀的头颅此时此刻却是对"暴力永远无理"所作的控诉，这样的控诉是如此意味深长，是此前这位伟大的演说家从这同一个讲坛上为反对残忍、反对权力的淫威、反对无视法律所作的控诉无法比拟的。民众胆战心惊地拥挤在讲坛周围，他们心情压抑，深感羞愧，然后又退缩到一边。没有一个人敢说一句反对的话——现在正是独裁统治呀！不过，他们的心都在震颤，看到自己共和政体的国家已被钉在十字架上这样一幅悲惨的象征画面，他们都战战兢兢地垂下了眼帘。

注　释

〔1〕 马尔库斯·图利乌斯·西塞罗（Marcus Tullius Cicero），公元前106年1月3日出生在罗马东南方——古代拉丁姆地区的一座小镇阿尔庇努姆［Arpinum，今阿尔庇诺（Arpino）］。这座小镇在公元前303年获得罗马公民权，公元前188年获得选举权，在西塞罗的青年时代，小镇是享有自治特权的城邦。西塞罗的祖父务农，且严守传统。祖父生前在家乡一直反对平民主张的秘密表决法，因而受到贵族派的赞许。在西塞罗的父亲获得骑士称号后，这个家族才进入骑士等级，但父亲健康不佳，因而一生未曾追求在政坛发迹，却更喜爱在乡间生活和做学问。显然，这样的家庭环境对西塞罗以后的政治理想和人生追求有潜移默化的影响。西塞罗的母亲出身于阿尔庇努姆小镇的一个古老家族，在西塞罗童年时去世。父亲很关心儿子的成长，在西塞罗七岁时就带着他和他的弟弟昆图斯（Quintus）前往罗马，投拜希腊教师门下求学。据传父亲死于公元前64年，即西塞罗出任执政官的前一年。西塞罗的从政始于公元前76年，是年他被选举为罗马财政官，履职的地方是西西里，主要职责是为罗马征集粮食。他办事勤谨公正，为人温和，得到西西里人的好评。

〔2〕 盖乌斯·维尔列斯（Gaius Verres，公元前115—前43），出身元老院元老家庭，公元前73—前71年，任西西里行省总督，任内大肆敲诈勒索，中饱私囊，掠夺该岛大量艺术珍宝，随便处决试图反抗他的当地民众和罗马公民。公元前70年回到罗马。同年1月，西塞罗当年在西西里的友人请他担任辩护律师，控告维尔列斯。西塞罗走遍西西里，得到充分的证据和必要的证人。此案于公元前70年8月5日开庭，西塞罗揭发的罪行，令人信服，开庭的第三日，即8月7日，维尔列斯便称病不再出庭，并很快离开罗马，自行放逐。公元前43年维尔列斯因拒绝向"后三巨头"之一的安东尼交出所掠夺的艺术珍宝，被安东尼下令处死。他被处死是在西塞罗被

杀害后的几天。

〔3〕 卡提利纳（Lucius Sergius Catilina，公元前108—前62，一译：喀提林，在中国史学界长期沿用），出身破落贵族世家，流传的史料将其描绘为贪婪狡诈、心术不正，公元前68年任罗马司法官，公元前67—前66年任阿非利加行省总督，并于公元前66年返回罗马，多次竞选罗马执政官，但由于其人挥霍无度而负债累累，大肆搜刮而犯有大量不法行为，屡屡落选。为摆脱自己的经济困境，卡提利纳决定在公元前63年的选举之年竞选公元前62年的罗马执政官，并纠集一群破产的贵族子弟，阴谋策划一旦竞选失利便举行武装暴动，夺取政权。但时任公元前63年执政官的西塞罗，事先买通了阴谋者库里乌斯的情妇富尔维娅作为卧底，对阴谋者的行动计划了如指掌，挫败了这次阴谋。在事变过程中，西塞罗先后在元老院或在罗马广场上四次发表《控告卡提利纳的演说》，成为西塞罗演说词中的名篇。结果是卡提利纳逃出罗马，留在罗马的五名主要阴谋分子被处以绞刑。这次事件（史称"喀提林阴谋"）使西塞罗声名大振。

〔4〕 公元前60年秋，恺撒、庞培和克拉苏三人秘密会晤，瓜分权力，结成史称"前三巨头"的政治同盟，这是对抗元老院权力的力量大结集，是三人联合的独裁，危及罗马的共和政体。恺撒曾派人与西塞罗联络，希望西塞罗参加他们的同盟，但遭西塞罗婉拒。

〔5〕 《论共和政体》（De republica）写于公元前54年，模仿柏拉图的《理想国》的形式，采用对话体，全书共六卷：第一卷《国家概念与国家体制》，第二卷《罗马国家体制的优越性》，第三卷《国家管理的正义理念》，第四卷《国家公民的道德理念》，第五卷《理想的国家管理者》，第六卷《西庇阿之梦》。第三卷最后一节的小标题是"结论：国家靠正义维持"。

〔6〕 盖乌斯·尤利乌斯·恺撒（Gaius Julius Caesar，约公元前101—前44），古罗马共和政体末期著名军事统帅和政治家，出身贵族世家，但他本人支持民众派。公元前68年任财政官。公元前65年任市政官，在公元前63年西塞罗任执政官时，恺撒被元老院选为大祭司，公元前62年任司法官，公元前61年任西班牙总督，公元前60年

与庞培、克拉苏结成"前三巨头"同盟，公元前 59 年任罗马执政官之一，公元前 58 年出任山南高卢总督，大举向山北高卢（法国、比利时一带）扩张，时至公元前 50 年春返回山南高卢。恺撒在征战高卢不到 10 年的时间内占领 800 多座城池，征服 300 个部落，与 300 万人作战，其中约 100 万人被歼灭，约 100 万人被俘，掠夺大量黄金、财富及奴隶送往罗马，权势日重。公元前 53 年克拉苏阵亡后，庞培与元老院合谋，企图解除恺撒的兵权。恺撒闻讯后于公元前 49 年 1 月率 13 个军团渡过山北高卢行省和意大利交界的卢比孔（Ribikon）河向罗马进发。庞培偕大批元老院元老逃往希腊。公元前 49 年 2 月恺撒占据罗马，被宣布为非常时期的独裁官，但 11 天后他交卸了这一官职而竞选公元前 48 年的执政官。竞选成功。此后破例五次任执政官，公元前 45 年被元老院宣布为终身独裁官和终身保民官，兼领"国父"尊号，成为名副其实的独裁者。

〔7〕 马尔库斯·安东尼（Marcus Antonius，公元前 82—前 30），公元前 43 年和屋大维、雷必达结成"后三巨头"同盟，曾作为部将随恺撒征战高卢，公元前 49 年任保民官，公元前 48 年助恺撒打败庞培，公元前 44 年与恺撒共任执政官，恺撒被刺杀后，安东尼在罗马政坛扮演重要角色。参阅本篇注〔92〕。

〔8〕 恺撒率军于公元前 49 年 1 月渡过卢比孔河后，罗马告急，庞培偕同元老院的元老们撤离罗马，西塞罗也和他们一起离开罗马。但他对庞培的前途持怀疑态度。在恺撒与庞培之间发生内战时，西塞罗站在庞培这一边，以遏制恺撒成为独裁者，同时仍存在和解的幻想。其间，恺撒曾亲自致信西塞罗，希望他能从中斡旋，西塞罗经过犹豫后于公元前 49 年 3 月 19 日复信恺撒，但为时已晚，因为此前两天，庞培已率领军队离开意大利。而恺撒也于同年 2 月下旬占据罗马。

〔9〕 在恺撒出征西班牙讨伐驻扎在那里的庞培军团期间，西塞罗于公元前 49 年 6 月 7 日离开意大利，前往庞培在希腊的军营。但到达军营后，他目睹指挥的软弱和军纪的涣散，非常失望。

〔10〕 原文 Kohorten，词义为古罗马的步兵队，一队五百至六百人。

〔11〕 恺撒于公元前 49 年 2 月下旬率领军队占据罗马后，并没有像人们

预料的那样大肆杀戮对立派和没收他们的财产，而是显得宽厚大度，对待留下来的元老们也相当温和。

〔12〕 公元前46年末，西塞罗完全脱离政治事务。当时罗马政局动荡，恺撒已成为实际上的独裁者，共和派人士则在酝酿推翻恺撒的独裁统治。西塞罗没有参与推翻恺撒的实际活动，而是埋头著作。是年西塞罗60周岁，故而茨威格在文中多次称西塞罗为六旬老人。

〔13〕 西塞罗并非出自名门贵族世家，他是自己家族中第一个担任高级官职的人，因而他一再声称自己属于"新人"（homo novus）。

〔14〕 原文Kapitol，古罗马城堡，元老院会堂所在地。

〔15〕 公元前63年11月8日夜里，卡提利纳悄悄离开罗马，第二天，即11月9日，西塞罗在罗马广场西北侧的集会场南面的讲坛上向民众发表了《第二篇控告卡提利纳辞》，宣布卡提利纳"逃跑了"，受到民众欢呼。但是留在罗马支持卡提利纳的阴谋分子加紧行动，据说包括焚烧城市、杀死西塞罗等。12月2日晚至12月3日凌晨，阴谋分子的人证、物证被截获，并搜出大批武器。12月3日，元老院开了一整天的会，决定监管主要阴谋分子，决定授予西塞罗"国父"称号。会后，西塞罗在天色渐黑的广场上向民众发表了《第三篇控告卡提利纳辞》，不时响起欢呼声。

〔16〕 公元前62年的善良女神节庆祝活动在时任司法官的恺撒府邸举行，突然，贵族青年克洛狄乌斯（Publius Clodius Pulcher，约公元前93—前52）不请自来，据说是为了会见他的情妇——恺撒的妻子。公元前61年5月克洛狄乌斯因亵渎善良女神节而受审，西塞罗提供了对克洛狄乌斯非常不利的证词。克洛狄乌斯最终被判无罪，但却和西塞罗结下怨仇。公元前58年，克洛狄乌斯担任保民官，他提出了一项特别法案：凡是未经审判而处死罗马公民的官员应当被放逐。这项法案是针对西塞罗的，意在报复，因为当年处决卡提利纳暴动案中的五名主犯是由执政官西塞罗和元老院在一天之内决定的，并未经过法庭审判。西塞罗四处奔走，寻求帮助，未果，眼看无力挽回的局势，西塞罗不得不主动离开罗马。在公元前58年3月20日该法案最后通过的那一天，西塞罗在罗马的住处被焚烧，庄园被劫掠。此后还通过一项明确针对西塞罗

的法案，规定在距罗马 500 罗马里（1 罗马里约合 1.5 千米）内任何人不得给予西塞罗以庇护。西塞罗于 5 月经希腊流亡到马其顿。公元前 57 年 7 月，元老院在庞培支持下通过提案，肯定西塞罗揭露"卡提利纳阴谋"是拯救了国家。在 417 名出席会议的元老中，只有一票反对决议草案，这一票是克洛狄乌斯投的。8 月 4 日召开公民大会，决议顺利通过，庞培来到广场，把克洛狄乌斯赶走。西塞罗闻讯后，于第二天回到意大利。9 月 4 日，大批人群在罗马城门口欢迎他进城。9 月 5 日，他在元老院发表演说，向元老院和民众致谢。国家出资为他修复了被毁坏的罗马住宅和乡间庄园。

[17] 约在公元前 90 年，青年西塞罗曾在军中服役，起初在庞培·斯特拉博（Pompeius Strabo，古罗马"前三巨头"之一庞培的父亲）麾下，后受苏拉统率，但西塞罗对军旅生涯不感兴趣，不久又回到罗马，继续学业。在恺撒和庞培发生内战期间，西塞罗站在庞培和元老院一边，于公元前 49 年 6 月前往庞培在希腊的军营，统率庞培的骑兵。

[18] 公元前 52 年，庞培作为无同僚的执政官，在罗马独揽大权。是年通过一项法案，5 年内停止给新卸任官员分配行省，由以前卸任而从未领受过这项任命的高级官员去管理。西塞罗在这类官员之列，于是在公元前 51 年 4 月末离开罗马，去管理小亚细亚的基里基亚行省。任职期满后，西塞罗于公元前 50 年 11 月末回到罗马。

[19] 塞斯特斯（Sesterze），古罗马的一种货币，初为银铸，后为铜铸。

[20] 公元前 69 年西塞罗任市政官（一译：营造官），市政官的职责是监督罗马本城和城墙之外一里范围内的社会秩序和福利设施，关心城市的市场供应状况，举办公共娱乐（竞赛）。为履行后一项职责，市政官从国库领取一定的款项，但国库的钱远远不足以举办能满足城市民众趣味的娱乐（竞赛），因而市政官必须把自己的财产补贴进去，但这是一条取得民心、走上仕途的必由之路。恺撒曾因担任这一官职而把整个家当花光，还负了很多债。西塞罗则自称在这一任上没有花很多钱，但普卢塔克认为这是因为西塞罗得到感恩的西西里人的帮助。

[21] 帕拉丁山（拉丁语：Palatium，又译帕拉提乌姆），罗马城内一座

略呈方形的小丘,离台伯河不远,是富人住宅区。西塞罗和卡提利纳的住宅都在这里。

〔22〕 公元前58年3月20日,克洛狄乌斯提出的针对西塞罗的法案被通过,当天,西塞罗在罗马的住处被焚烧,庄园被劫掠。

〔23〕 公元前77年(也可能是公元前79年去希腊之前),西塞罗和一位年轻的贵妇人特伦提娅(Terentia)结婚,生有一女一儿。女儿图利娅(Tullia),出生于结婚之初,儿子马尔库斯(名字和西塞罗的名字完全一样)出生于公元前65年。公元前51年至公元前50年,西塞罗出任基里基亚行省总督时,把15岁的儿子带在身边。公元前49年6月,西塞罗前往庞培在希腊的军营时,小西塞罗一同前往。公元前48年,庞培在法尔萨洛斯(曾译名:法尔萨利亚或法萨罗)战役中失败后,西塞罗父子于公元前47年回到罗马。公元前46年,年轻的小西塞罗任故乡阿尔庇努姆的市政官。西塞罗期望儿子能学好哲学,以利于在政坛升迁,于公元前45年3月,把儿子送往雅典求学。西塞罗非常爱他的儿子,西塞罗写于公元前44年秋的最后一部著作《论义务》,就是训示儿子的,是西塞罗根据自己一生的经历对儿子提出政治方面和伦理方面的劝告。书的形式也是以父亲教诲儿子的口吻写的。在《论义务》第三卷的结尾中写道:"吾儿马尔库斯,这就是父亲给你的礼物,并且在我看来是一件有价值的礼物。……但是现在你在远方,我只能这样从远方和你说话。亲爱的西塞罗,再见吧,你要相信,你是我最亲爱的人,不过如果你能喜欢这些指导和教诲,你会更令我喜爱。"(王焕生译:《论义务》,中国政法大学出版社,1999年,第365页)西塞罗曾于公元前44年7月21日离开意大利前往希腊,但是逆风和罗马的政治形势又使他返回,于8月31日回到罗马。后来西塞罗于公元前43年12月7日被杀害,从而一直未能和在希腊的儿子会晤。小西塞罗在恺撒被刺后,中断了学业,参加了以布鲁图斯为首的共和派军队。公元前42年共和派失败后,他投奔庞培之子塞克斯图斯·庞培。公元前39年小西塞罗获大赦后站在屋大维一边。公元前30年任执政官,公元前29—前28年任亚细亚行省总督。

〔24〕 公元前46年至公元前45年恺撒实施独裁统治期间，西塞罗曾应恺撒的要求，发表过一些辩护演说，在那些演说中，西塞罗称赞恺撒在对待政敌方面所表现的仁慈和温和。其实，在朋友之间互相称赞对方，是古罗马的一种习俗，恺撒也曾以"高尚"与"可贵"盛赞西塞罗："你的功绩比伟大的军事统帅的功绩更高尚；你在扩大世人知识领域的功绩比扩大罗马国家的版图更重要和更可贵。"

〔25〕 马略（Gaius Marius，公元前157—前86），古罗马著名军事统帅和政治家，公元前157年出生于西塞罗出生的阿尔庇努姆小镇附近的切雷亚塔埃。出身平民家庭。曾七次出任罗马执政官。公元前107年首次任执政官，次年偕部将苏拉进兵（北非）努米底亚，打败该国国王朱古达。公元前88年，苏拉当选执政官，在苏拉率军东征亚洲本都王国（今土耳其一部分）的国王米特拉达梯（Mithridates）时，马略欲解除苏拉兵权，苏拉闻讯反戈，占据罗马，并宣布马略为"公敌"，马略历尽艰险逃到非洲。公元前87年，苏拉出征希腊时，马略趁机攻占罗马。公元前86年马略第七次任执政官，上任后处死不少他认为背叛他的人。公元前86年1月13日在任内病逝。是年西塞罗20岁。马略的业绩对其外甥尤利乌斯·恺撒有深远影响。

〔26〕 公元前46年7月，恺撒在北非彻底击溃庞培的残余部队后凯旋罗马，从这时起，恺撒的独裁统治已实际形成。同年岁末，西塞罗完全脱离政治事务。

〔27〕 在公元前46年至公元前45年，西塞罗以难得的闲暇和避开政界纷扰之后的宁静心境从事写作。写于公元前46年的《布鲁图斯》和《演说家》是演说理论方面的著作（《论演说家》和《演说家》是两部著作，前者写于公元前55年），《布鲁图斯》是介绍罗马演说术的发展历史。《演说家》采用第一人称笔法，谈及对理想的演说家的要求，详细谈到各种专门的修辞学问题，包括演说词结构、语言表达、词语结合、音韵节律等。写于公元前45年的哲学著作有《学园派哲学》《论善与恶的界限》《图斯库卢姆谈话录》《论老年》《论友谊》《论神性》等。

〔28〕 图斯库卢姆（Tusculum），古罗马城市名，故址在今日意大利的弗

拉斯卡蒂（Frascati），在罗马东南24公里处。在公元前1世纪至公元4世纪古罗马共和政体晚期和罗马帝国时代，那里是古罗马富人们的疗养胜地。在公元119年的一次战争中，该城被罗曼人完全毁灭。公元前45年，西塞罗在此完成其哲学著作《图斯库卢姆谈话录》。

〔29〕 坎帕尼亚（Campagna），意大利西南部平原地区，罗马周围的平原。

〔30〕 阿提库斯（Titus Pomponius Atticus，公元前109—前32），富有的罗马骑士，比西塞罗年长三岁。公元前90年，16岁的西塞罗到达罗马，在著名法学家斯凯沃拉门下学习法学，和阿提库斯是同窗，从此两人结为终生挚友。阿提库斯信奉伊壁鸠鲁学派，长期客居雅典，故有"阿提库斯"别号，意为"阿提卡人"。他一生回避政治，最重要的著作是整理出版西塞罗写给他的书信。西塞罗在自己的对话体著作《论法律》中，把阿提库斯作为对谈的人物之一。

〔31〕 布鲁图斯（Marcus Junius Brutus，约公元前85—前42），出身名门贵族，相传是推翻古罗马王政、创建共和政体古罗马的著名领袖琉乌斯·尤尼乌斯·布鲁图斯的后裔。布鲁图斯公元前46年任山南高卢总督，公元前44年任罗马司法官（Praetor urbanus），反对恺撒独裁，志在恢复共和政体。公元前44年3月15日，与卡西乌斯一群共和派分子一起，在元老院会堂里刺死恺撒，随后和卡西乌斯等人逃往希腊，准备抵抗恺撒的继承人。

〔32〕 卡西乌斯（Gaius Cassius Longinus，?—前42），古罗马将领，主张共和制，刺杀恺撒的主谋之一。事后赴叙利亚组建军队，旋至希腊，同布鲁图斯会合。

〔33〕 公元前45年10月恺撒从西班牙回到罗马，是年岁末恺撒曾去图斯库卢姆庄园看望西塞罗，此后西塞罗也不得不改变自己的生活方式，大部分时间住在罗马，重新去参加元老院会议。

〔34〕 公元前46年末至公元前45年，西塞罗静居在图斯库卢姆的庄园从事写作。女儿图利娅经常往返于罗马和这处庄园之间，不时照顾父亲。其间，图利娅正面临分娩。这孩子就是后来的小伦图卢斯，即已与她分居的多拉贝拉的儿子。这孩子不久夭折，图利娅在公元前45年2月中旬去世，西塞罗悲痛万分。

〔35〕 小西塞罗自公元前 45 年 1 月至 3 月,和父亲一起住在图斯库卢姆庄园;3 月赴雅典继续求学。

〔36〕 公元前 45 年,西塞罗的妻子特伦提娅和他离婚,此时西塞罗年已六十有余,是年岁末,西塞罗和他所监护的少女普布利里娅结婚,不久离婚。

〔37〕 《演说家》(*Orator*),写于公元前 46 年下半年,采用给布鲁图斯写信的方式,回答西塞罗在以往著作中已经提出的问题:什么是完美的演说家?书中论及训练演说家的五个组成部分,但重点是演讲风格,占全书四分之三篇幅。本书有一定的论战性质,作者在书中捍卫自己的演说家地位,并为自己的演讲风格辩护。全书共分 71 章。有学者认为,在西塞罗全部修辞学著作中,《论演说家》(*De Oratore*,完成于公元前 55 年初冬)、《布鲁图斯》(*Brutus*,约写于公元前 46 年初,用作书名的布鲁图斯,是书中参与对话的人,即刺杀恺撒的布鲁图斯,另一位对话者是西塞罗的挚友阿提库斯)、《演说家》三部著作构筑了西塞罗修辞学基本理论的框架。

〔38〕 《论老年》(*De senectute*),全名《老加图论老年》(*Cato maior de senectute*),撰于公元前 45 年,时年西塞罗 61 岁,完成于公元前 44 年 5 月,正文前有一段简短的夹有诗句的前言,称此文是献给 64 岁的挚友阿提库斯的。正文是对话体,假借年事已高的老加图之口来论述老年。对话的时间被移到公元前 150 年,地点在老加图家里。参加对话的除老加图之外,还有小西庇阿和盖乌斯·莱利乌斯。主题是批评"老年不幸论",倡导老年人要淡泊名利、戒欲断念,享受田园生活。老加图(Marcus Porcius Cato,公元前 234—前 149),古罗马政治家和作家,历任财政官、司法官、监察官、执政官等职。他是拉丁语随笔文学的开创者,反对希腊文化传入罗马,维护罗马传统,著有《罗马历史源流考》七卷、《农业志》等。

〔39〕 西塞罗遗留下 900 多封真实的书信,包括致弟弟昆图斯、致好友阿提库斯和致其他亲友的书信。作为拉丁语大师的西塞罗,他的书信是优美的散文,既有历史价值,又有文学价值。

〔40〕 公元前 45 年 2 月中旬女儿图利娅去世,公元前 45 年 3 月初,西塞罗写下《论安慰》(*Consolationes*),此文今已失散。

〔41〕 指从公元前46年末至公元前44年3月恺撒被刺后西塞罗重返罗马之前的三年。

〔42〕 指公元前44年1月至3月共和派分子密谋要刺杀恺撒的活动。

〔43〕 西塞罗本人并不知道要刺杀恺撒的密谋。主谋布鲁图斯和卡西乌斯也不想吸收西塞罗参与他们的计划,因为他们觉得西塞罗优柔寡断且年事已高。55岁的恺撒于公元前44年3月15日在元老院会堂被共和派的元老们当场刺死。

〔44〕 据传,当恺撒看见自己的朋友布鲁图斯也在刺客当中时,惊呼道:"你也要谋杀我吗,布鲁图斯?"又据说,布鲁图斯在刺死恺撒后曾举起匕首呼喊西塞罗的名字,为共和政体的罗马可能会从恺撒的独裁统治下重新获得自由而向西塞罗表示祝贺。因为当公元前45年6—7月间西塞罗在图斯库卢姆庄园完成其哲学著作《图斯库卢姆谈话录》时,正值恺撒的独裁统治日趋严重。西塞罗通过在书中对锡拉库萨的狄奥尼修一世的描绘,把矛头直指恺撒的"独裁统治",并作出结论说,独裁者是一种病态的人,唯一的治疗手段就是将其杀死。狄奥尼修一世(Dionysius I.,约公元前430—前367)曾征服西西里和意大利南部,公元前405年起自称僭主,以极其残酷的手段巩固和扩充自己的权力。这样一页文字对刺杀恺撒的密谋分子来说,无疑是给他们完成这种使命的责任感注入了兴奋剂。西塞罗固然没有参与密谋活动,但密谋者们清楚地知道西塞罗对恺撒的独裁极为不满和对共和政体日趋消亡的忧伤,因而自然而然把西塞罗视为自己的志同道合者,视为是自己的精神支柱。

〔45〕 杀死恺撒的密谋者们原以为,民众会因"独裁者"之死而欣喜地拥护他们。但根本没有发生这样的事。事发后,许多元老们都吓得逃散了。城内一片惊慌。密谋者们退到罗马的卡皮托林山上过夜。西塞罗于事发的当天晚上,即3月15日晚上到达卡皮托林山,在那里会见密谋者们的首领及其支持者。西塞罗建议由司法官召集元老们在卡皮托林山开会,以表明国家现在由元老院领导,但大部分人不同意西塞罗的建议,其中包括当时在场的元老们。他们认为有必要和当年与恺撒共同任执政官的安东尼谈判。第二天,即3月16日,布鲁图斯向集会的民众发表演说,但民众对演

说的反应是死一般的沉默。

〔46〕恺撒被刺杀后,恺撒的支持者们曾一度陷入恐慌,以为矛头也会针对他们,但他们很快发现,密谋者们并没有获得广泛的社会支持,因而又从惊慌中振奋起来。安东尼从恺撒的遗孀那里得到恺撒的所有文件,成为他向共和派斗争的有利武器。

〔47〕元老院终于在公元前44年3月17日开会,会上发生了激烈的争论。密谋者们要求宣布恺撒为暴君,肯定谋杀行动,但安东尼反对,绝大多数元老们也不同意,因为一旦恺撒被宣布为暴君,恺撒的一切政令和法规便应被视为无效。这必然会涉及许多人的利益,其中包括许多与会者的既得利益。针对这种情况,西塞罗提出了一个折中议案:既不追究谋杀行动,宣布大赦杀死恺撒的凶手,同时也肯定恺撒的政令。大家同意西塞罗的妥协办法。西塞罗事后觉得这项决议是非常不公正的,大家之所以这样做,仅仅是因为害怕恺撒派的报复,殊不知这样的妥协给了安东尼卷土重来的机会。

〔48〕公元前44年3月17日召开的元老院会议决定:审查恺撒遗留下的文件的事宜委托给执政官安东尼。3月19日宣读了恺撒的遗嘱。恺撒在遗嘱中把自己的大部分财产给予自己的甥孙盖乌斯·屋大维,并宣布接受他为义子,给最贫穷的居民每人300塞斯特斯。恺撒在台伯河对岸的几座奢华的花园以后被民众公用。恺撒的遗嘱在民众中引起强烈反响。虽然民众不满意恺撒的各项反民主的措施,但当被元老院的权贵们所控制的国家将要成为现实时,民众又急遽地转到恺撒派一边去了。3月20日在罗马广场上为恺撒举行了盛大的火葬仪式,仪式随后变成了一次大规模的民众示威。大批人群前去捣毁了密谋者们的住宅。布鲁图斯和卡西乌斯不得不躲藏起来,然后离开了罗马。4月末,安东尼避开元老院,让公民大会通过决议,承认恺撒的政令具有法律效力,必须执行。安东尼凭借恺撒文件的威力,很快巩固了自己的地位。

〔49〕李维(Titus Livius,公元前59—公元17),古罗马历史学家,著有《罗马自建城以来的历史》,共142卷。

〔50〕普卢塔克(Ploutarchos,约46—约120),古希腊传记作家,著有

《希腊罗马名人比较列传》。

[51] 多拉贝拉（Publius Cornelius Dolabella，公元前？—公元前43），古罗马元老院元老，公元前50年，娶西塞罗的女儿图利娅为妻，尽管西塞罗不同意，后因负债及外遇，最终还是和图利娅分手。内战爆发时，加入恺撒的阵营，但在公元前49年—公元前48年并无显著战功。他身为贵族却自愿改变身份为平民，公元前47年当选为保民官，恺撒被刺杀后，他被递补为恺撒空缺的执政官位置，但他倒向密谋分子。他生性鲁莽、生活放纵，公元前43年7月被卡西乌斯（Gaius Cassius Longinus）打败后自尽。

[52] 指从公元前44年3月16日至3月末的两周。

[53] 普托里（Puteoli），古地名，今意大利的波佐利（Pozzuoli），地处意大利西南部的坎帕尼亚平原，邻近那不勒斯海湾。

[54] 《论义务》（*De Officiis*，一译《论责任》），撰于公元前44年秋，是一部伦理学著作，但西塞罗假借给当时在雅典学哲学的儿子写信的形式，或者说用谈心的口吻，阐释"义务源于美德"的主题。全书共分三卷，拉丁语原书中每卷均无小标题，有的中译本每卷有一小标题，是英译者后来所加。在第一卷中，西塞罗首先对道德上的善的要素和特征作了详细的阐述。在第二卷中，主要讨论义与利的关系。西塞罗认为，只有用正义的手段，才能得到真正的利。在第三卷中，主要讨论义与利的冲突。西塞罗认为，义与利从根本上说，不是对立的，而是统一的，因为凡是真正有利的无不同时也是正义的，凡是正义的无不同时也是有利的。"道德上的正直与利携手同行。"而我们平常所见到的那种与义发生冲突的利仅仅是徒有其表的利——"貌似之利"，所以义与利的冲突只是一种表面的冲突，而不是真正的冲突。为了使人们充分认识到，凡是不义之事都不可能是有利之事，西塞罗列举了历史上和神话传说中的许多故事，并对它们作了透辟的分析，以此教导人们履行自己应尽的义务，过一种合乎"自然"的有道德的生活。

[55] 西塞罗在政治上宣扬君主、贵族和骑士相结合的国家制度，反对扰乱现存的奴隶主国家的秩序。

[56] 茨威格在此处引用拉丁语原文：Seribendi otium non erat。

〔57〕 小西庇阿（Publius Cornelius Scipio Aemilianus Africanus Minor，约公元前185—前129），古罗马统帅，著名演说家，他是大西庇阿长子的养子。公元前147年小西庇阿任执政官，率军进攻北非，次年攻占迦太基。第三次布匿战争结束后，罗马人授予他"阿非利加征服者"称号，公元前142年任监察官，公元前134年再任执政官。他爱好希腊文艺，庇护希腊学者文人。

〔58〕 在西塞罗的哲学思想中，伦理学占有重要的地位，他的绝大多数哲学著作都是讨论善的本质以及社会生活中为人的道德准则和人与人之间应尽义务的问题。西塞罗非常熟悉当时希腊哲学的四个主要学派（即伊壁鸠鲁学派、斯多葛学派、亚里士多德学派和学园派）的学说，西塞罗的伦理思想虽然吸收了许多学派的观点，但总的说来比较倾向于斯多葛学派的伦理思想，尤其是罗马的斯多葛派创始人帕奈提奥斯（Panaetius，约公元前185—前109）的伦理思想。《论义务》一书充分反映了经西塞罗综合但又自成一体的伦理思想。他固然信奉斯多葛学派的基本学说，却又试图改变斯多葛学派刻板严肃的特点，使之具有新的人性色彩，同时注重伦理学在实践中的应用。他在伦理学上的基本主张是：抑制欲望，认为幸福在于追求美德，而不在于任何物质享受。

〔59〕 恺撒和屋大维曾多次向西塞罗表示，愿意与西塞罗结盟，但均遭西塞罗婉拒。

〔60〕 主张社会各阶层和睦相处，是西塞罗的重要政治思想之一。

〔61〕 苏拉（Lucius Cornelius Sulla，公元前138—前78），古罗马著名军事统帅，独裁者。贵族出身。早年为马略部将。参加对努米底亚（北非）国王朱古达的战争（公元前106—前105），战功显赫，遂与马略激烈争权。公元前88年，当选执政官，率军东征（米特拉达悌战争）时，罗马城内的马略派策划要解除苏拉的兵权，苏拉闻讯率军占领罗马，捕杀马略的追随者，然后继续东征。公元前82年，苏拉率军四万，凯旋罗马，任终身独裁官，宣布马略派分子为"公敌"，大肆报复杀戮。公元前79年，苏拉放弃终身独裁官职位，次年病逝，享受君王般的葬礼。苏拉的军事独裁统治是对罗马共和政体的严重打击。

[62] 指古罗马格拉古兄弟两人。哥哥提比略·格拉古(Tiberius Sempronius Gracchus,公元前162—前133),古罗马政治家,贵族出身。公元前133年任保民官,提出土地法案,规定每一家长占有公地不得超过五百犹格(每犹格约四分之一公顷),超过部分则由国家收回,分给破产农民使用。此法案遭到大土地所有者们的反对,经过激烈斗争,土地法案终获通过,特设"三人委员会"执行。同年夏,竞选下一年(公元前132年)保民官,元老院贵族蓄意挑起械斗,使提比略·格拉古连同他的支持者约三百人被杀。但失地农民要求分配土地的斗争并未停息。弟弟盖乌斯·格拉古(Gaius Sempronius Gracchus,公元前153—前121),古罗马政治家,公元前133年执行土地法"三人委员会"成员,志在完成兄长提比略的未竟事业。公元前123年任保民官,公元前122年遴选连任,继续推行提比略的土地法,并实行粮食法(赈济城市贫民)、审判法(授予骑士司法权)等一系列民主改革,以争取广泛支持。第三次竞选保民官落选。元老院贵族又策划报复行动,公元前121年双方发生冲突,盖乌斯组织武装抵抗,失败牺牲。其支持者约三千余人死难。格拉古兄弟为限制土地过分集中所进行的改革,打击了豪门权贵,在一定程度上反映了破产农民的要求,在古罗马历史上具有重要意义。

[63] 让-雅克·卢梭(Jean-Jacques Rousseau,1712—1778),法国著名启蒙思想家,他在其代表作《论人类不平等的起源和基础》与《社会契约论》中所阐发的政治思想对法国大革命产生过重大影响。

[64] 乌托邦,拉丁语 Utopia 的音译,源出希腊语 ou(无)和 topos(处所),意为"子虚乌有之国",原是英国人文主义者托马斯·莫尔(Thomas More,1477—1535)于1516年所著《关于最完善的国家制度和既有益又有趣的乌托邦新岛全书》的书名简称。莫尔在书中把"乌托邦"描写为一个废除了私有财产、实行公有制、生产和消费按计划进行、人人从事劳动的社会。"乌托邦"一词后来成为"理想的完美境界""空想的社会改良"等的同义词。

[65] 相传,恺撒在释放俘虏时,让人把俘虏的双手手指砍去,从而使俘虏不能再紧握武器作战。

[66] 西塞罗在《论义务》一书中详细阐述了一切善事均源自四种基本美德;从四种基本美德中又衍生出各种义务,比如,求知和追求真理的义务;为国家效劳和献身的义务;尊敬老人和抚养家人的义务;帮助他人的义务。这些义务无不都是仁爱的情感——公正、博爱、正直、仁慈、宽厚、同情、怜悯、自制、勇敢、刚毅、尊重和体谅他人——的体现。西塞罗特别强调人的"中庸"的品质,因为只有"中庸"的品质才能使人与"自然"规律保持和谐;人们要在社会中"和谐地"生活,必须善待他人,甚至包括奴隶。然而,恺撒时代的古罗马,是一个穷兵黩武的奴隶社会,所以,在茨威格看来,西塞罗的思想超越了时代,不合时宜。

[67] 帕提亚(Parthien),亚洲西部的古国,位于里海东南,相当于今伊朗的东北部。公元前247年建立阿萨息斯王朝(Arsaces),中国史籍以王朝名将该国译称"安息"。公元前1世纪罗马人入侵帕提亚。公元前53年,罗马统帅克拉苏率七个军团出征帕提亚,被诱入两河流域北部,在卡尔莱(Carrhae)附近惨败,克拉苏本人被杀。

[68] 盖乌斯·屋大维(Gaius Octavian,公元前63—公元14),是恺撒的姐姐尤里莉娅的女儿的儿子,恺撒在遗嘱中越过辈分把他收为养子,并将自己的四分之三财产由屋大维继承。恺撒被刺死时,屋大维刚19岁,当时正在外准备出征帕提亚事宜。约公元前44年4月末5月初,屋大维回到罗马,提出自己有继承恺撒的权利,并把自己的名字改为盖乌斯·尤利乌斯·恺撒·屋大维安努(Gaius Julius Caesar Octavianus),不久,屋大维会见了西塞罗,对西塞罗显得敬重和友善,西塞罗起初将屋大维视为是"共和政体的捍卫者"。而安东尼对屋大维态度冷淡,并想阻挠屋大维实现继承权。屋大维看出了安东尼对自己的威胁,便决定利用元老院和民众的力量来巩固自己的地位,可是,元老院在西塞罗的影响下并没有完全支持屋大维;元老院把军队统率权交给布鲁图斯以及拒绝屋大维享受恺撒的荣誉,屋大维从中看出了元老院对他的藐视,而且,一旦元老院消除了安东尼的威胁,就更会削弱屋大维的地位,这使屋大维的立场发生了重大变化,他决定寻求与安东尼和解。公元前43年9月,屋大维、安东尼、雷必达结成史称

"后三巨头同盟"。尔后,屋大维先夺去雷必达的兵权,后又击败安东尼,于公元前30年凯旋罗马,成为结束内战的最后胜利者。公元前27年元老院奉以"奥古斯都"(Augustus,拉丁语意为"神圣者""至尊者")尊号,后世即以此称之。其统治体制亦称"元首政治"(principatus),是为罗马帝制之始。

[69] 奥德修斯(Odysseus),荷马史诗《奥德赛》(*Odyssey*,一译《奥德修斯纪》)中的主人公,他是希腊城邦伊萨卡的国王,特洛伊战争中希腊联军的领袖之一,曾献木马计,使希腊联军获胜,但遭到保佑特洛伊一方的天神们的惩罚,使他在回家途中漂流大海十年,历尽艰险。

[70] 海妖(Sirenen),半人半鸟的女海妖,以迷人的歌声诱惑过往的水手,使驶近的船只触礁沉没。

[71] 雷必达(Marcus Aemilius Lepidus,?—前13,一译李必达或列庇都斯),古罗马统帅,原是恺撒部将,公元前44年任恺撒的骑兵司令,恺撒遇刺后,曾协助安东尼为恺撒"报仇",后出任近西班牙行省和那尔波高卢行省总督,兵权日重,遂与安东尼分庭抗礼。公元前43年5月,雷必达把自己的军队集结在那尔波高卢,不服从元老院要他去讨伐安东尼的命令,被元老院宣布为祖国的敌人。公元前43年8月19日,屋大维当选为执政官,随即宣布刺杀恺撒者为"不受法律保护者",同时撤销元老院先后宣布安东尼和雷必达为国家敌人的法令。公元前43年9月,屋大维、安东尼、雷必达结成史称"后三巨头同盟",三人决定雷必达任公元前42年的执政官并治理西班牙和那尔波高卢行省。公元前42年腓力比战役后,与屋大维不和,公元前36年屋大维夺其兵权,雷必达退居拉丁姆沿岸一小城,一直至死。

[72] 公元前44年的春夏和秋天,西塞罗住在意大利南部普托里的庄园,撰写他的《论义务》。他心中一直矛盾着,是否要离开意大利。公元前44年8月17日,他会见了返回意大利的布鲁图斯。这次会见使西塞罗的心理发生了很大变化,原先的迷惑和动摇消失了,立即变得热情充沛。他放弃了原先采取的回避方法,决定要积极行动,正如他自己所说,要进行"语言战",并意识到这种语言战会转变

为真正的行动。

[73] 任公元前44年执政官的安东尼决定在这一年的9月1日召开元老院会议,讨论追授恺撒荣誉和永远纪念的问题。西塞罗在开会前夕回到罗马,但不想参加第二天的元老院会议,借口旅途劳顿和不适而留在家里。安东尼认为这是对他个人的蔑视,因而在元老院会议上对西塞罗进行了猛烈的抨击,甚至威胁要对西塞罗采用武力,因而使两人的关系进入公开对抗的状态。作为回答,西塞罗出席了第二天的元老院会议,发表了反对安东尼的第一篇演说。西塞罗在演说中首先说明自己当初准备离开意大利而现在又返回罗马的原因:离开是因为他也不能留在祖国的拯救者们都不得不离开的地方;他回来是为了对国家表示自己的忠诚。不过,他对安东尼的批评还是相当克制。他同意认定恺撒以往实施的法令有效,但同时认为安东尼的某些做法有悖于恺撒原先的法令。西塞罗发表完演说后离开了罗马,回到他在普托里的庄园。安东尼在9月19日的元老院会议上发表了经过精心准备、严厉抨击西塞罗的演说,指责西塞罗强迫元老院作出判处卡提利纳分子死刑的决定,怂恿杀害克洛狄乌斯,挑唆庞培与恺撒不和,认为西塞罗是谋刺恺撒行为的思想鼓舞者。随后西塞罗也发表了第二篇反对安东尼的演说,他对安东尼对他的指责进行了严厉的批驳,预言安东尼会遭到暴君般的死亡,因为民众会像忍受不了恺撒的统治一样,也会忍受不了安东尼的统治。关于他自己,西塞罗宣称:"我曾经保卫过国家,当时我年轻;现在我也不会抛弃我的国家,虽然我已经年迈。我曾经蔑视过卡提利纳的剑,现在我也不会对你的剑感到害怕。"西塞罗反对安东尼的演说史称"反腓力辞",意谓"痛斥性演说"。参阅本篇注〔76〕。

[74] 伊拉斯谟(Desiderius Erasmus von Rotterdam,约1469—1536),欧洲文艺复兴后期最伟大的人文主义者,出生于荷兰鹿特丹,故称"鹿特丹的伊拉斯谟",幼年时父母双亡,被亲戚送入修道院,1492年被授予教士圣职,1495年在巴黎蒙太古神学院修读神学,尔后在法、英、意等国游学和教书。伊拉斯谟的传世名著有《古代西方名言辞典》《赞美傻气》《拉丁语常用会话》等,1516年出

版的由伊拉斯谟翻译注疏的《圣经·新约》希腊语拉丁语双语文本得到当时教皇的称赞,此书是日后马丁·路德将《圣经》译成德语的蓝本。伊拉斯谟在其讽喻作品《赞美傻气》中揭示和批评当时社会和教会的种种弊端,对反封建和反腐败的斗争起过积极作用,但其本人不赞同用暴力进行宗教改革。参阅斯蒂芬·茨威格著、舒昌善译、生活·读书·新知三联书店2016年4月出版的《鹿特丹的伊拉斯谟——辉煌与悲情》。

〔75〕 公元前44年12月20日,西塞罗在元老院发表了第三篇反对安东尼的演说,宣布安东尼已正式开始反对罗马民众的内战,呼吁采取有力的行动进行回击,要求承认屋大维和布鲁图斯反对安东尼的行动合法,要求宣布安东尼为民众的敌人。同一天,西塞罗又在公民大会上发表了第四篇反对安东尼的演说,将安东尼与卡提利纳相提并论。但是,尽管相当大的一部分元老支持西塞罗,却也有许多元老态度并不坚决,他们对内战感到恐惧,从而力求避免采取极端措施,还有不少人支持安东尼,所以西塞罗的提议当时并未获得通过。

〔76〕 "反腓力辞"(拉丁语:Philippica),源自公元前4世纪古希腊演说家、民主派政治家狄摩西尼(Demosthenes,公元前384—前322)为反对马其顿人入侵希腊发表的"反腓力"演说。此处"腓力"是指马其顿国王腓力二世(Philip Ⅱ,公元前382—前336),他是马其顿国王亚历山大大帝之父。腓力二世即位后不断向外扩张,成为希腊各城邦的霸主,以后"反腓力"一词引申为"痛斥性演说"。西塞罗发表痛斥安东尼的演说分别是公元前44年9月两篇;公元前44年12月两篇;公元前43年1月至4月十篇,后来西塞罗把这十四篇痛斥安东尼的演说统称为"反腓力辞",显然,痛斥的是安东尼,而不是腓力,只不过是借用其中引申的"痛斥"含义而已。

〔77〕 博洛尼亚(Bologna)位于雷诺河(Rheno)和拉维诺河(Lavino)交汇处。

〔78〕 努米底亚(Numidien),北非古国,在今阿尔及利亚北部。

〔79〕 三巨头在会晤时商定:要共同对刺杀恺撒者或称共和派分子的人

进行斗争，并讨论了不受法律保护者的名单，所谓不受法律保护者，是指随时可被他人杀害的人。在安东尼的坚持下，西塞罗被列入该名单前 17 名之列。

﹝80﹞公元前 43 年 7 月末，屋大维率军占领罗马时，西塞罗起初躲了起来，然后请求会见屋大维；屋大维对他很克制，并说，在他所有的朋友中，西塞罗是最后到来的一位。

﹝81﹞西塞罗在自己的图斯库卢姆庄园得知他已被列入不受法律保护者的名单。当时，他正和弟弟昆图斯父子在一起。他们决定逃往马其顿的布鲁图斯的军营。西塞罗的儿子已经在那里。在他们到达拉丁海滨城市阿斯图拉后，昆图斯带着自己的儿子去罗马，以准备途中需要的钱款，结果被自己的获释的奴隶告密而遇害。其间，西塞罗仍留在阿斯图拉的船上。后来船驶到基尔克伊，西塞罗在海岸上徘徊，甚至向罗马方向步行了几个小时，然后又回到基尔克伊过夜。第二天清晨他重新上船，顺海岸南航。苦于船只颠簸的折磨，他在卡伊埃塔登岸，到他的离此地不远的福尔弥埃庄园歇息。很快传来消息，安东尼的追兵已经出现在城郊。西塞罗不得不循着荒僻的林间小径向海岸逃跑。追兵扑向庄园，昆图斯的一个获释的奴隶指出了西塞罗逃跑的方向，百人队队长赫瑞尼乌斯立即率领士兵在林间追踪搜寻，终于找到了西塞罗，上去连砍三刀，杀死了西塞罗。

﹝82﹞莎士比亚于 1607 年创作了戏剧《安东尼和克莉奥佩特拉》，剧中的安东尼在恺撒遇刺后，慷慨陈词，为恺撒歌功颂德，强烈谴责刺杀恺撒的凶手，俨若一个睿智、精神高贵的人。剧中还表现安东尼的爱情和荣誉之间的矛盾。

﹝83﹞公元前 43 年下半年，刺杀恺撒的布鲁图斯正在希腊领导共和派的军队，准备抵抗恺撒的继承人。公元前 42 年，布鲁图斯在马其顿的腓力比战役中被屋大维和安东尼的联军击败，遂自杀。

﹝84﹞卡西乌斯在刺杀恺撒后，先逃往叙利亚组建军队，公元前 43 年下半年已与布鲁图斯在希腊会师；公元前 42 年，卡西乌斯在腓力比战役中被安东尼击败，遂自杀。

﹝85﹞茨威格此处记忆有误。公元前 43 年下半年，西塞罗遭遇生命危险时，小加图已于三年前自尽。小加图（Marcus Porcius Cato

Uticensis，公元前 95—前 46），古罗马政治家，老加图之重孙。名字和老加图完全相同。公元前 63 年在元老院发表演说支持西塞罗，处死卡提利纳分子，捍卫共和制度。激烈反对罗马前三巨头同盟；后加入庞培派反对恺撒。公元前 48 年，恺撒在法萨罗战役中获胜，小加图去北非的乌提卡。公元前 46 年，当恺撒兵临北非的塔普斯（Thapsus）时，小加图在乌提卡绝望自尽。

[86] 传说，西塞罗临死前还在读古希腊悲剧作家欧里庇得斯的《美狄亚》。

[87] 卡伊埃塔（Cajeta），今加埃塔（Gaeta），意大利滨海城市。

[88] 离卡伊埃塔不远的福尔弥埃庄园。

[89] 此处原文是拉伦（德语 Laren，拉丁语 Lares），是罗马神话中保佑住宅的神祇。

[90] 西塞罗遇难的日期是公元前 43 年 12 月 7 日，享年 64 岁。

[91] 此处原文是 Satyrspiel，原意是指古希腊悲剧之后演出的滑稽剧，由歌队唱述古希腊神话中森林之神（即羊人 Satyr）的传说，故又称羊人剧。在古希腊神话中，半人半羊的 Satyr 常常被描写为懒惰、淫荡、喝得半醉，在现代语境中，Satyr 是醉汉和色鬼的同义词，如在普希金的诗《浮努斯和牧羊女》中。

[92] 马尔库斯·安东尼（Marcus Antonius，公元前 82—前 30），公元前 44 年与恺撒共任执政官。恺撒被刺杀后，于公元前 43 年和屋大维、雷必达结成"后三巨头"同盟。随后，三巨头共同在腓力比战役中击败布鲁图斯和卡西乌斯。安东尼于公元前 42 年出任东部行省总督，与屋大维（在罗马）形成角逐之势。公元前 37 年，安东尼抛弃前妻屋大维娅（Octovia，屋大维之姐），在埃及和女王克莉奥佩特拉结婚，并宣称将罗马帝国东方之部分领土赠予女王及她的儿子，遭屋大维与元老院联合反对。公元前 32 年，罗马元老院宣布安东尼为"祖国之敌"。公元前 31 年 9 月，安东尼与克莉奥佩特拉女王一起率舰队同屋大维会战于希腊西海岸的阿克兴海角。安东尼被击败后逃回埃及，公元前 30 年出于绝望在埃及亚历山大里亚自杀。参阅本篇注〔7〕。

威尔逊的梦想与失败

一九一九年巴黎和会
一九一九年三月十五日

美国最优秀的总统是谁？一九六二年，美国一家全国性杂志通过投票评选，为美国历届总统作出一个排名榜，结果是：第一名林肯、第二名华盛顿、第三名富兰克林·罗斯福、第四名托马斯·伍德罗·威尔逊（Thomas Woodrow Wilson, 1856—1924）[1]。前三位美国总统可谓妇孺皆知；而名列第四的威尔逊总统却不是人人都知道他在历史上扮演的重要角色，因为威尔逊的政治生命是在失败的氛围中结束的。然而美国人民并没有将他忘却，因为是他领导美国经历了第一次世界大战的始末。在美国，人们评价威尔逊，主要不是着眼于他是一位杰出的教育家，也不着眼于他在国内推行"新自由"政策，而是看重他在国际政治舞台上为谋求美国领导地位所作的努力。威尔逊事业的顶峰是他亲自率领美国代表团远渡重洋，参加一九一九年的巴黎和会。这在当时的交通条件和美国政治传统下，实属罕见。威尔逊提出"十四点原则"作为缔结《巴黎和约》的基础，并提出建立国际联盟的设想，以保障人类的永久和平。他的这些政治理想举世瞩目。在饱经战争苦难的欧洲人眼中,威尔逊不啻是一位"救世主"。一九一九年三月十五日,他在巴黎通过新闻界正式宣布:《国际联盟盟约》是《凡尔赛和约》的第一组成部分,可是,威尔逊的梦想并未实现。《国际联盟盟约》在一九一九年十月十九日被美国参议院否决;一九二〇年三月十九日,美国参议院第二次否决了包括《国际联盟盟约》在内的《凡尔赛和约》,因此美国始终没有参加国联,威尔逊的政治理想也终于成为泡影。领导美国经历了第二次世界大战的罗斯福总统"十分钦佩威尔逊的梦想,但是他把威尔逊的失败归因于威尔逊把梦想当成了现实"[2]。同样,也有不少人把威尔逊称为"堂·吉诃德"[3]。西班牙小说中的堂吉诃德,耽于幻想,不切实际,最终碰得头破血流,但他毕竟初衷善良。在茨威格看来,威尔逊也是如此。

——译者题记

注 释

〔1〕 参阅邓蜀生著《伍德罗·威尔逊》上海人民出版社，1982年9月第1版第224页。
〔2〕 参阅邓蜀生著《伍德罗·威尔逊》，第223页。
〔3〕 曾经把威尔逊当作"偶像崇拜"的英国经济学家约翰·凯恩斯在1919年11月写毕的《和约的经济后果》一书中，把威尔逊比作"又聋又瞎的堂吉诃德"。参阅邓蜀生著《伍德罗·威尔逊》，第179页。

一九一八年十二月十三日,巨大的"乔治·华盛顿"号军舰正向欧洲海岸驶去。军舰上乘坐着美国总统伍德罗·威尔逊[1]。自从开天辟地以来,从未有过这么多的千万民众怀着如此巨大的希望和信任,期盼着一艘船、期盼着一个人[2]。欧洲各国互相怒气冲冲地已打了四年仗[3],互相用机枪和大炮、用火焰喷射器和毒气杀戮了千百万各个国家最优秀、最朝气蓬勃的青年。在四年时间里,这些欧洲国家用语言和文字所表达的,无非是相互的仇恨和诋毁。然而,所有这些煽动起来的激昂情绪并未能够让人们听不见隐藏在自己内心深处的声音:自己的国家所做和所说的全都违背天理,玷辱了我们这个世纪。所有这些亿万民众有意识或无意识地都有这样一种隐秘的感觉:人类重又倒退到野蛮的未开化和以为早已远去的世纪之中。

这时候,有一个人把自己的声音[4]从另一个大洲——美洲越过仍然硝烟弥漫的战场传到欧洲,这声音清楚地要求:永远不要再有战争。永远不要再有争执,永远不要再有那种罪恶的旧的秘密外交[5]——这种外交把各国民众在自己不明真相和不愿意的情况下驱赶着去当炮灰;而是要求:建立一种新的更好的世界秩序——"建立一种在国民们同意的基础上并得到人类有组织的舆论支持的法治"。令人惊异的是:在所有的国家,说各种不同语言的人都立刻听明白了他的声音。第一次世界大战——昨天还是一场为了争夺接壤的土地、为了边疆的划分、为了争夺原料、矿山和油田而进行的无休止的无谓争吵——突然获得了一种崇高的、近乎宗教似的意义:这场战争之后将是永久的和平,将是公正和人道的救世主[6]之国。这么说来,千百万人的鲜血似乎没有白流;这一代人如此受苦受难,好像就是为了换来这样的苦难永远不会再降临人间。千百万民众怀着绝对的信任,热烈响应威尔逊的呼声;人们都说,他——威尔逊将会使战胜国和战败国达成和解,从而缔造公正的和平。人们都说,他——威尔逊是另一个摩西[7],他会使迷途中的世界各国一起同坐在新的国际联盟[8]的会议桌旁。伍德罗·威尔逊的名字在几个星期之内成了一种犹如宗教一般的力量——犹如救世主一般的力量。人们用他的名字给街道、建筑物和子女起名。每一个觉得自己处在苦难之中或者感到自己吃了亏和受到歧视的民族,都派代表到他这里来;成千上万写着各种建议、祈求、恳请的信函和电报从五大洲涌来,堆积如山。装满信函和电报的好几个箱子还被送到这艘正在驶向欧洲的军舰上来呢。整个欧洲、整个世界,都一致要求威尔逊作为他们这次最后争执的仲裁者,使梦寐以求的最终和解得以实现。

威尔逊无法抗拒这样的呼声。他在美国的朋友们劝他不要亲自出席巴黎和平会议[9]。他们说，作为美利坚合众国总统的他，有责任不离开自己的国家，而宁可从远处领导谈判。但是伍德罗·威尔逊没有被说服。他觉得，即使是美利坚合众国总统这样一个最为显贵的职位，如果和要求他去完成的使命相比，可以说是微不足道。他说，他不愿意只为一个国家效劳，不愿意只为一个大洲——美洲效劳，而要为全人类效劳；他并不仅仅只为这样一个特定的时刻效劳，而要为更美好的未来效劳；他不愿意心胸狭隘地只代表美国的利益，因为"利害关系不会在人与人之间产生凝聚力，而只会产生离心力"，而他愿意代表所有人的利益。他觉得，他必须自己小心翼翼地守望着：不让军事家们和外交家们再次煽起狂热的民族情绪——因为人类的和解意味着为军事家们和外交家们的险恶职业敲响了丧钟。他必须亲自充当担保人，保证是民众的意志而不是他们领袖的意志迫使与会代表说什么样的话，而且在这一次媾和会议上——在人类的最后一次和最终决定一切的和平会议上——所说的每一句话都应该在全世界面前开诚布公地说。

威尔逊正是抱着这样的愿望站在"乔治·华盛顿"号军舰的甲板上，凝望着在雾霭中出现的欧洲海岸——海岸显得模模糊糊和游移不定，恰似威尔逊自己关于未来各国民众和睦友爱的梦想一般。威尔逊挺直地站立着，身材魁梧，面容坚毅，戴着眼镜的双眼散射出锐利而又清澈的目光，一个盎格鲁人和亚美利加人[10]混合血统的下巴微微向前突出，但丰满的双唇却紧紧地闭着。他是基督教长老会牧师的儿子和孙子[11]，因而在他身上就有长老会教士的那种严肃和狭隘。在长老会的教士们看来，世间唯有一种真理，而且他们肯定：这就是他们所知道的真理。威尔逊在自己的血脉中既有虔诚的苏格兰和爱尔兰祖先们的无比热忱，也有加尔文[12]教徒所信仰的奋斗精神——是这样一种信仰把拯救罪孽深重的人类的使命赋予了他这样一位领袖和导师[13]。基督教的殉道者和被视为异端而遇难的基督徒[14]宁愿为自己的信仰而受火刑也丝毫不离开圣经——这样一种执着始终在威尔逊身上起作用。在他——一个民主主义者和学者——看来，"人性""人类""自由""和平""人权"这样一些概念并不是冷漠的字眼；这些字眼对他的父辈来说是《福音书》中的训谕，对他来说也不是空洞抽象的思想概念，而是他决心要逐一去捍卫的信条，就像他的祖先捍卫基督教《福音书》的教义一样。威尔逊已进行过许多斗争，但是这一次斗争将是一次决定性的斗争。——当他凝望着的欧洲陆地在自己的视线中显得愈来愈明朗时，他油然产生了这样的感觉。不过，当他想到，"我们要为建立世界新秩序而奋斗，我们可能会意见一致，但也有可能我们不得不互相争执"。这时候他不知不觉地绷紧了脸。

好在从他眺望远处的目光中流露出来的严肃神情很快就渐渐消失了。布雷斯特[15]海港的礼炮和旗帜正在欢迎他呢，但这仅仅是按照惯例向这位盟国的总统表示敬意而已，而此后从岸上向他迎来的暴风雨般的欢呼声，他觉得，那绝不是事先安排的有组织的迎接，不是预先约好的欢呼，而是全体民众火一般热情的流露。威尔逊乘坐的列车所经之处——从每一个乡镇、每一个小村落、每一幢房子，都会有人向他挥舞旗帜——宛如希望的火焰。千万只手向他伸来，在他周围人声鼎沸。而当他乘车穿过香榭丽舍大街[16]驶入巴黎时，夹道欢迎的人群更是涌动如潮。巴黎民众、法国民众是远在欧洲的各国民众的象征。他们叫喊，他们欢呼，他们把自己的期望全都寄托在他身上。威尔逊的面容显得愈来愈轻松，一种感到欣喜的微笑——几乎是陶醉一般的、无拘无束的微笑显露出他的牙齿。他向左右两边挥动着礼帽，好像要向所有的人致意、向全世界致意。是呀，他做得对，他亲自来了，因为只有灵活的意志能够战胜死板的规则。难道人们就不能够、就不应该为了千秋万代和为了所有的人创造一座如此欣喜若狂的城市吗？创造一个如此充满希望的人类世界吗？威尔逊还有一夜时间休息[17]，然后在明天就要立刻开始为世界和平——世界梦想了千百年的和平奔波，他从而也就完成了最伟大的事业。这是每一个生活在世界上的人想要完成的事业呀。

在法国政府为威尔逊安排下榻的宾馆前，在法国外交部的走廊里，在美国代表团的总部——克里荣大饭店[18]前，拥挤着急不可待的新闻记者——光是这一群人就是一支浩浩荡荡的队伍。光从北美就来了一百五十名记者；每一个国家，每一座城市，都派出自己的记者。而这些记者都要求得到参加所有会议的许可。参加所有的会议！因为和会已信誓旦旦地向世界承诺"完全公开"。记者们听说，这一次不会有任何秘密会议或者秘密协议。"十四点原则"的第一点就清清楚楚地写着："公开的和平条约，必须公开缔结，缔结后不得有任何种类的秘密的国际谅解，而外交也必须始终在众目睽睽之下公开进行。"[19]听说，秘密条约的瘟疫——它比所有其他的瘟疫吞噬了更多的生命——将要被威尔逊的"公开外交"的新的免疫血清彻底消灭呢。

然而，使这些满腔热情的记者们感到非常失望的是，他们遇到的是令人难堪的搪塞。他们被告知：所有的记者肯定都会被准许参加大型会议，并且被准许将那些公开的会议记录全文——实际上是把各种紧张交锋已做了消毒处理的会议记录——向世界报道。但是，会议开始之初还不能向记者们提供任何消息，因为首先必须把谈判的程序确定下来[20]。失望的记者们不由得感觉到，一定有什么事情没有取得完全一致。其实，发布消息的官员们并没有完全说假话。关于谈判程序，威尔逊在"四巨头"[21]的第一次磋商中就立刻感觉到协约国中其他国家的抵制：他们不愿意把一切谈判都公开，而且也很有道理，那就是在所有参战国的文件柜和公文包里都放着秘密条约呢。——这些秘密条约均在事先作出保证：每个国家应该得到的自己那一部分利益和自己的战利品。既然秘密条约是肮脏的私下交易，他们当然只想遮遮掩掩地干嘛。为了不致使巴黎和会从一开始就丑闻远扬，有些事情就不得不先闭门磋商解决。然而，不仅有会议程序方面的分歧，而且还有更深层的分歧呢。其实，阵势一清二楚，以美国为一方，以欧洲国家为另一方，美国清楚地代表左派立场，欧洲国家清楚地代表右派立场。原来，在这次巴黎和会上要缔造的不是一种和平，而是两种和平——缔结两种完全不同的和平条约。一种和平是一时的和平、眼前的和平——将是与已经放下武器的战败国德国结束战争的和平；同时还有另一种和平，即永久的和平——将是使任何未来的战争永远成为不可能的和平。一方面是根据旧的强硬方式的和平,另一方面是新的和平——是威尔逊提出的通过建立国际联盟所缔造的和平。这两种和平,究竟哪一种应该首先谈判呢?

在这个问题上,两种看法针锋相对。威尔逊对一时的和平不太感兴趣。他认为,确定边界、偿还战争赔款,应该由专家们和专门委员会在"十四点原则"的基础上作出决定。这是一项次要的无关宏旨的工作、是专家们的工作。与此相反,各国政府首脑的任务应该是,而且也有可能是:把各国联合起来,缔造永久的和平。——这可是一种新事物、新变化呀![22]但是双方都认为自己的意见首先需要讨论。协约国的欧洲成员国理直气壮地警告说,在四年战争之后还让一个满目疮痍、百废待兴的欧洲去等待和平数月之久;这样的话,欧洲将会出现不堪收拾的混乱局面。所以,首先应该做的事是:确定边界、确定战争赔款、把一直还处于全副武装的官兵们遣回到他们的妻子和儿女们身边、稳定货币、恢复贸易和交通;然后才让海市蜃楼般的威尔逊计划在秩序已经巩固的大地上散发光辉。正如威尔逊在内心深处对一时的和平不感兴趣一样,克里孟梭、劳合·乔治、索尼诺[23]——这些老练的谈判对手以及他们身后足智多谋的策略家们——在内心深处对威尔逊的要求也相当不以为然。他们是出于政治上的考虑,部分也是出于对威尔逊的敬重和好感,才对他的富有人道精神的要求和创意表示赞赏,因为他们有意识或无意识地感觉到,一种不谋私利的原则也会在他们国家的民众那里获得不可抗拒的诱人魅力;所以他们愿意通过附加条款的限制和删减某些内容的办法来讨论威尔逊的计划。不过,首先应该做的事是和德国缔结和约,从而宣告战争的结束,然后再讨论《国际联盟盟约》。

话又说回来,威尔逊自己也是一位十分老练的谈判对手。他知道,对方会怎样通过稽延时日让一种生机勃勃的构想渐渐枯萎。他也知道,自己该如何去排除那些耽搁时间的种种诘难;他还知道,仅仅通过为某种理想而献身的精神是不会使他成为美国总统的。因此他顽强地坚持自己的立场:必须首先制定出国际联盟的盟约。他甚至要求,将盟约逐字逐句地写进和德国签订的和约之中。他的这种要求势必会产生第二个矛盾。因为在协约国的欧洲成员国看来,将《国际联盟盟约》的诸原则写进对德和约之中,这无异于是以德报怨——把未来的人道主义原则作为不该得的报答预先给了德国,而德国是第一次世界大战的元凶呀。当年德国由于入侵比利时[24]而粗暴地践踏了国际法,还有霍夫曼将军[25]在布列斯特—立托夫斯克[26]用拳头肆无忌惮地猛捶桌子的举止,诸如此类的举动为强迫签订霸王条款提供了最恶劣的先例,足以证明德国的蛮横无理。所以法、英和意大利意要求,先用旧的硬通货算清战争赔款,然后才讨论世界新格局。他们说,田野依然一片荒芜;整座整座城市已被战火摧毁成残垣断壁。为了给威尔逊留下这方面的深刻印象,他们一再请威尔逊亲自去看一看那些城市和田野[27]。可是威尔逊——一个不切实际的人却有意识地不去正视废墟,而只把目光对准未来。在他看来,只有一件事是他的使命:废除旧秩序和建立新秩序。尽管他自己的顾问兰辛[28]和豪斯[29]反对,但威尔逊仍然毫不动摇和固执地坚持自己的要求:首先订立《国际联盟盟约》。也就是说，先讨论全人类的事情，然后才讨论各国的利益。

斗争十分激烈，造成的严重后果是：浪费了许多时间。伍德罗·威尔逊的另一个疏忽是，他没有把自己的梦想事先用文字表述得清楚明白，因而在讨论中经常节外生枝。他随身带来的盟约计划完全不是最终的定稿文本，而仅仅是第一稿草案，该草案不得不先在无数次的会议上讨论、修改、增删。除此以外，外交礼节还要求威尔逊在抵达巴黎之后去访问其他结盟国家的首都。也就是说，威尔逊要访问伦敦[30]，要在曼彻斯特发表演讲[31]，然后又前往罗马。由于他不在场，其他举足轻重的政治家也就没有真正的兴趣和热情推进他的计划了。在巴黎和会全体会议举行以前的一个多月时间就这样白白失去了。而在这一个多月的时间里，在匈牙利[32]、在罗马尼亚[33]、在波兰[34]、在巴尔干半岛[35]、在达尔马提亚[36]的边界上，都接二连三发生了占领地盘的斗争，既有正规军，也有志愿军；在这一个多月的时间里，维也纳的饥馑日趋严重[37]；俄国的形势变得愈来愈紧张，令人十分忧虑。[38]

但是，即便在一九一九年一月十八日举行的巴黎和会第一次全体会议上已经确定：《国际联盟盟约》将是总和约的一个重要组成部分——当然还仅仅是在理论上。而盟约文件却始终尚未定稿，文件还始终处在无休止的讨论之中，从这个人的手转到另一个人的手，从这个国家的政府转到另一个国家的政府。这样，又过去了一个月的时间。对欧洲而言，这是非常动荡不安的一个月，欧洲愈来愈急切地愿意得到自己真正的和平——事实上的和平。一九一九年二月十四日——第一次世界大战停战以后过了三个月,威尔逊才提出《国际联盟盟约》的最后文本,也是被大会一致通过的文本。

世界再次欢呼。威尔逊的主张赢得了胜利:从今以后的和平将不必再通过武力和威胁作保障,而是通过彼此达成共识和彼此信赖的至高无上的公正作保障。当威尔逊离开凡尔赛宫时,一片暴风雨般的鼓掌欢呼。他又一次——但也是最后一次——带着自豪、感激的幸福感微笑着环视拥挤在他周围的民众。他感觉到,在这个国家——法国的民众背后是其他许多国家的民众;在苦难深重的这一代人背后是未来世世代代的人——他们将由于和平得到最终的保障而永远不再知道战争的灾难,永远不再知道强迫签订霸王条款的和约给战败国带来的屈辱,永远不再知道战胜国的专横霸道。这是他最伟大的一天,但同时也是他幸运的最后一天,因为他第二天——一九一九年二月十五日就回美国去了[39],以便在他重返巴黎签署这一份最后的战争和约以前,先在美国向自己的选民和同胞说明这份永久和平的"大宪章"[40],然而恰恰是由于威尔逊过早地离开了他取得胜利的战场而最终断送了自己的胜利。

当"乔治·华盛顿"号军舰驶离布雷斯特海港时,礼炮再次鸣响,不过欢送的人群已稀疏不少,他们的神情也显得相当无所谓。在威尔逊离开欧洲时,欧洲各国的民众对这位"救世主"所怀的巨大希望和激情已渐渐消退。在纽约,等候他的也是冷淡的接待。没有飞机在军舰上空盘旋,振翅飞翔,没有暴风雨般的欢呼声;而在他自己的白宫办公室里，在参议院，在国会，在自己的党内，在自己国家的民众那里，所遇到的更是一种深怀疑虑的询问。欧洲民众不满意，是因为威尔逊走得不够远；美国民众不满意，是因为他走得太远。欧洲民众觉得，威尔逊还远远没有把各种互相抵触的利益结合成为一种伟大的、普遍的人类利益；而在美国，他的那些已经在自己心中想到下一届总统选举的政治对手们则宣传说：威尔逊毫无道理地在政治上把美洲新大陆和不安定的、难以揣度的欧洲大陆结合得太紧，从而违背了美国国策的基本原则——门罗主义[41]。在美国，人们十分急切地提醒伍德罗·威尔逊：他不应该只想成为未来梦想之国的奠基人，不应该只想到外国，而应该首先想到美国人，是美国人把他选作他们自己意志的代表而成为美国总统的。于是，威尔逊不仅要为在欧洲的谈判殚精竭虑，而且还不得不既要与自己党内的人士又要与自己在政治上的反对派开始新的协商。他不得不在这座令人自豪的国际联盟的大厦后门补上一道墙——他自以为他已无可指摘地建造了这座难以攻克的"国际联盟"大厦呢。但大厦的后门——美国是危险的，美国在任何时候都可能从这座后门撤离大厦，也就是说，要预防美国撤出国际联盟[42]。如果美国不参加国际联盟，那么也就意味着，威尔逊设计的永久性大厦——国际联盟的第一块基石会被挖走；大厦的墙基会被打开第一个缺口，而这个缺口则是灾难性的，它会酿成大厦的最终倒塌。

话又说回来，纵使威尔逊借助修改条款和加上各种限制能使《国际联盟盟约》——他的"新的人类大宪章"[43]在欧洲和在美国获得通过，那也仅仅是一半胜利。当威尔逊为了完成自己的第二部分使命——签署对德和约——《凡尔赛和约》[44]而重返欧洲时,他的心情已不再像上一次似的轻松和自信了[45]。"乔治·华盛顿"号军舰再次向布雷斯特海港驶去。但他眺望欧洲海岸的目光已不再像上一次似的神采奕奕、踌躇满志。他显得更加苍老和更加疲惫,因为这短短的几个星期使他备感失望。他的脸绷得更紧,显得更严肃,紧闭的嘴巴流露出愤懑和顽强的神情,左面颊上间或的抽搐犹如暴风雨前的闪电——这是积聚在他身上的疾病的预先警告。随身医生[46]不敢耽误片刻,赶紧提醒他务必爱惜身体。然而威尔逊面临的是一场新的、也许是更为激烈的斗争。他知道,贯彻他的原则要比他拟定这些原则更加困难,但他决心不牺牲自己纲领中的任何一点。要么全有,要么全无。要么是永久的和平,要么没有和平。

他这次登上欧洲海岸时,已经不再有欢呼。巴黎的街道上也已经不再有欢呼。报纸抱着冷淡和观望的态度。民众变得多疑和谨慎。歌德的那句话再次应验:"热情不是一种可以储藏许多年的商品。"威尔逊没有充分利用对他有利的时刻,没有按照自己的意志趁热打铁,而是让他的关于战后欧洲格局的理想方案僵在那里。他没有利用待在巴黎的那一个月改变一切。在威尔逊短暂回国的同时,劳合·乔治也向大会告了假,克里孟梭由于被一个刺客的手枪击中而两个星期不能工作。各种私利集团的代表人物就充分利用这段无人看守的短暂时间,纷纷挤进巴黎和会各专门委员会的会议大厅。所有的高级军官——元帅和将军们在四年战争期间曾经为追逐各自的利益以最充沛的精力从事过最危险的工作,曾经用他们的训词、决定和专横使千百万人俯首帖耳,他们岂能在此时此刻心甘情愿地悄然退出历史舞台呢。《国际联盟盟约》的条款要求"废除强制征兵以及其他各种形式的普遍强制征兵"[47],这无疑是要夺取他们手中的权柄——军队,也就是说,《国际联盟盟约》已危及他们的生存。永久的和平意味着他们的职业将失去意义。因此他们必定要扼杀侈谈永久和平的废话——《国际联盟盟约》,或者他们要把《国际联盟盟约》引进死胡同。他们用威胁的态度要求扩充军备,而不是像威尔逊似的要求裁减军备;他们要求得到新的边界并要求各国作出保证,而不是像威尔逊似的要求以集体安全为基础的解决办法。他们说,用"十四点原则"的空中楼阁无法保障一个国家富强,而只能用武装自己的军队和解除敌人的军队的手段来保障一个国家富强。拥挤在这些军国主义者背后的是那些要保持自己军火工厂继续运转的工业界各集团的代表以及打算在战败国赔款方面赚钱的中间商。受到反对党在背后威胁的外交官们越来越左右为难。他们全都力图为自己的国家多增加一大片土地。他们巧妙地先用公众舆论作试探。所有欧洲的报纸配合美国的报纸,用各种语言异口同声地重复着相同的话题:说威尔逊由于他的荒唐的妄想而拖延了和平。威尔逊的乌托邦固然值得称赞并且肯定充满理想主义精神,但他的乌托邦却妨碍了欧洲的稳定。现在已不再可以为了高尚的道德和道义上的顾虑而丧失时间了!如果不立即缔结和约,欧洲就会出现一片混乱。

不幸的是,这样一些指责并不是完全没有道理。把自己的计划瞄准今后世世代代的威尔逊是用不同于欧洲各国民众的尺度去衡量时间的。他觉得，四五个月的时间对要实现一个千年古梦的使命来说并不算多。然而就在这段时间之内，由各种不知底细的势力所组织的志愿军团在东欧四处征战，他们占据领土；整片整片接壤的狭长地带还不知道属于谁和应该属于谁呢。德国代表团、奥匈帝国代表团在停战四个月之后还没有被巴黎和会接待。在那些尚未划清的边界后面，各国民众变得焦躁不安起来。政治形势骤变的征兆清楚表明：明天匈牙利[48]，后天德国[49]，都会出于绝望而落入布尔什维克[50]手中。所以外交官们迫切要求的是迅速有个结果——迅速缔结和约，管它公正不公正，并且首先要清除掉挡在签订和约道路上的各种障碍：尤其要除掉滋生麻烦的《国际联盟盟约》。

威尔逊回到巴黎的第一时间就足以向他表明，他在此前三个月内为《国际联盟盟约》所创建的一切基础在他短暂回国的一个月内受到暗中破坏而面临坍塌。福煦元帅[51]几乎就要实现他坚持的一贯主张：把《国际联盟盟约》从和约中删除。不过，威尔逊钢铁般坚强的决心在这关键时刻起到了决定性的作用。他坚决不后退一步。在他回到巴黎的第二天——一九一九年三月十五日，他通过新闻界正式宣布：一九一九年一月二十五日巴黎和会通过的决议——"《国际联盟盟约》将是和约的重要组成部分"依然有效。这项声明是对那种企图的第一次反击。——那种企图是不在新的《国际联盟盟约》的基础上，而是在协约国之间签订的旧的伦敦密约的基础上缔结对德和约。威尔逊总统现在可清楚地知道了，恰恰是昨天还郑重其事发誓要尊重民族自决权的几个大国[52]一心想要得到的是自己的诉求:法国要求得到德国的莱茵地区和萨尔地区;意大利要求得到阜姆港和达尔马提亚地区[53];罗马尼亚[54]、波兰[55]和捷克斯洛伐克[56]也想得到各自的一份战利品。如果威尔逊不进行反击,那么《巴黎和约》将是又一次按照拿破仑[57]、塔列朗[58]、梅特涅[59]签订掠夺性和约的方法而缔结的和约,臭名昭著,而不是按照威尔逊提出的、并被巴黎和会郑重通过的原则而缔结的和约。

那是斗争十分激烈的十四天[60]。威尔逊本人不愿意让法国兼并萨尔地区,因为他把这种兼并视为是对其他各种破坏"民族自决权"的第一个先例,而且事实上意大利已经在用要离开巴黎和会[61]进行威胁呢。——意大利觉得自己的一切要求和法国的要求并无二致。法国的报纸大肆煽风点火,说布尔什维克主义已从匈牙利向四处蔓延,协约国的欧洲各盟国也煞有介事地说,布尔什维克主义不久将殃及全世界。即使在自己最亲密的顾问——国务卿罗伯特·兰辛和私人顾问豪斯上校身上,威尔逊也越来越感觉到他们的反对。甚至连他以前的朋友们都劝他,面对眼前世界上一片混乱的局面,现在必须赶紧缔结和约,而宁可牺牲一些理想主义的要求。威尔逊面临着一条异口同声的阵线。而从美国敲击他后背的是,由他的政敌和竞争对手所煽起的公众舆论。有些时刻,威尔逊真觉得自己已精疲力竭。他向一个朋友坦诚地说,他已无法再坚持这种一人对众人的斗争,并已下定决心,如果他无法实现自己的意愿,那么他就离开巴黎和会。

在这场一人对众人的斗争中,到末了还有最后一个敌人突然向他袭击,那就是来自内部的敌人——他自己的身体。一九一九年四月三日,正当残酷的现实与尚未完成的理想之间的斗争处于决定性的关键时刻,威尔逊突然不再能够坐立。突发的流行性感冒迫使这位六十三岁的老人不得不躺在床上。不过,时间比他滚烫的血液更令人感到刻不容缓;时间不让这位即便已生病的老人稍微歇一歇;各种报告政治性灾难的消息,犹如乌云密布的天空中的闪电。一九一九年四月五日,共产主义在巴伐利亚取得政权[62],巴伐利亚苏维埃共和国在慕尼黑宣布成立。处于半饥饿状态并夹在布尔什维克的巴伐利亚和布尔什维克的匈牙利之间的奥地利随时都有可能加入苏维埃共和国的行列。随着众人反对的声音越来越强,独自一人要为一切承担的责任也就越来越重。所有的人把这位已经精疲力竭的威尔逊一直纠缠和催逼到了床边。克里孟梭、劳合·乔治、豪斯上校就在隔壁的房间里商谈着呢。他们都已下定决心,必须不惜一切代价让巴黎和会赶紧有个结果,而这个代价就是威尔逊应该放弃他的要求和他的理想;现在所有的人都一致要求:必须把威尔逊提出的"永久和平"搁在一边,因为这种"永久和平"阻挡了现实的和平、军事上的和平、能获得物质利益的和平。

不过,尽管威尔逊感到十分困倦、疲惫不堪;尽管他的健康已暗暗受到损害;尽管他在报纸上受到攻击——报纸指责他拖延了和平;尽管他由于自己的顾问们的离弃而感到恼怒;尽管他被其他国家的政府代表们纠缠不休,威尔逊还是始终顽强地坚持自己的主张。他觉得,他不能自食其言;他觉得,只有当他把他想要的和平与非军事上的和平、持久的和平、未来的和平一致起来,只有当他为唯一能够拯救欧洲的"国际联盟"竭尽全力,他才能真正获得他想要的和平。于是,当他刚刚能够从床上起来时,他就采取了一个决定性的举动:一九一九年四月七日,他给在华盛顿的美国海军部发去一份电报,电文中写道:"'乔治·华盛顿'号能够起航向法国的布雷斯特海港驶来的最早日期可能是哪一天;抵达布雷斯特海港的日期,最早可能是哪一天。总统期盼着该军舰赶紧起航。"当天全世界都得到消息:威尔逊总统已命令他乘坐的军舰向欧洲驶来。[63]

这条消息犹如晴天霹雳,而且大家都立刻明白其中的含义。全世界都知道:威尔逊总统将拒绝任何违反《国际联盟盟约》原则的和平——纵然是仅仅违反其中一点也不行,并且已下定决心,宁可离开巴黎和会,也绝不退让。决定今后几十年乃至几百年欧洲命运乃至世界命运的历史性时刻来到了。如果威尔逊此刻从会议桌旁站起来,拂袖而去,那么原有的世界秩序就会崩溃,一片混乱就会开始,不过,也有可能从此扭转乾坤,吉星高照。欧洲民众惊诧莫名,焦急地问:假若威尔逊真的离去,其他的巴黎和会参加者会承担这样一种责任吗?威尔逊本人会承担这样一种责任吗?——这是决定性的瞬间。

千钧一发的瞬间。在这紧急关头,伍德罗·威尔逊仍然抱着钢铁般坚强的决心。绝不妥协,绝不迁就,不要"欺压性"的和平,而要公正的和平。不让法国人兼并萨尔地区;不让意大利人兼并阜姆港;不让肢解土耳其;不拿各民族的利益做交易。公正应该战胜强权,理想应该战胜现实,未来应该战胜眼前!公正必须勇往直前,即便世界因此而毁灭。这个短暂时刻将成为威尔逊的伟大时刻,成为他的最伟大的时刻,成为他的最富人性的时刻,成为他的最英勇的时刻:假如他有力量经受得住这个时刻的话,那么他的名字将会永远留在为数不多、真正的世人朋友们的心里,因为他做出了无与伦比的业绩。可是,紧跟在这短暂的关键时刻后面的却是这样的一个星期:他遭到四面八方的攻击。法国的报纸、英国的报纸、意大利的报纸都指责威尔逊——说这位要创造和平的人却由于他在理论上和神学上的顽固思想而破坏了和平;指责他为了他自己的乌托邦而牺牲了现实的和平,甚至希望从威尔逊那里得到所有一切好处的德国现在也转过身来反对他——德国由于布尔什维克主义在巴伐利亚爆发而陷入一片惊慌。还有他自己的亲信豪斯上校和兰辛也同样恳请威尔逊抛弃他所下的决心。威尔逊在白宫的政治秘书图马尔蒂[64]几天前还从华盛顿发来令人鼓舞的电报:"唯有总统采取一种无畏的举动,欧洲才会得救——或许世界才会得救。"可是,当总统采取了这样一种无畏举动之后,就是这同一个图马尔蒂现在却惊慌失措地从同一座城市通过海底电缆发来电报说:"……撤离巴黎和会非常不明智,而且可能会在美国国内和在国外带来各种各样的危险……总统应该把中止巴黎和会的责任让应当承担的人去承担……在现在这个时候撤离巴黎和会很可能会被看作一种叛逃。"

威尔逊看到周围发生的一切,茫然若失,绝望惆怅,他百思不得其解:自己竟成了众矢之的。没有一个人站在他这一边,会议大厅里的人全都反对他,他自己参谋部里的人也全都反对他。而无法看清面容的千百万人从远方恳请他要顶住和坚持到底的声音此刻并未出现在他身边。威尔逊不知道，倘若他果真站起来，拂袖而去，使他的威胁成为现实，他的名字真的就有可能千秋万代留传下去吗？威尔逊不知道，是否只有当他坚持到底，他对未来的理念才有可能作为一种可以一再更新的基本原理而毫无瑕疵地留给后世呢？威尔逊不知道，从他对企图得陇望蜀、充满旧仇宿怨和毫无理智的这几个大国[65]所说的"不"字中会出现哪种转机呢？他只感到自己孤独一人，他只感到自己的力量太弱，无法承担巴黎和会夭折的最后责任。于是，威尔逊渐渐地让步了——而让步的后果却是灾难性的。他松动了自己的强硬态度。豪斯上校搭桥牵线。双方都作了妥协。关于边界的磋商来来去去进行了八天，终于在一九一九年四月十五日——历史上暗淡的一天，威尔逊怀着矛盾的心情勉强同意了克里孟梭的显然压低了的具有军事意义的要求：德国的萨尔地区交给法国，但不是永远，而仅仅是十五年[66]。这是这位迄今毫不妥协的人作出的第一次妥协，而这第一次妥协好像魔棒似的这么一点，第二天早晨巴黎的报纸都变了调门。昨天还在骂他是和平的干扰者、世界的破坏者的各种报纸，现在都把他赞誉为世界上最有智慧的政治家。可是，这种颂扬在他心中却是一种责备，使他深感内疚。威尔逊知道，他事实上也许已经拯救了这种一时的和平，但用和解精神缔造的永久和平——唯一能拯救世界的和平却被错过了，或者说已付诸东流。荒谬绝伦的事战胜了天经地义的事。冲动的感情压倒了冷静的理智[67]。超越时代的理想被群起而攻之后，世界又倒退回去了。而他——身为领袖和旗手的威尔逊却在这次针对他本人的决定性战役中遭到彻底失败。

在这命运攸关的时刻，威尔逊的作为是对还是错？谁人能予评说？不管怎么说，在那无法挽回的历史性的一天，一个影响远远超过几十年乃至几百年的决定被作出，而为了这个决定的过错，我们要再次用我们的鲜血、用我们的绝望、用我们无奈的困惑付出代价。从那一天起，威尔逊的影响力已渐渐消失——他的影响力在他那个时代曾经是无与伦比的道义力量。而现在他的威望已经远去，他的力量也随之东流。谁作出一次让步，那么他就一发而不可收。一次妥协势必会导致一连串新的妥协。

有名无实必然成为虚有其表[68]，暴力必然又会产生暴力[69]。在凡尔赛达成的和约曾被威尔逊梦想为是维护整体的和平与永久的和平，其实不然，《凡尔赛和约》带来的是不完全的和平，是一种非常不完满的产物，因为这种和平并不着眼于未来，而且也不是出于人道精神而是出于对纯粹物质利益的功利主义考虑而产生。也许和人类命运最休戚相关的一次历史上绝无仅有的和平机会竟令人惋惜地白白错过了。沮丧的世人——不再有救世主的世人重又觉得抑郁和怅惘。曾经被当作会给世人带来福祉而受到欢迎的威尔逊回国了，但已不再有人觉得他是救世主；他只不过是一个满面倦容、受到致命打击的病人罢了。不再有欢呼伴随他。在他身后不再有旗帜挥舞。当他乘坐的军舰驶离欧洲海岸时[70]，这位失败者背转身去。他不愿意回过头来，朝我们这片命运多舛的欧洲大地再看一眼。——欧洲几千年来渴望和平与统一，可是从未实现。一个人性化世界的永生梦境又一次在大海的远方雾霭中渐渐消散。

注 释

〔1〕 托马斯·伍德罗·威尔逊（Thomas Woodrow Wilson，1856—1924），连任两届的美国第28位总统。1856年12月28日出生于美国弗吉尼亚州的斯汤顿县，1879年毕业于普林斯顿大学。1912年7月被民主党提名竞选1913年总统，以"新自由"政纲竞选获胜，1916年以"他使我们免于战争"的口号，再次连任。1919年9月4日开始在全国巡回演说，争取美国人民支持国际联盟计划，9月25日病倒在火车上，10月2日回白宫后中风。1920年12月，威尔逊接受1919年度诺贝尔和平奖金。1924年2月3日在华盛顿病逝。

〔2〕 第一次世界大战结束后不久，威尔逊亲自率领美国代表团参加巴黎和会，1918年12月4日起程，1918年12月14日抵达巴黎。由于威尔逊一贯以维护和平的中立姿态、以仲裁人的身份调停欧洲局势，尤其是他提出作为议和基础的"十四点原则"后，欧洲舆论一度把威尔逊视为"救世主"，他抵达巴黎时，受到民众热烈欢迎。

〔3〕 第一次世界大战从1914年7月28日奥匈帝国向塞尔维亚宣战算起，至1918年11月11日大战结束，历时四年多，卷入战争的有33个国家，人口在15亿以上，共有2000余万人死亡，另有2000余万人伤残。

〔4〕 1918年1月8日，威尔逊在向国会致辞中提出被他自己称为"世界和平纲领"的"十四点原则"，其中最重要的是第十四点，即最后一点："为了大小国家都能相互保证政治独立和领土完整，必须成立一个具有特定盟约的普遍性的国际联盟。"

〔5〕 在第一次世界大战中，无论是以德、奥匈、保加利亚为首的同盟国，还是以英、法、俄为核心的协约国，都是通过秘密谈判和缔结秘密协定来保证各方希望争得的利益。1917年11月爆发了列宁领导的十月革命。苏维埃政府向全世界宣布了不割地（即不侵占别国领土、不合并别的民族）、不赔款的和平纲领，废除秘密外交，并

宣布废除俄国临时政府缔结和批准的全部密约，而且将这些密约公诸于众。密约的主要内容集中归纳在1915年4月26日的《伦敦密约》中。这个密约规定了英、法、意、俄、日等协约国战后划分势力范围的具体办法，包括瓜分德国属地，肢解土耳其，给予法国确定其与德国接壤的西部边界的自由，给予俄国以确定其东部边界的自由。俄国苏维埃政府公布密约的行动，在欧美引起强烈震动，舆论哗然。饱经战祸之苦的各国民众，热烈响应苏维埃政府的呼吁，积极展开反战运动，要把世界大战转变为国内革命，这无疑是对西方社会的严重挑战。面对这种局面，为了抵消布尔什维克的巨大影响和赢得民心，威尔逊提出"十四点原则"，其中第一点就是主张公开外交，不得有任何秘密的国际谅解。

〔6〕救世主（Messias，音译：弥赛亚），源出圣经故事。《圣经·旧约》称，公元前十二世经至公元一世纪，犹太国处于危亡时期以来，犹太人中流行一种说法，称上帝终将重新派遣一位"君王"（弥赛亚）来复兴犹太国；《圣经·新约》借用此说，声称耶稣就是弥赛亚，但不是"复国救主"，而是"救世主"，凡信他的人，灵魂可得到拯救，升入天堂。

〔7〕摩西（Moses），圣经故事中古代犹太人的领袖。《圣经·旧约·出埃及记》记载，摩西带领在埃及为奴的犹太人穿越沙漠、历尽艰险，迁回到迦南，并在西奈山上接受上帝写在两块石板上的十诫。犹太教将《圣经》首五卷称作"律法书"，并称出自摩西之手，故有《摩西五经》之称。

〔8〕建立国际联盟是威尔逊对外政策中的主要构想。国际联盟（简称国联）于1920年1月成立，总部设在日内瓦，先后加入的有63个国家。美国是最初的发起国，但国际联盟盟约在1919年11月19日被美国参议院否决；1920年3月19日，美国参议院第二次否决了包括《国际联盟盟约》在内的《凡尔赛和约》；因此美国始终没有参加国联，威尔逊的政治理想也终于成为泡影。尔后，日本和德国于1933年退出国联；意大利于1937年退出。苏联在1934年加入，1939年被开除。第二次世界大战爆发后，标榜"促进国际合作，维持国际和平与安全"的国联名存实亡。第二次世界大战结束后，

1946年4月宣告解散,所有财产和档案均移交联合国。
〔9〕 "巴黎和会":第一次世界大战结束后,于1919年1月18日至6月28日在巴黎举行的国际和平会议,有美、英、法、日、意等27国参加,战败国均不参加,中国作为战胜国亦参加了和会,苏维埃俄国未被邀请参加,和会实际上由美、英、法三国主导,最后签订了《协约国和参战各国对德和约》,史称《凡尔赛和约》。由于和约无理地将战前德国在山东的特权移交给日本,引起中国民众极大愤慨,导致中国"五四"运动的爆发,迫使中国代表团拒绝在和约上签字。
〔10〕 威尔逊的祖父是北爱尔兰的移民,1807年迁居美国,外祖父是苏格兰的移民。
〔11〕 威尔逊的父亲约瑟夫是弗吉尼亚州斯汤顿县长老会教堂的牧师,祖父也曾任长老会牧师。
〔12〕 让·加尔文(Jean Calvin, 1509—1564),新教加尔文宗创始人,该教派在神学界称归正宗。加尔文原是法国人,后移居日内瓦,是日内瓦政教合一政权的真正领袖,其神学思想和马丁·路德的神学思想雷同,但更提倡节俭,反对奢侈享乐,这种新教伦理有利于促进新兴的资本主义积累资本和扩大再生产。欧洲大批加尔文教徒涌入美国,促使美国成为资本主义强国。但加尔文施政严酷,排除异己不择手段。
〔13〕 威尔逊是美国第一个有博士学位、当过大学教授和大学校长的总统。他善于用宣讲福音书式的语言讲话,他的政治思想和奉行的政策固然属于保守派,但同时又博得自由派的欢呼,一度还拥有"救世主"的名声。威尔逊和列宁生活在同一时代,列宁被称为无产阶级革命的导师;威尔逊则俨若20世纪初美国寻求"领导世界"的思想导师。
〔14〕 基督教兴起时,曾在罗马帝国被视为异端而受到迫害。最后一次大迫害发生在戴克里先统治末期;迫害基督教徒最凶恶的敌人是伽勒里乌斯。罗马帝国承认基督教始于君士坦丁大帝。公元380年,狄奥多西大帝颁布敕令,把基督教定为罗马帝国的国教。
〔15〕 布雷斯特(Brest),法国西部港口城市,重要海军基地。

〔16〕 香榭丽舍大街（Champs Élysées），或译田园大街，或爱丽舍大街，法国巴黎标志性大街，以美丽和时尚著称。

〔17〕 1918年12月14日，威尔逊在巴黎受到空前的欢迎之后，当天晚些时候就起程前往英国，然后到欧洲各国首都和著名城市进行访问，为巴黎和会做准备和游说他的国际联盟计划，所到之处，受到像恭迎"救世主"般的接待。1919年1月7日结束为时三周的访问，回到巴黎。1919年1月8日，巴黎和会第一次全体会议举行。

〔18〕 克里荣大饭店（Hotel de Crillon），20世纪初巴黎最豪华的大饭店之一。

〔19〕 此段译文引自韩莉著《新外交·旧世界——伍德罗·威尔逊与国际联盟》，北京：同心出版社，2002年3月第1版第282页。"十四点原则"又译"十四点"。

〔20〕 威尔逊在巴黎和会上主张先把国际联盟建立起来，然后再讨论和约，他要使国际联盟成为和会议题的中心，但法、英主张先讨论领土、赔偿等问题，把国际联盟放在最后一项议程，实际上就是要使国际联盟计划淹没在关于领土、赔偿等问题的谈判之中。最后达成妥协：国际联盟计划与其他问题并列进行商讨。威尔逊又坚持《国际联盟盟约》必须成为和约的一部分，批准和约就是批准盟约；英、法主张分成两个文件，分别批准。威尔逊反对。最后达成一致：《国际联盟盟约》包括在1919年分别与德、奥、匈、保签订的和约之内，作为与该国签订的和约的第一部分。1919年6月28日正式签字的《凡尔赛和约》于1920年1月10日生效，从而使该和约一部分的《国际联盟盟约》也于同一天生效。但事后美国参议院否决了《凡尔赛和约》，也就等于否决了《国际联盟盟约》。

〔21〕 "四巨头"是美国总统威尔逊、法国总理克里孟梭（Georges Benjamin Clemenceau，1841—1929）、英国首相劳合·乔治（Lloyd George，1863—1945）、意大利首相奥兰多（Vittorio Emanuele Orlando，1860—1952）。

〔22〕 所谓"新事物、新变化"，是指用威尔逊倡导的"以集体安全为基础的新的世界格局"取代"以实力均衡为基础的旧的国际秩序"。

威尔逊提出这种政治构想的出发点是,希望通过国际联盟,美国既能控制世界事务,又不卷入欧洲事务,虽然他用的词语是"正义""公正""道德""人性""良知""人类的永久和平"等;威尔逊认为,"只要美国在国际联盟中保持在道义上和金融上领导世界的地位,维持一种经济上稳定和非革命的自由主义国际秩序,美国将来的商业扩张就可以确保无虞"。因此,威尔逊在巴黎和会上遵循的一条原则就是:只要把《国际联盟盟约》作为《凡尔赛和约》不可分割的一部分,只要让美国在国际联盟中居于领导地位,其他一切都可以让步。

〔23〕 西德尼·索尼诺(Sidney Sonnino),巴黎和会时任意大利外相。

〔24〕 1914年8月4日上午6时,德国驻比利时公使毕罗把一份最后通牒交给比利时外相,其内容是说,由于比利时政府拒绝德国政府的"善意建议",德国为了其本身安全不得不在"如有必要"时采取使用武力的措施。上午8时过2分,德军就在吉美利赫越过了比利时国界,那里距列日城仅20公里。比利时的国界守卫队射枪狙击,8月4日正午,比利时国王呼吁各担保国采取一致的军事行动对付德国。第一次世界大战正式开始。

〔25〕〔26〕 列宁领导的十月革命夺取政权后几个星期,苏维埃俄国就向德国及其盟国提出了停战媾和的建议。谈判于1918年1月4日在德国占领的波兰城市布列斯特—立托夫斯克(Brestlitowsk)开始;德国最高司令部的代表马克斯·冯·霍夫曼(Max von Hoffmann)将军显然左右着德国方面的谈判立场,他曾以强硬的言辞对苏俄的谈判代表托洛茨基说,苏俄是战败者,必须接受一种强制性的和平。据说,霍夫曼说话时用拳头猛捶桌子。当托洛茨基于2月10日退出谈判并宣布战争将不经签订和约而结束时,霍夫曼就下令恢复敌对状态,并命令德军更深入地向俄国境内推进。由于列宁不顾布尔什维克中央委员会多数人的反对而顽强坚持,苏俄终于在1918年3月3日与德国签订更加的布列斯特—立托夫斯克和约(简称布列斯特和约),1918年11月13日,德国在向协约国投降后,苏俄废除了该和约。

〔27〕 克里孟梭曾邀请威尔逊到法国北部去视察德军破坏的惨状,他认

为最好让威尔逊亲眼看到德国人如何惨无人道,这样可以增强其同仇敌忾的心理。但威尔逊却一再用种种借口加以拒绝。据说,威尔逊不愿看到这种惨状,以免影响其作为仲裁者的公正态度。

〔28〕 罗伯特·兰辛(Robert Lansing,1864—1928),威尔逊任总统时的第二位国务卿。

〔29〕 爱德华·豪斯(Edward House,1855—1938)上校,威尔逊的私人顾问。

〔30〕 1918年12月14日,威尔逊抵达巴黎之后不久随即前往伦敦;12月22日,会见德比伯爵(Edward George Villiers Stanley,第17代德比伯爵 Earl of Derby,1865—1948,在第一次世界大战期间的1916—1918年以及1922—1924年任英国国防大臣)。

〔31〕 1918年12月30日,威尔逊在曼彻斯特发表演说,解释他的集体安全理念如何与美国不卷入欧洲事务的传统相结合。

〔32〕 1918年10月30日夜,匈牙利的工人和士兵武装起义。1918年11月16日,哈布斯堡皇朝在匈牙利的政权被推翻,匈牙利正式宣布为共和国。1919年2月20日,协约国驻匈军事代表、法国的威克斯向匈牙利政府递交一份照会,要求匈牙利东界驻军在10天内后撤100公里,空出的地方由协约国军队占领。共和国新成立的卡罗利政府既不敢接受又不能拒绝这一通牒,决定辞职下台,将政权交给社会民主党人。1919年3月21日,匈牙利社会民主党和共产党达成协议合并,正式宣告匈牙利苏维埃共和国成立。

〔33〕 1918年11月,德军撤离罗马尼亚。罗马尼亚军队开进奥匈帝国的特兰西瓦尼亚地区,12月1日,宣布该地区并入罗马尼亚。

〔34〕 1918年11月18日,毕苏茨基在华沙组成联合政府。他本人成为波兰共和国的国家元首。这个共和国史称"波兰第二共和国",以表示它是1795年被俄普奥三国瓜分灭亡的波兰共和国的继续,但波兰第二共和国在1918年底仅拥有原波兰王国和加利西亚西部的领土。它的四周边界均未确定,原普鲁士占领的波兰土地仍处在德军占领之下。毕苏茨基提出恢复1772年第一次瓜分波兰前的"历史边界"的口号,主张使立陶宛、白俄罗斯、乌克兰同波兰组

成联邦制国家。1918年底到1919年初,随着德奥军队的撤退,乌克兰民族主义者在利沃夫建立了西乌克兰人民共和国。但在利沃夫市,波兰人占全市居民的62%,犹太人占20%,乌克兰人只占15%,于是波兰居民在"波兰军事组织"的帮助下,同乌克兰民族主义者展开了争夺利沃夫的斗争。

〔35〕1918年秋,奥匈帝国已濒于崩溃,帝国内各民族反战和反君主政体的民众运动日益高涨,军队反戈,在南斯拉夫,许多士兵从前线逃回家乡。他们自称"绿军",手持武器同奥匈帝国官方对抗。1918年10月底,驻扎在里耶卡和普拉两地的军队举行起义,成立了革命委员会。在民众运动兴起的情况下,克罗地亚和斯洛文尼亚的几个政党在萨格勒布召开国民议会,宣布南斯拉夫地区脱离奥匈帝国。1918年12月4日,塞尔维亚—克罗地亚—斯洛文尼亚王国宣告成立。

〔36〕达尔马提亚(Dalmatia)是巴尔干半岛濒临亚德里亚海的一条狭长的沿海地带,它的北部地区当时是意大利人和南斯拉夫人争执的领土。

〔37〕1916年以后,奥地利境内粮食明显缺乏,饥馑现象日趋严重。

〔38〕1918年11月,前沙皇俄国海军上将高尔察克在鄂木斯克发动军事政变,自称是"俄国的最高执政者"。他得到协约国的大力支持,用外国枪炮装备了自己的25万军队;与此同时,高加索的邓尼金和波罗的海沿岸的尤登尼奇也都率领军队向俄国苏维埃政权进攻。在苏俄境内开始了生死存亡的国内战争。

〔39〕1919年2月15日威尔逊起程回美国,1919年2月24日抵达波士顿。他急于赶回美国,是想在美国国会休会之前争取得到共和党参议员们的支持。

〔40〕大宪章(Magna Charta),此处是指《国际联盟盟约》。"大宪章"一词本是英国历史术语,源自1215年英国大封建领主迫使英王约翰(John)签署的一份文件,该文件保障了臣民的部分公民权和政治权。后来"大宪章"被引申为基本章程、基本纲领等词义。

〔41〕门罗主义(Monroe Doctrine),是美国第五位总统詹姆斯·门罗(James Monroe,1758—1831,在1817—1825年间连任两届总统)

曾提出美国外交政策的原则，口号是"美洲是美洲人的美洲"，目的是反对当时欧洲的一些封建专制帝国援助西班牙重新获得其在美洲殖民地的企图。门罗为美国和南北美洲各国制定的基本外交政策是：南北美洲不允许由外来者开发。

〔42〕 1919年6月28日，协约国与德国在法国凡尔赛宫的明镜大厅签订对德和约，宣告德意志帝国是第一次世界大战的罪魁祸首。对德和约经英、法、意、日、德批准后，自1920年1月10日起生效。《国际联盟盟约》是《凡尔赛和约》的第一组成部分。美国国会由于不希望美国参加英、法势力占优势的国际联盟而拒绝批准《凡尔赛和约》。1921年8月，美国同德国单独签订了一项与《凡尔赛和约》内容相同的条约，但不包含有关国际联盟的条款。这表明美国决定不参加国际联盟。

〔43〕 指《国际联盟盟约》。

〔44〕 巴黎和会通过了威尔逊提出的《国际联盟盟约》，是他完成自己使命的第一部分；他随后重返巴黎，代表美国签署协约国与德国缔结的包含国联盟约条款在内的和平条约《凡尔赛和约》，是他要完成的使命的第二部分。

〔45〕 威尔逊于1919年3月4日从纽约起程再赴法国，3月14日抵达巴黎。他在国内时，共和党控制的国会对威尔逊的"国联盟约"提出了严厉批评。以参议院外交委员会主席、共和党参议员洛奇（Henry Cabot Lodge）为首的反对派议员于1919年3月3日向威尔逊递交了由超过参议院人数三分之一的参议员的"圆形签名"信（Round Robin），表示了他们的实力与坚决态度。威尔逊返回巴黎时，知道自己会受到美国和欧洲两方面对盟约的批评，但是他既不准备向参议院妥协，也不想接受欧洲的条件，因而在他面前困难重重，步履维艰。威尔逊在3月4日从纽约起程时曾发表言论："等到巴黎和约送回美国时，美国人将发现'国联盟约'已包括在内，而且和约与盟约已不可分开。如果他们想把盟约剔除，那么就会破坏全部结构。"他万万没有想到，美国参议院会连整个和约都不批准。

〔46〕 威尔逊的随身私人医生是卡里·格雷森（Dr. Cary Grayson）。

〔47〕 在1919年6月28日巴黎和会通过的《国际联盟盟约》中无此条款。此内容可能在第一稿草案中有，后被删除。《国际联盟盟约》全文载《国际公法参考文件选辑》（中文），北京：世界知识出版社，1959年，第418—424页。

〔48〕 1919年3月21日，匈牙利苏维埃共和国成立。

〔49〕 1919年3月3日，德国共产党总部和柏林党组织联合向柏林工人发出总罢工号召，提出"一切权力归工人苏维埃！"的口号。柏林有五天时间处于无政府状态。政府军驻柏林司令官诺斯克宣布戒严并实行军事管制。3月8日，罢工领导人宣布停止罢工，但军事管制直到3月17日才解除。在这次激进的斯巴达克派和政府军的战斗中，约有1200人丧生。1919年4月7日巴伐利亚苏维埃共和国宣布成立。

〔50〕 布尔什维克（俄语 Большевик 的音译），意即多数派。1903年俄国社会民主工党第二次代表大会制定党纲、党章时，以列宁为首的多数派同马尔托夫为首的少数派展开激烈斗争，在选举中央领导机构成员时列宁派获多数，故名。1912年在该党第六次代表大会上，孟什维克（少数派）被清除。以后，布尔什维克成为共产党的代名词。

〔51〕 费迪南·福煦（Ferdinand Foch，1851—1929），1918年5月就任协约国军总司令，8月升为法国元帅。11月11日接受德军投降，他被认为是第一次世界大战中协约国军胜利的主要领导人。战后被选为法兰西科学院院士、最高军事委员会委员。著有《兵法原理》等。

〔52〕 指当时参加巴黎和会的英、法、意、日等国。

〔53〕 阜姆港（Fiume）是亚得里亚海的交通枢纽，战前是匈牙利货物的重要出海口，南斯拉夫人认为它属于斯洛文尼亚或克罗地亚，1915年的伦敦密约把它划归克罗地亚。意大利首相奥兰多在和会上提出要求兑现伦敦密约的同时又要求得到阜姆港和达尔马提亚地区（Dalmatien），英、法、美为了扩大自己在巴尔干国家的影响，对意大利的上述要求不予支持，不仅如此，"三巨头"还提出了一条所谓"威尔逊路线图"，将伦敦密约许诺给意大利的土地加

以缩减。奥兰多一气之下离开巴黎回国，想以此要挟，可是他的做法几乎无人理睬。1919年5月7日，奥兰多又重返巴黎和会。最后达成的《凡尔赛和约》规定：阜姆港被宣布为自由港；达尔马提亚海岸外的若干海上岛屿割让给意大利；达尔马提亚沿岸地区割让给南斯拉夫。

〔54〕罗马尼亚在第一次世界大战结束后获得大量财产和人口。它从匈牙利获得整个外希伐尼亚，从奥地利获得布科维纳，从俄国获得萨拉比亚，其领土和人口增加了一倍多。

〔55〕波兰本是欧洲古国之一，自从被普鲁士、俄罗斯、奥匈帝国瓜分灭亡之后，波兰人民无时不以复国为念。第一次世界大战的爆发给他们带来了一个新的有利时机，因为德俄双方都想争取波兰人的支持。1916年11月5日，中欧国家已承认波兰王国的独立。1918年10月德国崩溃之后，波兰军总司令皮尔苏德斯基将军宣布波兰已是一个独立国家，他本人是波兰独立政府的首脑，并提出巨大的领土要求——恢复1772年的波兰旧有东疆，即大致在杜珠拿河和第聂伯河一线。波兰是第一次世界大战后重建的第一个大国，其面积几乎和德国差不多大，尽管人口尚不足三千万。

〔56〕捷克斯洛伐克是第一次世界大战后新成立的国家，完全是巴黎和会的产物，其领土主要割自德国和奥匈帝国，包括波希米亚、摩拉维亚、西里西亚，当时有六百多万捷克人，将近二百万斯洛伐克人，三百五十万日耳曼人和不足一百万的匈牙利人。

〔57〕拿破仑一世（Napoléon Ⅰ., 1769—1821），即波拿巴·拿破仑（Bonâparte Napoléon），法兰西第一帝国皇帝（1804—1814年和1815年在位）。1796年春任意大利方面军司令，1796—1797年间法国为击退第一次反法同盟的强敌奥地利，拿破仑进军意大利，威逼维也纳。1797年10月17日，拿破仑代表法兰西共和国在康波福米奥村（Campo-Formio，在今意大利东北部）和奥地利帝国的代表科本茨伯爵（J.L.J.Cobenzl, 1753—1809）正式签署《康波福米奥和约》。和约分公开和秘密两部分，规定：奥地利承认莱茵河为法国的边界，承认法国在北意大利新建立的西沙尔平共和国；奥地利放弃对原属奥地利的尼德兰（今荷兰和比利时）和北

意大利上述地区的主权;瓜分原威尼斯共和国,爱奥尼亚群岛归法国;等等。

[58] 塔列朗(Charles Maurice de Talleyrand-Périgord, 1754—1838),法国著名外交家。1797 年起历任法国督政府、执政府外交部长(1797—1807),后任拿破仑第一帝国和复辟王朝初期的外交大臣(1814—1815)。在其任执政府外交部长期间,拿破仑利用俄国与奥国、英国的矛盾,集中打击第二次反法同盟的主力奥军,1800 年 6 月 14 日,拿破仑在马伦哥(Marengo,位于意大利北部)击溃奥军。奥地利被迫求和。1801 年 2 月 9 日,法国和奥地利在法国的吕内维尔签订由塔列朗参与的《吕内维尔和约》,该和约确认 1797 年签订的《康波福米奥和约》,重申比利时和莱茵河左岸为法国领土,承认法国的诸附属国西沙尔平(Cisalpine)、利古里亚(Liguria)、赫尔维齐(Helvetic)、巴达维亚(Batavia)等共和国的"独立"。

[59] 梅特涅(Klemens Wenzel Nepomuk Lothar von Metternich, 1773—1859),公爵,奥地利外交大臣(1809—1848)和首相(1821—1848),拿破仑帝国瓦解后,欧洲各国于 1814 年 10 月—1815 年 6 月在维也纳召开会议,领导会议的是奥、普、英、俄四国。1815 年 6 月 9 日,维也纳会议签署了总协议,总协议规定:比利时和荷兰组成尼德兰王国;重申奥地利在意大利东北部的统治地位,使奥地利控制许多小公国;俄国得到波兰王国;普鲁士占有萨克森北部和波兹南;马耳他岛归英国所有;等等。

[60] 威尔逊在巴黎和会上的主要目标是通过《国际联盟盟约》和建立国际联盟。威尔逊说,这是"一个有着共同的目标和意愿的联盟",但他同时指出,国联不是一个同盟。因为如果是同盟的话,这就违背了美国奉行的门罗主义。为了使"国联盟约"能在美国获得通过,威尔逊力争要在"国联盟约"中写有关门罗主义的条款。其实,门罗主义既不是国际条约也不是地区谅解,而是美国为维护自己在美洲的利益的一项外交政策。经过威尔逊向英、法等国作出重大让步,终于将有关门罗主义的条款写进了"国联盟约"。盟约第二十一条称:"本盟约中的任何内容都不被认为会

影响到为确保维护和平的国际协定,如仲裁条约或是地区谅解,如门罗主义的合法性。"但是,威尔逊为此作出的让步,既违背他提出的"十四点原则",也违背《国际联盟盟约》的原来宗旨。劳合·乔治对威尔逊说:"关于海上自由这一条,我们是有保留的,现在要我们支持国际联盟,又要我支持把门罗主义列入盟约,那你看这个海上自由……"于是,威尔逊在1918年12月21日对《泰晤士报》记者的谈话中只好承认,"基于英国的地理位置的事实和由于英国的历史传统,在一切海军问题上,必须承认英国享有特殊利益"。克里孟梭对威尔逊说:"你不是要国际联盟吗?那先要满足我的合理的领土要求。"于是,威尔逊表示同意。日本代表牧野对威尔逊说:"如果不满足日本接管在山东的一切利益,日本绝不在和约上签字。"既然不在和约上签字,当然就是不参加国际联盟。于是,威尔逊慨然满足了日本的要求。参阅邓蜀生著《伍德罗·威尔逊》第177页。

〔61〕1919年4月3日,正当修改后的《国际联盟盟约》准备在巴黎和会上批准时,意大利首相奥兰多借机在"四巨头"会议上再次提出意大利对阜姆港的领土要求,并暗示:如果不同意意大利的要求,他将退出和会。由于谣传奥兰多将自行宣布意大利拥有对阜姆港的主权,1919年4月23日,威尔逊先发制人,他声言小国的权利必须得到保障;意大利不得占有阜姆港及达尔马提亚的土地,这片土地应属于南斯拉夫。威尔逊的表态激起意大利反对威尔逊的风潮。奥兰多退出"四巨头"会议。不过,1919年5月7日,奥兰多又重返巴黎和会。

〔62〕独立社会党人恩斯特·托莱尔、古斯塔夫·兰道尔等人于1919年4月5日在慕尼黑夺取政权,并于1919年4月7日宣布成立巴伐利亚苏维埃共和国;两天以后,1919年4月9日,巴伐利亚共产党斯巴达克派的马克斯·莱维恩、厄冈·勒纳亚等人也宣布成立自己的苏维埃政府。于是,在慕尼黑出现三个并存的政府。由巴伐利亚邦议会选举组阁的邦政府总理约翰内斯·霍夫曼不得不向巴伐利亚邦内外的民族主义军官发出呼吁,要求他们支持自己的政府。不久,以里特·冯·埃普为首的志愿军团和联邦军队开进慕尼

黑恢复秩序。巴伐利亚苏维埃共和国仅存在两个星期，但残酷的战斗进行了好几天。据官方数字，自1919年4月30日至5月8日，共有557人被杀害。最后政府军控制了慕尼黑市。巴伐利亚苏维埃共和国领导人恩斯特·托莱尔等被判处无期徒刑。共产党斯巴达克派领导的苏维埃政府领导人马克斯·莱维恩和厄冈·勒纳亚被判处死刑。

〔63〕 法国在巴黎和会上取得阿尔萨斯—洛林地区以后，又提出兼并德国萨尔地区的要求。萨尔地区是产煤区。如果法国能得到萨尔地区盛产的煤，再加上阿尔萨斯—洛林地区盛产的铁，它就可以建成一个强大的冶金工业基地，这将为法国称霸欧洲打下坚实的经济基础。法国的这一计划，遭到英美的强烈反对，它们不愿过分削弱德国和让法国过于强大。但克里孟梭在此问题上态度强硬，他声称，如果法国得不到萨尔地区就不在任何和约上签字。威尔逊恼羞成怒，以退出会议进行威胁。1919年4月6日，威尔逊在巴黎表示，如果英、法不在几天之内接受"十四点原则"作为和约的基础，他就中断参与会议回国，并将真相公诸于众。1919年4月7日，他果真给美国海军部发去电报，命令"乔治·华盛顿"号前来接他。但是事后威尔逊并未提前离开巴黎。

〔64〕 图马尔蒂（Tumulty，1879—1954），时任威尔逊总统的白宫政治秘书。

〔65〕 指参加巴黎和会的英、法、意、日等国。

〔66〕 法国为了控制莱茵河地区（Rheinland）要求将萨尔地区（Saar）划并给法国。萨尔地区不但具有重要的战略地位，而且是一个重要工业区，如果由法国并吞，势必愈益加强法国的地位，英、美等国反对法国的这一要求，不愿让萨尔地区同德国分离；不能让法国在萨尔地区享有行政统治权，只许法国享有萨尔煤矿的开采权。《凡尔赛和约》规定，萨尔区由国联直接管理，为期十五年，期满后通过公民投票最后确定萨尔区的归属。今萨尔区是德意志联邦共和国的一个联邦州——萨尔州（Saarland）。

〔67〕 虽说美、英、法三巨头左右着巴黎和会，但他们之间的合作绝非融洽，对许多问题不断发生争执。有一次克里孟梭说劳合·乔治

一再撒谎，这位英国首相跳起来，抓住法国总理的硬领要求他道歉。克里孟梭则向劳合·乔治提出决斗的挑战，说"用手枪或剑都可以"，威尔逊把他们两人拉开。参阅李岩、高明主编《第一次世界大战史画》，北京：蓝天出版社，2005年2月第1版第467页。

〔68〕威尔逊在他的"十四点原则"中提出要实现"公开外交""民族自决""公正的和平"等，并要求以"十四点"作为《凡尔赛和约》的基础，但最后签署的《凡尔赛和约》完全违背这些原则，它实际上是严厉制裁德国的掠夺性和约。罗马人有一句名言："胁迫之下所成立的契约可以不必遵守。"德国人在"武力封锁"的威胁之下才在《凡尔赛和约》上签字，从道义的立场而言，和约本应视为无效。尤其是协约国的态度极为恶劣。正如在巴黎和会后期接替奥兰多的意大利首相尼提（Francesco Saverio Nitti）所说：和约"违反所有的诺言、所有的前例、所有的传统，使德国代表不能发一言，实为在近代史上留下了可怕的一页"。果然，巴黎和会刚一结束，德国复仇主义者就提出"打倒《凡尔赛和约》"的口号。

〔69〕德国外长布罗克多夫前来巴黎签署和约，当他看到和约条文后当即决定暂不签约而返回德国。1919年6月中旬，克里孟梭照会德国说，如德国不接受和约条件，协约国将宣布停战条件无效。德国慑于协约国的武力威胁，才决定立即签署和约。但和约对德国的苛刻要求使德国人在心理上受到极大震撼。三巨头中头脑比较清醒的劳合·乔治说过这样的话："诸位先生，你们可以夺取德国的殖民地，限制其陆军只供警察之用，使其降为第五等的海军国家。但不管怎样，一旦德国人感到1919年的和约是不公平的，必然会尽可能寻求复仇的途径。"历史证明劳合·乔治的话不幸言中。巴黎和约签订后不久，复仇主义情绪在德国迅速滋长。德国军国主义分子大肆煽动对战胜国（特别是法国）的仇恨，策划反对履行和约的暴力行动，如1923年的鲁尔事件。

〔70〕巴黎和会结束后，威尔逊于1919年6月28日离开巴黎，6月29日乘"乔治·华盛顿"号回美国。1919年7月8日抵达纽约。

译者后记

一九四二年二月二十二日,在巴西首都里约热内卢附近的彼得罗波利斯(Petropolis)小镇的一所宅邸里,饮誉世界的奥地利著名作家斯蒂芬·茨威格同他的妻子双双自尽离世。留在卧室桌子上的最后《声明》中写有这样的字句:"在我出于自己的意愿和神志清醒地告别人生之前,我要迫切履行最后一项义务:向如此美好的国家巴西表示由衷的感谢……我向我所有的朋友们致意!愿他们在漫长的黑夜之后还能看到黎明!而我,一个过于性急的人,先走了。"茨威格的离世无疑是对希特勒法西斯的悲怆抗议,因而引起人们的无限惋惜和哀痛。巴西民众为他们夫妇举行了隆重的葬礼,让他们安息在彼得罗波利斯的公墓陵园。

斯蒂芬·茨威格于一八八一年十一月二十八日出生在维也纳一个富裕的犹太人家庭。但优越的物质生活并没有妨碍他对自由的追求,对人性的向往。美丽的维也纳表面上的宁静也掩盖不住他生活的那个时代的动荡不安。他一生经历了两次世界大战,目睹人生百态,洞察社会矛盾。在第一次世界大战时,他曾和罗曼·罗兰、维尔哈伦等进步作家一起为和平而奔走，呼喊出"用我的躯体反对战争，用我的生命维护和平"这样铿锵有力的声音。一九三三年希特勒上台，茨威格的祖国——奥地利被并吞，犹太人遭到血腥屠杀，他不得不远离故乡，流落异邦，一九三四年移居英国，一九四〇年取得英国国籍，一九四一年迁居巴西。身在异乡的茨威格日夜思念被蹂躏的祖国和满目疮痍的欧洲，面对法西斯的残酷暴行，他深感自己的力量单薄。他固然相信黎明必将来临，自己却不堪忍受黎明前的黑暗，终于由悲观而绝望，走上自尽的道路。然而纵观他的一生，茨威格仍然不失为一个伟大的弘扬人性的作家。

斯蒂芬·茨威格作为一个翻译家和诗人开始其文学生涯。他早年翻译过被誉为"欧洲惠特曼"的比利时著名法语诗人埃米尔·维尔哈伦（Émile Verhaeren）的诗以及法国诗人保罗·魏尔兰（Paul Verlaine）和夏尔·波德莱尔（Charles Baudelaire）等人的诗作。一九〇一年，二十岁的茨威格出版自己的第一本诗集《银弦集》，一九〇六年又出版自己的诗集《早年的花环》。然而，使他蜚声世界文坛的，则是他的小说、人物传记和人物特写。

茨威格不仅擅长撰写长篇的人物传记，同时还著有不少脍炙人口的短篇人物特写。《人类的群星闪耀时》便是他的历史人物特写（historische Miniaturen）的结集。这些短篇人物特写和他的长篇人物传记一样，写的都是真人真事，正如茨威格在本书的《序言》中所说："我丝毫不想通过自己的虚构来冲淡或者加强所发生的一切事件的内外真实性并改变人物的真正内心世界，因为历史本身在那些非常时刻已表现得十分完全，无须任何后来的帮手。历史是真正的诗人和戏剧家，任何一个作家都别想超越历史本身。"所以他把这十四篇作品称作历史特写，而不是历史故事（historische Erzählungen）或者历史传奇（Legenden）。

茨威格的历史特写不仅遵循忠于真实的原则，而且题材广阔，善于运用文学的各种艺术手段（气氛的渲染、环境的烘托、旁衬的笔法、心理的刻画……）描绘出栩栩如生的人物，再现万象纷呈的历史画卷。

《人类的群星闪耀时》德语第一版于一九二七年问世。是年六月二十七日，斯蒂芬·茨威格写信给莱比锡岛屿出版社的一名编辑⁃格纳[1]，信中写道："我觉得，您打算为岛屿出版社刊印的《人类的群星闪耀时》所使用的新的花体字十分漂亮。我只是觉得行与行之间挨得稍微紧了一点，至少会给人一种不够清秀的感觉。不过，您肯定会作出更好的判断。如果我不久能看到清样，我将会感到高兴……"当时，岛屿出版社事先向茨威格通报了他的新书版式设计情况。多年来，茨威格一直得到岛屿出版社在文学创作方面的有益建议，就像他在文学上经常得到胡戈·冯·霍夫曼斯塔尔[2]出的主意一样。一九二七年八月十三日，正当茨威格穿越瑞士从上恩加丁河谷的祖奥茨[3]小镇前往莱比锡的途中，他又致信岛屿出版社，信中写道："我刚从家中获悉，《人类的群星闪耀时》已印刷成书，我期盼着在我回到家中时就能看到这本小书。由于此书是辑录迄今尚未以书的形式发表的作品，我请你们把经过校订的这本书就像其他新书一样发行。我知道，岛屿出版社平时发行图书是不会这样做的。"岛屿出版社是否满足了茨威格的这个请求，一年以后得到了证实。一九二八年十月二日,茨威格在致岛屿出版社的一封信中写道:"我同样感到高兴的是,你们告知我:《人类的群星闪耀时》取得了意想不到的成功,而且我认为,你们在报刊上特别披露了此书在一年之内创纪录的发行量和精美纪念版本的发行量是完全正确的。"时至一九二八年岁末,《人类的群星闪耀时》共计重印七次,印行十三万册,而且从此以后成功继续不断;时至一九八六年,《人类的群星闪耀时》共计重印四十次,销售六十九万四千册。

《人类的群星闪耀时》德语第一版除《序言》外,包括《滑铁卢的一分钟》《玛丽恩巴德悲歌》《黄金国的发现》《英雄的瞬间》和《南极探险的斗争》共五篇历史特写。篇目排列的顺序不是按照各篇写作的年代。《人类的群星闪耀时》这个书名最初可能是随着茨威格要把当时已经写好的历史特写汇编成书的想法而逐渐形成。一九二七年十二月,弗朗茨·特奥多尔·乔科尔[4]在给斯蒂芬·茨威格的一封信中把《人类的群星闪耀时》称为"一种新的戏剧性的叙事体裁"。《人类的群星闪耀时》中写得最早的一篇历史特写诚然也是德语第一版中第一篇历史特写:《滑铁卢的一分钟》,此篇历史特写于一九一二年九月十三日发表在维也纳的《新自由报》[5]。斯蒂芬·茨威格当时对这篇作品并不是信心十足。他在日记中写道:"我的小品文《滑铁卢的一分钟》已经发表。不知怎么,我觉得内容有些空泛,节奏也可以更轻快一些。我觉得,我至今仍未把握住我自己的风格,而是风格始终随着题材改变(正如我在和别人交谈时过多地迁就别人一样,不知怎么我仿佛是事先商量好的'应声虫')。"为了《人类的群星闪耀时》德语第一版的出版，茨威格又把全书校阅了一遍。一九二七年德语第一版《人类的群星闪耀时》中的第二篇历史特写《玛丽恩巴德悲歌》写于一九二三年，刚好是歌德写下这首诗的一百周年。这是一个值得纪念的日子，也是茨威格写下这篇历史特写的最好理由。此篇历史特写于一九二三年九月二日刊载在维也纳的《新自由报》。一九二三年秋季，岛屿出版社曾将这篇历史特写用同样的标题登在该社内部刊物《岛屿船》[6]第四年度第四期（一九二三年秋季号）上。尔后，茨威格为《人类的群星闪耀时》第一版选用了这个一直沿用至今的标题：《玛丽恩巴德悲歌——从卡尔斯巴德到魏玛途中的歌德。一八二三年九月五日》。第一版中的第三篇历史特写《黄金国的发现——约翰·奥古斯特·苏特尔。加利福尼亚。一八四八年一月》可能是专门为这第一版而作，因为没有文献能证明此前还有这篇历史特写的其他版本。作为岛屿丛书之一的《人类的群星闪耀时》第一版中的第四篇历史特写《英雄的瞬间》于一九一二年写成。这篇历史特写首次发表在一九一二年于莱比锡出版的《一九一三年岛屿出版社新书年鉴》之中，标题是《殉难者——陀思妥耶夫斯基。一八四九年十二月二十二日》，尔后收录在一九二七年《人类的群星闪耀时》第一版中，但标题和内容均有改动，标题改为《英雄的瞬间——陀思妥耶夫斯基。圣彼得堡。谢苗诺夫斯基校场。一八四九年十二月二十二日》。与此同时，设立在莱比锡的国立版画艺术与出版研究院[7]于一九二七年出版由作者签名、并有编号和限量为二十五册的单行本《英雄的瞬间》。我们现在这本书中的这一篇历史特写是以岛屿出版社一九二七年第一版为蓝本。

《人类的群星闪耀时》第一版中第五篇亦即最后一篇"戏剧性的叙事体裁"作品首次以《斯科特队长的最后旅程》为题发表在一九一四年一月二十八日维也纳的《新自由报》。在《人类的群星闪耀时》第一版中,此篇题名被拟定为《南极探险的斗争。斯科特队长。南纬90度。一九一二年一月十六日》,这个题名一直沿用至今。拙译《南极探险的斗争》于二〇〇二年一月被选入中国内地的人民教育出版社编辑的中学语文教材。教材编者将其更名为《伟大的悲剧》[8]。

一九三三年秋,由于岛屿出版社的一次泄密行为,斯蒂芬·茨威格中止了和岛屿出版社的合作。那是岛屿出版社社长安东·基彭贝格[9]不在出版社的时候,茨威格写给他的一封个人信函被该出版社转到《德国书业行情报》[10],并在该报发表。茨威格在此信函中告知安东·基彭贝格:茨威格早先曾答应流亡在阿姆斯特丹的克劳斯·曼[11]可以在其创办的《荟萃》[12]刊物上转载茨威格于下一年出版的《鹿特丹的伊拉斯谟——辉煌与悲情》[13]书中的一段,但由于该期刊的"政治性质"和早先提供的信息不尽相同,茨威格要收回自己以前的许诺。由于这次纠纷,茨威格的作品自一九三三年秋至一九三八年由赫伯特·赖希纳出版社[14]出版。其间,斯蒂芬·茨威格自一九三六年三月已迁居伦敦。一九三六年,赫伯特·赖希纳出版社出版了一本书名为《万花筒》[15]的合集。该书包含三组作品:短篇小说、传奇故事和历史特写。在历史特写这一组中辑录了《人类的群星闪耀时》第一版中的所有五篇历史特写——排列顺序未变,但"前言"被删除。此外,又增加了其他两篇历史特写：一篇是《攻克拜占庭。一四五三年五月二十九日》，这篇历史特写很可能是专门为这本《万花筒》合集而写，因为没有文献证明此前有更早的版本；另一篇是《亨德尔的复活。一七四一年八月二十一日》，这篇历史特写已在一年前发表于一九三五年四月二十一日的《新自由报》。

一九三七年六月二十一日，斯蒂芬·茨威格在给他的朋友费利克斯·布劳恩[16]的信中写道："……我把三十年来失散的文稿——如对维尔哈伦[17]的回忆、关于里尔克[18]的演讲、我的人物传记《马塞利娜·德博尔德-瓦尔莫》[19]等编成文集送到赖希纳出版社。除此以外，我还为《人类的群星闪耀时》写了几篇新的历史特写。我的情况原本就是这样：在我心情抑郁的时候，我的创作总是最多。"一九四一年八月，茨威格迁居巴西首都里约热内卢附近的彼得罗波利斯小镇，一九四二年二月二十二日，斯蒂芬·茨威格和他的第二位妻子夏洛蒂·阿尔特曼双双自尽后，人们在他的遗稿中找到了在上述这封信中提到的几篇新的历史特写。

在一九三九年以后的岁月中，斯蒂芬·茨威格著作的出品人是戈特弗里德·贝尔曼·菲舍尔[20]，他的遗稿保管人是里夏德·弗里登塔尔[21]，他和弗里登塔尔已有二十年友情。一九四二年，流亡在斯德哥尔摩的贝尔曼·菲舍尔出版社率先出版了他的遗著《昨日的世界——一个欧洲人的回忆》，次年（一九四三年）出版了扩充的新版《人类的群星闪耀时》，副标题是《十二篇历史特写》。自一九四三年至一九四七年，斯德哥尔摩的菲舍尔出版社共重印了三次一九四三年版的《人类的群星闪耀时》,总计印数一万六千册。自菲舍尔出版社于一九四九年从流亡海外迁回到德国后至今,该出版社又印行了共计一百二十万册《人类的群星闪耀时》——包括袖珍版在内。

斯德哥尔摩的贝尔曼·菲舍尔出版社于一九四三年出版的新版《人类的群星闪耀时》在原来五篇历史特写的基础上作了扩充,篇目排列的顺序也和以前的德语版本不同。从此以后,《人类的群星闪耀时》的各种版本的篇目顺序均沿用一九四三年新版的编排。一九四三年新版《人类的群星闪耀时》中的几篇新的历史特写——除《逃向苍天》外——其余四篇是:《到不朽的事业中寻求庇护》《一夜之间的天才》《越过大洋的第一次通话》《封闭的列车》,均无写作日期,也无法查考它们最初刊印的时间。——《逃向苍天》可能写作于一九二五年,因为茨威格当年正在为《描述自己人生的三文豪》[22]一书撰写那篇人物特写《托尔斯泰》。从我们上面引用的斯蒂芬·茨威格于一九三七年六月二十一日致费利克斯·布劳恩的信中,我们可以揣测:上述其余四篇新的历史特写很可能就是在一九三七年接连写成的。可以证实的是,本书中的最后两篇历史特写《西塞罗》和《威尔逊的梦想与失败》创作于一九三七年以后。一九三九年七月,斯蒂芬·茨威格从伦敦迁居到巴斯[23]并在那里买了一幢住宅,一九三七年九月一日,第二次世界大战爆发[24]。一九三九年九月二十三日,深受茨威格尊敬的西格蒙特·弗洛伊德在伦敦逝世。九月二十六日,茨威格在弗洛伊德的墓前致辞。由于发生了这些事件,他情绪低落,在日记中有这样的记载:"什么也没有写！只是稍微写了一点《西塞罗》，但是也没有认真的愿望要写这篇《西塞罗》，因为我不知道，它该在哪里发表，尽管我今天是世界上最知名的作家之一。"一九三九年十月十一日，他在致罗曼·罗兰的一封信中写道："我还无法写作。我只写了一篇历史特写《西塞罗之死》——和我的其他历史特写一样；这篇历史特写记述了这位首屈一指的共和政体的捍卫者如何被专制独裁践踏而丧生。以前，人们为了让恺撒显得更伟大而越来越缩小西塞罗的伟大之处。然而，当我阅读他的《论共和政体》和《论义务》时，我惊讶地发现，他原来是和你我一样的人。他是在一个和我们的时代同样残酷的时代为了我们共同的思想而死去。"在这封信之后又过了几天，斯蒂芬·茨威格在一九三九年十月二十一日致罗曼·罗兰的信中谈到了他的另一篇历史特写《威尔逊的梦想与失败》。他写道："可怜的威尔逊，这位可怜而又睿智的梦想家！他千方百计要做的事正如我一样……使我感到心情沉重的是我们旧欧洲的道德氛围，或者更确切地说，是那种不讲道德的氛围。这种道德的堕落以及缺乏一种创造性的思想——或者说，缺乏一种特立独行而不是人云亦云的思想——使我感到心情沉重……那些在一九一八年以后自己上了当受了骗的人——我自己当时也怀着青年人的理想主义——原都以为：威尔逊已充分发挥了外交手段的作用呢[25]。总有一天，我要描述这位有着各种误判的悲情人物，但尽管如此，我描述的是一位有着自己美好信念的人物——威尔逊。"

这两篇分别以《挂在讲坛上的头颅——西塞罗之死》[26]和《威尔逊的失败，一九一九年三月十五日》[27]为标题的历史特写首次于一九四〇年发表在由伊登和塞达·保罗翻译、书名为《命运攸关的时刻》的英译本合集中[28]。这卷英译本合集为了刊载这两篇新的历史特写而删去了另外两篇历史特写：《英雄的瞬间》和《逃向苍天》，这样做，很可能是为了凑成一个整数"十二篇"（一打），也可能是这两篇历史特写的体裁和其他历史特写的体裁不同——《英雄的瞬间》是诗歌形式，《逃向苍天》是戏剧形式。三年以后，即一九四三年，斯德哥尔摩的菲舍尔出版社出版了茨威格的遗作《人类的群星闪耀时》的德语新版。在这个新版本中也辑录了十二篇历史特写，但删去的是《西塞罗》和《威尔逊的梦想与失败》，究其原因：可能是出版社不愿意超出"十二篇"（一打）这个整数，也可能是没有及时找到这两篇历史特写的德语原文，但又不愿从英译本逐字译回到德语。

综上所述，我们能为茨威格的十四篇历史特写排列这样一个创作年表：

一九一二年《滑铁卢的一分钟》
　　　　　《英雄的瞬间》
一九一四年《南极探险的斗争》
一九二三年《玛丽恩巴德悲歌》
一九二五年《逃向苍天》
一九二七年《黄金国的发现》
一九三五年《亨德尔的复活》
一九三六年《攻克拜占庭》
一九三七年《到不朽的事业中寻求庇护》
　　　　　《一夜之间的天才》

《越过大洋的第一次通话》
　　《封闭的列车》
一九四〇年《西塞罗》
　　《威尔逊的梦想与失败》

读者不难发现,《人类的群星闪耀时》书中的篇目次序并非按照写作时间。

斯蒂芬·茨威格曾在一九二五年一月读过丹麦时事评论家和文学史家格奥尔·勃兰兑斯撰写的传记《尤利乌斯·恺撒》。一九二五年一月二十六日,茨威格在致罗曼·罗兰的信中写道:"这位了不起的勃兰兑斯[29]老人把握行文的节奏恰到好处,他在这方面的能力实属难得。他描写细节从不冗长拖沓,而只选择最确切的细节。他在其传记《尤利乌斯·恺撒》中所描述的西塞罗令人难以忘怀,书中的西塞罗是第一个这样的文人:在弱者面前无比自信,在强者面前畏首畏尾,风度高雅而又伶牙俐齿,他本该诸事顺遂;然而,当他看到对方(卡提利纳[30]、恺撒)已经输了时,他的高昂情绪也就随之消失。想必勃兰兑斯在一九一四年就是一位撰写名人传记[31]的高手。描述这类名人,勃兰兑斯的书可谓出类拔萃,因为他不像历史学家那样仅仅从历史上去认识人物;为了描写好历史人物,人们必须先去认识活着的人。……仅仅当一名历史学家是永远不够的,他必须同时又是一个了解时势的心理学家。这正是勃兰兑斯了不起的能力:他常把历史人物和现实生活相比。正是这一点使他所写的历史人物栩栩如生。"

斯蒂芬·茨威格在撰写人物传记——尤其是在撰写

《人类的群星闪耀时》中的历史特写时,始终不忘借鉴格奥尔·勃兰兑斯描述历史人物和历史事件的各种技巧。诚然,茨威格是一位博采众长的文学家,他不会只师法勃兰兑斯一人。茨威格是诗人,深受唯美主义和象征派诗歌的影响;他又是小说家,谙熟小说家的基本技巧:善于把握戏剧性的高潮——即善于把握与命运攸关的关键时刻,因而在茨威格的传记作品中既有诗情画意的氛围渲染,又有扣人心弦的戏剧性高潮和隽永的心理刻画……茨威格的历史特写可谓另辟蹊径,独树一帜,就其艺术特色而言,大致可概括为如下四方面。

第一,遵循真实的原则。

凡纪实文学,无论是历史人物的长篇传记,还是描写英雄豪杰的短篇特写,都是描述真人真事,属于"非虚构文学"(nonfiction)。茨威格深知,纪实文学绝不能任意虚构,传记或人物特写一旦在人物或情节上掺假,便失去了历史的真实,也就失去了纪实文学本身赖以存在的价值和生命力。茨威格的历史特写始终恪守真实的原则。茨威格刻意追求的是,让读者从他创作的历史特写中既能欣赏到文学的美,又能获得真实的历史知识。为此,他调动文学的一切艺术形式,使真实的历史成为感人的艺术。譬如,人物特写一般都用散文,但茨威格有时会不拘一格,大胆采用叙事诗和戏剧的形式。《英雄的瞬间》采用了叙事诗的形式;《逃向苍天》采用了戏剧的形式。显而易见,这里的叙事诗不同于一般艺术创作的叙事诗,这里的戏剧也不同于一般的戏剧,而是纪实文学在艺术形式上的一种新探索。

第二,娴熟的旁衬笔法。

把真实的历史写得栩栩如生,使之魅力无穷、百读不厌,这无疑是传记作家所追求的艺术境界。然而在"历史的真实"和"艺术的魅力"之间无疑会存在矛盾。有些作者往往为了追求"感人的魅力"而不惜虚构情节和掺入主人公并未说过或者无法考证的话,从而失去了"真实";也有人囿于"真实",而对"展开艺术想象的翅膀"一筹莫展。如何使两者和谐统一,使纪实文学既不失真实又具有魅力,这方能显露出文学家的卓越才华。歌德有诗云:"在限制中才会显露出能手,只有法则能够给我们自由。"读罢茨威格的历史特写,觉得他真不愧为一个写真人真事的文学巨匠,因为他深深懂得哪些是纪实文学的雷区——纪实文学的致命弱点是加入虚构的情节和杜撰主人公说的话。所以,在茨威格的历史特写中情节相当简单,而且都有史实依据;也很少有主人公自己说的话;茨威格惯于用娴熟的旁衬笔法使人物形象显得生动感人。

旁衬笔法之一,是对历史形势和社会环境绘声绘色的描写以及氛围的渲染。这种笔法的艺术效果是:既展示了一幅绚丽多彩的画面,又无损于主人公的真实。如他在《封闭的列车》第一段中,把第一次世界大战期间敌对双方那种虎视眈眈的紧张氛围写得惟妙惟肖,列宁就是在这样的氛围中离开瑞士,取道敌国——德国——返回祖国。这样的描写,文字虽长,但由于叙述生动,语言流畅,读起来并不枯燥乏味,反而能引人入胜。乍一看,大段的时代背景的描写好像与主人公无关,其实,两者的关系恰似红花与绿叶,时代氛围渲染得越浓重,主人公也就被衬映得越发鲜明突出。

旁衬笔法之二,是通过第三者的口或者侧面描写,这也是茨威格创作历史特写的惯用技巧。这样一种旁衬笔法古已有之。荷马史诗《伊利亚特》中表现希腊的绝代佳人海伦,就不是从正面去描绘她的容貌如何如何美,而是通过几位长老口中的比喻,把她的美貌暗示出来。我国诗人白居易在《长恨歌》里写杨贵妃之美用的也是旁衬笔法,如"回眸一笑百媚生,六宫粉黛无颜色"这样的句子,虽然没有直接去形容一个女子的美貌,但是通过描写她的容貌所引起的反应和影响,调动了读者的想象,同样是一个美女的形象。这种避实就虚的笔法,如果在传记或历史特写中巧妙运用,常常可以收到一箭双雕的效果——既赋予作品以艺术魅力,又无损于真实。如《一夜之间的天才》中,茨威格并没有像一个音乐评论家似的从音乐的角度去直接分析《马赛曲》的旋律如何雄壮,歌词怎样鼓舞斗志,而只是从侧面去描写《马赛曲》所引起的反应和影响:

> 于是,这歌声像雪崩似的扩散开去,势不可当。在宴会上、在剧院和俱乐部里都在唱着这首神圣之歌,后来甚至在教堂里当唱完感恩赞美诗后也唱这首歌,不久它竟取代了感恩赞美诗。一两个月以后,《马赛曲》已成为全民之歌、全军之歌。……这位当时还不知名的作者所创作的歌曲就这样在两三夜之间发行得比莫里哀、拉辛、伏尔泰的所有作品还要多。没有一个节日不是以高唱《马赛曲》作为结束,没有一次战斗不是先由团里的乐队演奏这首自由的战歌。……敌军将领们则惊奇地

发现,当这些成千上万的士兵同时高唱着这首战歌,像咆哮的海浪向他们自己统率的队形冲去时,简直无法阻挡这首"可怕"的神圣之歌所产生的爆炸力量。眼下,《马赛曲》就像长着双翅的胜利女神尼刻在法国的所有战场上翱翔,给无数的人带来热情和死亡。

读了这样的文字,读者纵然没有聆听过《马赛曲》,也会觉得它具有无与伦比的感人力量。

第三,隽永的心理刻画。

擅长心理描写,是茨威格创作中一致公认的显著特色。正如他自己所说:"我在写作上的主要志趣,一直是想从心理的角度再现人物的性格和他们的生活遭遇。这就是我为许多名人撰写评论和传记的缘故。"试看在《玛丽恩巴德悲歌》中这样一段披露歌德内心世界的描绘:

此刻,年迈的老人坐在滚滚向前的马车里沉思默想,为心中一连串问题得不到确切的答案而烦闷。清晨,乌尔丽克还和妹妹一起匆匆向他迎来,在"喧闹的告别声"中为他送行,那充满青春气息的可爱的嘴唇还亲吻过他,难道这是一个柔情的吻?还是一个像女儿似的吻?她可能爱他吗?她不会将他忘记吗?正在焦急地期待着他的那笔丰富遗产的儿子、儿媳妇会容忍这桩婚姻吗?难道世人不会嗤笑他吗?明年,他在她眼里不会显得更老态龙钟吗?纵使他能再见到她,又能指望什么呢?

不言而喻,写真人真事作品中的心理描写不同于小说中的心理描写。茨威格在写他的名人传记或历史特写之前,总是先研究原始材料,作出符合当时客观实际的心理分析。他既不美化历史人物,也不作自然主义的临摹,而只是加以"升华、冷凝、提炼"。

第四,历史与现实的随意联想。

写真人真事的文学作品,绝不是单纯地叙述客观事实。历史特写不仅是写历史,而是通过对历史人物和历史事件的剖析来倾听历史的回声和教训,字里行间总是流露着作者的爱憎。作品的思想内涵正是在作者的感慨和议论中得到反映。在茨威格的历史特写中,随处可见意味深长的议论,有的充满诗情画意,有的耐人寻味,对每篇作品起着画龙点睛的作用。

譬如《威尔逊的梦想与失败》中的结尾,可谓发人深省:

> 当他乘坐的军舰驶离欧洲海岸时,这位失败者背转身去。他不愿意回过头来,朝我们这片命运多舛的欧洲大地再看一眼。——欧洲几千年来渴望和平与统一,可是从未实现。

从威尔逊一九一九年六月离开欧洲海岸到茨威格一九四〇年在流亡中创作这篇历史特写时,欧洲曾经有过和平吗?或许,真正的持久和平永远是人类努力奋斗的目标吧。

文学是语言的艺术。如果把语言的优美列为文学作品的特点,未免有失空泛和不得要领。但是,《人类的群星闪耀时》之所以至今仍能吸引大量读者,首先应该归功于茨威格的语言魅力。倘若说,小说尚能以曲折离奇的故事扣人心弦,那么传记或历史特写更要借助行云流水般的语言,使读者入迷。茨威格自己说得好——"有时我在沉思默想中不得不反躬自问:我的书之所以能够取得我意想不到的成功究竟是由于哪些特点。我最终认为,是由于一种个人不良的素质,也就是说,我是一个急躁而又容易动感情的读者,在一部小说中、一部传记里、或者在一篇涉及思想意识的辩论文章中,任何冗长拖沓、空泛铺张、晦涩朦胧、含混不清、不明不白以及一切画蛇添足之处都会使我感到厌烦。只有每一页都始终保持高潮、能够让人一口气读到最后一页的书,才会使我感到完全满意。"[32]

据菲舍尔出版社统计,《人类的群星闪耀时》在茨威格的所有作品中最受读者欢迎,其销售量一直居于其他作品之上。从第一版于一九二七年问世以来,已经历了风风雨雨的八十五年,读者仍然有增无减。究其原因,除了以上所述的独具艺术魅力之外,还因为书中的各篇历史特写都短小精悍,每篇约两万字。如今是信息大爆炸的时代,不仅世界范围内每天出版的图书数以万计,而且其他各种媒体——电影、电视、网络文化进入千家万户,五光十色的信息目不暇接;加之人们的生活节奏越来越快,茫茫人海,来去匆匆;如今的岁月,能有充裕的时间细细品读洋洋数十万言的鸿篇巨制的读者群体已日趋减少,唯有短小精悍的短篇尚能受广大读者青睐。诚然,《人类的群星闪耀时》之所以经久不衰,主要应归功于它的思想内涵,归功于它能引起读者心灵的震撼和良知的共鸣。尽管十四篇历史特写描述的是不同历史时代、不同地区中不同人物的瞬间,但仍然具有共同的思想内涵:

第一,讴歌人性。

茨威格曾说:"我从不愿意为那些所谓的'英雄人物'歌功颂德,而始终只着眼于失败者们的悲情……在我的传记文学中,我不写在现实生活中取得成功的人物,而只写那些保持着崇高道德精神的人物。譬如,我不写马丁·路德而写伊拉斯谟;不写伊丽莎白一世而写玛利亚·斯图亚特;不写加尔文而写卡斯泰利奥。"[33]

《人类的群星闪耀时》中的主人公几乎都是这样一些悲情人物,如列夫·托尔斯泰、斯科特队长、西塞罗、威尔逊,但人性在他们身上熠熠发光。且听《逃向苍天》中的最后一句台词:

> 如果他不为我们这些人去受苦受难,那么列夫·托尔斯泰也就永远不可能像今天这样名满天下。

再看《南极探险的斗争》中那一段对斯科特队长面临死亡时的描写:

> 斯科特海军上校在他行将死去时用冻僵的手指给他所爱的一切活着的人写了书信。那些书信写得非常感人。死在眉睫,信中却丝毫没有缠绵悱恻的情意……那些信是写给他认识的人的,然而是说给全人类听的;那些信是写给那个时代的,但说的话却千古永垂。他给

自己的妻子写信。他提醒她要照看好他的最宝贵的遗产——儿子……他怀着最诚挚的友情给那几个同他自己一起罹难的同伴们的妻子和母亲写信,为他们的英勇精神作证。尽管他自己也即将死去,他却以坚强的、崇高的感情……去安慰那几个同伴的遗属。

这样一种对人性的刻画,如歌如泣,读后无不为之动容。

第二,弘扬良知,反对暴力;呼吁和平,反对战争。

本书中的《西塞罗》篇就是表述这样的思想内涵,文中写道:

> 凡是要建立独裁统治的人,就必然首先要让那些永远反对任何暴政的人——那些捍卫根深蒂固的梦想:自由——的人永远闭上嘴,亦即要让人格独立的人永远闭上嘴,以便自己稳稳当当地坐在统治者的位置上。安东尼要求把马尔库斯·图利乌斯·西塞罗列为这最后一份黑名单的第一人。……随着这份不受法律保护者的黑名单的确定,对共和政体的古罗马国家的死刑判决才算真正生效。……罗马的民众看到了这幅可耻的场面。从这最后一位捍卫自由的西塞罗身上砍下来的惨白的头颅正挂在他当年曾作过不朽演说的讲坛上。……他们的心都在震颤,看到自己共和政体的国家已被钉在十字架上这样一幅悲惨的象征画面,他们都战战兢兢地垂下了眼帘。

在茨威格看来，历史、社会、宗教、政治以至大大小小的统治者都可能有非理性的一面——丧失良知而使用暴力；但是，人的良知不会泯灭，总会有人以良知对抗暴力，这样的斗争此起彼伏、前赴后继，纵然有人在暴力面前遭到失败乃至失去生命，但他们虽死犹荣。茨威格的两部人物传记——《鹿特丹的伊拉斯谟——辉煌与悲情》和《良知对抗暴力——卡斯泰利奥对抗加尔文》[34]尤其突出和鲜明地彰显了这个主题。伊拉斯谟（Erasmus von Rotterdam，1469—1536）是文艺复兴时期尼德兰的教士，因出生于荷兰的鹿特丹，故习称鹿特丹的伊拉斯谟。他是欧洲最杰出的人文主义者之一，一生勤奋著述，揭露教会的黑暗，嘲讽教士的伪善，反对宗教狂热，控诉教会使用暴力残酷迫害异端。然而，他的思想固然充满人文主义精神，但是面对的是占统治地位的教会强权和习惯势力，因而一生充满悲情。卡斯泰利奥（Sebastian Castellio，1515—1563）是在法国出生的瑞士宗教改革家，原来是加尔文的朋友，一五四一年随加尔文到日内瓦。是年，加尔文在日内瓦创立加尔文教派获得成功，日内瓦成为在加尔文领导下的一个政教合一的城市共和国。可是加尔文掌权之后立刻改变了自己以往反对宗教迫害的立场，俨若日内瓦的教皇，实行独裁统治，排斥其他各种信念，敌视其他一切教派。一五五四年，西班牙神学家兼医学家塞尔维特因神学见解不同前来日内瓦寻求庇护，加尔文不但不给予救援，反而以异端罪名将其用火刑处死。此事引起卡斯泰利奥的强烈愤慨，于是他用化名发表文章，斥责加尔文的暴力行为。卡斯泰利奥深知，自己和加尔文的对抗是一场力量悬殊的对抗,因此将这场对抗比喻为"蚊子对抗大象"。卡斯泰利奥最后面临的是一场巴塞尔法庭的审判,他很可能作为异端而被判处死刑,所幸在法庭开庭前,他因心力交瘁而猝死,终年四十八岁。世人从伊拉斯谟和卡斯泰利奥的命运中不禁感到以良知对抗暴力何其艰难,同时也会联想到《人类的群星闪耀时》中列夫·托尔斯泰的命运、西塞罗的命运、威尔逊的命运,他们无一不是以良知对抗暴力的悲情人物!

第三,赞美坚韧不拔。

在茨威格的心目中,人最可贵的品质是坚韧不拔,无论他是成功或是失败。毫无疑问,茨威格刻画这种性格最为成功的是他的人物传记《麦哲伦》,但在《人类的群星闪耀时》中的描写也毫不逊色。且看《南极探险的斗争》中的这样一段:

> 全队人的健康状况也出了问题。一些人得了雪盲症,另一些人四肢冻伤……他们每天走的路愈来愈少,因为这里的雪都结成了坚硬的冰碴。他们不能再滑着雪橇前进,而必须拖着雪橇行走。坚硬的冰凌划破了雪橇板,走在像沙粒般硬的雪地上,脚都磨破了,但他们没有屈服。

《黄金国的发现》中的主人公苏特尔并非英雄人物,但他身上也有那种锲而不舍、坚韧不拔的执著精神。

> 其实,苏特尔自己并不想要钱……他只是想要得

到自己的权利。他像一个偏狂症患者似的，怀着愤愤不平的激怒，为捍卫自己的权利而斗争。他到参议院去申诉，到国会去申诉……从这个官署走到那个官署，从这个国会议员那里走到那个国会议员那里，一直奔波了二十年……他日复一日地围绕着国会大厦踯躅，所有的官吏都嘲笑他，所有的街头少年都拿他开心……一八八〇年七月十七日下午，他终于因心脏病猝发倒在国会大厦的阶梯上，从而万事皆休……这是一个死了的乞丐，但在他的衣袋里却藏着一份申辩书，要求按照世间的一切法律保证给他和他的继承人一笔世界历史上最大的财产。

坚韧不拔的意志可以改变命运，可以创造奇迹，这是《亨德尔的复活》给予人们的启示。

"中风。右半身瘫痪。"
……

"创作是再也不可能了"，他说得很轻，"也许我们能保住他的命。但我们保不住他这个音乐家，这次中风一直影响到他的大脑活动。"
……

乔治·弗里德里克·亨德尔有气无力地生活了四个月，而力量就是他的生命。他的右半身就像死掉了似的。他不能走路，不能写字，不能用右手弹一下琴键。他也不能说话，由于右半身从头到脚瘫痪，嘴唇可怕地歪向一边，只能从嘴里含含糊糊地吐露出几个字……但是，为了活，为了自己这最最不能抑制的欲望——恢复健康的意志，他就敢去冒死的危险。亨德尔每天在滚烫的温泉水中待上九个小时。这使医生们大为惊讶，而他的耐力却随着意志一起增加。一星期后，他已经能重新拖着自己的身躯吃力地行走。两星期后，他的右臂开始活动。意志和信心终于取得了巨大胜利。他从死神使他瘫痪的圈套中挣脱了出来，重新获得了生命。

第四，反思历史。

拿破仑因在关键时刻重用了谨小慎微、唯命是从的格鲁希而兵败滑铁卢，从而结束了自己的政治生命。

在西罗马帝国灭亡之后继续存在了将近一千年的东罗马帝国，由于一座被忘却的城门——凯尔卡门没有重兵把守，而被奥斯曼土耳其人从这里突破攻克了首都君士坦丁堡，东罗马帝国一举灭亡，欧洲历史从此揭开新的一页。

一九一七年三月，列宁获悉彼得格勒的工人和士兵武装起义取得胜利，但政权却落到临时政府手里。正当俄国革命面临紧急关头的时刻，列宁把自己的荣辱毁誉置之度外，毅然决然乘坐一节封闭的车厢，取道敌国——德国——返回祖国。七个月后，列宁领导的十月革命爆发。这趟风驰电掣的封闭列车犹如一发炮弹，摧毁了一个帝国、改变了整个世界。

以上这些看似关键时刻的偶然因素却决定了世界历史的发展。人们不禁要问：历史究竟是由无数的"偶然性"决定还是由唯一的"必然性"决定？——这是史学界、哲学界争论了千百年的"玄奥"问题，可能永远不会有公允的结论。

或许人们有时还会问：假如拿破仑当年不重用格鲁希，滑铁卢战役的结果又将会如何？假如那座被忘却的城门——凯尔卡门没有被奥斯曼土耳其人发现，东罗马帝国是不是就不会那么快灭亡？假如列宁当年不乘坐封闭的列车返回俄国，俄国的十月革命是不是就不会爆发？

不言而喻，在已经逝去的历史中不可能还会有什么"假如"，但在以后的历史中倒可以根据历史经验防患于未然。这或许是读罢《人类的群星闪耀时》之后应有的一种感悟吧。

笔者不揣浅陋，为茨威格的历史特写概括了这样一些艺术特点和思想内涵，并为方便广大青年读者，作了题解和较详细的注释。

拙译《人类的群星闪耀时》第一版于一九八六年二月由生活·读书·新知三联书店印行。自二〇〇四年八月至二〇〇七年十一月，此书改由广西师范大学出版社出版，属于该社"影响过一代人的书"系列丛书，实为《人类的群星闪耀时》第二版。按照"影响过一代人的书"系列丛书的编辑体例，每一本书都有一篇"推荐序"。为《人类的群星闪耀时》撰写"推荐序"的是我国历史学家雷颐先生。"推荐序"的标题是《历史的"灵感"——读〈人类的群星闪耀时〉》。雷颐先生写道："出生于一八八一年的奥地利著名作家斯蒂芬·茨威格不仅在小说、诗歌创作方面声名卓著，在人物传记、历史特写方面更是遐迩闻名，《人类的群星闪耀时》就是他的十二篇历史特写集……至今仍在世界拥有大量读者。逾一个'甲子'仍畅销不衰，足见此书魅力之大。……这些精彩的历史特写将那瞬间的'关键时刻'延长、放大，使我们能够读到历史的心灵，感受到历史的'灵感'。"[35]

《人类的群星闪耀时》自二〇〇八年五月起又改为由生活·读书·新知三联书店出版，是为增订版。笔者以菲舍尔出版社一九九七年德语新版《人类的群星闪耀时——十四篇历史特写》[36]作为增订版的蓝本，重新作了校订和补译。增订版和中译本第一版与第二版最大的不同是，增订版中新增加补译的两篇历史特写——《西塞罗》和《威尔逊的梦想与失败》。拙译《人类的群星闪耀时》由生活·读书·新知三联书店多次印行，本书是二〇一七年版。笔者在修订这一版时得到北京师范大学历史学陈甜博士和杨昕沫博士的热心帮助，前者协助查阅历史文献，后者把本书中的俄语人名从德语拼写改为俄语拼写。笔者谨向他们深表谢意。

诗圣杜甫有言："文章千古事，得失寸心知。"文章如此，翻译亦如此。祈望海内外方家和广大读者对本书中的疏误之处多多赐教。

舒昌善
二〇一七年元旦
识于北京师范大学文学院

注　释

[1] 韦格纳（M.C.Wegner）。
[2] 胡戈·冯·霍夫曼斯塔尔（Hugo von Hofmannsthal, 1874—1929），奥地利著名诗人，德语文学19—20世纪之交唯美主义和象征主义的重要代表。他的诗歌大多写于1893—1900年，著名的有《生命之歌》《早春》等。他比茨威格年长七岁。
[3] 祖奥茨（Zuoz）是瑞士上恩加丁河谷（Ober Engadin）一小镇。
[4] 弗朗茨·特奥多尔·乔科尔（Franz Theodor Csokor, 1885—1969），奥地利表现主义代表作家。
[5] 《新自由报》（*Neue Freie Presse*）。
[6] 《岛屿船》，Hauszeitschrift *Das Inselschiff*, 4.Jg, H.4（Herbst 1923）。
[7] 国立版画艺术与出版研究院（Staatliche Akademie für graphische Künste und Buchgewerbe）。
[8] 参阅义务教育课程标准实验教科书《语文》（七年级下册），课程教材研究所中学语文课程教材研究开发中心编著，北京：人民教育出版社出版发行，2008年7月第3版，第154—163页。
[9] 安东·基彭贝格（Anton Kippenberg, 1874—1950）。
[10] 《德国书业行情报》（*Börsenblatt für den deutschen Buchhandel*）。
[11] 克劳斯·曼（Klaus Mann, 1906—1949），德国作家，著名作家托马斯·曼的儿子。1933年流亡国外。作品有《梅菲斯托》（*Mephisto*, 1936）、《转折点》（*Der Wende-punkt*, 1942）等。
[12] 《荟萃》（*Die Sammlung*）。
[13] 《鹿特丹的伊拉斯谟——辉煌与悲情》（*Triumph und Tragik des Erasmus von Rotterdam*），茨威格著，莱比锡，岛屿出版社，1934年。参阅斯蒂芬·茨威格著、舒昌善译、生活·读书·新知三联书店2016年4月出版的《鹿特丹的伊拉斯谟——辉煌与悲情》。
[14] 赫伯特·赖希纳出版社（Herbert Reichner Verlag，维也纳，莱比

锡，苏黎世）。
- [15] 《万花筒》(*Kaleidoskop*)。
- [16] 费利克斯·布劳恩（Felix Braun），艺术史家，茨威格的好友。
- [17] 维尔哈伦（Émile Verhaeren, 1855—1916），比利时著名法语诗人，最初是象征派诗人，后逐渐注意广泛的社会问题。
- [18] 里尔克（Rainer Maria Rilke, 1875—1926），奥地利著名诗人，诗风深受法国象征诗派的影响，"咏物诗"《豹》脍炙人口，千古传诵。
- [19] 《马塞利娜·德博尔德-瓦尔莫》(*Marceline Desbordes-Valmore*)，副标题《一个女诗人的生活写照》(*das Lebensbild einer Dichterin*)，系茨威格的人物传记，1920 年由岛屿出版社出版。马塞利娜·德博尔德-瓦尔莫（Marceline Desbordes-Valmore, 1786—1859），法国女诗人，代表作有《哀歌与小唱》《泪》《可怜的花朵》等诗集。她一生坎坷，诗歌多为愁苦之音，因而受到浪漫派的高度重视，也为象征派所喜爱。
- [20] 戈特弗里德·贝尔曼·菲舍尔（Gottfried Bermann Fischer）。
- [21] 里夏德·弗里登塔尔（Richard Friedenthal）。
- [22] 《描述自己人生的三文豪》(*Drei Dichter ihres Lebens*)（卡萨诺瓦、斯丹达尔、托尔斯泰）是茨威格的传记系列《营造精神世界的巨匠》(*Baumeister der Welt*)的第二部，写作于 1925 年，1928 年在莱比锡出版。
- [23] 巴斯（Bath），英格兰埃文郡一小镇，有温泉，疗养胜地，距伦敦不远。1939 年茨威格从伦敦迁到巴斯，住在林库姆山上（Lyncombe Hill）自己买下的宅邸。
- [24] 1939 年 9 月 1 日，德军进攻波兰，9 月 3 日，英、法对德宣战，第二次世界大战全面爆发。
- [25] 1925 年 3 月 15 日，巴黎的一家刊物《欧洲》(*Europe*)（第 2 年度第 15 期）登载了斯蒂芬·茨威格的文章《威尔逊令人迷惑的面孔》(*Le Visage énigmatique de Wilson*)的法译文，德语原稿出处不详。
- [26] 《挂在讲坛上的头颅——西塞罗之死》(*The Head upon Rostrum.Cicero's Death*)是茨威格的历史特写《西塞罗》(*Cicero*)的英译名。

〔27〕《威尔逊的失败，1919年3月15日》(*Wilson's Failure, March 15, 1919*)，是茨威格的历史特写《威尔逊的梦想与失败》(*Wilson Versagt*)的英译名。

〔28〕《命运攸关的时刻》(*The Tide of Fortune*)是1940年由美国纽约的瓦伊金出版社（Viking Press）出版的《人类的群星闪耀时》的英译本书名，此英译本的英译者是伊登（Eden）和塞达·保罗（Cedar Paul）。以后的英译本书名普遍译为《人类的闪耀群星》(*Sparkling Stars of Mankind*)。

〔29〕格奥尔·勃兰兑斯（Georg Brandes，1842—1927)，丹麦著名文学史家、政论家，以其六卷本《十九世纪文学主流》享誉世界。他同时也是一位杰出的传记作家，主要传记作品有：《索伦·克尔恺郭尔》(1877)、《莎士比亚传》(1895—1896)、《歌德传》(1915)、《伏尔泰传》(1916—1917)、《尤利乌斯·恺撒传》(1918)、《米开朗琪罗传》(1921)。勃兰兑斯撰写传记《尤利乌斯·恺撒》时，已76岁。

〔30〕卡提利纳（Lucius Sergius Catilina，公元前108—前62年，旧译名：喀提林，在中国史学界长期沿用），公元前67—前66年任古罗马阿非利加行省总督，在任时大肆贪赃枉法，后受到西塞罗控告，详见本书《西塞罗》篇。

〔31〕此处是指勃兰兑斯在1914年完成的《歌德传》，该书于1915年出版。

〔32〕参阅斯蒂芬·茨威格著、舒昌善译《昨日的世界》第十三章《重又走向世界》，北京：生活·读书·新知三联书店，2012年10月第2版第351页。

〔33〕参阅斯蒂芬·茨威格著、舒昌善译《昨日的世界》第六章《我的曲折道路》，北京：生活·读书·新知三联书店，2012年10月第2版第185—186页。

〔34〕参阅斯蒂芬·茨威格著、舒昌善译《良知对抗暴力——卡斯泰利奥对抗加尔文》(*Ein Gewissen gegen die Gewalt oder Castellio gegen Calvin*)，北京：生活·读书·新知三联书店，2017年第2版。

〔35〕雷颐撰《历史的"灵感"——读〈人类的群星闪耀时〉》，载［奥］斯蒂芬·茨威格著、舒昌善译《人类的群星闪耀时》，广西师范大

学出版社,2004年8月第1版,第1页和第9页。
[36] STEFAN ZWEIG: *STERNSTUNDEN DER MENSCHHEIT-Vierzehn historische Miniaturen,* Fischer Verlag GmbH, Frankfurt am Main 1997.